예수 – 부처 – 문선명

메시아는
더 이상
오지 않는다

메시아는
더 이상
오지 않는다

초판 1쇄 발행 2016년 1월 1일
2판 1쇄 발행 2019년 2월 1일

지 은 이   박정진
발 행 인   권선복
편   집   김정웅
교   정   권보송
마 케 팅   정희철
전 자 책   신미경
발 행 처   행복한에너지
출판등록   제315-2013-000001호
주   소   (157-010) 서울특별시 강서구 화곡로 232
전   화   0505-613-6133
팩   스   0303-0799-1560
홈페이지   www.happybook.or.kr
이 메 일   ksbdata@daum.net

값 25,000원

ISBN 979-11-86673-26-3   03200

Copyright ⓒ 박정진, 2016

행복한에너지는 독자 여러분의 아이디어와 원고 투고를 기다립니다. 책으로 만들기를 원하는 콘텐츠가 있으신 분은 이메일이나 홈페이지를 통해 간단한 기획서와 기획의도, 연락처 등을 보내주십시오. 행복한에너지의 문은 언제나 활짝 열려 있습니다.

예수 – 부처 – 문선명

메시아는
더 이상
오지 않는다

너희가
신종족메시아가 되어라

박정진 지음

행복한 에너지

Chapter 03
통일신학과 철학, 그리고 심정문화예술

Chapter 04
참어머님, 여성 시대의 나아갈 길

문선명 총재께서 지난 2012년 9월 3일 새벽에 성화하셨다. 우리 제자들은 하늘이 무너지고 땅이 꺼지는 막막함에 어쩔 줄 몰라서 허둥대고 있었다. 성화식을 준비하느라고 다른 것에는 신경을 쓰지도 못하고, 동분서주하고 있었다.

그런데 성화식을 전후로 해서 박정진 선생이 세계일보에 양면을 펼쳐서 참부모님의 생애의 의미를 조목조목 설명하며 의미부여하는 것을 접하고 참으로 세계일보의 창간이 이 날을 위해 있었구나! 라고 감탄해 마지않았다.

만약 세계일보가 없었으면 누가 참아버님의 이 기막힌 생애, 성약시대를 위해 세상에 출현한 메시아의 생애에 대해 이렇게 성화식에 맞추어 장문의 글을 엿새 동안 써 줄 것이며, 어느 신문이 지면을 제공해주겠는가 말이다.

그 감격스러움에 나는 세계일보에 감사하다는 뜻의 격려문을 보냈다.

격려문의 주요문구는 이러하다.

"지난 2주일 동안 참부모님께서 50년 동안에 받은 영광의 찬양보다도 더 큰 찬양을 세계일보로부터 받으셨습니다. 50년 동안 알려지지 아니했던 참아버님을 온 세계 앞에 2주간에 걸쳐 밝히 알리셨습니다. 이번에 세계일보는 정말 참아버님이 구세주이시고, 재림주, 메시아이시고, 평화의 왕이자 인류의 참부모 되신 것을 분명히 증거하였습니다. 세계일보의 독자의 한 사람으로서 또 과거에 신문을 경영해본 경험자로서 이번에 세계일보의 거사는 정말 순수하고 아름다운 영웅적 거사라 하겠습니다."

이제 당시에 필자가 써내려갔던 주옥같은 글들이 모여지고 보완되어 『메시아는 더 이상 오지 않는다』라는 제목의 책으로 묶어져 세상에 나옴에 다시 한 번 하늘부모님에게 감사를 드린다. 이 어찌 하늘의 뜻이 아니겠는가.

이 책은 그 제목에서도 단호한 것이지만 세속화된 교회와 인간들을 향하여 새 시대를 열어야 함에 대해 경종을 울리고 있다. 이제 인간 각자는 스스로 메시아가 되어 스스로를 구원하지 않으면 안 된다. 또한 종족메시아가 되어 이웃을 구하고 종족을 구하고 끝내 세계를 구하지 않으면 안 된다.

그래서 지상천국, 천상천국을 실현하여 천일국에 들어가지 않으면 안 된다. 여기에 진정한 메시아의 길, 인간구원의 길이 있다.

　이 책을 통해 아직도 잘 알려지지 않고 심지어 왜곡되기조차 한 문선명 총재의 생애의 의미에 대해 보다 많은 사람들의 이해가 있었으면 하는 것이 제자 된 사람의 마지막 충정일 수밖에 없다.

2015년 11월

박보희 총재

요즘 K-POP으로 인해 한류韓流가 지구촌을 뜨겁게 하고 있다. 문화예술의 각 부분에서 한류는 지구촌의 화두가 되고 있다. '강남스타일'은 이제 전 지구인이 즐겨 듣고 춤추는 대중가요가 됐다.

그러나 곰곰이 더듬어 보면 최초의 한류는 통일교와 리틀엔젤스였다. 통일교는 가난과 동족상잔의 6.25 전쟁 중에 태어난 영혼의 폭발이었고, 리틀엔젤스는 통일교가 재정적 어려움을 감수하고 설립한 최초의 가무단체, 하늘에서 보낸 작은 천사들, 리틀엔젤스였다.

리틀엔젤스는 한국 고유의 고전무용과 음악을 전문으로 하는 민속예술단이다. 리틀엔젤스는 노래와 춤을 함께 하는 소년소녀 가무단이다. 노래와 춤을 함께 한다는 것은 한국문화로서는 매우 중요한 특징이고, 한국인이 세계 어느 나라보다 잘 할 수 있는 예술종목이다. 리틀엔젤스야말로 K-POP의 원조이다.

한류가 뜨고 있는 이때에 최초의 한류들을 회고하면서 세계적인 '신내림의 나라', '신명의 나라'인 한국에서 탄생한 자생종교인 문선명 선생의 통일교를 생각하고 그 의미를 되새겨보는 것은 우리의 정체성 확인은 물론이고, 오늘날의 세계적인 성공의 뿌리와 씨앗을 더듬어보는 일일 것이다.

우리는 이제 우리의 땅에서 태어난 것에 대한 자기모멸과 비하의 태도에서 벗어날 때가 되었다. 동시에 사대주의에서 벗어나서 세계 문화를 주도할 때가 되었다. 세계는 바야흐로 후천개벽, 여성 시대가 되었다.

미국, 프랑스 등 선진 민주주의를 자랑하는 나라들도 선거로 여성을 대통령으로 뽑은 경험이 없다. 그런데 한국은 여성대통령으로 박근혜 대통령을 뽑았다. 아울러 통일교도 문선명 선생의 부인인 한학자 총재 체제로 개편되면서 통일교의 제2기인, 세계평화통일가정연합의 시대를 맞고 있다.

이 책은 참으로 뜻하지 않게 만들어졌다. 통일교가 후천개벽, 여성 시대의 기점으로 잡은 기원절基元節을 172일 앞두고 갑자기 문선명 총재가 천정궁天正宮에서 성화聖和했다. 천기 3년 천력 7월 17일, 양력 2012년 9월 3일 새벽 1시 54분이다. 필자는 성화식을 전후로 6회에 걸쳐 '문선명 총재의 세계사적 의미'를 비롯해서 통일교의 여러 의미에 대해서 세계일보에 연재하는 기회를 가졌다.

성화식 후 다음 해인 2013년 2월 22일음력 1월 13일, 기원절基元節 행사가 마련됐다. 이에 필자는 인류문화의 차원에서 후천시대와 새로운 기원의 의미가 무엇인지를 알아보는 '여성 시대의 세계사적 의미'

를 비롯해서 기획시리즈를 6회 연재하는 기회를 가졌다.

아마도 이 같은 글을 쓰게 된 데는 필자가 평소에 한국문화에 대한 주체적인 태도와 남다른 애정을 가지고 있고, 특히 문화인류학자이기 때문일 것이다.

이 책에는 성화식 및 기원절과 관련된 글과 함께 통일교의 미래를 전망하고, 필자의 소망을 담은 통일교의 정향定向과 관련되는 글도 포함됐다. 그리고 한민족의 최고最古경전인 천부경天符經과 음부경陰符經을 비롯하여 동양사상과 관련되는 글들도 첨부되어 있다.

또 재작년에 필자가 완성하여 세상에 내놓은 '소리철학'과 관련된 글들이 부분적으로 첨부되어 있다. 소리철학은 실은 '철학의 여성 시대', '여성 시대의 철학'을 알리는 철학이다.

소리의 철학은 지금까지 근대를 주도한 서양철학이 가부장제의 철학임을 주지시키면서 '이성중심시대'에서 '감성중심시대'로 넘어가는 인류의 대전환기에 철학적 전환을 꾀한 철학이다.

통일교가 '양陽의 종교'라면 소리철학은 '음陰의 철학'이다. 소리철학은 음의 철학이기 때문에 언뜻 보면 통일교와 반대인 것 같지만 역설적으로 양의 종교인 통일교를 잘 설명하고 있는 것이다.

문선명 선생은 소리에 대해 남다른 깨달음이 있었다. 통일교는 소리의 종교라고 말할 수 있다.

"일찍이 땅의 소리를 들었어요.
  심정은 소리에요!
  말 못하는 땅, 말 못하는 미물
  말 못하는 동식물도 소리로 말해요.
  소리를 들을 줄 알면 천지의 심정을 알아요.
  하나님의 소리는 시시각각 다가와요."

　말하자면 한국문화는 양의 종교로서 통일교를, 음의 철학으로 소리철학을 20~21세기에 만들어낸 셈이다. 문화적으로는 상호보완적 관계에 있게 된다. 한국문화의 르네상스를 맞아서 여러 문화현상들을 접하고 이해하는 데에 도움이 되기를 바란다.

　돌이켜 보면 문선명 총재는 성화하기 전까지 여성 시대를 예언하고 준비하는 데에 많은 시간과 정성을 들였다. 문선명 총재는 가부장 시대의 마지막 성인인 것 같다. 문선명 총재에 이어 한학자 총재가 그 뒤를 잇고 있다.

　결과적으로 이 책은 통일교에 대한 주체적인 이해, 자문화적自文化的인 이해와 함께 후천개벽시대, 새로운 인류문명의 시대에 대한 대중적 이해를 촉구하며 도우는 책이 될 것이다.

　이 책은 같은 이름의 책미래문화사, 2014을 출판사를 옮겨서 대폭 수

정하고 보완해서 세상에 다시 내놓은 책이다. 목차와 내용의 변경은
물론이고, 철학적 심도를 높이기 위해 추가한 원고도 들어있다.

특히 제5장 "서양의 메시아사상에 대한 해체적 고찰—메시아사상
을 중심으로 데리다의 해체주의를 해체하다"는 그 대표적인 것이다.
이 장은 서양 기독교의 메시아사상의 허구와 모순을 파헤친 것으로
서 앞으로 인간은 스스로 자기구원과 평화를 달성하지 않으면 안 된
다는 메시지를 담고 있다.

원고의 최종완성 단계에 교열과 조언을 해준 임성묵 총재_{사단법인 본}
_{국검예}에게도 감사를 드린다. 끝으로 여러 차례 원고교정과 추가에도
꿋꿋하게 열과 성을 다해준 행복에너지 출판사 사장님과 편집교정자
여러분에게도 감사를 드린다.

2015년 11월 17일

心中 박 정진

문선명 총재께서 성화하신 지도 올해에 7주기를 맞는다. 2012년 9월 3일, 문 총재께서 성화하셨다는 소식을 접하고 황급하게 준비했던 축문祝文인 성화사聖和辭를 세계일보에 장장 일주일간 연재한 것이 엊그제 같은데 세월의 무상함이 절로 느껴진다. 역사는 이렇게 지나가고, 그래서 신화는 또 이렇게 준비되는가 보다.

『메시아는 더 이상 오지 않는다』는 당시 세계일보에 연재되었던 '성화사'와 바로 다음해에 이어진 '기원절基元節에 연재되었던 내용'에 살을 붙이고 피가 흐르게 해서 출판한 것이지만 해가 갈수록 미진했다는 마음을 저버릴 수 없다. 1판이 2016년 1월 행복한에너지에서 나왔고, 2판이 2019년 1월에 나오게 되었다. 판을 거듭하면서 보충·보완되고 있긴 하지만 아직도 문선명·한학자 총재의 뜻이 제대로 전달되었는지를 생각하면 자신이 없다.

세계적인 철학자 폴 리쾨르는 "예언자가 가고 나면 해석자가 나타난다."고 했다. 문 총재의 삶에 대한 해석은 앞으로도 여러 학자와 제자들에 의해 계속될 것이지만, 필자가 벌이고 있는 해석학적 작업이 성화하신 날짜에서 가장 가까운 것이기에 책임감의 무게를 더 느끼게 된다. 그동안 필자의 개인적 해석력도 발전하였다고 할 수도 있겠지만, 새로 발굴된 혹은 해석된 여러 자료들_{제자들의 경험담과 에세이}에 의해서, 어쩌면 집단지성의 이름으로 해석도 진화하고 있는지 모른다.

이번 2판에서는 종래에 실렸던 제6장을 새 원고로 대체하기로 했다. 본래 6장에 실렸던 원고는 세계일보에 게재된 원고를 보고, '한겨레 디플로마틱'_{시사월간지}에서 늦게 청탁한 것이기에 앞장에 실린 원고를 종합한 측면이 있어서 중복되는 인상이 컸기 때문이다. 이번에 새롭게 실린 제6장의 원고는 '천부경적 사건과 음양사상으로 본 천지인 참부모'이다. 문선명·한학자 총재의 생애노정사건을 우리민족의 최고_{最古}경전인 '천부경_{天符經}사건'이라는 관점에서 해석한 내용이다. 이것은 문화인류학적·철학인류학적 해석학자로서의 필자에게 던져진 일종의 빛과 같은 영감의 소산이다. 이것이 후학들에 의해 새로운 해석의 길을 여는 거울이나 기틀이 되었으면 하는 마음이다.

필자는 이번 2판을 내기 전에 『네오샤머니즘_{Neo-shamanism}—생명과 평화의 철학』_{살림, 2018}이라는 제목의 책을 냈다. 이 책은 무엇보다도 과학기술만능시대에 '계산적 인간'으로 변모한 인간이 인류의 원형문화인 샤머니즘의 평화사상에서 지혜를 얻어야 함을 역설한 책이다. 네오샤머니즘이란 과학기술을 향유하기는 하되, 거기서 오는 부정적인 측면과 부작용을 치유하고 자연과 더불어 살아가는 '본래인간'을 회복하는 것을 말한다.

이 책을 낸 입장에서 보면 문선명·한학자 총재 양위분은 현대의 가장 탁월한 샤먼, '샤먼-킹shaman-king' 혹은 '샤먼-퀸shaman-queen'이 아닐까 하는 입장에 서게 된다. 소위 불교·유교·기독교 등 고등종교의 성인聖人들은 소크라테스를 포함해서 하나같이 합리성을 강화한 인물들이었다. 하지만 문 총재는 그것과 더불어 심정과 감성에 호소할 줄 아는 야성이 풍부한 인물이었던 것 같다. 그래서 '심정心情의 하나님'도 탄생했을 것으로 미루어 짐작된다.

문 총재는 니체가 말한 초인超人의 현신이었는지도 모른다. 그는 끊임없는 하나님과의 대화를 통해 결국 "하나님이 불쌍하다."는 경지에 도달한 인물이다. 이것은 마냥 메시아를 기다리는 '부정의 신학'이 아니라 내가 메시아가 되는 '긍정의 신학'의 출발이었으며, '노예의 기독교'가 '주인의 기독교'로 전환하는 순간이었다고 할 수 있다.

민중신학은 주인신학이 아니다. 주인신학은 "하나님에게 복을 비는 신학이 아니라 하나님을 불쌍하게 여기는 신학"이고 나아가서 "불쌍한 자를 하나님으로 여기는 신학"이다. 하나님을 불쌍히 여기는 마음만큼 자비로운 마음이 어디에 있겠는가. 이것이 바로 예수부처이고, 부처예수이다. 이러한 마음은 물론 모든 중생과 피조물을 불쌍히 여기는 마음이다.

한민족의 출애굽기는 언제 달성될 것인가? 모르긴 해도 그것은 한민족국가 구성원 각자가 스스로 주인이 될 때일 것이다. 세계평화통일가정연합이 올해 핵심목표로 설정한 '신통일한국'도 각자 주인이 될 것을 요구하고 있다. 두익통일운동, 참가정운동, 유엔과 한반도평화운동도 그것의 실천적 과제로서 우리 앞에 있다. 끝으로 2판을 내는 데에 말벗과 함께 크게 도움을 준 통일교 2세 조형국 박사_{한국하이데거학회 국제협력이사}에게 심심한 감사를 드리는 바이다. 그는 일당백의 조력자였다.

이 책의 교정을 마무리하고 인쇄소로 넘기기 직전에 1판의 추천사를 쓰셨던 박보희 한국문화재단 명예이사장께서 성화하셨다_{1월 12일 오전 7시 30분쯤, 향년 90세}는 비보를 접했다.

교회 1세대 36가정의 상징적 인물이며 '자랑스러운 한국인'의 주인공 박 이사장의 성화는 '교회의 신시대'를 선언하는 하늘의 소리처럼 들렸다.

세계평화통일가정연합 한학자 총재는 '신통일한국시대 안착 충성자'라는 휘호를 내렸다. 박보희 이사장의 명복을 빕니다!

2019년 1월 1일
세계일보 창간 30주년을 기념하며
心中 박 정진

Chapter 01

메시아는
더 이상 오지 않는다

1
통일교 현상에 대한
문화인류학적 고찰

서양과 동양을 절묘하게 융합한 종교

통일교는 기독교에서 출발하였지만 기독교의 틀에 갇힌 종교가 아니다. 이 말은 서구에서 출발한 기독교가 지구를 한 바퀴 돌아 한국 땅에 뿌리를 내림으로서 더욱더 '열린 기독교'가 되었다는 의미이다. 기독교는 유일신을 믿고 있고, 따라서 교리의 해석과 신학에서도 매우 제한되고 엄격한 태도를 취하는 것이 보통이다. 그래서 조금만 해석이 달라지면 이단으로 취급해왔다.

지금은 보수기독교로 통하는 개신교도 천주교의 입장에서 보면, 열교裂教이고 이단異端이다. 어떻게 보면 이단의 역사가 기독교의 역사라고 말할 수도 있을 것이다. 그러한 점에서 통일교도 예외가 아니다. 한때 이단으로 몰렸던 기독교는 천주교보다 한술 더 떠서 신흥종교를 몰아세우는 데에 가장 극단적인 방법으로 '사탄'으로 몰아세우기도 한다.

보편성과 정통성이라는 것은 교리해석의 권위는 물론이고, 제의의 집전방식, 교세 등에서 기득권자 혹은 보수적인 입장의 대변이라고 할 수 있다. 기본적으로 다른 철학이나 사상을 배제한다는 측면에서 도그마라고 할 수 있는 종교의 해석은 새로운 해석을 매우 싫어하는 경향을 언제나 가지고 있다. 도그마는 인간의 특징이자 한계이다.

통일교의 원리원본, 원리강론 등 통일신학의 원리는 서구 기독교의 사상 위에 한국의 천지인 사상과 동양의 음양사상, 그리고 '정情의 사회'라고 할 수 있는 한국적 정서가 융합된 종교라고 할 수 있다.

지구상의 어떤 종교도 서로 습합되지 않는 종교는 없다. 유대교마저도 배화교拜火敎, Zoroastrianism의 영향을 받았다. 그렇게 유대교에서 유일신과 원죄가 성립한다. 배화교는 기원전 약 1800년경에 중동의 박트리아 지방에 세워진 종교이며, 기원전 600년경에 오늘날 이란 전역에 퍼졌으며 기원전 5세기에는 이미 그리스에까지 전해졌다. 선과 악의 질서를 표방하는 이원론적 교리는 그 후 유대교, 기독교, 이슬람에 영향을 주었다.

종교의 융합은 자연스러운 문화현상이다. 따라서 기독교가 이 땅에 들어온 지 1백여 년1887년: 새문안교회, 정동교회, 1885년: 북한 소래교회이 채 못 되어 자생기독교로서 통일교1954년가 등장한 것은 전혀 이상한 사

건이 아니다. 가톨릭을 기점으로 하면 약 2백여 년천주교는 1784년: 이승
훈 북경 영세기점에 가깝지만, 아무튼 1, 2백여 년 사이에 통일교가 생긴
것은 자연스러운 문화현상이다.

그럼에도 불구하고 역사적으로 계속해서 큰 문화의 부근에서 문화
접변acculturation현상에 시달려온 한국인은 자신도 모르게 그것이 체질
화되어 자신의 땅에서 생성된 것을 멸시하는 자기부정의 태도를 가
지고 있다. 이런 문화사대적 태도를 대변이라도 하듯 보수기독교단
은 사대주의와 문화종속에 빠져 통일교를 이단으로 몰아세우면서 마
치 주자학에 맹종한 조선조 선비들처럼 자신의 기득권을 지키기에
몰두하였다.

보수교단은 교리해석의 차이를 두고 통일교를 이단으로 몰았지만
실은 차이가 있는 것은 자연과 문화의 일반적인 현상이다. 보수교단
의 비판과 매도는 교리와 신학을 빙자하지만 실은 일종의 교권경쟁
이었으며, 한국인 특유의 내분과 당파성이 발현된 것이라고 규정하
지 않을 수 없다.

통일교의 등장 시기는 한국기독교사적으로 보면 자생기독교의 출
현이라고 볼 수 있지만, 세계기독교사적으로 보면, 서구의 기독교가
이미 그들 지역에서 매너리즘에 빠져, 점차 대중들로부터 인기와 설
득력을 잃고 헤매던 시기였으며, 이어서 신앙인구의 급감에 직면하
기 직전의 시기였다. 다시 말하면 기독교의 새로운 해석과 성령운동
을 필요로 하고 있는 시점이었다. 통일교가 이 땅에서 일어난 것은
세계기독교사적으로 보면 그러한 신앙적 요구에 부응한 것이라고 말

할 수 있다.

통일교가 일본과 미국을 비롯하여 유럽, 아메리카, 러시아 등 세계 전 지역에서 선교에 성공을 거둘 수 있었던 것도 이러한 상황을 반영하기에 충분하다. 통일교는 도리어 한국선교에서 고전을 면치 못했던 것이다. "성자는 고향에서 대접받지 못한다."는 종교의 불문율이 여기서도 재현된 셈이다.

계시종교는 흔히 교주가 하나님의 계시를 받고 창도했다고 한다. 이것을 동양의 천지인 사상으로 설명하면 교주의 몸에서 천지가 조응한 결과이다. 말하자면 인중천지일人中天地—이다. 한 개인이 자신의 몸에서 천지가 만나는 순간을 경험하는 것은 흔히 있는 일이 아니다. 개인이 소속된 집단이나 국가나 세계를 위해서 기도하고 염원하는 과정에서 그러한 신비체험, 혹은 성현聖顯현상이 일어나는 것이다.

분명히 문선명 총재도 '세상을 구하겠다'는 열렬한 기도과정에서 그러한 계시를 받았을 것이다. 예수가 하나님으로부터 메시아의 사명을 받고 복음을 전한 것과 다를 바가 없다. 유대의 역사와 문화적 전통 위에서 설교와 기적을 행하였듯이 문 총재도 역시 한국의 역사와 문화적 전통 위에서 복음의 사업을 실천하는 것은 당연한 일이다.

외래종교와 외래사상에 길들여진 시각에서 보면 종교 발상지의 문화적 양식을 벗어나는 일은 교리를 벗어난 것처럼 생각하기 일쑤이지만 실은 문화적 양식이라는 것은 얼마든지 변용이 가능한 일이고, 그것이 신앙의 핵심은 아닌 것이다.

유대민족의 민족종교였던 유대교가 예수의 탄생과 더불어 민족의 범위를 벗어나서 보편종교로서 세계적인 기독교가 된 것은 그리스 출신 사도 바울의 힘에 의해서였다. 기독교는 바울의 로고스에 힘입어 로마와 서구를 끌어안고 오늘날의 기독교가 된 것이다. 초대교회 교부들이 대부분 유대인이 아닌 그리스인과 로마인이었다는 사실이 이를 증명한다. 그래서 혹자는 기독교를 '바울의 교'라고까지 말한다.

오늘날 통일교는 기독교의 전통에서 출발하였지만 불교와 유교, 선교仙教, 그리고 구한말 한국에서 자생한 동학東學까지 끌어안으면서 세계종교로 발돋움한 것은 세계종교사에서도 보기 드문 20세기 최대의 사건임에 틀림없다. 이는 한국에 예부터 전해 내려온 유불선 삼교회통三敎會通 정신의 부활이라고 말할 수 있다.

통일교는 한 마디로 '종의 종교'였던 기독교를 '주인의 종교'로, '하나님아버지'의 종교였던 기독교를 '하늘 부모' 혹은 '천지인 참부모'의 종교로, '대상의 종교'였던 기독교를 '자각의 종교'로 탈바꿈시키면서 시대적 요구에 걸맞은 새로운 복음을 서구기독교인들에게 줌으로써 창교 1세기도 못되어 세계 1백 90여 개국에 뿌리를 내렸다.

통일교는 혁명적 기독교라고 해도 과언이 아니다. 메시아를 완성함으로써 인류로 하여금 메시아사상으로부터 벗어나게 하는 역할을 동시에 하고 있으니 말이다. 메시아의 이중성이 가장 잘 드러나고 소화된 기독교가 통일교라고 해도 과언이 아니다.

기성기독교의 해체적 완성, 완성적 해체

통일교는 기독교의 완성성약시대을 통해 도리어 기독교를 해체하려는 종교인지도 모른다. 기성기독교의 '해체적 완성'이나 '완성적 해체'를 실현하려고 한 종교가 통일교라는 뜻이다. 구태의연한 기독교의 보수적 교리와 후기 자본주의의 배금주의와 결탁하여 타락한 현대기독교의 모습은 일신되어야 마땅하다.

인류는 앞으로 주체와 객체가 이분·고정된 세계를 벗어나는 삶을 누리게 될 것이다. 미래 인류는 대상적 인식을 기초로 하는 대상 종교나 대상 과학, 대상 예술을 벗어나는 생활의 가능성이 점쳐지고 있다. 주체-대상의 존재보다는 교감과 소통을 우선할 것이다.

문선명 선생은 무엇보다도 한없이 기다리는 것이 메시아가 아니라 스스로 담당하고 실현하는 것으로서 메시아의 전범을 보인 인물로 평가된다. 기다림의 메시아의 종지부를 찍은 인물이다.

예수도 실은 과거에 실패한 메시아가 아니라 당시 현존적으로 메시아를 실현한 인물이며, 문선명 선생도 실은 재림메시아가 아니라 현존적으로 메시아를 실현한 인물이다. 이때의 '현존적'이라고 함은 시간에 구애되지 않는 존재임을 말한다. 구약의 전통과 함께 신약의 예수 사건을 역사적으로 기술하다 보니까 예수를 과거의 메시아로 보고, 그다음에 오는 메시아는 자연스럽게 재림메시아가 되었던 셈이다.

'메시아의 실현'이라는 사건은 과거도 미래도 아닌 '현존적 사건'이다.

실지로 메시아는 과거와 미래의 메시아가 아니라 '현존적 메시아'가 되지 않으면 안 된다. 문선명 선생도 예수와 같은 '현존적 메시아'였던 것이다.

기독교 성경뿐만 아니라 모든 텍스트는 종전과 다르게 해석될 수 있는 것이 해석학의 본래적 모습이자 열린 해석학적 태도이다. 하나의 해석에 절대성을 부여하는 것은 해석학의 본래적 성격과도 맞지 않는, 일종의 정치적 독재나 전제와 같은 것이다. 다시 말하면 성경의 다른 해석과 함께 다른 종파가 출현하는 것이야말로 신앙의 자유이며, 자유로운 신앙의 모습이다.

예수도 실은 유대교의 구약을 새롭게 해석하여 신약을 성립하였던 것이다. 바로 신약도 열린 해석학의 산물이라고 하지 않을 수 없다. 정확하게 말하면 이단의 역사가 기독교의 역사라고 말할 수도 있을 것이다. 한때 이단으로 몰렸던 개신교는 천주교보다 한술 더 떠서 통일교를 몰아세웠는데 통일교의 성공에 비례하여 그 비판과 매도도 가장 극악한 수준인 '적그리스도', '사탄'으로 몰아세우기도 했다.

이는 한국인 특유의 '사촌 논 사면 배 아프다'는 식의 질투문화의 소산이라고 하지 않을 수 없다. 한국인은 철저히 자기를 부정하고 자신을 믿지 않으면서 동시에 해외에서 들어온 종교나 사상에는 맹종하는 정신적 사대주의의 버릇이 있다. 따라서 해외문화에 맹종하는 잘못된 패거리의식과 시골 골목대장의식이 만연한 게 한국의 현실이다.

보수기독교가 통일교를 바라보는 시각은 마치 한국인이 해외에서 세계적인 종교를 만들어내는 것은 있을 수 없는 사악한 일처럼 대하는 태도를 보이고 있다. 한편으로는 자기불신과 열등감에 가득 차 있으면서 다른 한편으로는 서로 과시하고 잘난 체하고, 질투에 빠져있는 완벽한 모순을 연출하고 있는 것이 한국종교의 현주소이다.

통일교의 탄생

유대교는 경전과 의식에만 얽매여 여태껏 유대민족의 종교에 머물렀고, 기독교는 하나님아버지 사상과 사랑으로 전 세계 지구촌에 퍼져 가장 지배적인 종교적 위상을 정립하였다. 그러나 기독교와 과학과 자본주의가 함께 이루어낸 현대산업사회는 여러 환경의 문제를 드러내고 있다. 이에 자연을 대상으로 보는 인식에 제동을 거는 새로운 철학과 세계관, 예컨대 생태문화운동이라든가, 탈脫 개념철학의 등장 등은 좋은 예가 된다.

여기에 가장 걸맞게 적응한 기독교가 바로 통일교인 것이다. 통일교는 전반적으로 동양의 음양사상과 상징을 교리 전체에 폭넓게 활용함으로써 교리해석에 있어서 탄력성을 재고하고 있으며, 시공간의 한계를 벗어나고 있다는 점이 눈에 띈다.

통일교의 교리에선 어떠한 개념이나 상징도 둘로 갈라지고 다시 하나로 통합되는 가역관계에 있게 된다. 예컨대 가인과 아벨, 선과 악은 고정된 것이 아니라 가인 역할과 아벨 역할, 선한 역할, 악한 역할이 된다. 말하자면 고정되는 것이 아니라 일종의 연극의 역할이 된다. 결국 탕감복귀를 위한 책임분담의 놀이인 셈이다.

이러한 탕감복귀, 책임분담의 놀이는 절대적인 기독교문명의 원죄와 종말사관에서 보면 받아들이기 어려운 해석일지도 모른다. 외래 사상에 길들여진 시각에서 보면 종교 발상지의 문화적 양식을 벗어나는 일은 교리를 벗어난 것처럼 생각하기 일쑤이지만 실은 문화적 양식이라는 것은 얼마든지 변용이 가능한 일이고, 그것이 신앙의 핵심은 아닌 것이다. 서로 다른 종교의 융합과 변용도 마찬가지이다.

천부경과 사서삼경을 배움

문 총재는 독실한 기독교 집안에서 태어났지만 어릴 때부터 한문 서당에서 동몽선습童蒙先習과 명심보감明心寶鑑, 그리고 사서삼경四書三經을 비롯한 유학儒學을 접했고, 더욱이 유불선儒佛仙 삼묘지도三妙之道의 나라에서 선교仙敎, 神敎 혹은 샤머니즘에 익숙하였을 것이다. 따라서 이를 토대로 기독교를 융합하는 것은 당연한 일이다.

문 총재는 통일교를 창도하기 전에 전국 팔도를 유람하면서 계룡산을 비롯해서 전국의 산천에 흩어진 수많은 도인들과 수도자를 만났으며 그들로부터 한국의 전통종교와 사상의 핵심을 접할 수 있었다. 이때 동서고금을 회통하는 깨달음에 도달하였을 것이다.

이때 한국 고유의 경전인 천부경天符經도 접했을 것이다. 특히 경허鏡虛, 1846~1912선사가 서산 천장암天藏庵에서 가르친 세 제자 수월水月,

1855~1928과 혜월慧月, 1861~1937, 만공滿空: 月面, 1871~1946 가운데 수월 스님 문중과의 인연이 간간히 드러나고 있다. 수월스님은 말늘이 아니라 체득體得으로써 유불선에 회통하여 천부경의 해석에 탁월함을 보였다고 한다.

수월은 북쪽에서, 만공월면은 중부에서, 해월은 남쪽에서 불도를 펼쳤는데 수월은 북쪽에서 도를 펼쳤기에 천부경의 출처로 알려진 묘향산과 구월산 등의 전통과도 익숙해서 이것이 문 총재에게로 연결되었을 것으로 짐작된다.

한국인의 전통적인 '하늘신앙'과 유대기독교의 '하늘신앙'은 같으면서 다르고, 다르면서 같은 동이同異의 관계에 있다. 최근에 고고학자나 인류학자들의 연구결과를 보면 유대인과 한민족의 원류가 같다는 주장과 공통의 원형문화에 대한 견해가 속출하고 있다.

역사학자 정형진은《고깔모자를 쓴 단군》에서 수메르 문화와 환인 단군문화의 공통뿌리를 주장했다.[1] 유라시아 혹은 시베리아 문화의 인류문화사적 위치에 대한 연구가 더 진척되어야 하겠지만, 적어도 현대인이 생각하는 것보다는 훨씬 더 활발하게 인구이동과 문화전파 및 교류가 있었던 것으로 보인다.

이스라엘 민족과 한민족의 공통점과 기독교신화와 단군신화의 문화적 유사성, 그리고 후천개벽이라는 커다란 지구촌 문명변혁의 시기에 왜 한국에서 기독교가 크게 발흥하는지에 대해서는 인류문화의 원시반본적 성격이 있는 것도 사실이다. 물론 문화 유형적으로 똑같

---

1 정형진, 『고깔모자를 쓴 단군』 (백산자료원, 2003.)

은 것은 아니지만 시작한 곳으로 다시 돌아오는 인류 원형문화의 성격과 동향은 큰 관심사가 아닐 수 없다.

중동의 수메르인이나 유대인은 서구중심사고에 의해 쉽게 백인종이었을 것으로 생각하지만 황인종이었다는 주장도 나오고 있다. 유대인과 한민족은 인종과 문화 양면에서 관심을 끌고 있으며, 이는 특히 문선명 총재의 한국사에서의 등장과 맞물려서 의미를 더하고 있다.

문 총재는 종교적 인간의 측면에서 기독교전통을 바탕으로 한반도 순례를 통해 하늘신앙의 동서고금의 융합이라는 최종적 완성에 도달하였을 것으로 짐작된다. 모든 성인의 앞에는 선지자가 있기 마련이다.

당시 한국은 일제 식민 상태에 있었고, 소위 기독교라는 서학西學이 도도하게 밀려오는 상황에 맞서 수운水雲 최제우崔濟愚 선생은 동학東學을 제창하였고, 동학은 우리민족의 정신적 지주가 되었다. 동학은 서학에 대응하는 것이었지만, 동시에 서학을 수용하는 것이기도 했다.

동학은 그 후 여러 종파가 생성되는 근본적인 뿌리가 되었다. 증산교, 원불교, 갱정유교, 그리고 통일교도 동학의 사상과 무관하지 않는 것 같다.

동학과 통일교

동학의 영향에서 가장 큰 것은 뭐니 뭐니 해도 후천개벽後天開闢사상이다. 한국의 근대 자생종교들의 공통메뉴가 바로 후천개벽사상이다.

후천개벽사상은 서양의 기독교 논리로 보면 도저히 해석이 되지 않는 부분이다. 기독교는 '창조創造-종말終末'사상이 근간을 이루고 있기 때문이다. 후천개벽 사상은 어떤 종교보다도 우리민족에게 예부터 내려오는 천부경天符經사상과 피를 통하고 있다.

동양의 경전 가운데 천부경은 '하늘天=일一'의 사상을 기조로 한 경전이고, 주역은 '땅地=음양=이二'의 사상을 기조로 한 경전이다. 이것을 융합하는, 인중천지일人中天地一을 할 수 있는 '사람人=삼三'이다. 천부경은 주역을 내포하고 있는 경전이다. 그래서 우리 민족은 예부터 '삼일三一'사상을 좋아했다.

문 총재만큼 천지인 사상을 좋아하고 이를 기독교 사상과 접목시켜서 푼 사람은 없을 것이다. 문 총재는 동양의 역학과 육십갑자를 항상 손과 입에 달고 다녔던 인물이고, 기념일을 정할 때는 항상 상수학象數學을 동원했다.

천부경의 사상을 요약하면 '무시無始-무종無終'의 사상이다. 무시무종의 사상은 기독교적 '창조-종말'사상을 하나의 단락으로 보게 됨으로써 후천사상이 태동할 수 있는 근거가 된다. 이는 물론 자연의 생성 변화를 중심으로 살아온 동양의 역易사상과도 뿌리를 같이 하고 있다. 동양 사람이면 누구나 익숙하게 아는 선천복희팔괘, 후천문왕팔괘 사상이 그것이다. 선천 상극시대에서 후천 상생시대로 넘어가는 것은 구한말부터 우리 땅에 전해 내려온 천지의 세계관이다.

동학사상을 간추려 보면 우선 기독교의 하나님하느님에 해당하는 신은 한울님이 된다. 기독교의 하느님은 인격신이면서 '대상으로서의 신'이며 동시에 '주체로서의 신'이다. 동양에서는 '하늘天'을 천지자연을 대표하는 의미로 사용해온 전통을 가지고 있다.

동학의 '한울님=천주天主'는 기독교의 천주天主 혹은 '하나님'과 같은 뜻으로 쓰이기도 하지만 이중성을 가지고 있다. 기독교적 '하나님'과 동양의 '하늘한울사상'이 겹쳐져 있다. 기독교의 하나님이 '닫힌유일절대 하나님'이라면 동학의 한울님은 '열린개벽 하나님'이 되는 셈이다.

성경의 번역과정에서 우리민족에게 기독교의 '여호와'의 의미를 전달하려고 같은 의미를 찾다보니까 결국 '천주' '하느님하나님'이라는 말을 대입하였지만, 정작 신학적 의미는 같기도 하고 다르기도 한 것이다. 오늘날 가톨릭에서는 '천주'라는 말을 사용하고 있고, 개신교에서는 '하나님'으로 통일하고 있다. 동학의 한울은 자연을 말한다. "봄과 가을이 갈아갈마들고 사시가 성하고 쇠함"[2]을 말한다.

동학의 한울하늘에 '님'자를 플러스한 한울님은 '님'이라고 부르면서 인격적인대상적인 의미가 추가되지만, 근본적으로 동학의 한울은 자연의 의미가 크다. 이밖에도 동학의 여러 개념들은 기독교적으로 해석을 하면 통일교의 신학과 피가 통한다. 이는 물론 문선명 총재가 한국인이기 때문에 당연한 것이다.

예컨대 무위이화無爲而化, 불연기연不然其然, 동귀일체同歸一體도 동학을 상징하는 대표적인 용어로서 서구 기독교를 일신하는 주옥과 같은 관념idea을 가지고 있다.

무위이화無爲而化는 ≪동경대전東經大全≫의 〈논학문論學文〉에 나오는

---

2 천도교 중앙총부, 『天道敎 經典』 (천도교중앙총부출판부, 포덕 133년), 15쪽.

데 무위無爲하면서도 변화하는 존재에 대한 표현이라고 할 수 있다. 이는 바로 자연이다. "우리 도는 무위이화라. 중략 서양 사람은 말에 차례가 없고 글에 순서가 없으며 도무지 한울님을 위하는 단서가 없고, 다만 제 몸만을 위하여 빌 따름이니라. 몸에는 기화지신氣化之神이 없고, 학에는 한울님의 가르침이 없으니 형식은 있으나 자취가 없고 생각하는 것 같지만 주문이 없는지라. 도는 허무한 데 가깝고 학은 한울님 위하는 것이 아니니, 어찌 다름이 없다고 하겠는가."[3]

동학의 한울님은 서양의 기독교 하느님과 다름을 천명하고 있다. 또 "자연의 이치가 아닌 것이 아니다.不無自然之理"[4]라고 말한다. 무위이화는 동학이 노장의 무위자연無爲自然의 전통을 잇고 있음을 극명하게 드러내고 있다.

불연기연不然其然은 존재의 이중성을 일찍이 간파하였음을 확실히 하고 있다. "그 그러함을 미루어 보면 기연이나 그렇지 않음을 찾아서 생각하면 불연은 불연이라.由其然而看之則 其然如其然 探不然而思之則 不然于不然"[5]이다. 불연기연은 불연은 존재자, 기연은 존재로 대응시키면, 하이데거의 존재론에 흡사하다. 동귀일체同歸一體는 또한 모든 존재는 결국 하나로 환원還元되는 것이 아니라 귀속歸屬한다는 점을 상기시키고 있다. 이는 하이데거가 모든 존재는 현존재에로 귀속한다고 하는 것과 같다.

---

3 천도교 중앙총부, 『天道敎 經典』(천도교중앙총부출판부, 포덕 133년), 30~31쪽.
4 천도교 중앙총부, 『天道敎 經典』(천도교중앙총부출판부, 포덕 133년), 29쪽.
5 천도교 중앙총부, 『天道敎 經典』(천도교중앙총부출판부, 포덕 133년), 58쪽.

동학의 2대 교주 해월海月 최시형崔時亨:에 이르러서 이심치심以心治心, 이천식천以天食天, 양천주養天主, 천지이기天地理氣, 천지부모天地父母, 심령지령心靈之靈, 인시천人是天, 부인수도婦人修道개념까지 등장한다.

≪동경대전≫ 〈해월선사법설海月神師法說〉에 나오는 이심치심以心治心은 이렇다. "사람의 마음에 어찌 두 가지 뿌리가 있으리오. 다만 마음은 하나이지마는 그 씀에 치심이 되나니, 이심은 한울님 마음이요, 치심은 사람의 마음이니라."[6]

이천식천以天食天은 한울의 동질성과 이질성을 논하고 있다. 이천식천 중 이천以天은 동질성을, 식천食天은 이질성을 말하고 있다.

"내 항상 말할 때에 물건마다 한울이요, 일마다 한울이라 하였나니, 만약 이 이치를 옳다고 인정한다면 모든 물건이 다 한울로서 한울을 먹는 것 아님이 없을지니. 한울로서 한울을 먹는 것은 어찌 생각하면 이치에 서로 맞지 않는 것 같으니, 그러나 이것은 사람의 마음이 한쪽으로 치우쳐서 보는 일이요, 만일 한울 전체全體로 본다면 한울이 한울 전체를 키우기 위하여 같은 바탕同質이 된 자는 서로 도와줌으로써 서로 기운이 화합을 이루게 하고, 다른 바탕이 된 자는 한울로서 한울을 먹는 것으로써 서로 기운이 화함을 통하게 하는 것이니. 그러므로 한울은 한쪽 편에서 '동질적 기화同質的 氣化'로 종속을 기르게 하고, 한쪽 편에서 '이질적 기화異質的 氣化'로써 종속과 종속의 서로 연결된 성장발전을 도모하는 것이니, 합하여 말하면 한울로서

---

6 천도교 중앙총부, 『天道敎 經典』(천도교중앙총부출판부, 포덕 133년), 361쪽.

한울을 먹는 것은 곧 한울의 기화작용으로 볼 수 있다."[7]

심령지령心靈之靈의 설명을 보자.

"세상 사람은 천령의 영함을 알지 못하고 또한 심령의 영향도 알지 못하고, 다만 잡신의 영함만을 아니 어찌 병이 아니겠는가. 중략 근본을 알지 못하고 한갓 글 외우기만 하니 한심한 일이로다. 이 근본을 투철하게 안 뒤에라야 바로 한울을 안다고 이르리라. 무엇으로써 음양이 되었으며, 무엇으로써 귀신이 되었으며, 무엇으로써 조화가 되었으며, 무엇으로써 명命이 되었으며, 무엇으로써 기운이 되었는가. 보였는데 보이지 아니하고, 들렸는데 들리지 않는 데 이르러야 가히 도를 이루었다고 할 것이요, 밖으로 접령接靈하는 기운이 있음과 안으로 강화降話의 가르침이 있음을 확실히 투득透得해야 가히 덕을 세웠다 말할 것이니, 그렇지 못하면 탁명托名하였다는 것을 면치 못하니라."[8]

다소 현학적인 것 같지만 실은 위의 문장의 진의를 안다면 바로 동양의 천도天道와 신령神靈에 이르렀다고 말할 수 있을 것이다. 만약 문선명 총재가 이것을 접하여 체득하였다면 서양의 기독교를 새롭게 전개하는 데에 큰 힘을 얻었을 것이다.

이 밖에도 천주하나님를 기른다는 양천주養天主의 개념, 천지를 이기理氣로 보는 천지이기天地理氣의 개념, 천지를 부모로 보는 천지부모天地父母의 개념 등은 그야말로 기독교를 일신하는 통일교의 교리해석에서 쉽게 찾아볼 수 있는 개념들이다.

---

7 천도교 중앙총부, 『天道敎 經典』 (천도교중앙총부출판부, 포덕 133년), 364~365쪽.
8 천도교 중앙총부, 『天道敎 經典』 (천도교중앙총부출판부, 포덕 133년), 274~278쪽.

통일교의 '심정의 하나님'은 바로 서양의 절대의 하나님을 동양적으로 해석한 것이라고 하지 않을 수 없다. 계시종교로서의 통일교가 천명天命에 의해서 비롯된 것도 이와 관련을 지을 수 있다.

동학은 무엇보다도 여성성으로 완성된다. 그것이 '부인수도'이다. 인류종교에서 이보다 여성을 앞세운 종교는 없었다. 이는 후천개벽 시대가 바로 여성이 제자리를 회복하는우위에 서는 시대이기 때문이다. 기독교 사상으로 보면 여성은 원죄의 중심에 있지만 역설적으로 그 죄를 벗어나는 것도 여성에서 비롯됨은 당연한 이치일 것이다.

통일교에서 '참어머님'을 강조하고, 하나님을 말할 때 항상 '어머니'를 함께 하면서 '천지인 참부모님' '하늘 부모님' 등 동등한 자격으로 부르는 것은 부인수도의 연장선상에서 볼 수 있다. 이는 남녀평등 시대는 물론이고, 종래 가부장적 사고와는 달리 상대적으로 여성 시대의 도래를 강조[9]하는 것이다.

"부인수도는 우리 도의 근본이니라. 이제로부터 부인 도통이 많이 나리라. 이것은 일남구녀一男九女를 비한 운이니, 지난 때에는 부인을 압박하였으나 지금 이 운을 당하여서는 부인 도통으로 사람 살리는 이가 많으리니, 이것은 사람이 다 어머니의 포태 속에서 나서 자라는 것과 같으니라."[10]

기氣 자체가 바로 여성성이다. 눈에 보이지 않는 기야말로 세계를 움직이는 바탕이며, 기야말로 바로 자연이고, 자연이야말로 바로 여

9 천도교 중앙총부, 『天道敎 經典』(천도교중앙총부출판부, 포덕 133년), 274~278쪽.
10 천도교 중앙총부, 『天道敎 經典』(천도교중앙총부출판부, 포덕 133년), 342~343쪽.

성성의 뭉침이다. 자연은 인류가 새롭게 추구하여야 할 보편성이라기보다는 하늘로부터 부여받은 선물이며, 그러한 점에서 누구나 가지고 있는 일반성이다.

동학의 한울님은 기독교의 하나님의 의미를 재해석하고, 새로운 하나님사상, 즉 열린 하나님으로 나아가는 여러 가지 사상idea과 세계관이 담겨져 있는 보고寶庫이다.

동학은 무엇보다도 재래의 음양사상이 잘 반영되어 있다. 음양사상은 선지자나 지혜로운 사람들이 활용하기에 따라서는 무궁무진한 사상의 보고이다. 일찍이 한학을 배운 문선명 총재는 전통사상의 부활이라는 측면에서도 탁월함을 보였던 것이다.

필자가 동학사상을 비교적 소상히 말하는 것은 기독교 해석에서 통일교의 독창성과 전향성이 발휘되는 부분이 대개 동학사상을 기반으로 보면 보다 쉽게 해석이 가능하고, 설득력 있는 설명이 되기 때문이다.

흔히 동학과 전통 샤머니즘이 만나서 증산교가 탄생하였다고 한다. 그만큼 증산교는 동학이 가지고 있던 유학주자학중심의 사상을 토속적으로 변형시켰다고 할 수 있다. 이를 토착화라고 말할 수 있을 것이다.

전통신앙들과 통일교

통일교는 동학은 물론이고, 증산교의 정음정양正陰正陽과 천지공사

天地公事, 오선위기五仙圍碁 사상, 그리고 김일부金一夫의 정역正易사상 등 한국의 여러 전통신앙들의 영향과 습합을 보이고 있으며, 때로는 그 형태마저도 유사한 부분이 적지 않다.

통일교의 여성 시대의 전개와 세계평화통일가정연합으로의 변신, 그리고 문선명 총재의 말씀의 곳곳에 깔려 있는 역易사상 등은 모두 한국문화가 가지고 있는 전통문화의 목록이며, 천지의 기운생동에 따른 후천개벽시대의 도래에 맞추어 한국문화 = 東夷문화가 세계의 중심으로 부상하는 단초를 보인 것으로 평가된다.

동학의 영향을 받은 신흥종교 가운데 기독교의 통일교가 가장 늦게 발흥한 종교였기 때문에 그 사이에 일어난 여러 자생종교의 특장이 기독교적인 재해석을 통해 통합되고 진화된 측면을 교리 곳곳에서 엿볼 수 있다.

그러한 점에서 통일신학은 유불선기독교가 사교회통四敎會通한 한국문화의 주체적·자주적·자생적·세계적 승리이다. 물론 재해석과정에서 기독교사상을 기조로 한 이유 때문에 기독교 사상이나 성경 내에서 재해석을 해야 하는 여러 제한도 있었지만, 가장 성공적으로 서구와 동양사상의 융합에 성공한 사례에 속한다. 그러나 이러한 재래사상, 전통사상이 통합되었다는 이유로 하나의 신흥종교가 종교로서 성공할 수 있는 것은 아니다.

이런 사상의 통합은 웬만한 선각자이면 누구나 할 수 있다. 그것보다는 교주의 실천력과 완성의 정도 면에서 문선명 총재는 그 누구보다도 탁월했다고 볼 수 있다. 그만큼 세계를 아우른 사상가·종교가는 없다. 다시 말하면 자신의 몸에서 천지간의 변화를 느끼는 강도가 다르다.

돌이켜 생각하면 또 기독교를 중심으로 일어났다는 것은 세계화를 생각할 때 그 어떤 종교보다도 유리한 고지를 점령하고 있고, 그렇기 때문에 가장 적임의 세계적인 신흥종교가 될 수 있었던 것이다.

유불선 사상과 결합된 기독교로서의 통일교

서양 사람들에게 새로운 종교사상이 전달되기 위해서는 기독교의 옷을 입지 않으면 불가능하다. 기독교로서 기독교를 바꾸는 길이 가장 험난한 길이면서도 가장 효과적인 길이었음에 틀림없다.

통일교는 무엇보다도 기독교적 보편성의 종교를 불교적 일반성으로 내려오게 한, 다시 말하면 누구나 부처가 될 수 있는 길, 누구나 신이 될 수 있는 길을 제시한 탁월한 신학적 종교이다. 하늘 높은 곳에서 군림하고 있는 기독교의 유일절대신을 땅으로 내려오게 하고, 무엇보다도 심정心情이라는 가슴으로 내려오게 한 종교이다.

이는 유학에서 출발하여 인내천人乃天 사상을 만들어낸 동학과는 또 다른 차원, 기독교적 맥락에서 인내신人乃神을 달성한 종교가 되었던 것이다. 동학의 인내천人乃天 사상이 서구문명에 대한 일차적 대응이었다면 통일교는 이보다 더 서구화된 이차적 대응이라고 할 수 있을 것이다.

통일교의 성공을 인류문명사적으로 확대해서 보면 기독교에서 출발하였지만, '닫힌 신'을 '열린 부처'로 변화시킨, 인도유럽어의 양단에서 있던 '신'과 '부처'를 문명적으로 왕래하게 하고 재통일한 탁월한 종교의 모습을 볼 수 있다. 그래서 유불선儒佛仙 삼교일치사상에서 유불선기독교 사교일치사상을 역사적으로 실천한 면모를 보였던 것이다. 혹자에 따라서는 기독교를 선仙의 일종으로 보면 유불선 삼교사상을 오늘에 다시 실천적으로 통합해낸 인물이 문선명 총재인 것이다.

인류문명사의 대전환의 시기에, 지천地天개벽의 시대에, 한국이라는 인류문명의 출발지에서 문선명이라는 인물이 태어난 것이다. 이를 음양학적으로 보면, 음의 양의 음이라고 말할 수 있다. 음동양, 한국의 양기독교의 음종교이다. 물론 생각에 따라서 음양의 조합과 해석은 얼마든지 다른 해석이 가능하다. 한 가지 분명한 것은 음양의 절묘한 조합 끝에 오늘의 통일교가 성립된 것이라는 점이다.

다시 말하면 통일교는 동양의 음양사상과 한국의 천부경사상을 비롯한 전통사상과 기독교 사상의 융합의 매우 성공적인 신학적 사례이며, 미래지향적 · 평화지향적인 기독교라는 점에서 통일교를 재평가하여야 할 것이다. 우리는 사대적인 입장이 아니라 주체적 · 자주적인 입장에서 통일교를 바라보아야 한다.

오늘날 골수 보수기독교단을 제외하고는 통일교를 심하게 이단시하지 않는 이유는 여기에 있다. 통일교를 단순히 기독교사상의 종교라고 보면 매우 단편적으로 보게 되는 것이다. 한국의 전통문화를 토대로 통일교를 바라보면 무엇보다 '한국적인 기독교'라는 점이 부각

된다.

통일교의 메시아사상

통일교의 여러 교리와 신학이 있지만 그 가운데서도 가장 두드러지는 것은 "내문 총재가 메시아"라는 선언이다. 정통 기독교에서 볼 때는 육신을 가진 특정 인물이 그렇게 주장하는 것은 도저히 받아들일 수 없는 사실임에 틀림없다. 메시아는 항상 기다리면서도 정작 육신을 가진 실체로 현실에 나타나서는 안 되고, 내일미래에 와야 할 존재, 끝없이 기다리게 하는 존재, 기다리는 희망을 가지게 하는 존재로 남아 있어야 하기 때문이다.

이는 서양문명, 혹은 서양 기독교의 결정적 내용이면서 동시에 기독교의 결함이며 핸디캡이다. 메시아는 현실적 존재가 아니라 미래적 존재로서만 용납되기 때문이다. 이 메시아사상의 비현실성과 이중성, 속임수와 모순을 정면 공격한 탁월한 종교지도자가 문선명 총재이다.

문 총재의 위대성은 인간이 '시간' 속에 방임한 메시아를 스스로 실체화함실체적 메시아으로써 지금까지 '한없이 기다리게 하던' 메시아론의 허구를 깨버렸다는 점이다. 이로써 지금까지 시간론 속에 현재라는 경계에 의해 과거와 미래로 양분되어 타자화된 메시아를 완성시키고 소멸시켜버렸다. 역사적 메시아는 더 이상 오지 않는다.

이제 메시아는 현존現存이 아니면 은적隱迹이 된다. 인간 각자의 마음속에서 살아 있지 않으면 메시아는 숨어버리는 존재가 되는 것이다. 메시아는 이제 각자의 마음에서 '하나의 위대한 사건'이 된 메시아인 것이다. 각자의 마음에서 사건이 된 메시아는 바로 살아 있는 신, '자신自神'인 것이다. 동학東學의 인내천人乃天의 완성도 살아 있는 자신인 것이다.

메시아는 각자의 마음에 살아 있는 '마음의 메시아'이다. 마음의 메시아야말로 '영원한 메시아'이고, '살아 있는 메시아'이다. 문선명 총재의 선각자적 모습은 바로 육신을 가진 자가 스스로 메시아가 되지 않으면 메시아사상은 결국 거짓말이 되고, 사기가 되고, 위선이 되고, 교회가 종교장사를 하는 것을 연장해주는 단체에 지나지 않는다는 것을 피할 수 없게 된다.

누군가는 스스로 메시아적 사명을 완수하지 않으면 메시아사상은 인류사적 거짓말이 된다. 바로 그 메시아적 사명을 스스로 맡아야 하는 인물이 나타날 때 메시아사상은 실현된다는 것을 누구보다 절실하게 깨달은 자가 문선명 총재이다.

그러나 아무나 '내가 메시아'라고 주장한다고 메시아가 되는 것은 아니다. 그것에 걸맞은 삶과 인생역정, 인류에의 기여, 인류의 평화를 위한 노력과 희생, 지상의 복지구현에 끼친 영향이 얼마나 컸던가를 살펴보지 않을 수 없다. 그러한 점에서 문 총재의 메시아적 사명의 실천을 객관적으로 살펴보고 평가하는 일은 앞으로 여러 사람의 몫이다.

문 총재는 무엇보다도 공산주의 및 마르크시스트와 세계 곳곳에서 대결하였으며, 카터 정권 때 미국의 대표적 일간지인 뉴욕타임스, 워싱턴포스트지조차도 소련의 영향권 하에 들어 좌파적 논지를 견지하던 것을 워싱턴 타임스지의 창간을 통해 균형을 회복했다.

특히 카터와 레이건이 경합한 1980년 대통령 선거 때 뉴스월드지를 통해 '레이건 후보 압도적인 승리' 기사를 대대적으로 보도하여동부에서 신문이 나왔을 때 시차로 인해 서부에서는 투표를 하지 않은 곳도 있어서 당선자에게 투표를 하게 하는 유권자의 심리를 이용하여 당선을 이끌었다.

문 총재는 그 후 레이건 집권기에 결국 구소련을 해체하는 데에 성공한다. 문 총재는 당시 막후에서 소련의 공산당 서기장 고르바초프를 설득해서 개혁개방을 이끌어냈으며, 실지로 모스크바 대학생들의 상당수를 미국에 초청하여 자유민주주의 사상을 고취시킴으로써 소련의 해체와 러시아의 등장을 이끌었다고 해도 과언이 아니다.

문 총재는 철저한 '하나님주의Godism'[11]을 통해 무신론자 및 공산주의자들과 싸웠으며, 승리했다. 문 총재는 북한의 김일성과도 담판을 했으며, 그의 전면에서 주체사상으로는 통일이 안 된다고 주장하여 파란을 일으키기도 했다. 이 밖에도 예를 들자면 부지기수이다.

문 총재가 단지 '내가 메시아다'라고 발언한 사실을 두고 일방적으로 매도해서는 안 된다는 말이다. 그가 일생동안 이룬 업적은 놀라운 것이며, 당대에 모든 소원을 이루었다. 그는 세속적인 권력의 탄압과

---

11 무형의 하나님이 아닌, 실체적인 '유형의 하나님'을 강조하기 위하여 통일교회가 처음 사용한 용어이다. 가디즘(Godism)은 기독교의 성삼위일체이론과 연결되는 것으로 '하나님의 아들=하나님의 몸=하나님'이 됨으로써 실체적 하나님의 실체를 지칭하게 된다. 가디즘은 무니즘(Moonism)과 같은 뜻이다.

억압, 그리고 댄버리교도소에 구속당하는 수모를 겪긴 하였지만 최종 승리하였다는 점에서 '메시아=희생양'의 선례를 깨뜨렸다는 점에서도 기억될 만하다.

메시아는 본래 희생양이고 희생제물을 의미한다. 메시아는 필연적으로 당대에서는 죽임을 당하거나 고통을 당하고 소외의 일생을 보내기 마련이다. 이는 인간이 시간의 동물인 데에 그 원인이 있다. 현재를 필요로 하면서 동시에 현재를 부정해야 하는 시간의 이중성이 문제인 것이다.

더욱이 세속적인 정치권력은 만약 누가 세상을 구원한다고 나선다면 권력의 생리상 자신에 대한 도전으로 생각하고 그냥 놔둘 수가 없는 것이다. '왕 중 왕'을 주장하던 예수가 십자가에서 못 박혀 죽은 사건도 그 때문이다. 정치의 원형은 종교이다. 정치권력 제일의 시대에 종교가 정치의 잘못됨을 지적하고 세상을 구원한다고 나서면 마치 제 할 일과 자신의 영역을 침해받은 것 같이 느끼기 때문이다.

예수도 죽임을 당했고, 구한말 동학의 교주 수운 최제우 선생도 죽임을 당했다. 이는 모두 세속의 권력, 제도권의 권력이 이들의 새로운 사상을 이단으로, 실정법을 위반한 범법으로 보았기 때문이다. 이런 관점에서 보면 문선명 총재는 비록 일제와 북한정권, 대한민국 정부에 의해 감옥에 수감되었지만 결과적으로 죽음의 상황에서 굴복하지 않고 살아나와 자연수를 다했다는 점에서 '메시아는 죽는다'는 고정관념도 깨뜨린 셈이다.

메시아는 생존 당시, 현재현실에서 인정되어서는 안 되고현실은 항상 부족과 불만투성이기 때문이다, 항상 과거에 있었거나 미래에 있어야만 하는 존재이다. 말하자면 시간의 과거와 같은 존재가 예수와 같은 희생당한 메시아이고, 시간의 미래와 같은 존재가 재림예수인 셈이다. 따라서 메시아는 현재가 없다. 메시아는 현재가 비어있다.

그런데 정작 예수도 당시에는 과거가 아니라 현재적現存的 존재였고, 현재적 메시아였다. 그것을 사건이 지난 오늘의 입장에서 보면 과거이지만, 실지로 메시아였던 시기는 당시의 현재였다. 따라서 오늘날 메시아도 미래적 존재가 아니라 현재적 존재이지 않으면 안 된다. 따라서 근본적으로 과거의 메시아와 미래의 메시아는 인간이 만들어 놓은 시간의 장난에 지나지 않는 셈이다. 메시아는 현존적으로 있지 않으면 성립되지 않는 것이다. 메시아는 시간으로부터 초월된 존재이다.

인류학적으로 볼 때 인간의 특징 가운데 가장 먼저 일어난 것이 바로 '도구적 인간Homo Hablis'이고, 그 다음이 '종교적 인간Homo religlosus이다. 인간은 본능적으로 종교적 인간이라는 말이다.

그렇다면 종교적 인간은 무엇을 의미할까? 하늘 혹은 산천에 희생犠牲이나 제물祭物을 바치면서 하늘이나 산천으로부터 다시 보다 축복과 행운을 비는 것이 종교적 제의이다. 그 신앙의 대상이 신이냐, 귀신이냐, 다른 동물이냐 하는 것은 그 다음의 문제이다. 제의는 따라서 자연으로부터 보다 많은 선물음식, 재화, 건강을 기대하는 메커니즘이다. 이는 예나 지금이나 마찬가지이다.

종교의 문제는 신의 유무有無나 진위眞僞의 문제라기보다는 필요必

要의 문제이다. 인간의 삶에 필요했기 때문에 종교는 오랜 인류의 삶에서 필수적인 제도가 되었다.

종교의 원류를 거슬러 올라가면 동물의 희생제 및 토테미즘totemism과 만나게 된다. 인구가 늘어나고, 집단의 삶이 더욱더 치열해지면서 인간집단은 저마다 토템을 가지고 있었고, 급기야 인간토템을 가지지 않으면 안 되었다. 바로 그 인간토템, 인간 제물이 실은 성인聖人이라는 존재이다. 성인이라는 '인간화된 희생'이라고 말할 수 있다.

우리는 흔히 인류의 4대 성인을 석가, 예수, 공자, 소크라테스라고 말한다. 이들은 모두 함께 사는 인류의 공동체정신과 전쟁으로 치닫는 인간사회에 평화를 역설한 인물이다. 말하자면 과거에는 토템이라는 동물을 바침으로써 삶의 평화를 도모할 수 있었는데 인구의 증가와 함께 평화라는 보다 추상적인 것을 도모하지 않으면 집단의 행복이 유지되지 않았기 때문이다.

결국 인류의 4대 문명권은 이들 성인이라는 희생인간을 하늘에 바침으로써 평화를 가까스로 유지하고 있는 셈이다. 인류는 앞으로도 계속해서 역사라는 제단에 인간희생을 바칠 것이다. 하늘은 제물로서 다른 동물의 고기나 곡식보다 인간 스스로를 바치는 절실함아브라함이 이삭을 바치는을 보여야 인간의 부름에 답할 것이기 때문이다.

오늘날 평화보다 더 중요한 덕목은 없을 것이다. 그럼에도 불구하고 인간의 욕망은 끝이 없다. 그 욕망에는 자유와 평등과 사랑과 이상과 행복과 재화가 들어있다. 바로 그 욕망 때문에 평화가 유지되지 못하고 전쟁에 말려들어갔던 것이 세계사이다. 전쟁으로 점철된 것이 인간의 역사이다. 심지어 평화를 유지하기 위해 전쟁을 감행하는 모순에 빠지기도 한다.

신神을 모신 지 수만 년, 부처님·예수님을 모신 지 수천 년이 지났건만 인류의 평화와 행복은 실현되지 않고 있다. 현대의 철학자들은 바로 '신이 인간神人'이고, '인간이 신人神'이라는 가역성과 이중성을 말한다. 그래서 고정불변의 신, 기독교의 신과 같은 절대적인 신, 죄와 벌을 주는 신을 부정하기에 이른다.

기독교는 일대 혁신을 요구받고 있다. 이제 주일마다 예배나 미사를 드리고, 입으로 기도를 하고, 고해성사를 하고 죄의 사함을 받았다고 하는 의례적인 신앙으로는 인류의 진정한 평화와 행복을 얻을 수 없고, 각자가 스스로 성인들의 가난한, 욕심 없는 삶에 가까이 가려고 노력하고 실천하지 않으면 안 된다. 결국 이제 신에게 위탁했던 인류의 구원과 평화는 인간의 손에 달려있음을 알지 않으면 안 된다.

인류의 4대 성인들은 각 문화권에서 생성된 인간 희생이었다. 인류는 이들 희생을 통해 '대신代身의 체계'인 자연에서 '대리代理의 체계'[12]인 문화를 만들었다. 성인들도 가부장사회를 지원하는 문화적 장치였으며, 인구의 증가와 함께 등장한 국가와 보편성을 지원함으로써 사람을 둘러싸고 있는 자연환경의 특수성을 무시하게 하는 데에 일조하였다.

기독교 성경을 비롯한 모든 고등 종교의 경전들은 사람들로 하여금 자연으로부터 멀어지는 결과를 초래했다. 말하자면 성인들은 자

---

12 박정진, 『소리의 철학, 포노로지』 (소나무, 2012), 256~271쪽.

연의 토템을 사라지게 한 인간 토템, 샤먼으로서 인간에게서 자연과 자연의 본능을 빼앗고 그 대신 경전체계를 주었던 셈이다. 모든 경전체계는 자연적인 것이 아니고 인위적인 것으로 시공간적_{역사·사회적}으로 한계가 있을 수밖에 없다.

그러나 그 문화에는 이들 성인들이 살아 있지 않다. 말하자면 불교에는 부처가 없고, 기독교에는 예수가 없고, 유교에는 공자가 없고, 서양철학에는 소크라테스가 없다. 이는 모두 인간들이 자신들의 입장에서 이치理致만 바라보고 스스로 대신체계인 희생에 뛰어들지 못하였기 때문이다.

성인聖人들은 인류문명의 희생양어린양으로 인간의 섬김의 대상이 되지만 실은 먹이나 식량이 되는 동물들과 같은, 자연과 문명의 이중적인 경계 영역에 있는 초인간적 존재들이다. 성인들은 자신이 속한 집단이나 사회의 인간들을 살리기 위해 소외되거나 희생된 존재들이다. 성인들은 자연의 본능을 그대로 가진 존재들로서 고등 종교의 등장과 함께 형성된 종래 토템totem의 변형들이다. 성인은 인간 토템이다.

사람들은 성인들로부터 진리를 배우기보다는 그들을 욕망과 이상을 채우는 수단고해성사, 구속과 구원, 천국과 극락으로 사용함으로써 스스로 선하지 않으면서 선한 그룹에 들어있다는 착각을 불러일으킴으로써 더욱더 악한 '이율배반적 존재'가 되었다. 그러한 점에서 이제 더 이상 성인들은 필요 없다. 인간은 이제 각자가 성인이 되어야 하고, 각자 종교의 실천자가 되지 않으면 안 된다.

우상으로서의 부처와 하나님은 없다. 아무리 기다려도 부처와 하나님은 오지 않는다. 더 이상 그들을 통해서 인간의 욕망을 투사해서는 안 된다. 그들은 인간의 욕망을 위한 희생물이다. 만약 부처와 하나님이 있다면 인간 각자에게 있을 것이고, 인간은 자신의 욕망을 절제하여야 할 것이다. 한 가지 희망은 욕망 속에 욕망의 절제가 있고, 절제로 인해서 우상을 극복할 수 있는 기회와 힘이 주어진다는 점이다.

니체가 "신은 죽었다."라고 선언한 것은 바로 권력과 소유에 집착하는 인간신의 사망선고였던 것이다. 왜 니체는 그렇게 하지 않으면 안 되었던가. 이는 위선적인 기독교에 대한 맹렬한 비판이다. 니체는 기독교와 과학과 자본주의 경제가 한통속이 되어 전쟁을 촉발하고, 빈부격차를 심화시키는 현대사회에 대해 매우 허무주의적인 입장을 취했다.

그런 점에서 이제 "메시아는 더 이상 오지 않는다."라고 말할 수 있다. 이는 메시아가 기다리는 존재가 아니라 인간 스스로 달성하여야 하는 존재임을 문선명 총재가 확실하게 인지시켰기 때문이다. 통일교도들은 메시아가 이미 지상에 다녀갔기 때문에 다시 오지 않는다고 생각할 것이다. 그렇지 않더라도 메시아사상은 시간의 모순과 관련된 인간사유의 조건에서 비롯된 것이다. 이제 사명을 다하지 못한 과거의 메시아, 미래의 메시아는 지워버려야 한다.

정치권력과 종교권력의 싸움은 정교일치로, 기성종교와 신흥종교의 싸움은 교회일치운동으로 극복되어야 한다. 서로 다른 종교와 교파간의 싸움도 종교일치운동으로 극복되어야 한다. 만약 기성종교가 종교를 가장한 정치권력이 되거나 신흥종교가 종교를 가장한 신흥정치권력이 되면 인류는 결코 구원을 받지 못할 것이다.

대승기독교로서의 통일교

진정으로 신에 이르면 내가 신이 되고, 신이 다시 내가 된다. 주체가 객체가 되고 객체가 주체가 된다. 결국 우주는 만물이 신이 되는 만물만신萬物萬神의 놀이이거나, 주체와 객체의 놀이에 지나지 않는다. 여기서 샤머니즘과 과학의 차이가 없게 된다. 최고의 샤머니즘이 최고의 과학이다.

"내가 신이 되지 않으면 신은 없다."

"내가 메시아가 되지 않으면 메시아는 없다."

문선명 총재는 바로 이러한 진리를 몸소 깨닫고 실천한 인물이다. 말하자면 신과 메시아를 몸으로써 증명한 '실체적 메시아'인 것이다. 기독교에서 출발한 통일교가 대승기독교가 되는 길은 바로 '신마저도 불쌍하게 여긴' 문 총재의 깨달음과 사상에 있는 것이며, 그러한 경지에 도달한 인물이야말로 '스스로 메시아가 될 수 있는 자격을 갖춘 인물'이다.

대승기독교로서의 통일교는 바로 유불선기독교 사교회통을 실현할 때 비로소 가능한 것이다.

"본래 만물이 생명이다. 만물이 본래 생명이 아니면 생명은 없다. 그래서 만물생명이다."

만물은 인간의 소유의 대상이 아니다. 만물은 스스로 존재하는 것들이다. 만물은 만신이며, 서로 의기투합하는 것이다. 말하자면 존재의 의기투합이 만물만신이며, 만물만신이 의기투합이다. 그러면 모든 존재는 자기자신에 돌아가게 된다. 이것이 바로 자신자신자신자신自身自信自新自神의 경지에 이르는 자연自然 본래이다.

인류는 소유로부터 존재로 나아가야 한다. 소유의 시작은 남성이 여성을 소유하고, 사람이 토지를 소유하고부터이다. 통일신학이 천명한 바 있는 '여성해방' '사탄해방' '사물해방' '전인구원全人救援'은 그런 점에서 기독교의 새로운 혁명과도 같은 개념이자 선언이다. 이브의 원죄로 낙원추방이 되었던 기독교 신학적 인간은 다시 욕망을 일으키는 사탄과 사물마저 해방시킴으로써 완전히 소유로부터 벗어나게 되는 신학적 길을 마련하게 되었다.

문 총재는 '영·육계 해방'과 '낙원·지옥 철폐와 천국 입적 선포의 날'을 선언하기에 이른다. 이런 선포는 선언적인 것이라고 하더라도 기독교의 이분법을 종합적으로 무화시킴으로써 동양의 고래의 순환적인 천지인 사상으로 돌아가도록 길을 열어준다. 문 총재가 주장하는 '탕감복귀, 책임분담'사상이라는 것도 동양의 원시반본原始返本, 혹은 복본수증複本修證사상과 통한다.

또 '모든 인간을 구원한다.'는 전인구원사상은 기독교의 마지막 심판과 지옥불의 공포를 없애는 것은 물론이고, 만물부처를 기원하는 불교의 지장보살 사상과 통하는 사상이다. 그런 점에서 통일교는 대승기독교로의 미래가 요구되는 것이다. 대승기독교 사상의 핵심은 남을 위한 봉사와 실천, 그리고 각자가 '스스로 신부처이 되는 깨달음'에 도달하기 위해 기도하고 정진하는 풍토를 마련하는 것이다.

통일교의 '만인萬人 메시아론'은 불교의 '만물부처'개념과 통하기도 하지만, 기독교사적으로 보아도 종교개혁을 일으킨 마르틴 루터의 '만인萬人사제론'과도 피가 통하고 있다. 이제 인류의 모든 종교는 인간평등은 물론이고, 만물평등에 이르고 있다.

이제 신은 죽었고, 메시아는 오지 않는다. 그렇다면 기독교인들은 어떻게 기독교를 이끌어갈 것인가. 인간은 종교적 인간이다. 원시인간에게 제사를 지내는 것은 삶의 큰 부분을 차지했다. 그들은 자신들과 함께 사는 동물 중에서 가장 귀중한 짐승을 토템으로 삼고 이들을 하늘에 바치는 것을 통해 하느님의 축복과 행운을 빌었다.

기독교의 속죄양이라는 것은 바로 그 옛날 하늘에 바치던 제물인 것이다. 인간문명은 성인석가, 예수이라는 인간토템이나 희생물을 하늘에 바치고 그 대신 축복과 행운, 그리고 사후 천국이나 극락을 가게 해 달라고 빌었던 셈이다. 이제 지상에서 천국이나 극락이 실현되지 않으면 결코 하늘에서 실현될 수 없다는 것을 알았다. 지금至今 지기금지至氣今至하여야 한다.

지천地/天 태泰괘의 시대, 하늘과 땅이 소통하는 시대를 맞아 인간의 꿈과 이상은 이제 땅에서부터 만들어지지 않으면 안 된다. 신들도 인간을 바라보고 있고, 인간을 의지하고 있다. 이제 모사재천某事在天, 성사재인成事在人의 시대이다. 일의 성공과 실패는 이제 인간에게 달렸다. 메시아는 더 이상 오지 않는다. 인류는 이제 각자 메시아의 시대로 접어들었다. 각자 메시아가 되지 않으면 인류의 평화는 오지 않는다.

한국인은 내부 질투와 분열로 인해 자신들의 문화영웅을 만들어내지 못한 치명적인 역사적 결함을 가지고 있다. 이는 오랜 사대주의와 우리민족의 집단무의식에 도사린 여성성여성원형, 모성원형 때문이다. 그러나 이제 정음정양의 시대가 되었다. 음陰이 바로正 놓이는 시절에 세계적인 영웅, 내성외왕內聖外王이 탄생한 것이다.

과연 오천 년 우리 역사 속에서 세계에 내놓아도 손색이 없는 문화영웅이 있었던가? 기운생동의 측면에서 말하면 통일교는 '수컷이 없는 한국 땅'에 '진정한 수컷의 탄생'이라고 말할 수 있다. 오천 년 역사에서 가장 수컷다운 행동을 보인 인물이 바로 문선명이다. 한국의 자생종교나 사상을 가지고 세계를 믿게 하고 따르게 한 인물이 있었던가? 모두가 외래 종교와 사상을 섬긴 노예가 아니었던가?

이런 문선명 현상도 정음정양의 시대에 한국이 신문명을 주도하게 하기 위해서 천지가 움직인 결과이다. 문선명 선생은 '땅의 시대'의 '하늘'이다. 정치 분야에서 수컷의 역할을 한 인물이 박정희라면, 종교 분야에서는 문선명이다. 이를 인류문명사적으로 해석하면 그 옛날 제정祭政일치 시대의 정교政教에서 수컷이 탄생하였던 것이다. 그런데 역사상 수컷다운 영웅을 한 번도 만나지 못한 한국인은 그것도 모르고 독재니, 사탄이니 하면서 저항했던 셈이다.

문선명의 하늘은 군림하는 하늘이 아니라 땅에서 민중과 함께 울고 함께 기뻐하는 '심정의 하늘'이다. 심정의 신앙은 머리로 하는 신앙이 아닌, 몸과 마음의 신앙이며, '세계 하나'에 도달하는 물심일체이다. 문선명의 지엽말단으로 그를 음해할 것이 아니라 그 광활한 뜻을 보아야 한다.

적어도 그는 인간의 몸을 가지고, 실체적으로 이 땅에 내려온_{이 땅}에서 솟아난 '몸으로서의 하나님' '실체적 하나님'으로서 깨달음을 이룬 자이다. 지천地天으로 진정 천지天地가 하나 되었다. 이것이 진정한 새 복음이 아니고 무엇인가? 하늘은 인간의 머리에 있는 것이 아니라 인간의 몸과 마음에 있다. 심정心情에 있는 것이다. 심정의 기반이 없으면 하나님은 없다!

'지천地天의 시대'에 즈음하여 인류사에서 고등 종교의 등장을 다음과 같이 해석할 수도 있을 것이다. 가부장제의 등장 이후 여성적 특징_{자연적 특징}은 비권력적인 것이 되고, 이는 특히 종교 속에 평화와 사랑이라는 명분으로 자리 잡게 된다. 가부장제에서 국가사회로 이어지는 인간의 역사에서 남성적 힘_{이성}은 정의가 되고, 여성적 평화_{감성}는 평화를 실질적으로 실현하는 것이 아니라 평화주의가 되고, 이를 고등 종교가 담당하게 된다.

예컨대 식민지 유대에서 발생한 기독교는 로마의 국교가 되면서 팍스로마나_{Pax Romana: 기원전 1세기 말에 아우구스투스가 제정을 수립한 때부터 약 200년간 지속된 로마의 지배시대를 말함}를 완성하는 정치·종교적 설계_{알리바이}가 된다. 종래의 여성-여신-제정일치 사회-마을_{부족} 사회는 남성-남신-제정분리사회-국가_{제국}사회가 되고, 남성중심사회가 된다. 이 과정에서 남성적인 것은 주인이 되고, 여성적인 것은 종이 된다. 이를 가장 잘 드러낸 것이 '하나님 아버지의 기독교'이다. 기독교의 신자들은 주主의 종從임을 자처하지 않으면 안 된다.

여성적인 입장은 종교적으로 신앙자종의 신분가 되고, 정치적으로는 패배자, 혹은 반체제자가 된다. 제국주의는 제국의 종교를 통치의 수단으로 활용하게 된다. 식민지는 바로 역사적으로 여성적 입장이 됨을 뜻한다. 피제국-식민지의 입장은 종의 신분임을 자인하는 메커니즘이 된다. 식민지인들은 그렇게 되어 완벽하게 역사에서 종의 신분으로 소외되면서 종교적인 상상 속에서 메시아를 기다리게 되는 셈이다.

이런 메시아사상은 제국 속에서도 소외된 계층 속에 파고들어 비권력자의 위로와 희망이 된다. 그러나 역사상 한 사람의 메시아가 역사적인 문제를 해결한 적은 없다. 메시아는 처음부터 역사에서 실현되는 것이 아니라 과거와 미래현재의 비시간에서 이미 지나갔거나 앞으로 기다리는 것이다. 더욱이 메시아는 현재의 역사에서 정치적 권력과 대립한 나머지 죽을 수밖에 없는 운명인 것이다.

역사에서 평화는 현실적인 것이 될 수 없고그래서 종교적 이상으로 기대되는 것일 뿐, 전쟁과 전쟁 사이의 휴지부일 뿐이다. 역사에서 여성주의는 평화주의고, 패배주의고, 때로는 비겁과 분열과 질투의 비생산적인 악순환 속으로 들어간다.

심하게는 여기서 악이 발생했다고 말할 수 있다. 역사에서 힘과 정의는 선이고, 이를 저주하고 시샘하고 질투하는 약자의 패배와 비겁속에 악이 배태되어 있었던 셈이다. 흔히 악은 강자에서 나오는 것 같지만 실은 강자는 역량역능과 여유로 인해 후덕하다. 항상 악은 상대적으로 약자에서 나온다. 역사에서 평화주의는 제국에 있어서나, 식민지에 있어서나 일종의 종교적 속임수였다.

한편 서구의 과학이 세계를 지배하게 되는 데에 결정적인 역할을 하게 되는 것도 기독교의 주종主從관계의 연장선상에서 볼 수 있다. 주인과 종의 관계는 인간과 자연사물의 관계에서도 그대로 적용된다. 인간은 과학기술을 통해 사물을 수단화한다. 그런 점에서 고등 종교와 과학은 같은 맥락이다.

그러나 이러한 사정은 세계가 가부장-국가사회가 아니라 여성중심, 모계중심으로 바뀔 때 백팔십도로 달라진다. 다시 말하면 요즘처럼 지구촌, 지구 마을사회가 될 때에는 정반대가 된다. 여성주의와 평화주의, 감성주의는 미래 여성 시대에는 좋은 덕목으로 전환될 것이다.

기독교의 서구는 오늘날 '팍스 로마나'에서 '팍스 브리태니커' 등 여러 경로를 거쳐서 '팍스 아메리카나'에 이르렀다. 미국은 태평양시대를 맞아서 동아시아의 일본, 한국, 중국에 세계의 주도권을 내주어야 할 시기에 직면하고 있다. 이는 동북아시아동이족에서 발생한 인류문명이 세계를 한바퀴 돌아서 다시 제자리에 돌아온 원시반본적 성격을 가진다.

통일교는 이러한 시대를 앞서 이끌기라도 하듯이 기독교에서 출발하였지만, 유불선기독교 4교 회통 '사교지묘四敎之妙'를 실현하여 우리 시대의 새로운 '신풍류도新風流道'로서 자리매김하고 있다. 종교적 희망이나 상상이 아닌 실체적 메시아로서 메시아 신앙의 완성적·종결적 의미를 가지고 있다. 메시아는 항상 현존적현재적으로 달성해야 하는 것임에도 불구하고 그동안 과거예수와 미래재림예수로 분리시켜두었던 사실을 문선명의 등장으로 우리는 깨닫게 된 셈이다.

그런 점에서 '메시아는 더 이상 오지 않는다.' 인간 각자가 메시아가 되어야 한다. 어떤 의미에서 인류는 이제 비역사시대로 접어들고 있고, 이를 흔히 원시반본이라고 명명하기도 한다. 원시반본은 고등종교의 쇠퇴를 동시에 의미하기도 한다.

2
메시아는 더 이상 오지 않는다

인류는 이제 각자의 양심을 믿는 시대, 각자종교의 시대로 접어들고 있고, 이는 기성종교의 해체로 발전할 수도 있다. 통일교가 '세계평화통일가정연합'이라고 명명한 것은 바로 '각자교회' '가정교회'를 통해 개인구원뿐만 아니라 가정구원에 핵심을 두기 때문이다.

인류의 성인들이 있지만, 모두들 개인구원의 차원에 머물렀지, 가정구원에 목표를 두지 못했다. 예수는 가정도 가지지 못했고, 석가는 가정을 나와서 출가를 하였고, 공자도 가정이 화목하지는 않았다공자는 3대에 걸쳐 가정이 온전하지 못했다. 소크라테스도 그의 처가 악처로 유명한 데서 알 수 있듯이 가정적 성공을 하지 못했다.

물론 이들은 가정보다는 세계와 인류를 구원하기 위해서 자신의 가정을 버리거나 희생시킨 인물들이지만 가정을 떠나서 실질적으로 인간의 구원과 행복을 논할 수 없다는 점에서 종래 인류의 이상이 너무 관념적이거나 비현실적이었다고 볼 수도 있을 것이다.

문 총재는 가정을 중시하는 한편 통일교를 해체하여 세계평화통일 가정연합으로 개칭하기도 했다. 이는 겉으로는 매우 가부장적인 것 같으면서도 미래 여성 시대를 예견하고, 가정구원을 구원의 근간으로 삼았음을 의미한다. 개인구원은 다분히 남성적이고 추상적이고 이상적인 데 반해 가정구원은 가정단위로 집단적이며 구체적이고 감성적인 특징을 갖는다.

그는 가부장-국가제국사회의 권력해체에 미리 적응하는 한편 여성시대를 선도하고 징조徵兆하는 사업과 조치들을 많이 실천에 옮겼다. 그의 '실체적 하나님'의 선포도 '육화된 하나님'을 말하는 것으로 크게 보면 여성적 덕목에 속한다. 그동안 육화되지 못하고 이상이나 관념에 머문 하나님은 가부장-남성 이데올로기의 표상의 성격이 강하다.

역사운명적으로 문 총재는 가부장사회에서 여성중심사회로의 전환기에 태어난 성인이었다. 그가 태어나서 생을 마친 20세기와 21세기는 1천 년 단위 혹은 2천 년 단위의 문명의 변혁기였으며 역학적으로도 선천시대에서 후천시대로 들어가는 길목이었다.

문선명은 스스로 '실체적 하나님'임을 선언했다.[13] 이때의 '실체적

---

13 2010년 12월 4일(천기원년 천력 10월 29일) 천지인 참부모 정착 실체말씀 선포 천주대회-아벨유엔 천주연합대회가 오후 2시 세계본부교회 천복궁 3층 대성전에서 세계 정치사회지도자, 종교지도자, 평화대사들을 비롯한 초청 귀빈 약 3,000여 명이 참석한 가운데 성대하게 치러졌다. 문 총재는 1960년 성혼 선포 후 참부모의 길을 시작한 이후 하나님이 인류의 참 부모로서 실체를 이루는 것이 되었으며, 이제 그 결실은 2013년 1월 13

하나님'의 선언은 하나님의 완성_{종결}이면서 동시에 하나님의 해체이다. 기독교는 실체의 하나님의 종교이고, 실체의 하나님을 믿고 구약·신약·성약시대를 거쳐 왔는데 그에 이르러 그것을 종결함으로써 기독교는 종막을 내린 셈이다.

기독교의 종막은 서구의 종교, 서구의 과학, 서구의 경제의 종막이다. 이것은 기독교의 구원적 신앙의 종막이기도 하다. 이제 어떤 한 인물이 나타나서 세계를 구원한다고 하는 신앙적 이상과 허구는 인간 스스로 거두어들이지 않으면 안 된다.

구원신앙은 그동안 인간의 삶에 긍정적인 영향을 많이 끼쳤지만 이제부터는 도리어 인간을 사악하게 만들고, 인간을 욕망의 노예로 만들며, 인간을 사기꾼으로 만들며, 끝내 인간을 스스로가 만든 족쇄와 감옥에서 허덕이는 허위와 유령의 존재로 만들게 될 것이다.

기독교는 종막을 내려야 한다. 그러나 이것이 세계의 종말은 아니다. 세계는 본래 태초와 종말이 없으며, 시작과 끝이 없다. 인간이 단지 세계를 끊어버림으로써 그곳에서부터 절대_{絶對}와 시간과 공간이 생겨났다.

인간이 끊어버린 그곳이 절대의 세계이고, 시간과 공간이 있는 곳이다. 시간과 공간이 있는 곳에 천국과 극락, 그리고 지옥이 있는 것이다. 만약 인간이 세계를 끊어버리지 않았다면 시공간이 없고, 따라서 천국과 극락과 지옥도 없다. 시공간이 없다면 시작도 끝도 없다. 하나님도, 부처님도, 메시아도, 미륵부처님도 없다. 이는 모두 인간

일 한국에서 완성될 것이라고 하였다.

이 만든 것이다.

우주에는 서구문명이 만든 것과 같은 '실체substance, reality, identity, subject'가 없다. 인간의 시각과 언어가 실체를 만들었을 뿐이다. 따라서 세계에 근본적으로는 선善과 악惡은 없다. 그러나 계기적 상대계기적으로 일어나는 상대성에 의해 선과 악은 발생한다. 언어의 개념이 물질과 에너지까지를 만들어냈다.

세계는 상대적인 세계도 아니다. 세계를 상대적인 세계라고 할 경우, 그 속에 이미 절대적인 세계가 들어가 있다. 세계는 단지 어떤 관계의 세계이다. 그런데 그 관계를 절대니, 상대니 하고 규정할 수가 없다. 그 관계는 실체가 없는 어떤 운동이며 계기이다. 그래서 그 관계를 에너지에너지라고 하면 이미 물질과의 관계 속에 있게 된다라고 하기보다는 파동이나 소리라고 하는 편이 옳다. 세계는 '교대交代의 세계'이다.

옛 사람들은 계기와 계기의 만남을 달리 표현할 길이 없어서 영혼과 영혼불멸설을 만들어냈던 것 같다. 보이지 않는 존재의 세계를 현상학적으로 설명할 때는 그렇게 할 수밖에 없었을 것이다. 기독교의 영혼불멸설과 불교의 윤회설은 그 대표적인 것이다. 그러나 이제 그 영혼과 영혼불멸설은 실체의 없음으로 인해서 사라져야 한다.

이제 천국과 극락도 없어져야 한다. 그것이 만약 존속된다면 인간은 그것을 통해 자신의 욕망을 확대재생산하여 결국 세계를 종말에 이르게 하거나 병들게 할 것이다. 인간은 천국과 극락을 빙자하거나 그곳에 가기 위해서 더 나쁜 짓을 한다.

천국과 극락은 인간의 욕망의 무한대의 반영에 지나지 않으며, 욕망의 확대재생산에 지나지 않는다. 진정한 세계우주가 어떤 모습으로 있는지 인간은 알 수가 없다. 인간이 아무리 그것을 보려고 해도 인간에 의해 보여진인간조건에 의해 드러난 모습일 뿐이기 때문이다. 그래서 인간은 앎에서 삶으로 돌아가야 한다. 만약 앎이 삶을 방해한다면 앎을 버려야 한다. 앎이란 삶에 도움을 주기 위해 혹은 삶에 필요한 것을 충당하기 위한 것에 불과하다.

삶은 우주 전체이고 앎은 우주의 부분이다. 부분의 합은 전체가 아니고 또한 전체가 될 수도 없다. 그래서 앎의 철학이 아니라 삶의 철학이 필요한 것이다. 삶의 철학은 마음의 철학이다. 마음의 철학은 '심心의 철학'이다.

한자로 심心자의 중간에 가로지르는 획, 상우上右에서 하좌下左로 삐칠 '별丿'을 하나 그으면 '필必'이 된다. '필必'은 반드시 '필'로서 마음에 어떤 표시를 드리운 형성문자이다. '필'자라는 발음도 '별'자에서 따온 것이다. 다시 말하면 무엇을 인위적으로 이루어야 함을 의미한다. 그것은 욕망이고, 이성이다. 이에 비해 '심心'은 '필연必然의 세계'가 아니다. 심은 '자연自然의 세계'이다.

마음·몸은 '심의 세계' '자연의 세계'이고, 이것에 사선을 그으면 '필연의 세계' '과학의 세계'이다. 결국 인류의 문명은 '심心과 필必'로 대별할 수 있다.

인류는 처음엔 '심心의 철학'을 가지고 있었으나 문명의 발달과 더불어 '필必의 철학'을 가지게 되었다. 이제 다시 '심의 철학'으로 돌아가야 하는 원시반본의 시절을 만났다. 필요악必要惡은 처음에는 필요선_{必要善}과 별 차이가 없었다. 그러나 필요악은 필요를 떨어뜨리고 악_惡이 되어버렸다.

인간과 더불어 악이 발생했던 것이다. 철학의 개념은 악의 발생학과 닮은 점이 있다. 개념메타포가 개념이 되는 과정과 필요악이 악이 되는 과정은 닮았다. 개념메타포는 메타포였다. 그러나 나중에는 메타포를 떼어버리고 개념이 되었다. 개념은 결국 악이 되었던 셈이다.

종교와 과학은 우상 혹은 가상의 세계이다. 둘은 정반대의 세계인 것처럼 설명하지만 실은 둘 다 가상을 실재로 생각하는_{상상하는} 가상 실재의 산물이다. 실재는 모르는 것이다. 단지 실재를 가상할 뿐이다. 인간이 현상학적으로 확인할 수 있는_{드러나는} 실재는 영원히 가상 실재이다. 가상 실재가 우상이다.

기독교 십계명에 "나 이외의 다른 신을 믿지 말라."라고 한 것의 의미전환이 필요하다. 이는 '다른 신'을 의미하는 것이 아니라 '우상'을 섬기지 말라는 뜻이다. 이는 놀랍게도 기독교의 성경이 인간으로 하여금 자신을 믿게 하는, '자신의 양심'을 믿게 하는 자각의 종교가 될 소지를 지니고 있는 것이 된다.

기독교의 성경이 인간으로 하여금 종래의 '존재신학적 존재'가 아니라 '존재론적 존재'를 믿게 하는, 다시 말하면 '존재론적 신학'의 길을 열어주는 셈이 된다. 이는 기독교 존재론이라고 말할 수 있다.

대승불교가 불교존재론이듯이 기독교존재론은 대승기독교의 길을 열게 된다. 대승기독교는 인간중심주의의 기독교가 아니라 자연중심의 기독교, 타력에 의해 구원을 믿는 종교가 아니라 자신을 믿는, '자신의 양심'을 믿는 자각의 종교가 될 소지를 지니고 있는 것이 된다.

'나'이외의 모든 것은 계기일 뿐이다. '나' 이외의 계기인 '남'_{나를 지}칭했듯이 잠정적으로 '나'가 아닌 모든 것을 '남'으로 규정함을 섬기는 것은 결국 우상을 섬기는 것이 된다. '나' 이외의 모든 것이 계기라면 모든 계기는 열려진 것이고, '나'는 닫혀진 것이다.

결국 '내'가 무엇을 규정하는 것은 열려진 세계를 닫혀진 세계로 보는 것이다. 따라서 무엇을 규정해서는 안 된다. 결국 '나'를 버리지 않으면 열려진 세계로 돌아갈 수 없다는 뜻이 된다. 개념적 세계를 버려라. 그러면 열려진 세계가 너를 반길 것이다. 그 때 '너'와 '나'의 만남은 하나의 계기의 만남이 된다.

무한대와 무한소는 실체를 전제하는 것이다. 만약 실체가 없다면 무한대와 무한소는 논의할 수가 없다. 따라서 무한대와 무한소는 무無의 현상학인 셈이다. 그래서 무無는 존재론이고, 무한대는 현상학이다. 양자 사이에는 도저히 넘을 수 없는 간격이 있는 셈이다.

종교적 인간은 결국 우상을 섬기지 않으면 안 되는 '우상적 인간'이다. 철학적 인간은 우상적 인간은 아니지만 '언어적 인간'이다. 그러나 언어도 우상이라고 하면 우상이다. 과학적 인간은 실체를 발견하고야 마는 '실체적 인간'이다. 실체도 우상이라고 하면 우상이다. 예술적 인간은 형상을 만들지 않고는 못 배기는 '형상적 인간'이다. 형상도 우상이라고 하면 우상이다.

결국 인간은 '우상적 동물'임을 알 수 있다. 이를 두고 인간은 '언어적 동물'이라고 규정할 수 있을 것이다. 인간은 언어를 가지고 살고 노는 동물이다. 그러나 그 삶과 놀이의 근본적인 힘은 언어가 아닌 기운생동이다.

우주는 본래 문이 없는 열려진 체계이다. 그런데 인간이 그중 어느 부분을 끊어서 문을 만들어놓고는 그 닫힌 곳을 존재한다고 말하고, 열린 곳을 존재하지 않는다고 말한다. 그런데 닫힌 곳을 기준으로 보면 열린 우주는 존재하지 않는 우주이고, 열린 곳을 기준으로 보면 닫힌 우주는 존재하는 우주가 된다. 그런데 진정으로 존재하는 것은 열려진 우주이다. 결국 인간이 존재와 비존재를 도치시킨 셈이다.

인간은 결국 사물_{자연}을 끊어놓고는 그것을 다시 잇는다고 호들갑을 떠는 일종의 '연극적 인간' '놀이적 인간'이 된 셈이다. 결국 인간의 본질이 '놀이적 인간'일 수도 있다는 뜻이 된다. 문선명은 자신의 성약시대를 전개하면서 항상 가인과 아벨을 처한 상황과 맥락에 따라 상징적으로 사용했으며, 항상 자신의 '탕감복귀' '책임분담'의 행위가 '놀음' '한바탕 놀음' '세계를 확장시키는 놀음' '하늘놀음'이라고 했으며, 과학조차도 '세계를 들추고, 헤치고, 파고 또 파는 놀음'임을 스쳐가는 소리로 말했다.

심지어 그는 "재림주가 된 것도 하나님과의 한 판의 세계적 놀음"이라고 말했다. 인간의 모든 문제는 스스로 만든 문제이고, 놀이의 문제에 이르게 된다.

'메시아는 더 이상 오지 않는다'의 진정한 의미는 비단 기독교에만 적용되는 것이 아니라 불교의 미륵에도 적용되고, 유교와 선교에도 적용된다. 유불선기독교 등 모든 종교에 적용된다. 이제 인간 각자가 메시아가 되어야 한다. 이 말의 진정한 뜻은 "메시아는 본래 없다." 이다.

메시아메륵는 가부장사회의 권력의 환상이고, 욕망의 환상이고, 시공간이 종교적으로 변형된 환상이다. 이제 모성시대로 들어가면서 메시아는 각자의 메시아가 되어야 한다. 인간은 스스로 운명을 개척하지 않으면 안 된다.

성인과 메시아가 종언되어야 진정한 인간, 즉 초인이 탄생한다. 초인은 자연적 존재로 돌아간 인간을 말한다. 자연은 찰나생멸의 존재이다. 그러나 인간만이 자신의 이성과 욕망 때문에 자연을 잃어버리고 자연을 대상과 도구로 생각하였다.

인간은 그동안 성인과 메시아를 희생희생양으로 제사를 지내면서 탐욕을 키워왔다. 그러나 이제 탐욕은 더 이상 갈 데가 없다. 자연의 보복적 재앙이 기다리고 있을 뿐이다. 인간이 탐욕을 줄이지 않으면 인간 종은 멸종할 것이다. 이제 인간은 자연을 인간과 같은 기운생동의 존재, 만물생명으로 보아야 한다.

인간은 과거라는 말 때문에 과거가 있는 줄 알고, 미래라는 말 때문에 미래가 있는 줄 안다. 그러나 과거와 미래는 없다. 또한 인간은 현재라는 말 때문에 시간이 있는 줄 안다. 더욱이 시간이라는 말 때문에 공간이 있는 줄 안다. 시간과 공간은 없는 것이다. 시간과 공간도 인간이 만들어낸 권력의 제도이다.

권력의 출발은 언어이다. 언어가 생겨나면서 지상에 권력과 소유가 생겨났다. 언어는 언言과 음音인데 '언'과 '음'은 모두 세우는 것立과 관련이 있다. 그런데 예술의 언어야말로 본래적 질료_{감각적 질료}, 몸을 가지고 있는 존재적인 언어이다.

언어, 사회, 국가, 화폐는 모두 권력의 대표적 장치이다. 자유자본주의와 공산사회주의가 패권경쟁을 한 근대는 위의 네 가지 권력의 조합의 결과이다. 마르크시즘은 예수교와 마르크스 종교이다. 예수와 마르크스는 모두 유대인이다. 유대인은 국가 대신에 돈과 천상천국을 택했는데 여기에 마르크스는 지상천국을 보탠 셈이다. 마르크스의 지상천국은 계급_{계층}을 기초로 하는 국가권력을 없애고, 계급이 없는 공산사회를 건설하려고 한 이상주의이다.

그러나 마르크시즘은 가부장-국가사회의 역사적 흐름 속에서 전체주의로 돌변했다. 이는 인간사회 자체가 권력구조인데 이를 무시하고 마치 권력이 없는 평등한 사회를 이룩할 수 있는 것처럼 위장했기 때문이다. 마르크스는 권력의 이면에 있는 비권력이라는 존재를 보았지만 역사라는 것은 이미 비권력의 존재가 권력의 현상학으로 드러난 것이라는 것을 무시한 처사이다.

생명은 세계의 끊어지지 않음이다. 시간과 공간이 세계를 끊어놓은_{계량한} 것이라면 생명은 시간과 공간의 산물이 아니다. 생명과 달리 기계는 세계의 끊어짐이다. 기계는 세계를 끊어놓은 것이다. 아니, 우리는 세계의 끊어진 것을 두고 기계라고 부른다.

생명을 낳는 여성은 세계의 진정한 상속자이다. 남성의 가부장-국가권력은 진정한 상속자인 여성의 아이 낳는 자궁을 아이 낳는 공장으로 생각할 때 망하게 된다. 이는 기계가 생명을 무시한 처사이기 때문이다.

자연이 생성한 것은 생명이지만, 인간이 만든 것은 기계일 뿐이다. 세계는 하나의 생멸하는 생명체이다. 여성중심, 모성중심으로 회귀하는 것은 바로 생명으로 돌아가는 것이고, 생명으로 돌아간다는 것은 평화의 시대로 돌아간다는 의미이다.

마르크스의 등장은 역설적으로 인류의 역사가 여성중심으로 돌아가려는 가부장-국가사회의 전환점, 마지막 발악發惡이었다고 해도 과언이 아니다.

니체와 문선명

서양철학은 마르크시즘에서 정점을 찍고 니체에 의해 새롭게 태어난다. 이를 두고 후기근대철학의 시작이라고 말한다. 더 이상 신학은 신학만의 고유문제가 아니라 철학과 과학의 문제로 확장되었으며, 인류의 모든 문화는 총체적으로 해석하지 않으면 안 되었다.

니체의 '힘에의 의지'에 의해 서양철학은 정신-물질육체 이분법에서 벗어난다. 말하자면 인간중심주의, 이성중심주의 신학과 철학과 과학과 경제가 한통속이 되어 '자연적 존재'로서의 인간을 잃어버리고, '제도적 존재자'에 의해 억압을 받던 인간을 해방시키고 교회를 비롯한 각종 제도체를 해체하기 시작한다.

종래 보수 기독교 신학에 대해 가장 혁명적인 반기를 든 인물이 바로 "신은 죽었다."라고 선언한 니체이다. 지금에 와서 보면 니체가 죽인 신은 진정한 신이 아니라 도리어 인간이 만든 위선의 신, 도덕적인 신이다. 니체는 도리어 진정한 신을 찾아 나선 셈이다. 그는 기독교의 신과 예수 그리스도를 분리한다.

니체는 ≪안티크리스트≫에서 그리스도교 신 개념, 도덕, 교리와 사제와 제도 등을 비판하면서 '종교로서의 그리스도교'에 대한 회의적인 사상을 전개한다. 이는 진정한 그리스도성 찾기 작업이라고 말할 수 있다. 신을 죽인 장본인인 그는 도리어 교회와 인간이 신을 죽였다고 강조한다. 그래서 니체의 신의 죽음 선언은 도리어 신의 죽음에 대한 고발적 성격이 강하다. 도리어 "왜 신을 죽였느냐?"고 반문하는 투다.

니체는 그리스도 교회는 살아 있는 신의 집이 아니라 죽어버린 신의 무덤과 묘비에 불과하다고 말한다. 이는 사제들의 권력추구 욕망에서 비롯되었다는 것이다. 그는 인간 스스로 신의 역할을 대신하여 존재와 의미와 가치의 근거가 되어야 한다고 주장한다. 이것이 바로 그가 말하는 위버맨쉬übermensch, 즉 초인인 것이다. 그런 점에서 예수야말로 메시아이기 전에 초인이다.

예수에게 메시아과거의 이름을 붙이고 재림예수미래를 기다리게 구세주의 유형을 만든 것은 인간이다. 동시에 살아 있는 예수현재를 죽인 장본인은 신에 병든 인간이었으며 이는 인간의 배반이나 복수라고도 말할 수 있다. 자기경멸과 자기부정에 빠진 인간은 눈으로 목격된 신이자 연민의 신에게 복수의 앙갚음을 한 셈이다.

예수와 예수의 복음이 왜곡되기 시작한 것은 '십자가에서의 죽음'이라는 사건 때문이다. 도리어 복음이 십자가에서 죽어버렸다. 그 순간 복음福音, Evangelium은 복을 주는 복음이 아니라 나쁜 화를 주는 화음禍音, Dysangelium이 되어버렸다. 오직 한 사람의 그리스도교인이 존재했었고, 그는 십자가에서 죽은 셈이다. 부활은 생성과 생명의 신비를 말함이다.

특정 생명의 죽음 뒤의 부활이나 죽지 않음 혹은 생명의 연장을 말하는 것이 아니다. 신의 죽음과 진정한 그리스도성을 왜곡시킨 책임은 세속화된 교회와 사제에 있었다. 교회는 사제의 권력으로 변질되었던 것이다.

니체는 자서전에서 이렇게 말했다.

"신은 죽었고, 그리스도는 신화가 되었으며, 인간은 홀로 서 있다. 그러나 인간은 홀로 서 있는 당당한 주권자이다!"[14]

이러한 니체의 사상은 문선명의 사상에서도 보인다. 통일교는 우선 십자가상을 인정하지 않는다. 그리고 예수를 죽인 유대인이나 바리새인들, 율법학자들, 제사장들을 비판한다.

문선명도 진정한 그리스도라면 몸을 가진 현재적 그리스도가 되어야 했다. 그래서 그는 자신을 '실체적 메시아'라고 부르게 했다. 어쩌면 문선명이야말로 예수 이후의 진정한 메시아인지 모른다. 단지 그는 십자가에서 처형되지 않음으로써 '십자가의 죽음'이라는 왜곡을 당하지 않아도 되었다.

---

14 프리드리히 니체, 김성균 옮김, 『니체 자서전(나의 여동생과 나)』(까만양, 2013), 351쪽.

문선명은 정오정착正午定着을 주장했다. 니체는 초인을 '정오의 인간'으로 묘사했다. 초인은 인간의 위대한 정오이자 세계에 정오를 선사하는 인물일 수 있는 것이다. 니체는 말한다. "모든 신은 죽었다. 이제 위버멘쉬가 등장하기를 우리는 바란다."

니체는 기독교의 신을 죽이고, 그 자리에 초인을 대신 넣었다. 그러나 그 초인이란 부처를 기독교식으로 읽는, 다시 말하면 이성과 욕망의 대상으로 읽은 서양식 부처였다. 니체의 이러한 해독에는 기독교와 불교 사이의 역사적 전파와 교류라는 현상학적 왕래가 개입되어 있다. 다시 말하면 예수는 불교를 유대그리스도교적으로 번안하여 중동과 서양에 전했다면, 니체는 다시 '불교화된 유대교'인 기독교를 다시 불교식으로 해석한 회귀적·원시반본적 특성이 있다.

니체는 그러면서도 부처를 욕망으로 해석하여 권력의 의지로 둔갑시켰기 때문에 초인이 되는 데에 실패하였다. 다시 불교의 영향권에 들어간 서양은 쇼펜하우어의 제자라고 할 수 있는 니체에 의해 불교를 재해석하기 시작했는데, 불교를 허무주의로 해석한 니체는 그 허무주의의 극복을 위해 욕망을 확대재생산하는 부처를 만들어냈다. 그것이 초인이다. 초인은 욕망과 융합된 부처이다.

그렇기 때문에 진정한 부처라고 할 수 있는 초인은 니체의 이상이고 꿈일 뿐이었다. 초인은 결코 서양에서 완성될 수 있는 것이 아니었다. 진정한 부처가 되기 위해서는 이제 서양은 동양에서 전해진 유불선儒佛仙의 여러 경전Text들을 멀리서 자기 나름으로 해석할 것이 아니라 동양을 찾아와서 부처가 되는 실험이라고 할 수 있는 수행과 수도를 해야만 한다.

예수도 몸소 인도로의 구도여행을 통해 불교法華經을 접함으로써 불교를 완전히 체득하고 고향으로 돌아가서 기독교를 설파하였던 것이다. 기독교는 그러한 점에서 유대교 플러스 불교인 것이다. 서양이 불교를 제대로 알려면 경전이나 텍스트를 통한 간접경험과 자기 식의 해석이 아니라 몸소 수행을 거쳐야 한다.

석가의 가르침인 불교가 예수에 의해 유대나라에 가서 기독교예수교가 된 것을 문선명은 다시 기독교를 가지고 불교적 해석을 하여 기독교를 불교로 환원시킨 깨달은 자이다. 문선명은 기독교를 바탕으로 불교뿐만 아니라 유교와 신교神敎, 仙敎 등 유불선기독교를 다시 융합한 셈이다.

서양의 기독교는 세속화로 인해서 신을 죽여 버렸다. 이를 가장 먼저 깨달은 자가 서양의 도인이라고 할 수 있는 니체이다. 니체는 기독교의 신 대신에 초인을 주장했다.

그런 점에서 동양문명을 잘 이해하면서 서양의 기독교를 정통으로 접한 문선명이야말로 초인을 가장 잘 이해한 인물인 셈이다. 니체는 초인을 주장하는 데에 그쳤지만, 문선명은 초인을 몸소 실현한 인물이다. 문선명은 하나님을 믿기만 한 것이 아니라 몸소 실현함으로써 '자신自神'이 된 인물이다. 부연 설명을 하면 자신자신자신자신自身自信自新自神이 된 인물이다.

문선명은 인류가 하나님 아래 하나가 되어야 한다는 새로운 신학인 '가디즘Godism: 하나님주의'을 주장하면서 세계평화를 목표로 일생을 바쳤다.

특히 그는 '가디즘'과 더불어 '한恨의 하나님'과 '심정의 하나님'이라는 해석을 통해 왜 기독교가 한국문화에서 메시아를 맞이하게 되고, 메시아의 재탄생이 이루어지는지를 증명한 인물이다. 그는 몸소 메시아를 실천한 진정한 그리스도인이었으며, 기독교를 한 단계 더 발전시켰다. 베드로를 중심초대교황으로 하는 가톨릭에서, 바울을 중심으로 하는 프로테스탄트여기에 루터와 칼빈이 종교개혁을 이루었다에서, 다시 통일교를 세운 것이다.

통일교는 기독교만을 내세우는 종교가 아니라 기독교, 불교, 유교, 이슬람교, 도교 등 세계 각지에 흩어진 종교의 통일을 주장하면서, 그것이 평화를 목표로 추진되어야 함을 역설한 종교인 것이다.

베드로는 예수의 수위首位 제자로서 기독교를 이 땅에 존재하게 했고, 바울은 "의인은 믿음으로만 구원을 받는다."는 말로 기독교의 세계화를 실천하였으며, 문선명은 믿음만이 아니라 세계를 평화로써 감싸 안고 끌어안는 방식으로 하나님 사상을 실천하고, 메시아를 현재에 있게 한 인물이다. 그래서 그는 구약과 신약을 지나서 성약시대임을 선언했던 것이다.

문선명은 끝없이 기독교의 하나님을 위로하고자 했으며, 그를 고통에서 해방시키고자 노력한 인물이다. 그는 간절한 기도와 노력을 통해서 도리어 기독교의 신을 위로했으며, 종래의 천지창조자로서만의 기독교의 신의 개념을 벗어나고자 했다. 그는 결국 신과 자리를 바꿀 정도로 현재의 신의 위치에 이른다. 이는 현상학적으로 달성할 수 있는 인간의 최고의 경지이다.

니체는 스스로 자문자답하였다.

"나의 차라투스트라-낙관론자는 변장한 야훼에 불과하다. '신을 약탈한 자'인 나는 나를 결박하던 무신론의 매듭들을 풀어서 나를 해방시켰고, 확실히 죽어버린 신에게 축복을 요구함으로써 신이 떠나버리도록 내버려두기를 거부했다. 그런데 과연 신은 죽었는가? 만약 내가 나를 '신과 일대일로 대면하는 자'로 생각한다면— 불신不信이라는 반석 위에 나의 삶을 건축한 '니체-반그리스도'는 대관절 무엇인가?"[15]

니체는 철학으로 주장한 니체-반그리스도를 문선명은 종교적으로 실천하여, 죽은 예수가 아니라 현재에 살아 있는 예수로서의 메시아를 주장함으로써 메시아의 진정한 의미를 갈파했다.

"스스로 메시아가 되지 않으면 메시아는 없는 것이다. 그래서 메시아가 있게 하기 위해서는 스스로 메시아가 될 수밖에 없다. 메시아는 단지 기다리는 것이 아니다." "내가 성인이 되지 않으면 성인은 없다. 내가 희생이 되지 않으면 희생은 없다."

니체는 소위 디오니소스적 긍정의 철학자였다. 문선명은 샤머니즘적 평화와 긍정의 종교가였다. 니체는 초인을 자유정신의 소유자이자 창조자로 묘사하고 있다.

"자유정신은 스스로 자신의 세계를 구성하고 획득할 수 있는 자이다. 그런데 자유정신의 자신의 세계를 획득하는 능력과 힘은 창조의 힘

---

15 프리드리히 니체, 김성균 옮김, 「니체 자서전(나의 여동생과 나)」(까만양, 2013), 80쪽.

을 발휘할 때에야 비로소 가능하다. 달리 말하면 자기 자신을 창조 주체로 인정하고 긍정해야 인간은 자유정신이 될 수 있다. 그래서 위버멘쉬의 또 다른 속성은 창조자의 개념으로부터 확보된다. 인간은 창조적 힘을 가진 존재이고 그가 갖고 있는 창조력을 행사하는 것은 그가 위버멘쉬의 실존을 지향한다는 증거가 된다.”[16]

문선명만큼 창조적으로 생을 산 인물, 초인적 인물을 찾기는 어려울 것이다. 그는 종래 기독교의 절대신 개념이 아닌, 유물론을 극복하는 '가디즘Godism'이라는 용어를 만들어냈으며, 소련을 무신론의 공산주의로부터 해방시키는 데에 결정적인 역할을 한 인물이다.

문선명은 무교巫敎문화 혹은 신교神敎, 神仙敎문화의 특성을 보이는 한국문화가 배출한 매우 신교적神敎的 인물이다. 말하자면 샤먼-킹 shaman-king 혹은 사제-왕priest-king의 인물이다. 그래서 그는 미래에 도래할 종교와 정치의 통합된 모습, 융합된 모습으로, 고대의 제정일치祭政一致시대를 현대적으로 원시반본한 신정일치神政一致시대를 주장했던 것이다. 천일국은 그러한 관점에서 도달한 최종 목표였던 셈이다.

문선명은 평소에 유불선기독교의 사교회통은 물론이고, 모든 종교를 넘어서는 초종교초교파를 지향함으로써 '죽은 종교'의 시대를 청산하게 했으며, 죽기 전에 '가정교회세계평화통일가정연합'를 주장했다. 이는 사제의 종교, 교회의 종교, 사찰의 종교를 해체한 인물이다. 비록 통일교라는 이름에서 시작하였지만 인류의 모든 종교를 하나로 통일하게 하는 초석을 닦았으며, 그는 신의 의미에 대해서 누구보다

---

16 백승영, 『니체』(한길사, 2011), 137쪽.

도 탁월한 해석과 실천을 한 인물이다.

그는 '살아 있는 신'을 되살리려고 한 점에서 니체의 주장을 실천한 인물이기도 했다. 그는 동시에 메시아의 완성을 통해 전지전능한 메시아의 개념을 없앴으며, 메시아의 등장으로 문제를 한꺼번에 해결하려는, 항상 메시아를 미래의 시간에 위탁하는 거짓선지자, 위선의 교회와 세속적인 교회, 사제의 시대의 막을 내린 인물이기도 하다.

그가 그렇게 기운생동의 신, 살아 있는 신, 기운생멸의 신이 된 것은 동양의 전통적인 천지인 사상, 천지신명사상에서 힘입은 바가 컸을 것이다. 그동안 닫혀져 있던 천지인의 모습을 열려져서 순환하는 모습으로, 동서고금의 문명을 기독교인의 입장에서 재해석하고 재탄생하게 한 인물이 문선명이다.

한국을 중심으로 20세기에서 21세기에 걸쳐서 일어난 문선명 현상은 앞으로 얼마든지 신학적 해석과 논의로 '열린 신'의 문제를 우리에게 남겨두고 있다고 해도 과언이 아니다. 문선명은 인류로 하여금 각자 메시아의 시대로 나아가게 함으로써 시간을 넘어선 '진정한 메시아', '살아 있는 신'을 깨닫게 한 인물인지도 모른다.

문선명은 니체의 '초인'사상을, 니체가 말로써 행한 초인사상을 역사적으로 실천한 인물일 가능성이 높다. 문선명은 문선명-예수이다. 그런 점에서 그가 성약시대의 제3 아담이라고 주장하는 것은 당연하다. 문선명은 기독교의 '닫힌 신'을 비판하고 '십자가를 버린 점', 그리고 메시아를 기다리지 않고 창조적 인간으로서 '스스로 메시아가 되고자 평생 노력한 점'에서도 그렇다.

문선명과 니체는 서구 기독교 사상의 바탕 위에서 기독교를 극복하고자 노력한 창조적 인물, 초인이다. 그런 점에서 인류의 문명이 서양중심에서 동양동아시아중심으로 문명축을 이동하는 우주적 전환기에 그 경계선상에 있었던 인물이라는 공통점이 있다.

니체는 말한다. "영겁의 시간과 무한한 우주 속에서 인간은 우물 속의 찰나에 불과할 뿐이다. 더군다나 그의 지성이라는 것은 '인간적인 너무나 인간적인' 좁디좁은 개구리 관점일 뿐이다."[17]

니체는 인간 지성과 인식의 자기한계와 근본적인 오류를 고백했지만, 이는 아직 동양적 관점에서 보면, 예컨대 심물일체心物一體, 신물일체神物一體, 신인일체神人一體, 기일원론氣一元論의 관점에서 보면 인간에 대한 반성과 겸손이 부족하다. 시간과 공간은 인간이라는 지구의 생물 종이 만들어낸 제도이며, 본래 없는 것이다. 따라서 영겁회귀도 없다. 세계는 기운생멸氣運生滅의 세계일뿐이다.

"시간과 공간은 없는 것이다. 기氣의 흐름만 있는 것이다. 시간과 공간은 인간이 '기의 흐름'을 현재적으로 계량하기 위해서 만들어놓은 제도이다. 하이데거에 따르면 존재가 무無이듯이 시간도 무無이다. 시간이 있다면이것은 공간이 있는 것이 된다, 그것은 이미 존재자이다.

자연에는 시간이 없다. 자연은 무無이고 무아無我이고 무의식無意識이다. 자연은 우주적 시공간의 현상 혹은 물리적 시공간이 아니다. 물리적 시공간은 계절이 없는 추상이고, 무한대이다. 자연에는 연장보류이 없다. 자연은 본래적인 것이며 현상도 아니다. 현상이라는 것

17 백승영, 『같은 책』, 159쪽.

은 인간이 자연을 의식화하고, 그것을 다시 객관화하였기 때문에 빚어진 일종의 과학적·대상적 오류이자 가상이고, 추상이다. 그래서 과학은 오류의 역사이다. 자연은 지금도 '스스로 그러한' 본질로서 저절로 변화생성을 거듭하고 있다.

시간과 공간이 본래 없는 것인데 인간에 의해 성립되었으며, 시공이라는 감옥을 벗어나야 인간이 진정 행복해질 수 있다는 것을 알아야 한다. 절대시간과 절대공간은 이미 총체적 존재로서의 그것이 없다는 것을 말하는 것과 같다. 절대는 그것이 없기 때문에 절대이다. 인간은 자신의 삶을 위해서 없는 것을 역설적으로 있다고 하였다. 그것의 이름이 절대이다."[18]

한 걸음 더 나아가서 니체를 비판한다면 '예수의 희생'은 인간이 만든 시간 때문이다. 시간 때문에 예수 그리스도성은 현재성이 아니라 재빨리 과거가 되었으며 또한 영원한 미래가 되어야 했다. 몸을 가진 현재의 메시아는 부각되지 못했던 것이다.

시간의 현재는 항상 무시되어야 했으며, 비시간이 되어야 과거와 미래, 원인과 결과, 정신과 육체로 이분법의 세계를 구성할 수 있게 되었던 것이다. 보통의 인간들은 이러한 이분법에 의해 분열된 우주적 몸을 회복하고 시공간의 구속을 벗어나기 위해서는 초월적인 신을 믿을 수밖에 없었다. 이제 우리는 신을 통해서가 아니라 기氣를 통해서 시간으로부터 벗어날 수 있다.

동물은 집단에서 가장 못난 놈이 희생되어 다른 강한 동물에게 잡

---

18 박정진, 『일반성의 철학과 포노로지』(소나무, 2014), 602~603쪽.

아먹히게 되는데 사람은 정반대로 가장 잘난 놈이 많은 사람의 희생의 제물이 된다. 그러한 희생이 바로 성인이다. 사람의 다른 점은 그러한 희생에게 제사를 지낸다는 점이다. 그러한 점에서 인간은 '종교적 인간', 즉 '호모 릴리글로수스Homo religlosus'이다.

성인이 태어났다고 해서 인간의 문제가 해결되는 것은 아니다. 도리어 인간들은 성인의 희생을 이용하여 그것을 종교제도적 존재자로 만들어서 다시 세속적인 권력의 욕망을 채워왔던 것이다.

니체는 기독교문명권에서 초인을 주장하였지만 초인을 달성하는 데에는 실패했다. 니체가 실패한 초인을 문선명은 달성했다. 그것도 평화적으로 말이다. 만약 인간 중에서 초인이 있다면 문선명을 두고 말할 수 있을 것이다.

문선명은 당대에 통일교를 일으켜서 당대에 세계적인 종교로 만들었다. 문선명은 신을 부정하는 공산사회주의의 종주국 소비에트 공화국을 해체시키는 데에 결정적인 역할을 했으며, 북한의 김일성에게 면전에서 주체사상으로 통일이 되지 않는다고 선언한 인물이다. 그는 또 일생 동안 보수기독교단과 소련의 세계적인 탄압과 암살위협에도 불구하고 제 수명을 다하고 성화했다.

3

존재(being)의 신,
생성(becoming)의 신
― 존재의 부처, 생성의 부처

존재신학적 전통의 한계

서양문명과 철학은 눈에 보이는 사물을 기초로 하고, 그것에 언어적 개념을 입혀서 쌓아올린 문화라고 말할 수 있다. 이를 두고 서양문명은 시각과 언어에 의존하는 '시각-언어' 연쇄의 문명이라고 말한다.

시각의 감각적 특징은 그래서 눈앞에 있어야 존재하는 것이고, 모든 존재는 창조되지 않으면 안 된다. 말하자면 자연스럽게 창조자와 피조물, 주체와 객체가 구분되고 세계는 이원화되게 된다.

서양문명에서 존재는 크든 작든 바로 절대이고, 모든 존재는 절대적인 것의 연속에 의해 존재하는 것이 되고, 절대적인 것의 인과관계에 의해 세계는 성립된다. 그래서 서양문명은 과학에 의해 그 꽃을 피운다.

이것을 두고 서양의 '이성주의 문명'이라고 말한다. 그런데 이성주의 문명이 입자물리학의 발달로 인해 한계에 이르렀다. 세계는 어떤 절대적인 입자, 즉 실체에 의해 구성되었다고 생각했는데 그것은 아인슈타인의 상대성 원리와 하이젠베르크의 불확정성 원리에 의해 무너지게 되었던 것이다.

하이젠베르크1901~1976는 "전자의 운동량은 에너지와 마찬가지로 불확정한 것이며, 운동량과 위치의 곱은 일정한 상수h/2보다 작을 수가 없다."는 불확정성 원리를 제창했다. 당시 아인슈타인마저도 양자역학의 비결정론적 성격을 받아들이지 못해 "신은 주사위 놀이를 하지 않는다."는 말로 거부했던 것이다.

서양철학사를 거슬러 올라가면 아리스토텔레스는 '자연의 소리'를 두고 이성이라고 말했고, 데카르트는 '자연의 빛'을 두고 이성이라고 말했다. 서양철학자들은 하나같이 소리이든, 빛이든 자연의 것을 이성으로 환원시키는 경향을 보였다.

말하자면 서양문명은 '존재의 문명'이고, 결정론을 신봉하는 '결정론의 문명'이었다. 서양문명이 이룩한 이원대립항들, 예컨대 절대와 상대, 주체와 객체, 결정과 비결정 등은 현대에 들어 속속 무너지고 말았다. 말하자면 이들 대립항들은 결국 하나의 세트로서 상대를 규정해주는 역할을 하는 것에 불과한 것이 된 셈이다.

서양문명은 무無에서 유有의 탄생을 생각할 수가 없는 문명이었다.

이에 비해 동양문명은 예로부터 세계의 근원 혹은 근본으로서 '무無'를 떠올렸고, '무'의 영향에 의해 불교의 '공空'이라는 말도 정착되었다고 할 수 있다.

존재being의 연속에 의한 세계와 달리, 생성becoming의 세계는 존재를 가정하지 않는다. 다시 말하면 존재라는 가상 실재를 전제하지 않는다는 뜻이다.

생성의 세계는 보이지 않는 세계, 증명되지 않는 세계, 결정적이지 않는 세계에서 존재가 드러나는 세계이다. 이를 신神에게 적용하면 신은 처음부터 신으로 절대적으로 존재하는 것이 아니라 신으로 생성되는 것이다.

종래의 기독교의 신은 절대적인 신으로서 천지를 창조하고 인간에게 명령하는 존재이다. 이런 신을 연구하는 신학을 두고 우리는 '존재신학'이라고 말한다.

기독교의 존재신학적 관점에서 보면 신은 절대적인 존재로서 신의 절대명령, 천명天命을 받기 위해 우리는 한없이 기도하고 신의 처분을 기다려야 하고, 천상천국을 기다려야 한다. 또 신의 대리자로서 지상에 온다고 하는 메시아도 한없이 기다려야 한다.

그런데 한없이 기다리는 신은 오지 않고, 인간의 세계는 더욱 더 불평등과 불합리와 부조리로 인해 살기 어렵게 되어 있다. 말하자면 지상지옥이 되어 있다. 기다리는 메시아는 오지 않는 게 문제이고, 더구나 메시아가 온다고 해도 그가 메시아인지 알 수 없다.

인간의 세계는 기독교가 말하는 천지창조라는 최초의 원인적 동일성에서 과학이라고 말하는 결과적 동일성으로 옮겨갔을 뿐 변화한 게 하나도 없다. 도리어 이제 과학이 신의 위치에 서서 인간을 호령하고 있는 것이다. 과학이라는 것이 말이 과학이지 실은 기계적 세계, 기계인 것이다. 말하자면 인간은 자신이 만든 기계의 노예가 되어있는 셈이다.

신의 종從을 자처했던 인간은 이제 기계의 종으로 전락하고 말았다. 존재신학적 전통은 결국 기독교-과학의 연쇄로 인해 결국 기계적 세계에 항복하지 않으면 안 되는 인간의 조건을 초래하게 된 형국이다.

이러한 난국을 타개하기 위해 도입된 것이 바로 '생성의 신'이라는 개념이다. 생성의 신은 원인과 결과라는 이분법에 의해 세계를 해석하는 것이 아니라 원인과 결과라는 동일성을 제외하고, 그 사이를 과정적, 혹은 현재진행형으로 봄으로써 세계를 역동적으로 바라보게 됨을 의미한다.

생성은 실체도 없고, 자아도 없고, 누구의 소유도 아니다. 말하자면 종래의 존재신학적 전통의 존재론은 쉽게 말하면 '소유적 존재론'인데 반해 생성의 신은 '생성적 존재론'의 신인 셈이다. 이제 주체와 대상, 소유적 존재의 시대는 끝났다. 존재being의 신은 끝났다.

만약 새로운 신이 있어도 그것은 생성becoming의 신이다. 처음부터 존재의 신, 유일절대의 신은 없다. 신이 있다면 항상 생성의 신일뿐이다. 우리가 '신' 혹은 '부처' 대신에 '메시아'나 '미륵'을 부르는 이유도 바로 세계와 신이 생성되어온다는 것을 알기 때문이다.

신-부처, 메시아-미륵은 인간의 시간성에 대한 대중적·우상적

인식이며, 신앙적으로는 신비적·형상적 대상화라고 말할 수 있다. 이는 관념적·추상적인 우주를 구체적·예술적으로 받아들이는 것과 같다.

우리가 지금까지 기독교의 존재신학에 의해서 '존재being'로 받아들였던 하나님과 예수는 실은 '생성becoming'이었으며, 예수는 그것을 당시에 깨달은 인물이며, 문선명도 그것을 깨달았기 때문에 예수처럼 스스로 메시아라고 말할 수 있었다.

메시아는 메시아를 지금 실천하는 자의 것이다. 메시아는 과거의 메시아를 칭송하거나 미래의 메시아를 기다리는 것에 있는 것이 아니라 스스로 메시아가 되는 자의 것이다. 따라서 메시아사상은 '존재의 메시아'가 아니라 '생성의 메시아'가 되지 않으면 안 된다.

다시 말하면 존재의 메시아는 결국 메시아를 상품처럼 파는 자의 메시아이며, 결국 거짓 메시아인 것이다. 예수가 죽은 뒤 2천여 년이 지났지만 메시아는 오지 않고, 지금까지 메시아를 기다리기만 했다. 그동안 세상은 타락할 대로 타락해서 결국 지옥이 되어버렸다.

우리는 모두 어떤 인물이 진정한 메시아인 줄도 모르며, 메시아를 증명할 인물도 없다. 메시아 대신에 신부나 목사들이 이를 대신할 뿐이다. 우리는 '대신代身체계' 속에 있을 뿐이다. 신부나 목사의 대신체계는 '대리代理체계'와 다를 바가 없다.

이상하게도 인간은 속죄양贖罪羊을 바침으로써, 희생犧牲을 바침으로써 집단의 삶을 영위하고 그것을 제도화해가는 생물종이다.

'생성(becoming)의 신'과 '생성의 메시아'

오늘의 형이상학적 입장에서 보면, 존재의 신은 일종의 가상 실재였다고 할 수 있다. 기독교 존재신학적 전통으로 보면 하느님 아버지인 성부는 존재신학적으로 정립이 가능한데 육신을 타고 태어나는 성자인 메시아는 처음부터 가상 실재가 될 수 없는 성격의 존재이다.

그래서 어떤 의미에서는 메시아는 처음부터 핍박을 받거나 결국 희생될 수밖에 없는 존재로 설정되었다고 할 수밖에 없다. 현실적 권력은 메시아와 필연적으로 경쟁하고 대결할 수밖에 없고, 세속적 권력 혹은 세속화된 교회권력은 메시아를 인정하는 것이 자기를 부정하는 것이 되기 때문에 결국 메시아를 주장하는 자를 희생시킬 수밖에 없는 것이다.

모든 현실정치는 미래의 이상적인 세계파라다이스의 비전을 제시한다는 점에서 명시적으로 말을 하지 않더라도 지상천국을 약속하는 것이나 다를 바가 없다. 그런데 기독교의 메시아는 지상천국을 부정하고 천상천국을 주장하는 인물이다. 세속적 정권과 세속적 교권으로 볼 때는 메시아는 경쟁관계에 있는 적이라고 말할 수 있다.

기독교의 메시아는 역사·사회적 현실로 볼 때 매우 '위험한 위치', '불안한 위치'에 있는 인물이다. 메시아는 원인적 동일성의 인물도 아니고, 그렇다고 결과적 동일성의 인물도 될 수 없는, 기독교−존재론적 전통 속에 들어있는 일종의 '생성의 신'에 해당하는 인물이다.

이를 역으로 말하면 기독교의 존재신학은 세계의 생성적 측면을 도외시할 수 없어서 메시아를 설정했던 셈이다. 메시아는 '생성의 신' 의 다른 이름이다. 메시아는 존재신학적 전통과는 한마디로 배치되 는 '과정신학적 존재', '생성신학'의 존재이다.

문선명의 일생을 보면, 기독교적 전통에서 출발하고 있으나 매우 '생성적 신' 혹은 '메시아의 성격'의 삶을 살았다고 볼 수 있다. 그는 하나님 아버지로부터 천명天命을 받았다고 함으로써 계시종교의 특성 을 가지고 출발을 하고 있지만, 그는 '하나님을 해방'한다는 말을 하 고 있다.

'하나님을 해방'한다는 말을 실은 존재신학적 전통의 근간을 뒤흔 드는, 혹은 해체하는 매우 혁명적인 발언이라고 말할 수 있다. 이는 가상 실재로서 존재하는 하나님을 스스로의 감옥에서 구출하는 발상 으로서, 하나님의 절대적 존재성이라는 철옹성을 부정하는 방식이다. 다시 말하면 하나님이라는 가상 실재를 하나의 목표로서 더 이상 앞 에 두지 않겠다는 의미이고, 스스로 그것에 다가가는 생성의 삶을 충 분히 살았다는 뜻을 함축하고 있다.

문선명보다 더 '생성적인 신'의 모습을 보인 예는 없다. 이는 기독 교의 신관이 아니라 동양의 인신人神이나 신인神人의 신관이라고 하지 않을 수 없다. 사람과 신의 소통과 교통은 물론이고 나아가서 신과 인간의 존재 바꿈을 내포하고 있기도 하다. 이는 결국 신은 인간이 며, 신을 통해서 인간이 스스로를 고양시키거나 승화시켰음을 의미 한다.

이는 기독교-과학의 결정론적 세계관에 대한 도전이면서 기독교의 완성이면서 동시에 기독교에 대한 부정이다. 문선명은 어떤 문화적 전통 위에서 그러한 생성의 신학을 정초할 수 있었을까?

바로 동양적 전통의, 한국적 전통의 천지인 사상과 음양사상에 힘입은 바가 크다. 더 정확하게는 천지개벽의 세계관과 음양유무 상생의 세계관에 힘입은 바 크다.

동학의 인내천人乃天사상은 '생성의 신'의 대표적인 예이다. 동학의 이론에 따르면 인간은 하늘이 될 수 있는 존재이다. 이 말을 서양의 기독교적으로 말하면 인간이 신이 될 수 있는 존재이면서 신이 되어야 진정한 인간의 완성이 이루어진다는 의미로 해석할 수 있다.

처음부터 신은 인간이었고, 신을 아는 인간은 결국 신을 달성하고야 마는 존재이기도 하다. 통일교의 신학이 '신을 해방'한다는 것은 더 이상 미래에 달성해야 할 '달아나는 신', '기대하는 신'이 아니라 지상에 정착한 신을 의미한다. 이제 지상에 평화가 달성되어야 함을 역설하는 것이다. 정오정착이라는 것은 이러한 의미가 있다.

그러한 점에서 인간은 신체를 타고난 자신自身에서 시작하여 믿음으로 충만한 자신自信의 단계를 거쳐 날마다 자신을 새롭게 거듭나게 하는 자신自新을 통해 결국 신과 하나가 되는 자신自神에 도달하는 존재임을 말한다. 이것이 바로 천일국天一國이다.

로고스(Logos)의 신을 하트(Heart)의 신으로

통일교는 로고스logos의 신을 하트heart의 신으로 되돌리는 종교이다. 서양의 기독교는 하나님의 말씀을 로고스로 규정함으로써 하나님이 추상이 되게 하였다. 추상의 하나님은 보편성이라는 이름으로 사람들을 지배하는 데에는 유효하였지만 하나님으로 하여금 사람과 사람 사이, 사람과 동식물 사이, 사람과 무생물 사이의 교감을 잃어버리게 함으로써 결과적으로 사람들이 물신숭배物神崇拜에 빠지게 하였다.

물신숭배에 빠진 대표적인 현상이 바로 과학과 기계에 대한 사람들의 숭배이다. 종래 살아 있는 신의 자리에 과학이 들어서고 기계가 들어서고, 화폐가 들어서게 되어버렸다. 이는 더 이상 신이 살아 있는 신이 아니라 죽어버린 신이 되게 하였다. 이제 사람들은 돈과 기계를 신으로 숭배하게 된 것이다.

서양철학자들 가운데 아리스토텔레스는 '자연의 소리'를 로고스로 규정하고, 데카르트는 '자연의 빛'을 로고스로 규정함으로써 '신의 로고스화'를 철학 쪽에서 견인하였는데 이는 결국 철학을 과학에의 종속적 신분으로 격하시켰으며 과학의 종으로 만들었다. 과학은 자신이 원천적으로 스스로 만든 것은 하나도 없으면서 마치 자신이 이 세계를 만든 것처럼 '거시물리학천체물리학' '미시물리학소립자물리학'이라는 신화를 꾸미고 제도화한 끝에 결국 세계를 '과학 공화국'으로 만들어버렸다.

로고스는 결국 기계로 판명되었다. 이제 인간은 기계의 노예로 살아가지 않으면 안 될 운명에 처하게 된 셈이다. 자신이 만든 기계에 자신이 노예가 된 웃지 못할 촌극이 벌어진 것이 오늘의 지구촌 인간 세계이다. 따라서 이제 로고스의 신을 하트의 신으로 되돌리는 일이 앞으로 인류의 과제가 되어야 한다. '로고스理性의 신'은 '심정心情의 신'으로 바뀌어야 한다. 이를 선도한 것이 바로 통일교이다.

절대의 신에서 '절대-상대'의 신으로

종래 기독교의 신은 유일절대신이다. 절대라는 것은 실은 없는 것이다. 절대라는 것을 초월이고 결국 타자이다. 타자를 만들어낸 것이 서양 기독교문명이다. 타자는 과학을 만들어냈다. 타자는 세계를 대상으로 보게 하고, 객관적으로 보게 하고, 결국 남이 되게 한 결과이다. 도대체 남이 된 세계가 무엇인가. 나는 세계에 엄연히 있는데, 왜 세계는 나에게 남인가?

세계를 원인과 결과로 보는 것은 참으로 세계를 끊어버린 것이고, 세계를 대립적으로 보는 것이고, 세계에 어떤 넘을 수 없는 장벽을 세운 것이다. 원인이 되려면 결과와 완전히 차단되지 않으면 안 된다. 결과도 마찬가지이다. 결과가 되려면 원인과 완전히 차단되지 않으면 안 된다. 차단되지 않으면 원인도 결과도 될 수 없다. 알고 보면 원인과 결과라는 것은 벌써 세계를 차단시켜 버린 것이고, 세계에 장벽을 세운 것이다.

절대와 상대는 서로가 없으면 존재할 수 없다. 절대가 절대가 되기 위해서는 상대가 있어야 하고, 상대가 상대가 되기 위해서는 절대가 있어야 한다. 결국 세계는 절대와 상대로 보면, '절대-상대'의 관계의 세계이다. 관계의 세계는 이미 연결되어 있는 세계이다. 절대의 절대는 상대이고, 상대의 상대는 절대이다. 결국 절대와 상대는 같은 것이다. 절대와 상대는 원인과 결과와 같은 것이다.

세계는 하나의 뿌리에서 솟아난 것일 뿐이다. 세계는 원인과 결과가 아니라 본질_{근본}과 현상_{현현}일 뿐이다. 서양문명은 본질과 현상을 실은 원인과 결과로 만들었을 뿐이다. 서양문명은 세계를 조작하기 위해서 세계를 원인과 결과, 절대와 상대로 만들었을 뿐이다.

통일교는 절대의 신을 '절대-상대'의 신으로 만들었고, 절대의 신을 음양의 신으로, 남녀의 신으로 만들었다. 그래서 종래 기독교 신이 하나님 아버지이던 것을 하나님 어머니도 함께 하는 '하늘 부모님'으로, '천지인 참부모님'으로, 남자가 독점하던 신을 여자도 함께 하게 하였다. 이것은 실로 자연의 이치일 뿐이다. 절대와 초월과 보편은 추상일 뿐이다.

신체 밖의 신을 신체 안으로

통일교는 신체 밖의 신을 신체 안으로 되돌리는 종교이다. 통일교는 신체 밖에서 이름만 있는 신을 신체 안에서 살아 있는 신으로 되돌리는 종교이다. 서양의 기독교과학문명은 인간의 신체를 물질로 생각하여 대상화하는 데에 급급하였다.

기독교의 천지창조의 신은 신이 인간과 만물을 만들었다고 함으로써 대상화하고 노예화하였다. 이런 '제조製造의 신'은 인간으로 하여금 다시 사물들을 대상으로 보게 하였고, 마음대로 사용하게 함으로써 자연의 황폐화와 낭비를 초래하였다.

자연의 황폐화와 교란은 자연의 보복으로 인해 정작 자신의 신체마저도 대상적 존재로 강등시키는 한편 사람들의 정신마저도 함께 타락하게 함으로써 사람들로 하여금 스스로 허무주의에 빠지게 하였다. 더 이상 신체는 육체가 아니라 마음이며 몸이다.

인간은 정신과 육체가 이분법으로 나뉘어있는 존재가 아니라 하나의 존재, 다시 말하면 몸과 마음이 하나인 심물일원心物一元, 심물일체心物一體의 존재이다. 정신과 육체가 나누어진 까닭은 기억으로서의 정신과 물질로서의 신체가 실은 이중적이고 서로 떨어질 수 없는 것인데도 불구하고 그러한 지속을 끊어버린 탓이다.

신체는 공간적 대상의 육체도 아니고, 시간에 따라 스스로 진화한 진화체도 아닌, 우주의 존재 자체이다. 인간의 신체는 태초의 시간부터 종말의 시간까지를 동시에 가지고 있는 '현존적現存的 존재'로서 신성神聖한 존재이며 더욱 시작도 끝도 없는 '영원적 변화의 존재'이다.

인간의 신체야말로 신이 깃드는 장소이며, 인간이 신이 되는 장소이고 신이 인간이 되는 장소이다. 기독교가 성령의 불길과 은총을 항상 갈망하는 까닭은 바로 인간의 신체가 신성한 장소이며, 신과 인간이 하나가 되는 장소이기 때문이다. 신체에서 이루어지지 않는 것은 본래 없는 것이다.

신체는 수행을 필요로 한다. 신체가 말을 통해 존재하는 것은 아니다. 신체는 말 이전의 존재이다. 신체는 말을 하지 않으면서 스스로 존재한다. 기독교의 육화라는 것은 영혼이라는 가장실재에 신체라는 옷을 입힌 일종의 속임수, 즉 일반화에 불과하다. 육화는 영혼과 보편성의 반대방향이다. 본래 우주에는 신체 아닌 것이 없다.

신체가 육화라는 것을 통해 역사적 존재로 합리화되는 것은 일종의 신체에 대한 모독이며, 신체의 신성성에 대한 매우 인간적인 해석이다. 가상 실재의 인간은 자연으로 돌아오지 않을 수 없었고, 자연의 생명으로 돌아오는 것을 그렇게 표현하였다. 이는 구체와 생명이 추상과 보편성으로 환원된 것을 되돌리는 것이다.

신체를 가진 인간은 본래 신이다. 그래서 자신自身 자신自信 자신自新 자신自神이다. 모든 신체는 그냥 존재이다. 모든 존재는 다른 것으로부터 본질규정을 받지 않는다. 만물萬物은 만신萬神이다. 만물은 스스로 만물생명萬物生命이다. 생명은 잡을 수 없는 것이다. 생명은 단지 흘러가는 것이다. 생명은 특정한 개체의 지속도 아니다. 생명은 실체가 없기 때문에 생멸生滅할 따름이다. 그 속에 주체는 없다. 세계의 주인이 되는 깨달음에 도달하려면 작은 주체는 없어져야 한다.

세계의 주인이 되면 말이 필요 없다. 세계는 침묵 속에 무수한 말을 하기 때문이다. 인간의 말은 세계를 이분시켰다. 이제 말은 소리로 돌아가야 한다. 소리로 돌아가는 것은 추상적 환원이 아니라 구체에로 돌아가는 것이다. 통일도 본래 자리로 돌아가는 것이다. 인간은 본래 구원이다.

외재화의 신에서 내재화의 신으로

통일교는 인간의 신체의 밖에 있는 신을 신체 안의 신으로 되돌리는 종교이다. 이를 '외재화된 신'에서 '내재화의 신'으로 바꾸는 것이라고 말할 수 있다. 다시 말하면 신은 신체의 안팎에 동시에 존재하기 때문에 실은 안과 밖이 없다고 할 수 있다.

이제 신은 선후상하좌우내외의 구별로부터 벗어나게 된 셈이다. 신은 중심이 아닌 중심으로 존재하고 있으며 주변이 아닌 주변으로 존재하고 있다. 물론 기독교 성경에도 여호와 신은 "나는 나이다."라는 신으로서 존재하고 있으며, 동시에 '임마누엘Immanuel'의 신으로 존재하고 있다. 이는 존재의 신으로 '나는 나이기 때문에 나이다I am as I am'이다.

그러나 어느덧 기독교의 신은 신을 외재화하는 바람에 내재화의 신으로부터 멀어져버렸다. 신은 밖에서 존경받는 신이 아니라 상품처럼 밖에서 선전되고 있으며 '선교宣敎의 신'은 '선전宣傳의 신'으로 타락해버렸다. '사명mission의 신'은 '판매sales의 신'이 되었으며, 교회는 기업이 되어버림으로써 스스로 타락의 길을 걸었다. 신과 그 신을 믿는 사람들은 주식시장과 주식이 되어버렸다.

급기야 신은 추상의 숫자가 되어버리고, 죽어버린 부호가 되었으며, 사람들의 조작의 대상이 됨으로써 스스로 신성을 잃어버렸다. 신이 죽은 까닭은 스스로 신이 죽은 것이 아니라 사람들이 신을 죽인 것이며, 이는 유대교전통의 기독교가 메시아를 죽인 것과 같다.

정작 현재에 살아 있는 '현재오늘의 메시아'는 죽임으로써, 메시아는 항상 '과거어제의 메시아'가 아니면, 항상 내일 와야만 하는 '미래내일의 메시아'로 만족하지 않으면 안 되게 되어버렸다. 메시아는 영원히 현존할 수 없게 되어버렸다.

그 사이에 인간들은 무엇을 할까? 바로 메시아를 팔고, 예수를 팔고, 또 다른 메시아를 파는 장사꾼이 되어버렸다. 이제 인간들은 시간의 과거를 팔고, 현재를 팔고, 미래를 파는 장사치가 되어버렸다. 존재는 스스로 존재를 함유하고 있다. 신만이 여호와가 아니라 모든 존재는 '나는 나이다 I am as I am'의 존재이다.

신앙이 예술과 생리가 되어야

통일교는 더 이상 종교가 종교가 아니라 예술이 되어야 하는 종교임을 천명한 종교이다. 통일교는 더 이상 과학이 과학이 아니라 예술이 되어야 함을 천명한 종교이다. 통일교는 더 이상 신과 사물들이 인간의 밖에서 객관적으로 있는 것이 아니라 인간의 안에서 살아 있는 것이며, 인간의 안에 신과 사물이 있다는 것은 바로 종교가 예술이라는 뜻이다. 종교가 예술이라는 뜻은 바로 종교가 신앙인의 생리가 되어야 함을 말한다.

신앙이 예술과 생리가 될 때 우리는 신을 입증^{증거}할 수 있고, 신을 말할 수 있고, 신을 형상화할 수 있고, 신과 하나가 될 수 있다. 이런 경지에 이르면 그동안 밖에만 있던, 내 마음에 들어오지 못하고 밖에서 서성이고만 있던 신은 나의 신이 되는 것이다. 내 몸은 아름다운 신부나 신랑을 맞이하게 되는 것이다. 남자는 신부를, 여자는 신랑을 맞이하는 것이다. 이것이야말로 영혼의 결혼식이라고 말할 수 있다.

이제 신은 항상 내 안에 존재하는 신이기 때문에 신은 나의 신체와 떨어져 존재할 수 없는 공동운명체이며 하나의 생리처럼 존재하는 존재이다. 신은 항상 육화된 존재로서 함께 살고 있으며 따라서 생사도 없으며, 생멸도 없는 존재로서 신은 영원히 존재하는 것이다. 나아가서 신과 공동운명체적 운명은 인간 개체를 떠나서 마을로, 우주로 확산되는 것이다. 그것이 바로 천주평화통일국이다.

나는 우주라는 집의 주인이 되며 우주는 천일국이 되는 것이다. 천일국은 어디에 있을까? 바로 내 마음에 있다. 천주평화통일국은 과학시대를 맞은 인간을 위하여 천국을 새롭게 해석한 것이다. 우주가 아무리 넓고 광대하다고도 해도 내 마음보다 크지 않다. 내 마음은 우주를 삼키고도 남음이 있다. 그 남음이 있는 것이, 여유의 공간이 있는 것이, 열려진 세계가 마음이기 때문이다.

신앙이 운명이 되면 시인-신앙인이 된다

통일교가 진정한 종교가 되려면 결국 신앙이 운명이 되는 신자들의 종교가 되어야 한다. 운명을 사랑하듯이 통일교를 사랑하여야 하며, 신앙과 운명이 혼연일체가 되어 나아가야 한다. 신앙과 운명을 사랑하는 것만큼 아름다운 예술이 또 어디에 있겠는가. 이제 예술가가 되지 않으면 진정으로 세계를 느끼고 감동하고 혼연일체가 될 수 없다.

서양의 경우 기독교 미술이, 동양의 경우 불교 미술이 미술관이나 박물관의 대종을 이루는 것은 종교가 결국 예술화되고, 육화되어야 참됨과 착함이 아름다움과 함께 사람들에게 감동을 주게 된다는 것이다.

신앙이 운명이 되면 신앙인은 시인-신앙인이 된다. 존재 자체를 사랑하지 않으면 어떻게 시를 쓸 수 있겠는가. 존재 자체가 모두 통일교와 문선명과의 관련성으로 의미를 가지게 될 때 진정한 통일교인이 된다. 시인은 철학자도 아니고, 신학자도 아니다. 철학자와 신학자에게는 아직 신이 자신의 몸속에 내재하고 있지 않다. 시인에게는 신이 내재해 있다.

진정한 시인-신앙인이 될 때 신은 내재하게 되며, 신은 항상 삶과 함께 있으며, 운명에 대해 후회하지 않을 수 있게 된다. 시인에게는 시간과 공간이 따로 없고, 그의 삶과 삶의 흔적이 시간과 공간이다. 그렇기 때문에 죽음과 삶에서 초탈해 있다.

이러한 경지가 바로 신인합일神人合一, 인내천人乃天의 경지이다. 여기에 이르면 인간은 한없이 열려진 존재로서 우주의 일원이 되고, 천주평화통일국의 국민이 되는 셈이다. 이 모든 것은 심물일체心物一體가 되었을 때에 가능한 것이다.

천지중인간에서 인중천지일의 인간으로

통일교는 결국 로고스의 신을 하트의 신으로 되돌리고, 신체 밖의 신을 신체 안으로 되돌리고, 밖에 외재화되어 있는 신을 안으로 내재화하고, 신앙이 예술이 되게 하고, 신앙이 생리가 되게 하고, 신앙이 운명이 되게 하는 종교이다. 결국 하늘과 땅 사이의 인간, 즉 천지중인간天地中人間을 인간 속의 하늘과 땅으로, 즉 인중천지일人中天地一로 되돌리게 함으로써 인간으로 하여금 시간과 공간을 극복하게 하는 종교이다.

예수는 하늘과 부자관계하늘에 계신 우리 아버지를 맺었으나 유대인들에게 메시아로 인정받지 못하고 십자가에 못 박혀 숨졌다. 문선명은 '인중천지일'을 몸에 실현함으로써 스스로 하늘을 대신하여 메시아가 되고 천지인 참부모가 되었다. 하나님을 땅으로 내려오게 한 셈이다. 땅에 없는 하나님은 하나님이 아닌 것이다.

이제 인간은 신인神人이 되고 인신人神이 된 것이다. 이들은 『천부경

天符經』[19]의 '인중천지일人中天地一: 사람 안에 천지가 하나이다'의 뜻과 바로 통한다. 이 말은 사람의 안에 이미 천지가 구현되어 천지가 하나로 역동하고 있다는 뜻이다.

천부경의 천지인 사상은 말이 천지인으로 구분되었지 실지로 구분되는 것이 아니라 하나이다. 천지인은 상징으로 말할 수 있을 뿐이다. 천지인은 순환하는 우주이고, 서로가 서로를 내포하고 있는 혼원일기混元一氣의 존재이다. 그래서 시간과 공간이 없다. 그래서 거리가 없다.

天	天	時間	天人無間(天人合一)	시간이 없다	心
人	人間	人間	天地無間(天地合一)	人中天地一(天符經)	心物一元論
地	地	空間	地人無間(地人合一)	공간이 없다	物

'천지무간'의 간間은 시간과 공간을 나타내고, 동시에 인간人間을 나타낸다. 이는 결국 인간은 시간과 공간에 의해서 살아가는 존재인데 '무간無間'이라고 함으로써 잠시 시공을 떠나는 경지에 도달함을 뜻한다. 천인무간이든, 천지무간이든, 지인무간이든 결국 천지인이 순환함으

19 천부경은 81자로 된 한민족 최고경전이다. 단군시대, 혹은 단군 시대 이전부터 내려오는 한민족의 경전이다. 천부경은 일시무시일(一始無始一)에서 시작하여 일종무종일(一終無終一)로 끝난다. 이로써 무시무종(無始無終)을 경전의 핵심사상으로 하고 있다. 천부경은 흔히 삼일심고(三一神誥), 참전계경(參佺誡經)과 함께 천부삼경이라고 한다. 천부경(天符經)의 핵심 구절 중 하나이다. "사람 안에서 하늘과 땅이 하나이다."(人中天地一)라는 뜻이다. 천지인의 순환사상으로 볼 때 천중인지일(天中人地一: 하늘 안에 사람과 땅이 하나이다), 지중천인일(地中天人一: 땅 안에 하늘과 사람이 하나이다)도 가능하다. 천부삼경은 구전으로 내려오다가 배달제국의 제 1세인 거발한(居發桓) 환웅(BC 7199년)이 신하인 신지(神誌) 혁덕(赫德)에게 명하여 글로써 남기게 하였다. 배달제국(BC 3898~ BC 2333년)은 제 18세 거불단(居弗檀) 환웅까지 1천 5백 65년 지속하였다. 거불단 환웅은 웅씨족(熊氏族)의 웅녀(雄女)와 결혼하여 왕검단군(檀君)을 낳았다. 이것이 단군신화에서 환웅천황이 곰과 결혼한 것으로 설명되었다.

로 하나라는 것을 의미한다.

천인무간이나 천지무간과 달리 천인합일天人合一이나 천지합일天地合一이라는 것은 본래 천지인이 순환적인 하나의 일기—氣인 것을 끊어서 다시 재통합한 것이다. '천지인 일기—氣'가 존재론적인 것이라면 천인합일은 현상학적인 존재론이다. 그러나 합일은 이루어도 본래의 존재, 즉 '본래적 존재'는 아닌 것이다. 결국 인위적 합일과 통합은 역사적 존재가상 실재일 수밖에 없다. 이는 자연적 존재, 진정한 실재가 아니라는 말이다. 실재는 인간의 본질규정을 넘어서 있다.

우리는 흔히 천지인 사상과 그것의 순환을 가장 잘 드러낸 대목으로 노자의 『도덕경道德經』을 꼽는다. 이는 흔히 법지상천法地象天으로 요약되기도 한다. 노자老子는 도덕경 제25장에서 "사람은 땅의 법칙을 본받아야 하고, 땅은 하늘의 법칙을 본받아야 하고, 하늘은 도의 법칙을 본받아야 하고, 도는 자연의 법칙을 본받아야 한다人法地, 地法天, 天法道, 道法自然."고 설하였다.

도덕경보다 먼저 천지인의 순환사상을 표방한 것이 바로 우리민족의 최고最古 경전인 천부경이다. 도덕경은 천부경의 아류라고 할 수 있다. 천부경의 천지인은 인을 중심으로 다시 상하좌우로 나뉨으로써 세계는 하나의 중심에서 수많은 음양으로 대칭적으로 위치하게 된다. 점은 원이고, 원은 점이다. 세계는 음양의 다원다층의 세계가 된다.

인중천지일의 인간은 소유하지 않는다. 세계는 본래 내 것이고 본래 내 것이기에 소유할 필요를 느끼지 않는다. 이러한 경지에 이르면 가는 것이나 오는 것이나 마찬가지이다. 여래如來나 여거如去나 마찬가지이다. 가고 오는 것이 하나의 구멍, 여자의 구멍에서 비롯된 것이다. 세계는 여자이다.

신랑을 기다리는 신부에서 신부를 기다리는 신랑으로

기독교 가부장사회의 종교는 하나님을 남자로 보고, 하나님을 믿는 사람을 여자로 보는 신랑과 신부의 관계였다. 그러나 이제 '하나님 아버지'가 아니라 '하나님 어머니'가 됨으로써 신앙인들은 신부를 기다리는 신랑의 자리가 된다.

이제 인류는 힘권력 있는 신랑-아버지를 기다리는 것이 아니라 힘 없는 신부-어머니를 기다려야 한다. 신부-어머니는 문화현상학으로 말하면 종교나 과학이 아니라 예술이다. 말하자면 인류는 자연을 예술로 보아야 하고, 모든 삶과 존재를 '지금 있는 그대로' 빛나는 예술로 보아야 한다는 뜻이다.

종교는 모계 사회가 부계사회로 전향하면서 정치권력을 남성에게 내주고 그 대신 왕이 해결하지 못하는 것을 해결해주는 신을 제사의 대상으로 모시는 모계 사회의 변형이다. 그런 점에서 종교는 본질적으로 여성적·모계적인 발상의 제도이다. 모든 종교에서 신자들은 기다리는 신부의 입장이 된다.

이는 모계 사회에서 자식을 점지하는 존재가 보이지 않는 신이라는 것의 연장이다. 정치는 전쟁과 과학으로 향하는 남성주의이고, 종교제사는 평화와 메시아미륵로 향하는 여성주의이다.

그러나 가부장사회가 끝나고 신모계 사회-모성중심사회가 된 오늘날 종교는 이제 신부가 신랑을 기다리는 형태가 아니라 신랑이 신부를 기다리는 형태가 될 수밖에 없다.

하나님 어머니는 권력의 하나님이 아니라 비권력의 하나님이다. 하나님 어머니는 아무 것도 가지지 않고 있다. 하나님 어머니는 실체로서 드러나 있지 않고, 언제나 실재로 숨어있다. 이제 사람들은 자신이 감각하고 있는 것들이 본래 없었던 '비본래적인 것'이며, 본래적인 것은 결코 잡을 수가 없다는 것을 알아야 한다.

사람들은 자신이 잡은 것이 보잘것없는 일부이며, 내가 어떤 것을 인식한다는 것은 다른 것을 배제한다는 것을 모른다. 따라서 내가 무엇을 안다고 하는 것은 실은 모르는 것을 아는 과정이면서, 결국은 모른다는 것에 이르는 것이다. 따라서 알면 알수록 모르는 것이다. 앎이란 아는 것만 아는 것이다. 모르는 것이야말로 세계이다. 그래서 세계는 속이고 무지無知이고 막지莫知이다.

신랑을 기다리는 신부가 되지 말고, 세계를 신부처럼 대하여야 한다. 세계를 신부처럼 대하는 것이 세계를 '지금, 여기'서 향유하는 것이다. 세계를 즐기지 않는 자가 어찌 세계와 일체가 되겠는가. 세계를 신부처럼 대하는 것은 세계를 예술로 바라보는 것이다. 이는 예술가-신앙인이 됨을 의미한다.

영적 구원은 사랑에 빠지는 것이다. 남자는 여자를, 여자는 남자를, 음은 양을, 양은 음을 찾는 것이다. 이것은 궁극적으로 우주의 파동의 대열에 참가하는 것이다. 파동의 대열에 참가하는 것은 우주생명의 본원에 대해 참가하는 것이다. 파동의 대열에 참가하면 시공간은 없어지고, 단지 현존적 기운생동만이 있을 따름이다.

이것은 자타自他를 구분하지 못하고 신인神人을 구분하지 못한다. 그래서 자신자신자신자신自身自信自新自神이 된다. 지금 새롭게 온몸으로 파동하지 않으면, 지금 새롭게 가슴으로 박동하지 않으면 신이 아니다.

타자-타력종교(타력기독교)에서 주인-자력종교(자력기독교)로

메시아는 가부장사회, 민족사회, 국가사회의 강력한 남성구원자, 타자他者를 희망하는 환상이었다. 남성 위주의 사회에서 메시아는 가상 실재이고, 이상이고, 비전vision이다. 말하자면 종교적 환상이다. 가부장사회에 길들여진 '주인-종奴隷' 프레임의 사고방식이다.

어느 날 갑자기 '우리 주인主人'이 나타나서 고통과 전쟁으로 점철된 지상의 모든 문제를 일시에 해결하고, 평화의 천국과 열락의 극락으로 바꾸어줄 것을 원하는 환상인 셈이다. 그러한 점에서 기독교와 불교는 다를 것이 없다.

그러나 평소에 기다림을 실천하는 방식에서 기독교는 외부의 대상으로 있는 절대신의 도움을 기도하는 타자-타력신앙의 방식이고, 불교는 인간 스스로 깨달음에 도달할 것을 발원하는 주인—자력신앙의 방식이다.

세계의 중심은 나를 중심으로 나의 밖에 둘 수도 있고, 안에 둘 수도 있다. 밖에 두면 철저히 밖에 있는 주인을 섬겨야 하고, 따라서 나는 철저히 주인의 종이 되어야 한다. 이에 반해 안에 두면 나는 철저히 내 안에 있는 주인을 섬겨야 하고 나는 철저히 세계의 주인이 되어야 한다.

전자는 기독교의 방식이고 타력구원의 방식이다. 후자는 불교의 방식이고 자력자각의 방식이다. 예수는 겟세마네 동산에서 "주여, 할 만하시거든 이 잔을 거두어주소서. 그러나 내 뜻대로가 아니라 주님의 뜻대로 하옵소서."라고 말한다. 이에 반해 부처님은 보리수 아래에서 깨달은 후 "천상천하天上天下 유아독존唯我獨尊"이라고 말한다.

위의 두 말은 비록 반대말 같지만 실은 같은 말이다. 문제는 세계의 중심을 나의 밖에 두느냐, 안에 두느냐의 차이이다. 우리는 인류의 두 큰 스승을 통해 어느 쪽이든 성공할 수 있는 하나의 범례를 본 셈이다.

그러나 이제 예수님과 부처님을 신앙의 대상으로 믿고 따른다고 되는 것이 아니다. 세속적으로 신앙의 대상과 일정한 거리를 두고 예배를 본다고 해서 인생에서, 광대무변한 우주에서 단 한번뿐인 인생에서 최종승리자가 되는 것이 아니다. 주인과 종은 바뀔 수 있다. 이제 종의 방식에서 주인의 방식으로 바뀌지 않으면 안 된다.

이제 메시아를 기다릴 것이 아니라 '내가각자가 메시아'가 되어야 한다.

이는 주인—자력신앙의 방식이다. 이는 불교적 방식이다. 내가 메시아가 되는 것이야말로 주인적 사고방식이며, 종의 종교가 아니라 주인의 종교가 되는 것이다. 자력종교의 신은 자신이다. 이것이야말로 만법귀일萬法歸一, 인내천人乃天 사상이다.

언제 올지 모르는 메시아를 기다리는 것, 내일 또 내일을 기다리는 것은 단지 미래의 시간을 기다리는 것이고, 현재에서 메시아를 영원히 볼 수 없는 종교의 세속화의 구조이다. 세속화된 종교는 입으로는 메시아를 말하면서도 실제로는 사제들이 메시아의 대행자로서 권력을 탐하고 유지하려는 음모이다. 예수를 죽인 유대인들은 오늘날 보편적인 인간들이다. 인간은 자신이 만든 시간과 공간에 속고 있는 것이다.

예수도 자신이 메시아가 되어야 현실적으로 메시아가 실현되는 것임을 깨달은 사람 중의 한 사람일 뿐이다. 그런데 역사는, 메시아를 기다리는 사람들, 유대인들, 오늘의 보수 기독교인들의 편이다. 그러나 이들은 정작 현실적으로 메시아를 죽이는 부류들이다. 예수를 믿으면서 예수를 팔고 있는 기독교 목사와 신앙인들, 또 스스로 예수를 팔면서 예수를 믿고 있다고 생각하는 사람들은 항상 예수는 미래에, 영원한 미래에 와야 한다는 자기 속임의 알리바이를 가지고 있다.

물론 '내가 메시아'라고 떠드는 사람 중에 가짜가 있다. 이를 '적그리스도' '가짜 메시아' '가짜 미륵'이라고 하는데 이는 인간이 악, 혹은 악마가 될 소질을 가졌기 때문이다. 선이든, 악이든 지금 일어난 것은 돌이킬 수 없는 것이고 엄연한 존재이다. 죄도 속죄도 인간에게 있을 뿐이다. 자연은 생성일 뿐이다. 생성에는 선도 악도 없다. 생성에는 죄가 없다.

붓다와 예수는 그들의 '생성체험신비체험'이 있었기에 기존의 종교인 힌두교와 유대교를 용기 있게 비판할 수 있었다. 예수는 결국 유대교와 심각한 갈등으로 십자가에 못 박혀 죽었지만, 그는 세계적인 종교의 주인이 되었다. 붓다는 예수보다 5백여 년 앞서간 스승의 스승이었다. 예수가 말한 "가난한 자여, 그대는 복이 있도다. 천국이 너의 것이로다."는 바로 불교의 공空·무無의 가르침을 유대의 말로 번안한 것이다.

인간이 만든 모든 문화적인 것은 가상 실재일 뿐이다. 철학, 종교, 과학, 예술 모두가 그렇다. 이들은 모두 하나이다. 인간이라는 종이 살면서 내놓은 흔적일 뿐이다. 세계는 인간이 만든 로직logic에 의해 움직이는 것이 아니다. 세계는 기운생동의 가슴heart에 의해 움직일 뿐이다. 세계 도처에는 움직이는 크고 작은 심장이 있다. 그것이 파동이다.

불교의 기독교에서 기독교의 불교로

기독교는 본래 불교에서 갈라져 나간, 불교의 기독교로서 불교의 유대교적 지방분파이다. 유대교는 예수에 의해 불교를 만남으로써 기독교가 되었고, 유대교라는 민족종교에서 세계종교가 되었다. 따라서 기독교는 본래 '불교의 기독교기독교적 불교'였던 셈이다. 오늘날 기독교가 불교를 향하여 간 나머지 '기독교의 불교불교적 기독교'가 되는 것은 결코 이상한 일이 아니다.

　기독교라는 것은 '유일절대신'이라는 화두를 가진 불교와 같다. 결국 그 화두, '유일절대신'이라는 실체가 없다는 것을 깨달은 기독교불자는 화두를 깨친 셈이다. 그런데 그 없다는 것은 유일절대가 없다는 것일 뿐 진정 없다는 것이 아니다. 그것이 무無이고, 공空이다.

　'공空'이라는 것은 없는 것이 아니라 만공滿空, 즉 가득 찬 공이다. 만공이야말로 실재이다. 유일절대는 가상 실재였고, 실재는 없는 것이 아니다. '멸滅'하는 것도 멸할 수 있는 것이 아니다. 집멸集滅할 뿐이다.

　이를 기氣를 가지고 설명하면, 기氣란 있으면서도 결코 잡을 수 없는 것이다. 그렇기 때문에 가득 차 있으면서도 비어 있는 것nothingless이다. 기氣를 가지고 불교의 공空을 설명하자면 만공滿空이다. 기란 동시에 결코 멸할 수 없는 것이다. 있으면서도 잡을 수 없기 때문에 멸할 수 없는 것이다. 기氣를 가지고 불교의 도道를 설명하자면 집멸集滅이다. 멸할 수 있는 것은 단지 모아진 것, 집集을 멸할 뿐이다.

　불교는 자성自性조차 '없다'고 한다. 그런데 기독교는 타자他者를 두고 '있다'고 한다. 결국 자타自他가 모두 문제가 있는 셈이다. 있고, 없음도 문제이다. 무엇을 있다고 하고, 무엇을 없다고 하는 것인가. 눈에 보이면 있고, 눈에 보이지 않으면 없는 것인가. 눈眼을 벗어나야 세계가 보인다. 식識을 벗어나야 세계가 보인다.

　구약과 신약은 다른 종교이다. 유대교와 기독교는 다른 종교이다.

유대교의 자손으로 태어난 예수는 구약의 역사와 전통을 활용하면서 세계를 비유적·은유적으로 설명했을 뿐이다. 기독교는 본래 '불교의 기독교'이다. 기독교가 '기독교의 불교'로 된다고 하는 것은 본래의 자리로 돌아가는 것이다.

하나님과 부처님은 초월적 타자가 아니다. 이제 '열반의 하나님'을 스스로 보아야 한다. 각자 열반의 하나님이 되어야 한다. 불교는 하나를 직접적으로 말하지 않고 불이不二라고 말한다. 하나를 '불이'라고 함으로써 실체적인 하나가 되는 것을 미연에 방지한다. 우리가 지금껏 실체라고 한 것은 진정한 실재가 아니다.

인간이 말한 모든 것은 인간적인 것이 아닌 것이 없다. 그렇기에 진정한 진리는 인간에 의해 가리어졌다. 그래서 참진리, 참부모, 참신앙, 참나라가 필요한 시점이다.

모든 이원대립항은 같은 것이다. 그 아래에 '불이'가 숨어 있다. 자력신앙은 타력신앙이고 타력신앙은 자력신앙이다. 주인은 종이고 종은 주인이다. 하나에도 보편성의 하나가 있고, 일반성의 하나가 있다. 일반성의 하나야말로 존재론적 하나이다. 세계는 심心이고 중中이다. 세계는 하나의 뿌리, 하나의 몸이다.

천지여아동근天地與我同根
하늘과 땅은 나와 뿌리가 같고
만물여아동체萬物與我同體
만물은 나와 몸을 같이 한다.

4

예수-부처, 부처-예수

마하트마 간디Mohandas Karamchand Gandhi, Gandhi, 1869~1948는 생전에
기자들이 묻는 질문에 이같이 답했다고 한다.

"선생님께서 가장 감명 깊게 느꼈던 말씀의 구절은 어떤 것입니까."

"그야, 예수님의 산상설교죠."

"그렇다면 선생님은 왜 기독교로 개종하지 않습니까."

"나는 산상설교를 실천하는 기독교인은 하나도 못 봤습니다."

이 대화는 불교와 기독교가 만날 수 있는 가능성을 가장 극적으로
제시한 말이라고 할 수 있다. 불교신자도 아니고, 기독교 신자도 아
니었던, 힌두교 신자였던 그에게서 왜 기독교과 불교의 만남의 희망
을 가지는 것일까.

이는 간디의 기독교에 대한 이해와 함께 불교 탄생의 문화적 기반이 되었던 힌두교의 경전 『바가바드기타』에 담겨있는 2가지 개념, 즉 물질적 욕망을 끊어버리라는 아파리그라하aparigraha : 무소유 개념과 어떤 경우에도 동요하지 않는 사마바바samabhava : 평정의 개념 때문인지도 모른다. 무소유와 평정은 인류의 종교들이 가지고 있는 최고덕목의 엑기스인지도 모른다.

기독교와 불교의 소통과 융합은 미래 인류의 종교생활을 위한 절체절명의 요청으로 지구촌 인류에게 다가오고 있다. 말하자면 기독교-불교, 불교-기독교, 예수-부처, 부처-예수, 그리고 하나님-부처님, 부처님-하나님은 필수불가결한 과제로 등장하고 있다.

인류는 더 이상 자신의 문화, 즉 삶의 방법the way of life이나 유형the pattern of culture을 가지고 다른 문화에 강요할 수 없고, 강요해서도 안 된다. 서로 다른 문화를 이해하고 소통하려고 해야 하며, 결국 문화의 이면에 하나의 인간과 생존이 있음을 알아야 한다.

또 자신의 문화나 개인의 지위를 권력으로 만들어서 위에서 군림하는 것이 아니라 아래에서 봉사하여야 한다. 이것이야말로 진정한 존재의 보이지 않는 힘이다. 나누어졌던 세계는 하나로 통일되어야 하며 그러한 통일은 일중다一中多 다중일多中一이어야 한다.

이것이 하나님-부처님, 부처님-하나님, 하나님-마리아, 부처님-보살님, 하나님-예수님, 부처님-미륵님이다. 이것이 불이不二의 세계이다. 이것이 부도浮屠, 佛道이며, 부도婦道이며, 부도符都-마고麻姑의 세계이다.

미래의 여성중심사회는 순종이 아니라 잡종이고, 순혈이 아니라 혼혈이다. 잡종이 순종보다 자연적이다. 여성이 열려있듯이 잡종은 열려있는 것이고, 보편적인 것이 아니라 일반적인 것이다. 진정한 보편적인 것은 일반적인 것이다. 진정한 혈통은 남성이 아니라 여성이다.

여성의 잡종이야말로 생명의 법칙이고 자연의 법칙이다. 여성적인 것은 "더 강하고, 더 오래 살고, 더 즐거워한다." 이에 비해 남성적인 것은 "더 높이, 더 멀리, 더 빨리"를 주장하지만 경쟁으로 인해 더 고단할 뿐이다. 여성이 남성보다 훨씬 강한 이유는 자연이기 때문이다.

여성은 현존이다. 여성은 현존에서 느낌의 삶을 즐긴다. 여성의 자연으로부터 물려받은 재생산출산의 삶은 남성의 인위적인 생산제품의 삶보다 훨씬 값진 것이다. 여성은 머리의 삶이 아니라 가슴의 삶을 즐긴다. 가슴의 삶이야말로 현존의 삶이다.

종교도 이제 여성적 삶을 중심으로 전개되어야 한다. 국가보다는 가정이 중요하고, 내세보다는 지금이 중요하다. 지금이 있어야 내세도 있는 것이고. 지상천국이 있어야 천상천국도 있는 것이다. 불교가 미래 인류를 위해서 중요한 이유는 바로 인류의 고등 종교 가운데 상대적으로 종교의 여성성, 혹은 여성성의 종교에 더 비중을 둔 때문이다. 불교는 하늘보다는 바다의 상징성에 더 기초한 종교이다.

『붓다 없이 나는 그리스도인일 수 없었다Without Buddha I Could not be a Christian』를 쓴 저자인 폴 니터Paul F. Knitter는 이렇게 말했다.

"신약성서의 학자들은 신약성서의 기록들을 주의 깊게 분석해 보면 예수가 하느님 나라 혹은 하느님의 공동체의 '이미/아직 아닌

already/not yet' 현존과 능력을 말하고 있었음을 알 수 있다고 주장한다. 이러한 주장은 종말에 대한 우리의 이해를 도와준다. 분명히 그것이 의미했던 모든 면에서 볼 때 예수에게 하느님의 공동체는 여전히 미래 '저편에' 있었기 때문에 '아직 여기에' 와 있지 않았다. 하지만 동시에 하느님의 공동체는 특히 예수의 사명과 인격 안에서 '이미 여기에' 있었고, 이미 이르렀다. 그래서 우리는 하느님의 공동체를 체험하기 위해 역사의 마지막까지, 천국이 올 때까지 기다릴 필요가 없다."[20]

하느님은 현존인 것이다. 붓다도 현존이다. 기독교 성경과 불경을 잘 읽으면 하느님과 부처님이 현존인 것을 알 수 있다. 그런 점에서 메시아와 미륵부처도 현존이다.

본래 우주는 만물생명이다. 그런데 만물과 생명을 갈라놓고서, 생명이 만물에 불어넣어진 것처럼천지가 창조된 것처럼 설명하는 것이 기독교의 경전이다. 본래 깨달음이 없다. 그런데 깨달음이라는 것을 두어서, 만물 이외에 깨달음이 있는 것처럼 설명한 것이 불교의 경전이다. 기독교의 생명과 불교의 깨달음은 만물 이외의 것을 설정한 것이라는 점에서 같다. 그렇다면 기독교의 생명과 불교의 깨달음은 같은 것이다.

기독교와 불교뿐만 아니라 불교와 도교도 하나이다.

승조僧肇의 열반무명론涅槃無名論은 "열반은 이름이 없다."는 뜻이다. 도덕경道德經의 무명천지지시無名天地之始는 "이름이 없는 것이 천지의

---

20 폴 니터(Paul F. Knitter), 정경일·이창엽 옮김 『붓다 없이 나는 그리스도인일 수 없었다(Without Buddha I Could not be a Christian)』 클리어마인드, 2011, 318~319쪽

시작이다."라는 뜻이다. 그렇다면 이름이 없는 것이 열반이고, 이름이 없는 것이 천지의 시작인 셈이다. 둘은 결국 같다. 결국 천지는 열반에서 시작하였고, 천지의 시작은 열반인 셈이다.

깨달음은 태초始作를 아는 것이고 이름이 없는 것을 아는 것이고, 이름이 있는 데서 이름이 없는 곳으로 가는 것이다. 도덕경道德經의 유명만물지모有名萬物之母는 이름이 있음으로써 만물이 태어남을 말한다. 그렇다. 이름이 없으면 만물은 없다. 이름이 없으면 만물은 갈라지지 않았다.

세계는 설명하고자 할 때 시작이 있는 것이다. 설명하고자 하지 않으면 시작은 없다. 결국 시작이 있는 것이 아니고 설명이 시작이다. 설명이 우주분열의 시작이다. 우주가 분열된 것이 아니고 설명하니까 분열된 것이다. 우주는 시작도 끝도 없이 흘러왔다. 우주는 자아도 없이 흘러왔다.

천부경天符經의 "일시무시일一始無始一 …… 일종무종일一終無終一"은 인류의 모든 경전 중의 경전이다. 그런 점에서 최고最古의 경전이고, 최고最高의 경전이다. 천부경은 또한 모계 사회의 경전이다. 시간과 공간을 뛰어넘는 경전이다. 여기서 시始자를 주목해야 한다. 시始자는 여자의 태胎를 말한다.

여자는 세계 그 자체, 혹은 여자는 세계 그 자체를 쾌락快樂하는 존재이다. 여기서 쾌락하는 존재라는 뜻은 세계를, 혹은 생명을 기뻐하고 즐거워하는 존재라는 뜻이다. 흔히 말하는 물질적·육체적 쾌락주의에 빠진 것을 말하는 것이 아니다. '기뻐하고 즐거워한다.'는 뜻이다. 쾌락은 우주의 본래 모습이다.

천부삼경天符三經 중의 하나인 삼일신고三一神誥에 이런 말이 있다.

"본성에 통하면통하는 것에 완전히 성공하면 하나님과 하나가 되어 영원히 기뻐하고 즐거워한다기쁨과 즐거움을 얻는다: 性通完功者, 朝永得快樂"

인간은 생각하는 동물이다. 또한 인간의 몸속에 식물적 요소, 광물적 요소가 없는 것이 아니다. 인간은 그러한 것들을 모두 포함하고 있다. 만물에서부터 생물, 동물, 그리고 인간에 이르기까지 만물은 한 번도 끊어진 적이 없다. 만물은 하나이고, 만물은 생명이다.

본래 기독교적 유일절대신은 없는 것이고, 허상이고, 가상이다. 기독교적 절대유일신은 본래 없는 것인데 유대기독교적 삶의 환경, 예컨대 삶의 척박한 환경이라고 할 수 있는 사막의 환경이 그들로 하여금 그렇게 만든 것이고, 그렇게 한 번 만들어진 기독교가 전파된 곳은 로마제국이었고, 제국은 도리어 그러한 기독교적 노예주의를 자신들의 통치의 수단으로 만드는 데에 성공했던 것이다.

중세의 유럽은 그렇게 기독교적 도그마대중적 플라토니즘와 세속화권력주의에 의해 종교국가 시대를 유지했던 셈이다. 기독교적 절대주의는 절대적으로 망하게 되는 운명에 처해 있다. 따라서 예수가 깨달은 본래의 메시아사상을 완성하지 않으면 기독교는 붕괴위기에 내정되어 있었던 셈이다.

그런데 그러한 서구기독교에 동양적 음양사상, 즉 생성becoming을 접목시켜서 기독교를 기사회생시킨 인물이 바로 문선명-초인인 셈이다. 정작 기독교를 공격한 니체는 서구문명의 체계 속에 있었기 때문에 자신의 철학과 종교에서 실패하였지만 동아시아의 한국에서 기독교는 회생의 기회를 맞은 셈이다. 문선명은 본래 신이 없는 존재이며, 스스로 신이 되지 않으면 신이 없는 것을 알았다. 그래서 그는 새로운 '가디즘'을 선언한 것이다. 그의 '가디즘'은 기독교를 통해서 기독교를 넘어서는, 극복한 '가디즘'인 것이다.

문선명의 가디즘은 위에서 군림하는 가디즘이 아니고, 아래에서 만물을 떠받드는 가디즘이다. 그래서 기독교가 원죄로 지목한 여성을 해방하고, 기독교가 인간의 관리대상으로 지목한 만물을 해방하고, 그러한 원죄와 관리를 단죄하고 맡긴 하나님을 그 무거운 짐에서 해방시킨 인물이 문선명이다. 그래서 기독교는 마르크시즘의 해방신학이 아니라 통일교에 의해 진정한 해방을 맞은 셈이다.

통일교의 해방은 만물해방_{만물사랑}이다. 통일교의 해방은 여성해방, 사탄해방, 사물해방에 이어 하나님의 해방에 이르기 때문에 모든 것의 해방으로서 만물만신萬物萬神의 해방이다.

만물만신의 해방은 만물기쁨의 해방이고, 나아가서 만물생명으로 나아가는 해방이다. 인간의 자유와 평등과 사랑이 기쁘지 않다면 가짜이다.

"기뻐하고 즐거워하라._{마 5:12}" 말하자면 '쾌락快樂'하여야 한다. 그동안 통속적으로 잘못 이해된 쾌락주의가 아니라 '삼일신고'의 쾌락으로, 진정으로 쾌락하여야 한다.

예수란 인물도 마찬가지로 '존재being의 신'이 아니라 신은 '생성becoming의 신'이 되어야 한다는 것을 불교_{예수는 청년기에 인도를 순례하였다}

를 통해서 깨달았기 때문에 메시아임을 자처했던 것이다. 메시아야 말로 '생성의 신'이다. 그런데 존재의 신을 신앙하고 있던 유대인은 이를 이해하지 못하고 십자가에 못 박혀 숨지게 하였다. 그래서 메시아는 완성되지 않았던 것이다.

본래 기독교적 유일절대신은 없는 것이고, 인간인간 세계의 완성을 위해서 가상한 존재이다. 인간은 또한 자신의 완성을 위해서 유일절대신과 인간 사이에 메시아를 설정함으로써 신과의 기도와 대화 창구를 마련했다. 다시 말하면 유일절대신과 기도와 대화를 통해 스스로를 극복하고 완성시키는 데에 중간적 존재실체적 존재로서 메시아를 활용한 셈이다. 그것을 깨달은 인물이 문선명이다.

메시아가 신을 몸육신으로 대신代身하는 것이 기독교 체계이고, 그렇기에 메시아는 오지 않으면 안 되는 존재이고, 그러한 것을 깨달은 인물이 바로 메시아를 진정으로 완성시킬 수 있는 인물이 된다. 이제 문선명을 통해, 생성의 신, 생성의 메시아가 완성되었기 때문에 이제 절대성을 가지고 찾아오는 메시아는 더 이상 필요 없게 되고, 그래서 "메시아는 더 이상 오지 않는다."고 말할 수 있다. 이제 각자 메시아가 되지 않으면, 메시아는 오지 않는 것이다. 미륵부처도 마찬가지이다.

하나님도 그렇지만, 부처님도 마찬가지이다. 하나님과 부처님은 본래 없는 존재이다. 바로 본래 없기 때문에 인간으로 하여금 그렇게 되도록 가상한 존재가 하나님이고 부처님이다. 이를 역설적으로 말하면 하나님과 부처님은 만유에 존재하는 존재이다. 만유에 인력引力처럼 존재하는 것이 아니라 만유의 본력本力처럼 존재하는 존재이다.

하나님과 부처님은 무게가 없기 때문이다. 하나님과 부처님은 실체가 없는 존재이다. 하나님과 부처님은 현상학적 존재_{비본래적 존재}가 아니라 존재론적 존재, 다시 말하면 본래적 존재이기 때문에 우리가 잡을 수 없다.

이제 인간은 세속적으로 하나님과 부처님을, 하나님-부처, 부처-하나님을 단지 신앙함으로써 구원되는 것이 아니라 스스로 하나님-부처, 부처-하나님이 되는 각오를 하지 않으면 자신과 세상을 구원할 수가 없다. 그동안 인류의 역사에서는 신앙하는 것으로 삶을 영위해왔지만, 이제 자연은 인간에게 그러한 '실천이 없는 신앙', '거짓 신앙'을 하면서도 지상에 계속 살아가도록 집행유예執行猶豫의 시간을 주지 않을 것이다. 진정한 하나님-부처님, 부처님-하나님은 바로 자연이다. 그 자연은 '마고麻姑'라는 '여성적 하나님', '여성적 부처님'이다.

여성적 하나님, 여성적 부처님은 지금까지 남성적 하나님과 남성적 부처님의 그늘에서 가려있던 기독교의 성모마리아이고, 불교의 관세음보살이다.

5

기쁨과 즐거움의 종교

인간은 무엇을 위해 사는가? 심정문화는 무엇을 말하는 것일까? 궁극적으로 말이다. 서양의 에피쿠로스학파는 쾌락주의로 유명하다. 그러나 그들이 추구한 쾌락은 오늘의 타락한 우리가 생각하는 그런 육체적 쾌락이 아니다.

예배는 기쁨과 즐거움의 한마당

그렇다면 쾌락이라는 말을 제대로 돌려놓을 수 없을까. 인생은 과연 고통과 괴로움뿐일까. 우리는 그래서 교회나 절로 가서 내일의 천국과 극락을 빌면서 현재를 살아야 하는 것일까. 남을 도우거나 보시를 하는 선행이나 선업은 그 자체에서 인과응보로서의 기쁨이나 행복이 나오지 않고 과연 내일의 축복을 위하여 존재하는 것이어야 할까.

인간은 왜 어제를 기억하며 회한에 젖고, 내일을 예상하며 죽음을 두려워하고 욕망에 시달려야 하는가. 현재는 항상 고해苦海이거나 죄과罪過에 시달리며 고해告解를 하여야 하는가. 알고 보면 인류의 종교라는 것도 함께 기뻐하고 즐거워하기 위해서, 다시 쾌락하기 위해서 생겨났다고도 볼 수 있다.

기쁨은 하나님天의 창조목적이고, 기쁨은 인간人과 만물地의 존재목적이다. 따라서 천지인이 모두 기쁨을 위해서 존재한다고 할 수 있다. 만물이 스스로의 기쁨, 즉 자쾌自快. 自己快樂에 이르면 신명神明이 나고 신명이 나면 스스로 신이 된다. 이것이 자신自神이다.

'자신'에 이르는 것은 허심虛心에 이르는 것이고, 허심에 이르면 태연자약泰然自若하게 된다. 이는 스스로 존재하게 되는 경지이다. 더 이상 알 것이 없는 경지이다. 스스로 존재하면 덩실덩실 춤을 춘다.

'스스로 신이 되는 것'을 두고, 불교에서는 깨달음, 즉 열반에 든다고 말한다. 기독교에서는 '하나님에게 기쁨을 돌려드린다'라고 말한다.

"하나님이 피조세계를 창조하신 목적은, 인간을 비롯한 모든 피조물이 하나님을 중심한 사위기대를 완성하고 3대 축복의 말씀을 이루어 천국을 이룩함으로써 선의 목적을 완성한 것을 보시고 기쁨을 누리시려는 데 있었던 것이다. 그러므로 인간을 중심한 피조세계被造世界가 존재하는 목적은 하나님에게 기쁨을 돌려드리는 데 있다. 그리고 모든 존재는 이중목적二重目的을 지닌 연체聯體인 것이다."[21]

기독교 에덴Eden동산의 '에덴'의 뜻은 기쁨이다. 본심이 기뻐하면 저절로 행복해진다. 기쁨의 신학이 행복의 신학보다 먼저라는 뜻이다. 인간은 어떻게 하면 본심에서부터 기쁨으로 충만해질 수 있을까.

예수는 왜 "가난한 자는 복이 있도다."라고 했을까. 부처는 왜 "마음을 비우라."고 했을까.

"인간이 자기를 부정하고 열린 마음을 가지게 되면 그 마음에 예수 그리스도가 오시게 된다. 따라서 그분을 통해 하나님의 자녀가 되고 천국의 백성이 되는 최고최상의 복을 받아야 한다. 성배聖杯가 비어 있어야 성수聖水를 채우고 성례聖禮에 동참할 수 있는 것처럼 심령의 내면을 비우고 거지와 같은 간절한 마음으로 하나님과 그리스도를 맞이해야 한다."[22]

문선명 총재는 항상 예배가 끝나고 나면 다함께 노래하고 춤추기를 좋아하고 떡을 나누어 먹고 음식을 함께 하면서 '한마당 잔치'를 벌이기를 좋아했다. 이때 고통과 엄숙과 무거운 분위기에서 벗어나서 하나가 되어 대동大同을 이루는 것이다.

통일교는 전통기독교의 원죄에 대한 억압과 도덕적 성결주의를 벗어나서 보다 해방된 기분으로 선악을 넘어서 인류 전체가 하나 되는 가운데 기쁨과 즐거움으로 삶을 이끌어가게 하는 종교 아닌 가정교회가 되어야 할 것이다. 그러기 위해서는 기본적으로 사랑으로 심정

---

21 세계평화통일가정연합, 『원리강론』(성화출판사, 2006), 44~ 45쪽.
22 박중현, 『기쁨의 신학(Theology of joy)』(에레모스, 2008), 103쪽.

과 기운이 하나로 통해야 한다.

우주만물에는 기氣가 통하고 있다. 전기도 기운氣運의 한 일종이다. 우주만물에는 전기적으로 플러스+와 마이너스-가 있고, 생물에는 암수가 있고, 인간에게는 남녀가 있다. 이렇게 양성이 있기 때문에 우주는 다양하고 진실하고, 착하고, 아름답다. 순 한글말로 참되고, 참답고, 참하다.

지금까지 가부장사회의 남성중심은 정복과 지배를 원리로 했다. 그것은 흔히 '신들의 전쟁'으로 비유된다. 그런 점에서 기쁨과 즐거움은 실은 매우 여성적인 상징이 될 수밖에 없다. 머리보다는 몸이 더 중요하게 다루어지면서 몸 자체의 기쁨과 즐거움이 되려면 보다 자연적으로 돌아갈 수밖에 없다. 비어 있어야, 마이너스-가 되어야 진정으로 기뻐할 수 있다.

섹스만 하더라도 남자의 섹스는 정복의 섹스이고 권력의 섹스다. 여자의 섹스는 사랑을 위한 섹스이고 기쁨을 위한 섹스이다. 남자의 섹스는 주체의 섹스이고 원인의 섹스이다. 여자의 섹스는 객체의 섹스이고 결과의 섹스다. 남자는 섹스의 기쁨이 없어도 정복욕 그 자체로 만족하지만 여자는 섹스의 기쁨이 없으면 만족하지 못한다. 사랑은 섹스가 보다 여성화된 것이다.

남자의 섹스에는 파시즘이 들어있다. 남자의 철학에는 파시즘이 들어있다. 남자의 아버지주의fatherism에는 파시즘이 들어있다. 남자의 신에는 파시즘이 들어있다. 결국 대부代父, God father에는 파시즘이 들어 있다. 그런 점에서 성인은 잔인하다. 이제 여자의 철학이 필요하다. 여자의 섹스에는 포용이 들어있다. 여자의 철학에는 모성애가 들어있다.

여자의 어머니주의motherism는 피시즘peacism이 들어 있다. 그런 점에서 성녀는 인자하다. 평화와 함께 하는 기쁨이야말로 진정한 기쁨이다. 이런 평화의 기쁨은 바로 여성 시대의 가장 훌륭한 덕목이다. 파시즘과 피시즘은 약간의 발음 차이지만 천지차이가 된다. 남자와 여자의 유전자의 차이는 Y유전자 하나의 차이이지만 천지차이가 된다.

그러한 점에서 인간 생명을 탄생하게 하는 기제인 섹스는 참으로 숭고하다고 하지 않을 수 없다. 그런데 사랑이 동반되지 않는 섹스는 결국 인간에게 고통을 안겨준다. 인간은 참사랑이 동반되는 가운데 참가정을 이룰 때 고통에서 벗어나는 것이다. 그래서 '참'이 중요하다.

섹스는 고락苦樂의 출발이다. 일종의 인간의 자기원인인 셈이다. 그러나 인간은 섹스를 고통이라고만 생각하지 않는다. 때론 결과적으로 고통을 안겨줄지라도 말이다. 인간은 낙樂, 쾌락快樂을 추구하는 존재이다. 고통을 위해서 고행이나 고생을 하는 것이 아니라 즐거움樂을 위해서, 깨달음覽을 위해서 그것을 감수하거나 극복하는 것이다.

오늘날 현대인은 각종 스트레스에 둘러싸여 있다. 그런데 스트레스는 고苦만이 아니고 낙樂도 함께 동반한다. 고락苦樂은 손바닥의 양면과 같은 것으로 어느 쪽에서 보든 나름대로 논리적 정합성을 가질 수 있는 것이다.

우리가 흔히 인류문화를 말할 때 고苦에 중심을 두는 것은 그만큼 사는 것이 힘들었고, 삶에 따르는 각종 스트레스가 힘들었기 때문이다.

만약 인생에 고통만 있다면 어떻게 아름다울 수 있겠는가. 적어도 고통의 뒤에는 언제나 쾌락이 기다리고 있다고 해도 과언이 아니다.

흔히 고통을 극복하는 위대한 일을 한 사람을 두고 위대한 인물이라고 한다. 여기에 '위대偉大'라는 말이 붙은 것은 물론 인간의 삶에 있어서 결정적인 업적을 성취한 것에 바치는 헌사이다. 그러나 그 위대함이라는 것이 사소한 것, 예컨대 작은 행복, 작은 기쁨과의 단절이라면 그 위대함이 어떻게 달성되는가. 어쩌면 행복과 기쁨은 작은 데서 출발하는 것인지도 모른다.

거대한 우주도 중요하지만 작은 우주도 똑같은 비중으로 중요한 것이다. 조그마한 들꽃 한 송이를 키우기 위해 온 우주가 동원된다.

"하나님은 기쁨을 얻기 위해 사랑의 대상으로 피조세계를 창조하셨다. 가슴속에 사랑을 주시고자 하는 억누를 수 없는 심정의 충동, 이것이 창조섭리를 하신 이유이다. 기쁨은 서로 사랑을 주고받아 하나가 되었을 때 나타난다. 하나님은 사랑과 기쁨을 주고받을 상대를 필요로 하셨다. 이것이 인간과 만물의 존재목적이다. 하나님께서는 모든 피조물을 창조하실 적마다 '보시기에 좋았더라!창, 1: 1-11'라는 탄성으로 기쁨을 나타내셨다."[23]

---

23 박중현, 『기쁨의 신학(Theology of joy)』(에레모스, 2008), 389~390쪽.

에피쿠로스학파의 쾌락주의

이쯤해서 에피쿠로스학파에 대한 상기를 해보자. 고대 그리스의 스토아stoic학파도 위대하지만 에피쿠로스Epicurean학파는 그보다 위대한 것이다. 특히 에피쿠로스학파는 집단적 성취에 초점을 맞춘 철학이 아니라 개인의 행복에 초점을 맞춘 것으로 어떤 집단적 강박관념을 떠나서도 유효한 것이기에 인류학자들이 다시 볼 필요가 있는 학설이다.

세계는 이제 집단적 강박관념이나 광기로부터 벗어나서 진정한 행복에 대해 논의를 재고해야 할 시점이다. 물론 부처가 설파한 사성제四聖諦인 고집멸도苦集滅道도 고苦에서 출발하여 도道의 낙樂으로 들어간다는 점에서 이 논의에 포함하는 것은 당연한 것이다.

열반涅槃은 인간이 이룩한 최고의 낙의 한 종류일 것이다. 더 정확하게는 승화된 낙이다. 불교는 모든 소유를 내려놓음으로써 고통을 단숨에, 눈 깜빡할 사이에 낙樂으로 역전시키는 고苦의 코페르니쿠스적 전환이다.

낙樂에 대해서는 고등 종교들조차도 낙원樂園이든, 극락極樂이든, 열락悅樂이든, 법열法悅이든, 도락道樂이든 낙樂자가 들어가는 것을 추구했던 것이다. 물론 고등 종교의 낙이라는 것은 섹스의 쾌락과는 다른 승화된 것이지만 낙의 변형된 형태라고 말할 수 있다.

낙樂에는 반드시 고苦가 따르기 마련이다. 그래서 쉽게 말해서 인생을 생사고락生死苦樂이라고 말한다. 만약 낙이 없다면, 낙에 대한 희망이나 기대가 없다면 고통은 참기 어려울 것이다. 그 낙을 추구하는 것을 행복을 추구하는 것이라고 말할 수 있고, 그 낙을 종합적으로 행복이라고 할 수 있을 것이다.

그런 점에서 에피쿠로스학파, '정원庭園의 철학'을 되살릴 필요가 있다. 꽃 한 송이에서 삶의 기쁨을 누리는 은둔자, 예술가의 철학, 에피쿠로스의 철학을 리바이벌시킬 필요가 있다. 에피쿠로스의 쾌락주의는 전혀 통속적인 것이 아니고 도리어 은둔적이고 고상하기까지 하다.

그에게 있어 쾌락은 단지 행복의 실체가 쾌락이기 때문이고 이성적인 것이 아니라는 얘기는 아니다. 그는 매우 이성주의자이다. 단지 그 이성을 억압과 고통의 수단으로 사용하는 것을 싫어했을 뿐이다. 그래서 권력과 명예를 필수적이라고 보지 않았을 뿐이다.

"욕구 가운데 어떤 것은 자연적이고 어떤 것은 공허하다는 것을 깨달아야 한다. 자연적 욕구 가운데 필수적인 것도 있지만 그렇지 않는 것도 있다. 행복과 건강과 생존을 위해서 필요한 것이 있다. 명예나 권력은 삶에서 필수적인 요소가 아니다. 한 걸음 물러나 자신의 정원에 은둔하면서 삶의 의미와 기쁨을 추구해야 바람직하다."

에피쿠로스학파는 우선 개인의 행복을 추구한다. 그렇다고 해서 사회를 생각하지 않은 것은 아니다.

"정의는 그 자체로서 존재하는 어떤 것이 아니다. 그것은 언제 어느 곳에서 만나더라도 사람들이 상호관계에서 서로 해를 입히지 말고 해를 당하지도 말자는 계약일 뿐이다. 먼 곳에 있는 것에 대한 욕심 때문에 가까이 있는 것을 무시하지 말고 지금 가까이 있는 것도 한때 당신이 갈망하며 소망했던 것임을 생각하라."

에피쿠로스는 결국 이렇게 말한다. "이성적이며 고상하고 정의롭게 살지 않으면 쾌락이 있을 수 없다. 반대로 쾌락 속에서 살지 않으면 이성적이고 고상하고 정의로운 삶을 살 수 없다.""우리에게 쾌락이란 신체 영역에 어떤 고통도 느끼지 않는 동시에 정신적 영역에서 어떤 불안도 느끼지 않는 것을 의미한다."

에피쿠로스의 쾌락은 향락 자체에 관심을 두는 사치스런 쾌락이나 통속적인 것을 의미하지 않으며, 참된 쾌락이란 고통이 없는 상태라고 했다. 이 얼마나 위대한 철학인가.

에피쿠로스는 또 쾌락에 있어서도 동적 쾌락과 정적 쾌락을 구분하여 동적 쾌락인 식욕의 충족과 달리 "정적 쾌락은 마음에 불안이 없고 몸에 고통이 없는 평정상태ataraxia이며 고통은 쓸데없는 집착에 원인이 있다."고 말한다. "육체를 위한 최소한의 것을 선택하도록 자연이 허락했지만 사람들은 불필요한 재화를 얻기 위해서 자연을 파괴하고 서로 싸운다. 따라서 쓸데없는 재산을 가지고 있는 사람이야말로 가장 불행하다고 말한다." 여기에 이르면 에피쿠로스는 단지 이름만 쾌락주의자이고 실은 도덕주의자, 이성주의자에 속한다. 그는 단지 이성을 권력과 명예를 위해서 사용하지 않았을 뿐이다. 그는 절제된 이성적 삶을 권장한다. 그는 단지 공공성公共性 혹은 집단을 강조하지 않았을 뿐이다.

고대 에피쿠로스의 철학은 근대에 영향을 미쳐서 J. 벤담에 이르러 '최대 다수의 최대 행복'이라는 공리주의철학을 탄생시켰다. 인류의 문명은 인간 개체군, 즉 인구의 증가와 더불어 성의 억압을 하지 않을 수 없었고 이에 후속되는 과정으로서 가부장제와 권력의 탄생이 어떻게 왕王과 국가, 제국帝國을 탄생시켰으며 이에 따르는 스트레스stress를 극복하고 문화적 필요need장치로서 성인聖人과 고등 종교, 그리고 오늘날 과학자를 탄생시켰는지에 대해 논의해야 한다.

이것은 실로 이성과 권력과 정의라는 것이 얼마나 인간의 행복과 거리가 먼 것인가를 증명하는 것이 될 것이다. 이성의 과대망상은 고등 종교의 절대주의와 파시즘으로 통칭되는 나치즘과 스탈린주의 등 전체주의에서 충분히 보아왔다. 놀랍게도 에피쿠로스는 이성이 권력의 동의어로 사용되는 것을 일찍이 경계했다.

한 가지, 에피쿠로스가 간과한 것은 인간이라는 종은 개인의 행복을 추구하기도 하지만 집단의 번영과 행복을 위해서도 끊임없이 노력하고 있다는 점이다. 인간은 놀랍게도 공공을 위하여 보다 희생적인 동물이라는 점이다. 이는 때론 개인에게 고통이지만 그 고통을 감수한다는 점이다. 이는 생물종의 본능이다. 그런 점에서 지극히 개인주의를 바탕으로 한 그의 쾌락주의는 보다 공공성을 강화하는 연구가 필요하게 되었다.

에피쿠로스처럼 단도직입적으로 쾌락주의를 주장하지는 않았지만 석가와 공자, 예수 등 성인이 바로 집단의 행복과 낙樂을 위해서 개인을 희생하였던 관계로 인류는 고통에만 빠지지 않았다. 앞으로도 인류가 계속되는 한 그러한 성인과 과학자는 부단히 생겨나 인류를 가난과 질병과 고통에서 구원할 것이다. 쾌락의 관점에서 인류사를 재점검하고 인류의 지향을 밝히는 것은 중요하다.

에피쿠로스학파가 본래 무절제한 쾌락을 추구했다는 것은 오해이다. 에피쿠로스학파의 쾌락은 도리어 절제와 은둔의 쾌락이라고 할 수 있다. 앞으로 '인간이 쾌락을 추구하는 존재'라는 것을 바탕으로 종래의 종교적 금욕주의, 억압적 이성주의는 재고되지 않으면 안 된다. 문제는 개인의 쾌락이 집단의 그것과 충돌하는 것을 어떻게 여하히 막아내느냐에 달려있다. 인간사회는 개인의 쾌락이 사회적 안정, 평안, 화평과 연결되지 않으면 안 된다. 개인의 욕망과 쾌락은 다른 사람의 그것과 충돌하고 갈등할 것이기 때문이다. 새로운 쾌락주의, 신新에피쿠로스학파neo-epicurean school의 부활은 다분히 과학의 발달에 힘입는 바 크다.

물론 스토아학파stoic school의 금욕주의도 개체적 존재로서의 인간이 자기존재를 유지하기 위한 욕망자연의 충동을 부여받았으나 그것이 지나쳐 파토스pathos가 되는 것을 경계한 것으로 결과적으로 비정한 금욕주의가 된 것뿐이다. 그래서 로고스logos, 즉 이성을 필요로 한 것인데 이성이란 유한한 개체인 인간이 자연에 의해 주어진 자신의 운명을 깨닫고 운명대로 살면서도 자연과 일치되는 것을 동의同意할 줄 아는 수준이 되어야 한다. 이것이 현인賢人의 삶이다.

자연 그 자체가 '이성적 존재자'를 통해서 자기귀환自己歸還하는 작용이기도 하다. 그 결과로 현인의 삶은, 즉 '인간=자연=신'이 되는 삶이다. 그런데 이성적 존재자가 때로는 바로 인간이고 권력이다. 권력은 자기완결성을 위하여, 혹은 자연으로의 귀환을 위하여, 때로는 권력이라는 것을 감추고 '이성=자연=신'으로 스스로를 동일시하는 셈이다.

스토아학파이든, 에피쿠로스학파이든 결국 자연과의 화해, 자연으로의 귀환을 위하여 자연과의 동일시를 통한 귀로歸路, 혹은 퇴로退路를 만들어놓고 있는 셈이다. 결국 스토아학파의 금욕주의도 실은 파토스를 경계하기 위한 것이었을 뿐, 금욕을 위한 금욕은 아니었다. 그 철학의 특징이 이성에 있었을 뿐이다. 스토아학파가 개인을 부정하고 개인을 전체에 동화하라고 강요하는 것에 대해 철학이 전체를 위한다는 명분으로 개인이 희생되는 것을 거부한 것이 바로 에피쿠로스학파이다. 이는 에피쿠로스학파가 개인과 쾌락을 강조한 정반대의 정점에 있는 셈이다. 결국 스토아학파와 에피쿠로스학파는 일종의 이성과 감성의 균형잡기의 일환으로 생성된 것임을 알 수 있다.

인간은 본성적으로 즐거움과 행복을 추구하는 동물이다. 즉, '낙안樂安의 존재=자락안인自樂安人의 존재=행복幸福의 존재'이다. 인간은 낙원樂園을 꿈꾸는 존재이다. 낙원은 에피쿠로스의 정원庭園과 통한다. 정원이란 생존경쟁, 혹은 전쟁터에 비교되는 은둔하는 장소이다.

정원garden은 학파school와는 다르다. 정원은 개인이 고통을 멀리하고 쾌락을 추구하는 것이고 그 육체적 쾌락에 그치는 것이 아니라 정신적 쾌락으로 승화되는 적절한 곳이다. 에피쿠로스학파는 "육체의 고통을 피하고 사치와 향락을 멀리하고 죽음의 공포에서 벗어나려고 한다. 타인에게 해가 되지 않는 자신의 쾌락을 누려야 하며 누구도 그 쾌락을 비난하여서는 안 된다." 이것은 고통보다는 쾌락 우선이다 고통〈쾌락. 이것은 집단보다는 개인 우선이다집단〈개인.

에피쿠로스학파의 이상이 실현되기 위해서는 "불멸의 신 대신에 그 자리에 원자론이 들어가며 '신은 다른 사물과 같이 원자로 구성되어 있기 때문에, 세계 바깥에 원자가 없는 빈 공간에 존재하므로' 이 세상과 무관한 것이고 죽음이란 모여 있는 원자가 흩어지는 것에 불과한 것이다. 원자는 불괴不壞의 궁극적 실체이고 공허는 원자가 운동하는 장소이다." 이것은 존재보다 운동 우선이다존재〈운동. 또 신보다 원자 우선이다신〈원자. 에피쿠로스학파에겐 "개념은 기억에 고정된 감각적 인상에 지나지 않는다. 개념이 진리이기 위해서는 언제나 감각적 지각에 의해서 확인, 검증되지 않으면 안 된다." 이것은 개념보다 이미지 우선이다개념〈이미지.

과학의 발달은 인간이 종래 물질, 혹은 육체로만 규정해온 것들이 단지 물질, 혹은 육체가 아니라는 것을 속속 증명하고 있다. 물질과 육체를 정신과 구별하는 확실한 기준이 애매하다. 육체는 수많은 나름대로의 기호로 가득한 존재이다. 이것이야말로 언어이다. 즐거우면 뇌의 활동모양도 달라진다. 이것이 단순히 마음이고 물질이 아니라고 단정할 수 없다. 양자는 동시에 반응하는 것이다.

과학의 발전에 따라 도덕철학 혹은 종교과 과학을 관통하는, 혹은 양자를 포용하는 보편성이 요구되는 시대적 필요에 직면하고 있다. 즐거우면서도 평안이 동시에 충족되는 '낙안樂安사상' 혹은 '안락安樂사상'이 필요하다.

흔히 요즘 쾌락快樂은 육체적인 기쁨이나 즐거움을, 도락道樂은 정신적 기쁨이나 즐거움을 나타내는 것으로 언어를 사용하지만 실은 쾌락만으로도 정신적이고 육체적인 것을 다 나타낼 수 있다. 쾌락이라는 단어가 이미 음양을 다 나타내기 때문이다. 또한 육체적인 것을 교접交接이라고 한다면 정신적인 것은 교감交感 혹은 공명共鳴이라고 할 수 있을 것이다.

이제 성적 쾌락과 도덕적 도락이 합일되어야 하는 시대적 사명에 직면하고 있다. 낙樂사상은 인간이 추구하는 가장 보편적 개념이다. 여기에 예컨대 성리학의 수기안인修己安人의 안安사상이 합해진 '낙안樂安=樂+安사상=자락안인自樂安人: 나는 즐겁고 남을 편안하게 함사상'의 정립이 필요하다.

	陰	陽	
陰	樂(음): '음'	소리(파동)(들리는 소리)	자락안인
陽	快(飮, 淫)	빛(입자-파동)(보이는 빛)	(自樂安人)

성경에 나오는 에덴Eden동산의 '에덴'은 본래 아람어로 기쁨을 뜻한다. 말하자면 기쁨을 뜻하는 보통명사가 '낙원樂園'을 나타내는 고유명사가 된 것이다. 불경에는 최고 기쁨의 자리를 극락極樂이라고 표현한다. 낙원이든 극락이든 모두 해방과 해탈의 과정을 거친 뒤에 도달하는 기쁨의 경지를 말하는 것이다.

이들은 모두 복귀復歸나 복락復樂, 혹은 본래의 자리로 돌아가는 여래如來나 여거如去 등 원시반본적 의미가 있다. 성경말씀에 "진리가 너희를 자유롭게 하리라.요 8: 32-36"라는 구절이 있다. 해방과 해탈을 이루어야 자유로워질 수 있다.

앞에서 예를 든 천부경은 '일시무시일一始無始一'에서 '일종무종일一終無終一'로 끝나는 모두 81자의 경전이다. 말하자면 일一에서 시작하여 일一로 끝나는 경전이다. 그 일一은 무엇을 말하는가. 결국 세계는 하나라는 뜻이다. 세계가 하나라는 것을 깨닫는 과정이 바로 성통공완性通功完이다.

천부경의 성통공완이 해방과 해탈의 과정이라면 그것을 통해 최종적으로 얻는 것은 바로 영득쾌락永得快樂이다. 그런데 기쁨을 얻자면 그 이전에 평화平和를 얻지 않으면 안 된다. 평화의 평平은 평등한 관계관계설정를 말하는 것이고, 화和는 그것이 피부에 와 닿는 화락和樂, 즉 기쁨을 말한다. 기쁨은 재미가 있는 것이다. 그래서 평화=기쁨=재미는 하나인 것이다.

한국인은 재미가 있는 것을 흔히 '신神 난다' '신명神明이 난다."신 올린다신 올림.'라고 말한다. 서양의 기독교는 신을 절대적으로 모시지마는 한국인은 신을 몸에서 내고 들인다. 신을 들이는 것을 '신 내린다신 내림.' '신 지핀다' '신 받는다.'라고 말한다. 신을 내고들이고 자유자재로 하는 민족이 한민족이다. 그러니 신을 죽이고 살릴 필요가 없다. 기쁨과 신神은 흔히 악樂과 함께 한다.

평화와 기쁨은 모든 종교의 목표이다.

"석가의 말씀을 기록하고 있는 가장 오래된 경전 중의 하나인 법구경法句經, 노자께서 지었다고 하는 도덕경道德經, 공자의 말씀을 기록하고 있는 논어論語, 마호메트께서 알라로부터 받은 계시의 기록이라는 코란Koran에서도 기쁨과 즐거움을 교시教示하고 있다. 성현들의 가르침의 최고 목표는 물질적인 부나 권세의 명예를 넘어선 기쁨과 즐거움의 경지를 제시하고 있다. 동서양과 시대를 초월해서 모든 종교의 지향점은 기쁨과 즐거움을 찾는 것이다. 구원의 최종 목표는 참된 기쁨과 즐거움을 되찾아 마음과 몸으로 체휼體恤하는 것이라고 할 수 있다."

악樂은 단순히 쾌락이나 도락과 같은 것만을 가리키는 것이 아니라 음악音樂을 나타낸다. 음악은 인간으로 하여금 가장 빨리 기쁨에 도달하게 하는 보편적인 문화장르이다. 지구상에 음악이 없는 문화는 없다. 인간은 본능적으로 음악이 없이는 살 수 없는 존재인지도 모른다. 우주적 리듬을 스스로 드러내는, 또는 그것과 함께하는 것이야말로 음악의 본질이고, 인간은 그 본질과 함께함으로써 고통을 극복할 수 있었고, 기쁨을 더 배가할 수 있었을 것이다.

음악은 인간의 정서적 상태를 가장 비언어적 형태로 표현하는 예술이다물론 음악도 음악기호에 의해 표현된 언어이기도 하다. 이 말은 언어적, 문화적 장벽과 차이와 편견을 넘어설 수 있는 예술이라는 말이다.[24]

악樂이야말로 어떤 경전보다 위대한 경전이다. 음악의 가치가 드높은 사회, 음악이 풍성한 사회, 이러한 사회는 필연적으로 평화平和로운 사회이고, 편안한 사회이고, 안인安人의 사회이다.

《예기禮記》 중 〈악기樂記〉에서 악은 '같음을 목적으로 한다.'고 말한

24 박중현, 『같은 책』, 397~398쪽.

다. 또 "악문樂文: 음악의 절목이 같으면 상하가 서로 화목하다."고 말한
다. "악은 마음으로 말미암아 생겨나고… 악이 마음에서 생겨나면 고
요하고…" "큰 악은 반드시 쉽고… 악을 지극히 하면 원망이 없다."
악이란 것은 개인에게는 즐거운 것이지만 사회적 제도로서의 악은
사람들을 저절로 다스린다. 악樂은 저절로 안安을 가져온다.

참고로 예기禮記 중 악기樂記의 구절을 보자.

"예는 백성의 마음을 절도 있게 하고 악은 백성의 소리를 부드럽게
하고 정사는 실천하게 하고 형은 막는 것이다. 예악형정, 네 가지에
통달하면 어그러짐이 없고 왕도가 구비된다. 악이라는 것은 '같음'을
목적으로 하는 것이고 예라는 것은 '다름'을 목적으로 하는 것이다.
같으면 서로 친밀하고 다르면 서로 공경하게 된다. 악이 승하면 흐르
기 쉽고 예가 승하면 헤어지기 쉽다. 감정실정에 합하여 모습을 꾸미
는 것이 예악의 일이다. 예의가 서면 귀천의 등급이 있고 악문악의 절
목이 같으면 상하가 서로 화합한다. 좋은 것과 나쁜 것이 뿌리내리면
어짊과 불초함이 서로 구별된다. 형은 포악함을 금하고 작위는 어짊
을 들면 정사가 균등해진다. 인은 그것을 사랑하고 의는 그것을 바르
게 한다. 이와 같으면 백성을 다스리는 것이 행해진다. 악은 마음안으
로 말미암아 생겨나고 예는 외물밖에서 지어진다. 악이 마음에서 생
겨나면 정고요하고 예가 외물에서 지어지면 절목이 이루어진다. 큰 악
은 반드시 쉽고 큰 예는 반드시 간소하다. 악을 지극히 하면 원망이

없고 예가 지극하면 싸움이 없다. 읍하여 사양하면 천하를 다스리는 것은 예악을 말하는 것이다. 백성에게 포악을 짓지 않고 제후에게 손님으로 복종케 하고 군대를 시험하지 않고 다섯 가지 형을 사용하지 않으면 백성들이 걱정이 없고 천자가 성내지 않는다. 이와 같으면 악이 통달한 것이다. 부자의 친함에 화합하고 장유의 차례에 밝으면 나라 안을 공경하게 된다. 천자가 이와 같으면 예가 행해진다."

禮節民心, 樂和民聲, 政以行之, 刑以防之. 禮樂刑政, 四達而不悖, 則王道備矣. 樂者爲同, 禮者爲異. 同則相親, 異則相敬. 樂勝則流, 禮勝則離. 合情飾貌者, 禮樂之事也. 禮義立, 則貴賤等矣. 樂文同, 則上下和矣. 好惡著, 則賢不肖別矣. 刑禁暴, 爵擧賢, 則政均矣. 仁以愛之, 義以正之. 如此則民治行矣. 樂由中出, 禮自外作. 樂由中出, 故靜. 禮自外作故文. 大樂必易, 大禮必簡. 樂至則無怨, 禮至則不爭. 揖讓而治天下者, 禮樂之謂也. 暴民不作, 諸侯賓服, 兵革不試, 五刑不用, 百姓無患, 天子不怒. 如此則樂達矣. 合父子之親, 明長幼之序, 以敬四海之內. 天子如此則禮行矣.

악성樂聖 베토벤은 일생동안 모두 9개의 교향곡을 썼는데 가난과 함께 음악가로서는 치명적인, 귀가 멀어버리는 고통 속에서 마지막으로 쓴 작품이 바로 9번 교향곡 '기쁨의 노래song of joy'였다. 합창이 포함되는 유일한 교향곡인 이 작품은 베토벤을 악성이게 하는 작품이다. 왜 그 작품의 이름이 기쁨의 노래인가. 고통 속에서 추구할 수 있는 것이, 마지막으로 위안이 될 수 있는 것이 바로 '기쁨'이었기 때문이었을 것이다.

정원, 낙원은 바로 에피쿠로스 학파가 추구하는 이상세계이다. 위의 '낙안樂安의 존재'라는 개념을 외연을 넓히면 '풍악風樂의 존재'라고 할 수 있다.

예부터 한민족은 풍월도風月道·풍류도風流道를 섬겨왔다. 풍악風樂=풍류風流이고, 낙원=정원=풍악=풍류의 개념은 일맥상통한다. 인간은 '낙안樂安의 존재'이면서 '화락和樂의 존재'이다. 이제 후천개벽시대에는 만사는 재미가 있어야 한다. 기쁨과 즐거움이라는 것은 재미와 더불어 있는 것이다. 재미가 있어야 오래 동안 화락할 수 있게 되는 시대이다. 이제 위대한 진리도 재미가 있어야 위대한 진리가 된다. 이제 진리는 '말로 명령하는 진리'가 아니라 '몸을 감싸주는 진리'가 되어야 한다. 바로 감싸주는 진리가 여성의 진리이고, 여성의 하나님이고, 심정의 하나님이다. 심정은 신체와 더불어 발생하는 것이다. 심정과 신체가 함께 있는 것이 바로 '존재의 진리'이고, '신체적 존재의 진리'이다.

어느 부부불화치료사는 이렇게 말했다.

"여러분, 이제 메시지명령하지 마시고 마사지접촉하십시오. 마사지야말로 가장 큰 메시지입니다. 여러분, 이제 인사할 때도 떨어져 인사하지 마시고 껴안으면서 인사하십시오. 껴안는 것이야말로 가장 큰 인사입니다."

미래는 신체의 시대이고, 마사지의 시대이다. 사랑도 신체와 마사지와 더불어 존재하는 것이다. 가까이 있는 것이야말로 진정으로 있는 것이다. 아무리 거리가 가까워도 마음이 멀리 떨어져 있으면 없는 존재이다. 아무리 멀리 떨어져 있어도 마음에 가까이 있으면 있는 존재이다. 하나님도 멀리 떨어져 있으면 없는 존재나 마찬가지이다.

이제 '이理의 신'의 시대에서 '기氣의 신'의 시대로 우리는 나아가고 있다. 사랑도 '재미가 있어야 사랑하는 시대'이다. '재미가 있으면 저절로 사랑하게 되는' 시대이다. 세계는 이제 거리가 없어지고 있다. 파동의 세계, 소리의 세계는 하나이다. 동시동거同時同居하고 있는 세계이다.

Chapter 02

이 땅에 성자_{聖者}가 오셨네

1

문선명 총재의
세계사적 의미[25]

서양의 근세는 르네상스Renaissance와 더불어 시작된다. 르네상스는 고대문명의 부활의 뜻이다. 르네상스는 지리상의 발견시대가 이끌었다고 해도 과언이 아니다. 지리상의 발견은 아메리카1492년를 발견한 콜럼버스로부터 시작했으며, 선두주자는 스페인과 포르투갈이었다. 15세기에서 18세기에 이르는 사이 그 중심은 영국, 프랑스, 독일, 그리고 영국 식민지로부터 독립한 미국1776년으로 바뀌었다. 미국은 독립한 뒤 남북전쟁을 거쳐 세계사의 중심으로 들어온다.

---

25 이 글은 통일교 창시자 문선명(文鮮明) 총재님이 성화(2012년 9월 3일 새벽 1시 54분)한 뒤 〈세계일보〉(2012년 9월 5일자) 4~5면에 〈문선명 총재 사상 탐구 1 세계사적 의미〉 "동서양 문명의 융합 통한 '통합적 세계관' 제시", "'21세기 르네상스 한반도서 주도' 메시지 던져"로 실린 내용이다.

근대의 기점은 확실히 영국의 산업혁명이다. 영국은 산업혁명과 함께 명예혁명을 일으키면서 왕정에서 공화정으로 바뀌고, 산업경제과 정치에서 근대를 이끌어간다. 프랑스는 자유, 평등, 박애 사상을 기치로 내건 프랑스 혁명을 통해서 근대정신을 심화시킨다. 독일도 뒤질세라 철학과 음악 등을 보태면서 깊숙이 관계하게 된다.

서양이 인류역사의 전면에 나선 것은 바로 근대에 이르러서이다. 우리는 흔히 중세를 '암흑의 시대'라고 부른다. 서양의 중세는 기독교가 국교이었던 시기였는데 왜 암흑의 시대였는가? 기독교가 속세와 결탁하여 면죄부를 파는 등 타락하였기 때문이다.

세계사적으로 보면 중세는 이슬람 사라센 문명이 세계의 패권을 장악한 시기였다. 이슬람문명권은 중세에 가장 괄목할 만한 영광을 누렸다. 오늘날 과학의 용어들은 대개 이슬람문명권의 소산이다.

예컨대 대수학algebra, 화학chemistry, 연금술alchemy, 천문학astronomy, 점성술astrology, 음악music 등은 아랍어에서 유래되었다. 이슬람의 수학은 인도에서 발달한 '0zero'을 처음으로 수입하고, 그것을 유럽에 전파하였다.

천문학, 광학, 연금술은 이슬람 문명의 업적이었다. 이슬람의 지도地圖제작과 의술의 발달은 유럽 르네상스를 이끌었다고 해도 과언이 아니다. 말하자면 그들은 오늘날 용어만을 남기고 문명의 주도권을 서양에 넘겨준 셈이다.

근대의 결과, 유럽은 기독교와 산업사회를 전 지구에 퍼뜨리고 이것은 제국주의의 성격을 띠면서 시장경쟁에 나선다. 이것의 결과가

1차, 2차에 걸친 세계대전이다. 근대는 서구의 자연과학과 기독교가 시대를 이끌어가는 두 개의 기둥이 되면서 서양을 세계사의 중심에 확고부동하게 자리 잡게 한다.

서양의 근대는 자연과학 중심이다. 그러나 자연과학 시대라고 해서 종교가 중요하지 않은 것은 아니다. 자연과학 시대일수록 종교적 윤리도덕도 과학적 합리성과 발을 맞추어야 하고, 합리화의 방법도 달리하지 않으면 안 된다.

이런 서구 근대문명에 가장 성공적으로, 그리고 재빨리 적응한 나라가 일본이다. 그래서 일본은 동양의 서양으로 행세하고 대접을 받아왔다. 일본은 명치유신明治維新으로 산업화에 성공하는 한편 종교적으로는 재래의 일본적 샤머니즘인 신도神道를 발전시켰다. 일본인들은 '모든 종교는 신도이다'라고 생각한다. 일본은 서구로부터 과학은 도입하면서도 종교는 신도를 유지하였다.

일본은 고대와 중세, 그리고 근세 초에 이르기까지 중국과 한국에서 문화를 수입하던 입장을 탈피하여 문명의 흐름이 동양에서 선진 서구로 선회함에 따라 재빨리 그것에 편승하여 한중일 삼국 가운데 가장 먼저 근대화를 이루었다. 일본의 근대화는 그들 나름의 주체적 근대화였다. 말하자면 동양문명의 패러다임에 의존하던 나라가 서양에 성공적으로 적응할 수 있음을 보여주었다.

그러나 일본의 근대화는 불행하게도 대동아공영권으로 강요되었고, 결과적으로 실패했다. 일본은 서구의 제국주의보다 훨씬 비인간적이고, 비인륜적이었다. 일본은 선진국으로서의 덕德이 부족하였다.

물론 일본의 이러한 군국주의적 야망은 태평양 전쟁에서 미국에 패함으로써 막을 내렸지만, 그 과정에서 한국과 중국, 그리고 남태평양의 여러 나라들은 곤욕을 치렀다.

조선의 건국과 더불어 주자학적 패러다임으로 나라와 사회를 경영해온 한국은 조선 중기인 15~16세기부터 인류 역사의 시대적 발전을 따라가지 못하고 붕당정치로 인해 국방을 소홀히 하면서 국가에너지를 낭비하였다. 그 결과 임진왜란과 병자호란을 맞게 되었다. 임진왜란이 발발한 시점인 1592년은 공교롭게도 조선이 건국한 1392년에서 2백 년 지난 시점이다.

한 나라가 성립된 지 2백 년쯤 지나면 아무래도 기강이 해이해져서 재강화해야 하는 시점이다. 그런데도 재강화하지 못하고 임진·병자 두 난을 맞았던 것이다. 설상가상으로 영·정조 시절에 북학파나 실학파에 의해 추진된 근대적 개혁이 완전히 성공하지 못하고 결국 구한말과 일제를 맞게 된다.

천주교가 우리나라에 들어온 때는 지금부터 약 200여 년 전이다. 1784년 이승훈이 북경에서 프랑스 신부 그라몽Grammont에게 세례를 받고 돌아왔을 때부터 본격적인 신자들의 모임이 시작되었다. 이승훈은 귀국하자마자 사람들에게 세례를 주었고, 지금의 명동 성당 부근 명례방에서 정기적인 신앙 집회를 가졌다.

한국 천주교는 자발적으로 평신도들에 의해 시작되었다. 김대건 신부가 중국에서 사제서품1845년 8월 17일을 받고 돌아오기1845년 10월 전에 평신도들이 중국에서 천주교 성경과 교리를 도입해서 시작한 세계에서도 유일한 경우이다.

천주교는 여러 박해를 겪었다. 최초의 박해인 '을사추조적발1785년' 과 조상제사를 거부했던 윤지충尹持忠과 권상연權尙然이 전주에서 순교한 '신해박해1791년', 주문모 신부의 체포령에서 발단된 '을묘박해 1795년', 그리고 가장 대규모의 박해는 순조純祖 즉위와 더불어 시작된 '신유박해1801년'와 헌종憲宗 때 '기해박해1839년'가 그것이다. 1846년의 '병오박해'는 김대건金大建 신부가 체포되고 순교하게 된다. 천주교는 전통 주자학 체계와 여러 갈등을 겪으면서 발전해왔다.

이 땅의 기독교는 처음부터 박해의 연속이었다. 프로테스탄트는 정동교회, 새문안교회와 함께 시작한다. 정동제일교회는 1885년에 설립된 한국 최초의 감리교 교회로, 헨리 아펜젤러가 1885년 10월 11일에 정동에 있는 자신의 사택에서 한국인 감리교 신자들과 함께 예배를 한 것을 시초로 삼는다.

새문안교회가 조직된 것은 1887년 9월 27일 정동에 있던 한 한옥에 14명의 한국인과 언더우드 목사, 로스 목사가 첫 예배를 드림으로써 시작되었다. 이후 주일예배는 언더우드 목사 사저의 사랑채에서 정기적으로 있었다. 한국 최초의 개신교회는 황해도 장연구 대구면 송천리의 '소래교회1884년, 1885년'이다.

천주교는 약 200년, 기독교는 100년 남짓이다. 천주교와 기독교는 성경聖經을 기본 경전으로 하기 때문에 같은 종교이다. 기독교의 다른 종파들이라고 할 수 있다.

기독교 성경이 이 땅에 도입된 지 200여 년 동안 성경에 대한 여러 해석이 있었고, 그 해석에 따라 여러 종파들이 생겨나기도 했다. 그러나 세계 기독교계에 우리나라가 독자적인 성경해석이라고 할 만한 것을 내놓은 것은 없었다. 이 말은 다시 말하면 서양에서 해석한 대로 그것을 실천하는 것으로 만족했다고 할 수 있다.

성경의 해석을 둘러싸고 독자적인 해석을 하는 것은 문화적으로 보면 세계적 보편성에 특수성을 가지고 참여하는 경우이다. 외래문화나 사상을 도입한 나라가 자신의 문화적 특수성을 배제한 채 외래 사상이나 제도를 그대로 사용하는 것은 토착화라고 할 수 없다. 거꾸로 토착화 이전에는 외래의 것을 완전히 소화했다고 할 수 없다.

문화는 필연적으로 주체적 해석이나 적어도 절충적·통합적 해석을 하기 마련이다. 두 문화가 만나서 제3의 새로운 통합을 이루지 못하면 발전이라고 할 수 없다. 근대화 이전에 동아시아는 유교문화권이었다. 근대화 이후 서양의 기독교가 들어왔다면 둘은 당연히 소위 습합褶合과정을 거치게 마련이다. 한중일의 근대화와 산업화의 성공을 '유교자본주의'라고 서구에서 해석한다. 이러한 과정이 종교 분야에서 일어나지 말라는 법은 없다.

그동안 한국의 기독교는 소위 보편주의, 정통주의, 근본주의에 의해 정통과 이단을 분리하면서 논쟁과 몸싸움을 벌여왔다. 이것은 동시에 정치적 기득권 싸움이기도 했다. 기득권을 놓지 않으려는 세력과 새로운 세력 간에 모함과 이간과 왜곡이 벌어졌다. 어느 종교가 많은 기독교 신앙인들을 담을 수 있는 그릇이 될지는 미래만이 안다.

고대 삼국시대에 불교가 한반도에 들어왔을 때도 마찬가지였다.

그래서 '이차돈의 죽음'이 있은 뒤에 당시 외래 종교였던 불교가 신라에서 합법화教教化되었다. 당시 원효元曉는 '화쟁론和諍論'을 제기하면서 불교에 대한 독자적이고 주체적인, 말하자면 통합적 해석을 선보였다. 오늘의 통일교가 기독교 보수종단과 갈등을 보이는 것은 아직 그러한 통합과정 중에 있는 것이라고 말할 수 있다.

통일교는 기독교를 '혈통적 기독교' '심정적 기독교'로 해석한 것이라고 볼 수 있다. 여기서 '혈통적'이라고 함은 '순수한 아담의 혈통'이다. 그래서 '축복결혼'이 중요한 의식이다. 여기서 '심정적'이라고 함은 마음과 몸이 하나가 되어統一된 상태에서 통하는 하나님, 우주만물이 하나가 되는 하나님이라고 할 수 있다.

한국에서 민족종교이면서 세계종교로 탈바꿈한 통일교가 세계문화, 특히 서구의 기독교문화와 정면으로 만나게 된 것은 통일교의 미국 진출 이후이다. 일본 선교를 통해 재정적인 거점을 마련한 통일교는 기독교 문명의 본거지인 미국에서 승패를 가르는 정면승부의 선교전쟁을 감행한다.

미국선교의 승패의 갈림길은 메디슨스퀘어 가든에서 열린 대집회였다. 이날 문선명 총재의 영감에 찬 설교와 제자 박보희의 유창한 영어실력과 전심전력으로 통역은 대성공을 거두었다.

1974년 9월 18일 제4차 세계 순회강연 중 미국 8대 도시 순회강연회의 한 부분으로 열린 '희망의 날' 뉴욕 대강연회, 메디슨스퀘어 강연장은 2만 5천여 명의 인파가 몰려들었다. 지정 좌석 2만 석을 초과하여 5천 석의 임시좌석을 마련할 정도로 성황이었다. 그야말로 야단법석野壇法席이었다. 미국 입성 후 처음 첫 포효咆哮였다. 이 자리에서 문선명 총재는 메시아의 강림과 그 재림의 목적에 대한 메시지를 전달하였다.

메디슨스퀘어 가든은 말하자면 우리 시대의 로마광장과 같은 곳으로 지구촌 오색인종이 함께 하는 자리였다. 거기서 지구촌 인종들은 똑같이 '하늘하나님의 음성'을 들었다. 이날 강연회의 성공 이후 미국선교는 일취월장이었다. 메디슨스퀘어 가든에 이어 양키스타디움, 워싱턴모뉴먼트 광장에서의 집회도 대성황을 이루었다. 이는 마치 예수가 갈릴리 호숫가에서 출발하여 로마에 이르려고 한 것에 비할 수 있다.

문 총재는 한국의 청평호수에서 출발하여 미국의 심장부인 메디슨스퀘어 가든에 이른 것이다. 예수는 로마에 도착하지 못하고 좌절하였지만 문 총재는 당당히 우리 시대의 로마에 입성한 셈이다.

그러나 서구 기독교문화의 본거지인 미국에서의 선교가 순탄할 리가 없었다. 한국에서의 '이대연대 사건'에 버금가는 사건이 일어났다. 그것이 바로 '댄버리 교도소' 사건이다. 1984년 5월 30일 미연방대법원은 투옥결정을 했고, 세계는 항의시위집회워싱턴 로즈회관에 들어갔다. 6월 11일 '종교의 자유를 위한 집회뉴욕 쉐라톤 호텔, 1천여 명'에서 무죄가 주장됐다. 미국 60개 종파 3백여 명의 성직자들도 투옥결정에 항의하는 시위집회에 참가했다.

일본은 6월 12일 동경시위집회5천여 명, 한국은 6월 14일 '종교의 자유를 위한 대회서울 힐튼호텔, 1350명' 등을 통해 미국의 각성을 촉구했다.

'댄버리 사건'은 예수님의 '십자가의 길'에 은유되었다.

이때 문선명 총재는 미 상원 법사위 헌법소위 청문회에서 증언하였다.

"하나님께서는 이 땅 위에서 진정한 자유를 찾으시려 합니다. 자유에 대한 최대의 위협은 공산독재입니다. 공산당은 이미 1억 5천만의 무고한 인명을 죽였습니다. 중략 아프리카와 라틴아메리카의 여러 나라들이 속속 공산화되었습니다. 적어도 15억의 인류가 공산 치하에서 노예가 되었습니다. 지금 이 시점에서는 미국의 뒷마당이라 할 수 있는 중미 일대가 최일선이 되었습니다. 중략 여러분들께서 본인의 이와 같은 방대한 공익사업의 범위를 아신다면, 본인이 미국에 와서 2만 54천 불의 탈세를 꾀하였으리라고는 그 누구도 생각지 아니할 것입니다. 본인의 재판사건은 처음부터 탈세사건이 아니었습니다. 이것은 미국 정부의 주도적인 종교재판이었습니다. 본인의 유죄판결은 종교 자체를 실천하는 것이 죄가 된다는 뜻입니다. 종교지도자라는 바로 그 본질 때문에 본인은 처벌을 강요당하고 있습니다. 이와 같은 기가 막힌 사실은 미국의 양심을 흔들어 깨우쳤습니다. 종교 지도자들과 신앙인들이 드디어 일어섰습니다. 중략 본인은 오히려 미국을 위하여 기도합니다. 지금 이 순간 본인의 심정은 하나님께 감사에 충만해 있습니다. 그것은 하나님께서 이 중차대한 시기에 본인을 택하시어 이 나라 종교 자유를 쟁취하는 싸움에 선봉장이 되게 하시며 미국의 대각성을 촉구하는 대 도화선이 되게 하여 주셨기 때문입니다. 중략 하나님이시여! 미국을 축복하소서. 감사합니다."

문선명 총재는 댄버리 교도소 입감 전에도 성명을 발표했다.

"중략 이제 본인은 교회의 세계본부를 이 나라를 위하여 계속 기도할 댄버리 교도소로 옮길 것입니다. 본인이 하나님께 감사드리는 것은 인류 역사상 가장 어려운 시기에 본인을 종교자유 수호를 위한 지도자로서 미국의 영적 각성운동에 점화의 도구로 쓰시고 있다는 것입니다."

1984년 7월 20일 밤 11시한국시간 21일 정오, 문선명 총재는 18개월 간의 복역에 들어갔다. 원고는 미합중국, 피고는 문선명이었다.

결국 미국 정부는 조그마한 탈세를 빌미로 기성교단의 손을 들어준 셈이었다. 그 탈세의 내용은 "1973년부터 1975년까지 3년간 통일교회 식구들이 헌금한 160만 달러를 뉴욕 체이스맨해턴 은행에 예탁했었는데 여기서 발생한 이자 11만 2천 달러에 대한 소득세 1천 달러당시 한화 약 70만 원를 신고하지 않았다."는 것이었다.

그러나 댄버리 사건을 통해 한 가지 유의할 사항은 그때 벌써 미국 내에서도 항의시위가 많았다는 점이다. 댄버리 사건은 크게 보면 통일교의 미국 선교과정에서 발생한, 기득권과 새로운 세력 간의 갈등이며, 서양문명과 동양문명의 마찰이며 만남이기도 했다.

국내 선교에만 열중하고 있는 한국의 기성교단이 통일교의 성공을 함부로 매도하는 일은 실로 '우물 안의 개구리'임을 자인하는 셈이다. 통일교는 미국에서 '메디슨스퀘어'의 성공과 '댄버리 수감'이라는 명암을 가지고 있다.

근대에 들어 기독교와 과학은 서로 다른 영역을 양분하고 있다. 기독교는 '내세來世'와 '보이지 않는 세계'에 대한 신앙체계인 반면, 과학은 '보이는 세계' '이용할 수 있는 세계'에 대한 사실체계이다.

현대의 과학은 65억에 달하는 인구부양을 위해서 의식주를 해결하고 필요에 부응하고 있지만 반대로 환경오염이나 생태파괴라는 반대급부를 인간에게 안겨주었다. 그래서 과학적 사고에 대한 비인간주의가 문제가 되고 있고, 과학을 보완하는 사상체계를 요구받고 있다.

말하자면 과학을 이용하면서도 동시에 환경을 보호하는, 산업을 하면서도 인간으로 하여금 개인적 행복도 구가할 수 있게 하는 두 마리 토끼를 잡기를 현대인은 원하고 있다. 이에 종교는 과학과 다른 이상을 내놓아야 하는 책임에서 자유로울 수 없다. 현대는 종교와 과학의 새로운 융합과 통섭을 요구하고 있다.

통일교의 원리원본原理原本[26], 원리강론原理講論[27], 천성경天聖經[28]을 비롯한 통일교의 8대 교재교본[29]에 담긴 통일교 원리는 바로 이러한 신문명시대에 새로운 대안을 내놓은 사상체계 중의 하나이다. 통일교가 세계 문명사에서 주목을 받은 이유는, 서구의 많은 지식인들과 기

---

26 원리원본은 문선명 총재가 부산 범냇골 시절 처음으로 직접 정리한 통일교의 원리경전. 1952년 5월 10일 집필을 끝냄.

27 원리강론은 1966년 5월 1일 제 1쇄를 발행함. 이에 앞서 1957년 8월 15일 '원리해설' 초판 발행(3000부, 세종문화사, 경향신문사 인쇄), 1961년 일본어 '원리해설' 발행.

28 천성경은 통일교 8대 교본 중에 하나이다. 문선명 총재가 그동안 말씀하신 '하나님의 해방과 인류 구원 및 세계평화'를 위해 밝혀온 천상의 비밀 500 여 권의 저서를 주제별로 발췌 정리한 16권을 다시 합본하여 한 책으로 묶은 참부모님 말씀집(세계평화통일가정연합 간). 2005년(천일국 5년) 1월에 첫 출간. 중판 2006년 4월 15일. 통일교의 가장 종합적인 경전이다.

29 8대 교재-교본은 '문선명선생말씀선집 1200권', '원리강론', '천성경', '평화신경', '가정맹세', '평화의 주인 혈통의 주인', '천국을 여는 문 참가정', '세계경전'를 말한다.

독교인들이 통일교로 들어오는 이유는, 통일교의 종교 내적 주장과 사상이 세계사의 발전방향과 맞물려 돌아가는 국면에 있기 때문이다.

예컨대 남·북한의 통일은 바로 공산·민주세계의 통일이며, 냉전의 완전한 종식이며, 나아가서 세계문명의 통일이다. 또한 양분된 인류의 세계가 통합하는, 화해와 평화를 지향하는 길목에 있는 통일이다. 남북통일이 이루어져야 '평화의 세계'가 달성되는 것이다. 만약 이것이 잘못되는 날에는 세계는 재앙을 맞을 수도 있다. 그래서 문선명 총재는 노심초사하였다. 이것은 공교롭게도 아시아태평양시대와 맞물려 있다.

유럽중심의 근대는 미국중심으로 중심을 옮긴 뒤에 이제 아시아태평양의 일본, 한국, 중국으로 중심을 이동하고 있다. 미국도 대서양 시대를 떠나서 태평양 연안국가임을 천명하고 있다. 이것을 두고 민족종교들은 '후천개벽시대'라고 말한다.

후천개벽시대라는 것이 무슨 특정 종교가 표방하는 내세나 공상적인 세계가 아니라 아시아태평양을 중심으로 돌아가는 세계를 말한다. 세계문명사의 변천으로 볼 때 기독교는 종래의 구태의연한 중세의 교부철학적 해석이나 가톨릭의 바티칸 공의회의 새로운 해석 정도가 아니라 매우 혁명적인 해석을 요구받고 있다.

현대의 존재론 철학으로 보면 신神은 사물 자체와 분리될 수도 없으며, 인간은 저마다 세계를 책임지는 신이 되고, 저마다 구세주가 되는 기분으로 살아가지 않으면 안 된다. 세계는 이분법으로 분리된 시대가 아니라 하나이다. 진정으로 세계가 하나임을 깨닫게 될 때 세계의 평화가 달성될 수 있을 것이기 때문이다.

종교는 이제 제도로서 만족해서는 안 된다. 제도적 종교는 권력이고, 자칫 잘못하면 종교가 기득권자의 대변자가 되기 쉽기 때문에 부단히 이를 경계하지 않으면 안 된다. 인류의 평화나 행복은 실은 거대한 건물의 교회나 사찰에 있는 것이 아니라 누구나 몸을 담고 있는 '가정'에 있기 마련이다. 통일교의 '가정교회 사상'은 종교의 보편성과 달리 인간이 바탕하고 있는 공통성_{일반성}에 기초하고 있다는 점에서 종교사적으로 새로운 주목을 받고 있다.

이러한 시대적·문명적 사명에 부응하고 선도해야 할 책임이 통일교와 한국에게 있는지도 모른다. 한국은 이제 세계문명을 지도해야 하는 사명에 있기 때문이다. 과거처럼 서양이 만들어놓은 패러다임을 그냥 따라가면 되는 그런 시대가 아니다. 문선명 총재는 이러한 시대의 도래를 이미 6·25전쟁 중에 읽고, 원리원본을 집필하고, 통일교회를 창설하였다.

통일교회는 문명적으로 "한국적인 것이 세계적인 것"이라는 것을 한 단계 넘어서 "세계적인 것이 한국적인 것"이라는 것을 종교적으로 실천한 모범적 사례에 속한다.

2

문선명 총재의
한국사적 의미[30]

한민족은 예부터 낙천樂天의 민족이요, 평화平和의 민족이다. 세계 어디에 내놓아도 손색이 없는 '금수강산'과 '인정人情'으로 아름다운 공동체를 이루어왔다. 그러나 이러한 성격은 역사에서는 매우 불리하게 작용하기 쉽다. 역사란 투쟁의 역사이고, 전쟁의 역사이기 때문이다. 한민족은 남의 나라를 먼저 공격한 적이 없다. 도리어 1천여 회의 외침을 받았다. 진정한 평화의 민족이다. '평화의 왕'이 탄생하기에 이만한 조건의 나라가 지구상 또 어디에 있겠는가.

---

30 이 글은 통일교 창시자 문선명(文鮮明) 총재님이 성화(2012년 9월 3일)한 뒤 〈세계일보〉(2012년 9월 6일자) 4~5면에 〈문선명 총재 사상 탐구 2 한국사적 의미〉 "하늘 자손 믿음 가진 한민족은 '동양의 유대민족'" "동서남북 문화 접점의 역사, 이젠 '세계사 중심'으로"로 실린 내용이다.

한민족은 중앙아시아에서 시작하여 '해 뜨는 살기 좋은 땅'을 찾아 계속해서 동쪽으로 이동하여 유라시아 대륙의 동쪽 끝, 한반도에 정착할 때까지 여러 종족과 민족의 좋은 유전자 DNA를 물려받았다. 역사적 수난은 인류의 좋은 유전자를 선물 받은 반대급부가 되었던 셈이다. 그래서 세계 어느 민족보다 혈통에 민감한 민족이다.

한민족은 스스로를 천손족天孫族이라고 부르고, 예부터 '하늘하나님, 하느님, 한울님신앙을 가지고 살았고, 어려운 역사적 곤경 속에서도 온갖 지혜와 은근과 끈기로 살아남았다. 한민족은 81자로 된 인류의 최고最古경전, '천부경天符經'을 지니고 있다. 이러한 역사적·인종적·문화적 전통과 융합 속에서 오늘의 한국인이 있는 것이고, 그러한 배경 속에서 문선명 총재는 탄생했다.

문선명 총재가 탄생한 1920년 즈음은 한민족 역사에서 가장 뼈아픈 질곡인 일제 식민지 기간이었다. 식민지라는 현실 또한 성인이 탄생하는 조건이 된다. '메시아' 사상, '구세주' 사상은 한국문화의 전통 속에 줄기차게 있어왔고, 그러한 염원이 서린 곳이 바로 한국이다.

근대란 바로 자연과학과 산업혁명, 그리고 기독교가 중심이 되는 시대이다. 결국 이러한 근대를 맞아서 전통적인 주자학과 동도서기東道西器로 대응하던 조선은 처참한 말로의 길을 걸은 셈이다. 그나마 18세기에 들어온 천주교와 그 뒤를 이어 들어온 기독교가 한민족으로 하여금 근대에 발을 들여놓는 희망과 계기를 마련한다. 개항도 우리민족은 외세의 강압에 의해 이루어졌다. 이러한 악조건은 필연적으로 민족의식을 불러일으킬 수밖에 없었다.

문선명 총재는 독실한 기독교 집안에서 태어났다. 고향은 평안북도 정주定州. 우리나라 기독교는 북쪽에서 평양을 중심으로 먼저 융성했다. 평안북도 정주군은 평양에서도 멀리 떨어지지 않는 지역이다. 예로 부터 정주-곽산은 인물이 많이 나는 지역이다. 평안도를 흔히 맹호 출림猛虎出林의 지역이라고 한다. 특히 정주 지역은 큰 인물들이 많이 나왔고, 기독교가 융성하였던 지역이다.

한국의 기독교는 처음부터 서구문물과 사고방식을 받아들이는 문 호가 되었지만, 한국의 근대화는 동시에 일본의 식민지 정책으로 인 해 외세에 저항하는 성격을 갖게 했다. 이는 한국으로 하여금 '동양 의 이스라엘'이라 불릴만한 성격을 갖게 한다. 한민족과 유대민족은 상통하는 데가 많다. 유대민족은 '선민사상'을 가진 데 반해 한민족은 '천손족'이라는 사상을 가졌다.

한민족은 전통과 단절된 채 새로운 근대 문명을 맞게 된다. 식민지 적 상황에서 근대화의 길에 들어선 것은 민족적 불행이었다. 근대화 가 된다고 해도 전통문화가 일방적으로 왜곡되었을 뿐만 아니라 민 족적 자주성이나 자긍심이 망각된 채, 심지어 나라의 독립과 해방이 이루어질지 알 수 없는 상황이었기 때문에, 저항적 성격의 근대화가 불가피하였기 때문이다.

조일병탄이 일어난 해는 1910년이지만 일본은 이미 1870년대부터 침략의 야욕을 보였다. 즉 대원군의 실각1873과 개항1876 이후 한국은 거의 일본의 영향권에 있었다. 아이러니컬하게도 일본은 병자수호조 약의 1조에 '조선은 자주국으로 일본과 평등권을 갖는다.'라고 명시하

고, 종래 중국 사신을 맞았던 영은문迎恩門의 자리에 독립문獨立門: 1897
년을 짓게 한다. 이는 실지로 조선의 독립을 원하는 것이 아니라 청나
라와의 사대관계를 단절시키고, 그런 후에 병탄을 할 목적이었다.

청일전쟁1894~1895과 노일전쟁1904~1905의 승리로 일본은 조선에
대한 독점적 지배권을 확립하게 된다. 1905년에는 을사보호조약으로
외교권을 박탈하고, 이어 행정권, 사법권, 경찰권을 빼앗아간다. 임
오군란에 이은 조선군대의 해산1907년은 독립국으로서의 위상을 결정
적으로 빼앗아간다. 무武를 천시하던 사대주의의 마지막 응보였다.

선생이 태어난 1920년은 3·1운동이 일어난 바로 직후이며, 미국
윌슨 대통령에 의해 국제연맹이 창설된 해이기도 하다. 민족자결주
의가 팽배하였고, 자주독립의 의지가 불붙는 시점이었다. 아마도 선
생은 기독교를 중심으로 민족주의를 달성하는 사명을 타고났을 뿐만
아니라 이러한 민족주의는 기독교적 세계주의 혹은 세계평화주의와
만나지 않으면 안 되는 좌표에 있었던 것 같다.

일제 식민기간에 민족이 물질적으로 가장 가난하고, 가장 처참하
게 몸과 마음이 무너졌을 때에 민족을 부활시킬 수 있는 힘은 오직
영적靈的 힘에 의존할 수밖에 없었다. 한민족 문화의 가장 밑바닥 상
태에서 택할 수 있는 것은 기독교적 부활과 평화에 대한 염원이었을
것이다. 이를 역사적 실체로서 담당한 인물이 바로 문선명 총재이다.
다시 말하면 식민지의 한국문화에서 가장 먼저 영적 폭발과 부활의
메시지를 전하고 기치를 높이 든 인물이 선생이다.

선생은 1920년 1월 6일음력, 평안북도 정주군 덕언면 상사리 2221

번지에서 태어났다. 아버지 문경유文慶裕와 어머니 김경계金慶繼의 사이에 3남 6녀 중 차남이었다. 부모님은 충효를 으뜸으로 여기는 유교 선비집안의 사람이었다. 기독교사상의 세례는 종조부인 문윤국文潤國 목사로부터 받았다. 종조부는 당시 기독교의 중심인물이었다. 문윤극 목사는 이승만 박사와 친구이며, 독립선언문을 기안한 다섯 사람 중 한 분인 이승훈 선생이 오산학교를 세울 때 배후에서 도운 분이고, 3·1운동 당시 이북 5도 대표였다.

문선명 총재는 어릴 적에 서당에서 한문교육을 배웠으며, 신식교육은 15살1934년에 정주군 오산五山학교 3학년으로 편입하고부터이다. 선생이 결정적으로 생애의 목표가 설정된 것은 1935년 부활절 아침 정주군 묘두산猫頭山에서 영적으로 예수님을 만나 특별계시를 받고부터이다.

"고통 받는 인류 때문에 하나님이 너무 슬퍼하고 계시니라. 지상에서 하늘의 역사에 대한 특별한 사명을 맡아라."

소년 문선명은 자라면서 산천초목과 마음을 통하고, 자연을 교과서 삼아 지냈다. 자연의 동식물이 암수 짝짓기를 하고 새끼에 대한 사랑이 지극함을 터득했다. 때로는 밤이 이슥도록 집에 돌아가지 않고, 밤하늘의 찬란한 별들과 이야기하고, 우주 삼라만상과 대화를 하면서 신비와 진리를 터득했다. 그리고 농사에서도 훌륭한 일꾼으로 자랐다.

청년 문선명은 서울의 경성상공실무학교 전기과에 입학1938년하게 되는데 서울의 흑석동에서 하숙과 자취생활로 살아간다. 이때 서빙고 오순절 교회와 예수교회 소속인 영수대 새예수교회에서 유년주일학교 반사활동을 하면서 신앙심을 키운다. 신앙생활과 전기과 공부를 병행한 선생은 와세다早稻田대학 부속 와세다고등공학교 전기공학과에 유학한다1941년.

청년기 일본 유학중에 저항운동을 하다가 여러 차례 감옥을 들락거리면서 육신의 고통과 굶주림, 지상의 지옥과 사형수의 생명에 대한 애착을 알고, 한 줄기 빛과도 같은 영원한 생명에 대한 갈구를 느끼게 된다. 그럴수록 하나님에 대한 신앙심을 키웠다.

일본의 천황주의에 대항하면서 지하운동을 펼쳤다. 그 때문에 요시찰인물이 되어 일본 형사들의 미행을 당하고, 와세다 대학 오른편에 있었던 경찰서 유치장에 여러 번 들어가서 고문을 받기도 했다.

이러한 성장과정을 통해 자아주관을 완성하기 위해 노력한 결과, 인간으로서 가장 견디기 어려운 잠의 문제, 배고픔의 문제, 정력의 문제를 해결하게 된다. 우주주관을 바라기 전의 절차로서 자아주관을 확립한 셈이다.

인간으로서 겪을 수 있는 최저생활과 빈민생활 경험, 긴자銀座거리의 리어커꾼, 가와사키川崎 철공소와 조선소에서 노동자 생활 등 산전수전을 다 겪게 된다. 더욱이 일제의 탄압 속에서도 원수의 나라인 일본인을 사랑함으로써 원수를 사랑하라는 기독교 정신을 실천해 보기도 한다.

문선명 총재는 제2차 세계대전의 격화로 한 학기를 단축하여 졸업하고1943년 귀국길에 오른다. 귀국 후 토목건설회사인 가시마구마鹿島

組 경성지점 전기부에 취직하면서 서울의 용산에서 머물게 되는데 이 때 일본 유학 시절 항일지하운동 사실이 밝혀져서 극악무도한 고문 을 당한다. 그때 상처가 너무 심해 고향에 돌아가서 요양을 하기도 한다.

식민지에서 해방을 맞기까지 선생은 기독교적 신앙의 궁극적 깨달 음과 완성을 위해 온갖 경험과 시련을 겪었다. 해방공간에서는 여러 번 유치장 신세를 졌으며, 특히 기성교단의 질시와 공산당 당국의 종 교말살 정책으로 평양 내무서에 구속되는 비운을 맞는다.

그 후 평양형무소 수감, 흥남 덕리특별노무자수용소 이감, 그리고 흥남 비료공장에서 강제노동과 6·25발발로 인해 흥남감옥에서 출감 되는 기간1948년 2월 28일부터 1950년 10월 14일까지 2년 8개월간은 지옥과도 같 은 나날이었다. 그야말로 생사를 오가는 극한 상황이었다.

1950년 8월 1일 B-29의 흥남폭격으로 흥남공장은 초토화되었다. 문선명 총재는 사형집행 하루 전날 10월 13일 연합군이 들어와서 겨 우 감옥에서 빠져나왔다. 이것은 기적과도 같은 구원이었다. 한국전 쟁 중 미국 전투기 조종사가 우연히 찍은 북한 상공에 현현한 예수님 의 형상1950년 10월 20일, 프랑스 'Paris Match'지 게재이 나타났다.

문선명 총재에게 공부는 크게 셋으로 나누어진다. 정규학교의 전 기과 공부와 교회의 기독교 신앙에 대한 이해와 탐구, 그리고 서당에 서 전통 충효사상에 대한 공부가 그것이다. 이들 공부는 통일교를 창 립하는 사상적 세 기둥이었던 셈이다. 결국 전기의 과학적 현상과 기 독교 신앙의 결합을 통한 절대상대적인 세계에 대한 깨달음, 그리고 서당에서 배운 동양의 충효정신과 이기理氣철학에 대한 공부 등이 종합적으로 어우러져 선생님의 '인격'과 '신神'을 만들었다고 볼 수 있다. 문선명 총재는 동족상잔이라는 6·25 전쟁 피난 중에, 부산 범냇골 토담집에서 통일교의 근본원리인 '원리원본原理原本'1952년 5월 10일을 상재한다. 흔히 외래 문물을 받아들여서 그 문화를 완전히 토착화하고 자기 것으로 소화하는 데는 1백 년 이상이 걸린다고 한다. 선생은 그러한 1백 년의 과정에서 한국인이 달성할 수 있는 최고의 심신수련과 절대적 신앙으로 오늘날 '심정의 하나님' 개념을 중심으로 하는 통일교를 창립한 셈이다.

흥남수용소에 이어 선생에게 일어났던 가장 치명적인 사건은 자유당 정권에 의한 통일교에 대한 최초의 종교탄압이었다. 소위 '이대연대 사건'으로 불리는 이 사건으로 1955년 7월 4일부터 10월 4일까지 서대문형무소에 수감되었다. 죄목은 '병역기피'였지만 결국 무죄 언도를 받고 출감했다.

'이대연대 사건'으로 이화여대생 14명과 연대생 2명이 이단 신앙을 이유로 퇴학당하였다. 이에 앞서 이단 신앙을 이유로 연세대 박상래 교수와 이화여대 교수 5명양윤영, 한충화, 최원복, 김영운, 이정호 등이 퇴직당하는 사태가 있었다.

이 사건은 1954년 5월 1일 북학동서울시 성동구 북학동 391-6호에서 세계기독교통일신령협의회Holy Spirit Association for the Unification of World Christianity를 창립한 이후 기성교단 출신인 박마리아이대 부총장와 이기붕 권력자유당에 의해 맞은 절체절명의 위기였다.

이 밖에도 크고 작은 사건은 헤아릴 수도 없다. 탄압과 고통은 신앙심을 더욱 더 키웠다. 바로 암울한 근대사의 시기에 문선명 총재는 민족의 독립과 기독교사상의 완성과 미래 지상천국·천상천국을 만들어내기 위한 통일교적 세계관과 우주관을 완성하였던 것이다.

문선명 총재의 지상천국·천상천국의 개념은 인류가 만들어낸 최종적, 완성적 천국개념이라고 말할 수 있다. 예수님 이후 실로 2천년 만에 '낙천樂天의 민족'의 후손인 선생이 결국 인류의 '낙원樂園의 개념'을 완성한 셈이다.

한국은 예로부터 지구상의 동서남북 문화가 만나는 곳이다. 실크로드의 최동단에 있는 한국은 역사적 각 단계마다 인류의 보편문화를 받아들이고 나름대로 소화하면서 오늘에 이르고 있다. 그러한 문화능력이 한국을 오늘에 이르기까지 역사에서 사라지지 않게 하였을 뿐만 아니라 새로운 문명의 패러다임을 만들게 하는 원동력이 되었다.

바로 그 미래 문명의 패러다임 중 하나가 바로 통일교의 원리원본, 원리해설, 원리강론을 중심한 통일원리, 통일사상이다.[31] 아직도 사대주의에 찌들어 있는 보수 기독교 세력, 소위 정통이라고 하는 세력들은 막연하게 매우 비현실적으로, 재림예수를 기다리고 있다. 그들에게 한국인이 재림예수가 된다는 것은 있을 수도 없는 일일지도 모른다.

문선명 총재는 오늘의 시대를 구약시대, 신약시대에 이은 '성약成約시대'라고 규정한다. 성약은 분명 한국 기독교의 토착화와 주체화의

---

31 문선명 총재 성화 이후에는 천성경(天聖經), 평화경(平和經), 참부모경이 세계평화통일가정연합(통일교)의 3대정경(正經)이 되었다. 통일원리, 승공사상, 통일사상이 3대사상이다.

완성이면서 동시에 기독교사적으로 약속의 완성이다. 그는 분명 우리 시대의 깨달은 사람의 한 사람이다. 인간이 신이 될 수 있다는 것을 몸소 실천하고 보여준 인물이다. 외래 사대사상에 매몰된 한국의 보수기독교인들은 한국에서 기독교가 완성되면 마치 큰일이라도 나는 듯한 태도이다. 한국에서 성약이 이루어지는 것이 왜 잘못인가.

세계의 통일교 신도들은 한국을 기독교의 예루살렘처럼 생각한다. 신앙의 모국이며, 성지이다. 한국문화, 한국사에서 가장 큰 잘못은 한국이 세계의 중심이 될 수 있다는 것에 대한 부정적 견해와 입장을 갖는 것이다. 한국은 지금 문화 여러 부문에서 세계적 선진 혹은 정상의 위치에 오르려고 하고 있다. 산업 부문은 경제개발로 이루었고, 종교 부문에서는 통일교가 그런 역할을 하고 있다.

한국이 일제의 나락에 떨어진 것이 1910년이고, 그 중간에 해방 1945년과 6·25 1950년를 겪은 뒤 1960년부터 역사적 전기 1960년 4.19 의거, 1961년 5.16혁명를 마련하고 지금 2010년에 이르러 선진국 대열에 들어서고 있다. 말하자면 50년을 주기로 전환점을 마련하고 부흥의 전기를 마련한 셈이다. 통일교는 1960년 '참부모님의 성혼 음력 3월 16일' 이후 안정과 융성의 결정적인 전기를 맞게 된다.

한국 현대사에서 1960년, 1961년은 참으로 중요한 시기이다. 식민지에서 백 년 만에 선진국으로 전환한 나라는 세계사에 없다. 지금 한국은 세계에도 없던 것을 실천하고 기록하는 나라이다. 통일교도 그 가운데 하나이다.

지금도 일제가 이 땅에 뿌려놓은 남북분단의 씨앗은 한민족을 괴

롭히고 있다. 일본은 그 죄를 탕감하지 않으면 안 된다는 생각이 문선명 선생의 교리에 담겨있다. 그게 지구적 탕감복귀蕩減復歸의 논리이고 책임분담責任分擔의 논리이다. 한국과 일본은 침략과 반목으로 나아가서는 안 되는 것이 통일교의 섭리사이다.

일제의 질곡과 6·25를 거치면서 가난하고 헐벗은 한국 땅에는 처음으로 문선명 총재의 영적 폭발이 일어났고, 우여곡절을 겪었지만, 하나님의 뜻으로 끝내 '통일교'로서 결실을 맺었던 것이다. 이것은 한국인에 대한 신의 은총과 사랑과 자비가 아니고 무엇이겠는가.

한국은 이제 '제2의 예루살렘 성지'가 되어 신앙의 고향, 신앙의 모국으로 순례의 발길이 이어질 것이다. 통일교의 60년간의 성취는 앞으로 통일교 신도와 한국인들에게 신앙과 세계사에 대한 새로운 인식을 요구하고 있다. 한국이 세계사의 중심에 설 수 있다는 사실이다. 통일교는 "한국적인 것이 세계적인 것이다."라는 것을 종교적으로 실천하여 왔다. 통일교는 이제 선진국 '한국의 깃발'이다.

3

문선명 총재의
기독교사적 의미 I [32]

통일교는 기독교 안에서 어떤 위치에 있는가. 통일교의 신자는 현재 국내외적으로 약 3백여만 명에 이르고 있다고 한다. 차라리 국내보다는 일본과 미국, 남미, 아시아, 아프리카 등에서 흥성하다고 할 수 있다. "성자는 고향에서 환영받지 못한다." 격언을 떠올리게 한다.

국내 보수기독교단 등 일부 기독교 세력들은 통일교의 새로운 성경해석을 이단異端시하고 있다.

정통-이단을 가르는 전통은 조선조 주자학 체계 속에서도 '공맹孔孟'

---

32 이 글은 통일교 창시자 문선명(文鮮明) 총재님이 성화(2012년 9월 3일)한 뒤 〈세계일보〉(2012년 9월 7일자) 6면에 〈문선명 총재 사상 탐구 3 기독교적 의미(上)〉 "이념 · 제도적 장벽 허문 통일교 탄생은 종교의 혁명"으로 실린 내용을 토대로 조직신학(존재신학)과 존재론 신학에 대한 토론을 추가한 내용이다.

이 아니면 '사문난적斯文亂賊'으로 몰아붙였던 선례에서도 찾아볼 수 있다. 조선조에서는 양명학陽明學은 물론이고 같은 유교의 '순자荀子'마저도 배격하였다.

한국문화의 가장 큰 병폐는 정통과 이단을 가르는 풍토와 그로 인한 외래문화의 편식에 있다. 그 편식은 한국문화를 단세포로 만들고, 끝내 위선적 도덕주의로 만드는 원흉이다. 이것은 한 나라의 문화를 확대재생산하는 것이 아니라 단세포로 만들고, 관념적으로 만들고, 끝내 사대주의로 몰락하게 만든 원인이다. 문화든, 사람이든 통합하고 통섭하여 잡종강세를 하여야 발전하게 되어있다.

이런 정통-이단의 풍토에서 통일교가 탄생하였다는 것은 참으로 어떤 피할 수 없는 하늘의 소명을 받았거나 아니면 한국문화의 생존 본능적 차원에서 비롯된 것이라고 하지 않을 수 없다.

통일교의 탄생은 20세기와 21세기에 걸쳐서 일어난, 인류의 종교분야의 최대 혁명적 사건이다. 한국에서 벌어진, 마르틴 루터의 종교개혁에 견줄 만한 사건이다. 우선 신학적으로 보더라도 통일교는 획기적인 발상을 하고 있다.

통일교는 기독교의 유일신의 신성神性에 신상神相이라는 개념을 추가함으로써, 삼위일체三位一體가 아니더라도 '실체로서의 신神'에 접근하게 했다.

통일교의 원상론原相論과 사위기대四位基臺는 종래의 신성神性 이외에 신상神相을 둠으로써 이성성상二性性相, 즉 성상性相과 형상形狀, 음성陰性과 양성陽性을 통해 우주적 통일과 조화平和를 달성하게 된다. 이것은 하느님, 부부, 자녀의 3단계로 완성된다.

천	성부(聖父)	성상(性相)	양성(陽性)	이성성상(二性性相) 사위기대(四位基臺)
인	성령(聖靈)			
지	성자(聖子)	형상(形狀)	음성(陰性)	

　　통일교는 기본적으로 성경을 바탕으로 한 기독교이다. 그렇다면 통일교는 왜 종래의 성경해석을 따르지 않았던가. 통일교는 왜 신령을 통일해야 하는가. 신령을 통일한다는 것은 도대체 무슨 의미인가? 보수적 기독교단은 절대 유일신인 하나님여호와을 믿으면 된다. 그런데 통일교는 이에 대해 이의제기를 하고, 신령을 통일해야 하는 종교적 습합운동褶合運動, syncretism에 들어갔던 것이다. 통일교는 지금도 진화 중에 있다.

　　통일교의 이러한 입장은 종래의 '존재신학' 혹은 '조직신학Systematic Theology'[33]과 달리 '생성적 신관神觀' 혹은 '과정신학過程神學'의 입장과도

---

33 조직신학(組織神學)은 성경에 나타나는 중요한 주제들을 논리적·체계적 방법론을 사용하여 서술하는 학문이다. 유럽에서는 교의학(敎義學 · Dogmatics)이라고 부른다. 영미권에서는 조직신학(Systematic Theology: 체계적인 신학, 조직화된 신학)이라고 한다. 기독교신학은 주로 역사신학·성경신학·조직신학 등으로 나뉘는데 조직신학은 이론적 부문을 담당하는 것으로 보면 된다. 기독교의 진리가 시대·장소·개성과 제한 없이 보편타당한 필연적인 진리임을 증명하기 위하여 '일반적인 철학적 방법'을 써서 연구하는 학문이다. 조직신학은 변증학(辨證學)·윤리학(倫理學)·교리학(敎理學)의 세 부문으로 구분된다. 여기서 특히 변증학은 진화론·자연과학·유물론 등 각 시대의 사상에 대해서, 신으로부터의 계시에 기초를 둔 기독교가 올바름을 변호하고 증명하는 학문이다. 윤리학은 죄·사랑·구원 등의 기독교 윤리를 연구한다. 교리학은 교의학으로도 불리는데, 신앙 내용을 학문적 형식을 취해서 연역적으로 설명한다. 따라서 교리학에서는 신앙의 입장에 서서, 신이란 무엇인가, 구세주란 무엇인가, 인간이란 무엇인가, 인간은 어떻게 하면 구원을 받을 수 있는가 하는 것들이 문제가 된다. 한편 교리학을 조직신학의 중심으로 생각하는 사람도 많다.

만나게 된다. 통일교의 신관은 절대유일신의 관점과 '생성과 과정'의 신학적 관점이 공존하고 왕래하고 있다. 그래서 유일신 하나님을 믿으면서도 동시에 구약시대와 예수의 신약시대를 뒤이어 문선명 총재의 '성약成約시대'로 생성 발전하여 왔다.

이것은 분명 기독교적 혹은 종교적 업그레이드이다. 통일교의 초교파운동은 초종교, 초국가, 초민족, 초인종 운동으로 확대된다. 이는 기존의 모든 이데올로기적 장벽과 제도적 장벽을 허물고 통합하고 통일하겠다는 뜻이다.

성약시대란 완성完成의 과정 중에 있음을 의미하며, 절대신이 있지만 동시에 '생성되어가는 신' '서서히 드러나는 신'이 있음으로써 정당화되고 합리화될 수 있다. 절대 유일신이란 실은 당시로서는 최종적인 신인지도 모른다.

신은 결코 스스로를 완전히 드러내지 않는다. 항상 다른 대신자들과 매개자들을 통해서 드러난다. 그래서 지상에서의 기도에 대한 부응으로서 나타나며, 천지조응天地照應, 天地調應으로서 등장하는 것이다. 이런 신神의 현현顯現을 저마다 절대로 보는 것이다.

문선명 총재는 수많은 탄압과 6차례의 수감생활 중에도 항상 하나님에 대한 기도로서 문제를 풀어갔다. 기도란 하나님과의 대화이며, 대화란 바로 하나님과 신 앞의 단독자 간에 일어나는 성령적 신비이며, 매우 생성적인 과정이다. 이런 과정을 통해 성약시대가 도출되었고, 바로 문선명 총재는 재림주, 메시아로 주장되는 것이다. 바로 이러한 주장 때문에 보수 기독교단은 통일교단을 이단으로 몰아세운다.

보수 기독교단은 예수시절, 초기 기독교 교회사의 유대교의 입장에 서 있는 듯하다. 메시아의 재림을 믿지만 실지로 속세에 육신을 쓰고 나타난다면 알아볼 수도 없고, 또 메시아 여부를 가릴 기준을 가지고 있지도 않다.

보수 교단은 결국 메시아사상은 있지만 정작 메시아를 판별할 현실적이고 구체적인 기준을 갖고 있지 않다. 현실에 나타나는 메시아는 부정하면서 단지 메시아 재림사상이나 신앙을 유포하면서 교회라는 제도 안에서 사회적 기득권과 권력을 누리고 있는 셈이다. 그런 점에서 보수 기독교단은 예수의 부활보다 교회의 운영과 세력 확장에 열을 올리고 있는지도 모른다. 이는 제사장으로서 율법학자로서 교회의 제사와 경영에만 관심을 보이던 유대교와 다를 바가 없다.

어떤 종교이든 현실에서 권력을 얻으면 그렇지 못할 때와는 판이하게 달라진다. 지금의 기독교는 정통 가톨릭에선 열교裂敎라고 한다. 오늘날 기성 기독교단은 신흥종교를 이단이라고 쉽게 매도하면서도 정작 스스로는 분명 세속화되어 있다. 말하자면 세속적 권력의 편에 있다. 그래서 통일교를 온갖 수단과 방법을 동원해서 핍박한 게 사실이다.

통일교가 기본 보수 기독교단과 성서해석에서 크게 다른 점은 '아담혈통의 복귀'를 주장하는 입장에서 혈통론적으로 기독교 성경을 해석하고 있다는 점이다. 아담혈통은 물론 해와에 의해 타락하지 않은 하나님의 순수한 혈통을 말한다. 그래서 참부모에 의해 집전되는 '합동축복결혼식'을 거행하며, 이 혼인식은 통일교 의식에서 가장 근본적인 행사에 속한다.

통일교가 기존 보수교단과 신학에서 크게 다른 점은 앞에서도 언급하였지만 '심정心情: Heart의 하나님'을 비롯하여 '만유원력萬有原力' '원상론原相論' '이성성상二性性相' '사위기대四位基臺' '정분합正分合'을 들 수 있다. 사위기대를 위해서는 우선 정분합단계를 거치게 된다.

"만유원력萬有原力으로 인하여 하나님 자체 내의 이성성상二性性相이 상대기준을 조성하여 수수작용授受作用을 하게 되면 하나님을 중심 삼고 이성성상의 실체 대상으로 분립된다. 이에 분립된 주체와 대상이 다시 만유원력에 의하여 상대기준을 조성함으로써 수수작용을 하면, 이것들은 다시 합성일체화合性一體化하여 하나님의 또 하나의 대상이 된다. 이와 같이 하나님을 정正으로 하여 그로부터 분립되었다가 다시 합성일체화하는 작용을 정분합작용正分合作用이라고 한다."[34]

정분합작용을 거치면 다시 삼대상목적三對象目的의 단계에 이른다.

"정분합작용에 의해서 정正을 중심하고 2성二性의 실체대상으로 분립된 주체와 대상과 그리고 그의 합성체合性體가 제각기 주체의 입장을 취할 때에는 각각 나머지 다른 것들을 대상으로 세워 삼대상기준三對象基準을 조성한다. 그래 가지고 그것들이 서로 수수작용을 하게 되면 여기에서 그 주체들을 중심으로 각각 삼대상목적三對象目的을 완성하게 되는 것이다."[35]

삼대상목적이 이루어지면 이것이 저절로 사위기대四位基臺가 된다.

---

34 세계기독교통일신령협회, 『원리강론』((주)성화출판사, 1966), 33쪽.
35 세계기독교통일신령협회, 『원리강론』((주)성화출판사, 1966), 34쪽.

"정분합작용에 의하여 정正을 중심하고 2성의 실체대상으로 분립된 주체와 대상과 그리고 그의 합성체가 각각 삼대상목적을 완성하면 사위기대四位基臺를 조성하게 된다."[36]

이상에서 만유원력萬有原力으로부터 사위기대四位基臺에 이르는 통일교의 원리를 보면 서양의 전통 기독교의 원리를 동양의 천지인 사상과 음양론의 도입을 통해 새롭게 재해석하고 있음을 볼 수 있다. 그러한 성서 재해석의 결과 서양 기독교 문명이 가지고 있는 모순과 미완성을 극복하고 새로운 '하느님'사상, '참 부모님'사상을 도출했다고 볼 수 있다.

통일교를 창시한 문선명 총재가 이런 하느님 사상을 가지게 된 것은 바로 한국에서 태어난 때문이라고 볼 수 있다. 한국은 동양의 한자문화권의 일원으로서 예로부터 천지인 사상과 태극음양사상을 공통으로 가지고 있던 나라이다. 그러한 점에서 문선명 총재의 이 땅에서의 탄생과 재림예수는 필연성과 당위성을 동시에 갖게 된다.

기독교 성서에 대한 통일교의 재해석의 결과, '역동성이 없는 하느님 신관神觀'은 '역동적力動的, 易動的, 逆動的 하느님 신관'으로 탈바꿈함으로써 물질문명으로 병든 인류세계를 치유하는 종교로서의 위상을 가지는 한편 철학원리로서 위치를 가지게 되었다. 이것이 통일교의 탕감복귀蕩減復歸의 논리이며, 재림예수의 논리이다.

흔히 사람들은 예수님을 믿고, 부처님을 믿지만 실지로 살아 있는 그들을 직접 눈으로 볼 수 있다고 하면 우선 부정하게 된다. 눈으로

---

36 세계기독교통일신령협회, 『원리강론』((주)성화출판사, 1966), 34쪽.

볼 수 있는 것은 모두 시공간의 한계성 속에서 생멸하기 때문이다. 그러한 점에서 사람들은 흔히 "영원은 눈으로 확인할 수 없는 '보이지 않는 것'이거나 생멸하지 않는 '언어'가 되어야 한다."고 생각한다. '영원에 대한 숭배'는 일종의 '생각하는 인간의 질병'과 같은 것이다.

인간은 예수님과 부처님의 재림을 기다리면서도 다른 한편에서는 이를 부정하는 모순에 빠져 있다. 우리가 예수님을 하느님이라고 믿는 것은 어쩌면 예수님이 현재 살아 있지 않고, 눈으로 볼 수 없고, 그렇기 때문에 다시 죽지 않을 것이기 때문일지도 모른다. 실지로 재림한 예수보다 재림할 예수님을 기다리는 것이 신앙생활을 하기에 더 적합하다. 원죄와 기다림이 더 인간으로 하여금 신앙의 길로 인도하는 셈이다.

특히 외래사상이나 종교, 철학에 오래 동안 길들어온 한국인에게 한국 땅에서 재림예수가 태어났다고 하면 우선 부정부터 하고 보는 것이다. 이것이 바리새인들이 예수님을 십자가에 못 박혀 돌아가게 한 원인과 같다. 이러한 인간의 모순은 오늘도 재현되고 있는 것이다. 한국인은 마치 한국에서는 재림예수나 부처님이 태어나서는 안 되는 것처럼 자신도 모르게 인식하고 있는지도 모른다. 만약 그렇다면 마찬가지로 그 옛날 이스라엘에서 태어난 예수도 당시에 살아 있는 하느님이 될 수 없다는 것을 생각하지 못한다.

〈통일교의 원리〉

만유원력(萬有原力)	천지인(天地人)과 음양(陰陽)론의 통합	삼대상목적(三對象目的)				정분합(正分合)적 통합(통일): 완성된 존재는 원형(圓形), 구형(球形) 운동을 하는 입체로 존재한다
만유원력(萬有原力)	천지인(天地人)과 음양(陰陽)론의 통합	삼대상목적(三對象目的)	천	二性性相/하늘의 태극(하늘의 아버지)	주체: 심정/참사랑의 하느님	정분합(正分合)적 통합(통일): 완성된 존재는 원형(圓形), 구형(球形) 운동을 하는 입체로 존재한다
만유원력(萬有原力)	천지인(天地人)과 음양(陰陽)론의 통합	삼대상목적(三對象目的)	인(천/지)	다양한 사위기대(四位基臺)의 발생	수수작용(授受작용)	정분합(正分合)적 통합(통일): 완성된 존재는 원형(圓形), 구형(球形) 운동을 하는 입체로 존재한다
만유원력(萬有原力)	천지인(天地人)과 음양(陰陽)론의 통합	삼대상목적(三對象目的)	지	二性性相/땅의 태극(땅의 아버지)	대상: 중화/통합의 하느님	정분합(正分合)적 통합(통일): 완성된 존재는 원형(圓形), 구형(球形) 운동을 하는 입체로 존재한다

위의 표에서 보면 만유원력과 천지인 사상과 음양사상, 삼대상목적三對象目的은 내적 통일성을 갖는다. 특히 만유원력萬有原力과 정분합正分合의 원리는 서양의 뉴턴의 만유인력萬有引力과 정반합正反合의 원리를 극복한 것으로 분열된 세계상을 다시 통일된 세계상으로 환원하는, 복귀하는 원리로 해석된다.

이는 종래의 서양의 이성理性중심주의, 즉 '말 중심주의=로고스 중심주의logocentrism'가 아니라 동양의 기氣철학을 바탕으로 새롭게 해석한 '심정주의적心情主義的 성서해석'으로 받아들여진다.

天	天天	하늘의 하느님	氣	심정의 하느님	愛天	心情, 天情=天·心一體
人	天人	참 부모님	理氣	인간의 하느님	愛人	心情, 天情=天·心一體
地	天地	땅의 하느님	理	원리의 하느님	愛國	心情, 天情=天·心一體

이는 또한 현대물리학의 전기전자전파電氣電子電波의 논리를 여기에 통합함으로서 새로운 세계관을 열었다고 볼 수 있다.

통일교는 추상적·보편적 신을 '혈통의 신'으로 내려오게 하였다.

통일교의 교리는 위의 표에서도 알 수 있듯이 기본적으로 한국의 전통사상인 천지인사상을 기본으로 하고 있다. 위의 표에서 보듯이 '천천天天'은 통일교의 교리로 볼 때 제1축복을 의미하고 개인완성인 성통완공性通完功을 목표로 하고 있다. 여기서는 하나님을 닮는 것이 목표이다.

'천인天人'은 제2축복에 해당하는데 축복결혼을 통한 가정완성을 목표로 한다. 이것은 일명 제2의 성통완공이라고 말할 수 있다. '천지天地'에 해당하는 제3축복은 만물주관으로서 인간이 하나님의 자녀로서 사물을 다스리는 것을 말한다.

제3축복에는 구체적인 활동과 사업, 예컨대 농촌계몽운동, 복지농도원, 해양자원개발, 양식산업, 해양식품개발, DMZ평화지대 등 구체적인 활동이 포함된다. 어떤 측면에서는 박정희 정부보다도 더 한발 앞서서 새마을운동도 전개하였다고 보아야 할 것이다.

통일교의 사상에는 천지인 사상 다음으로 음양사상이 내포되어 있다. 통일교는 재래의 천지인 사상을 기독교 사상을 새롭게 이해하고 해석하는 데에 매우 효과적으로 활용하고 있다. 이 점에서 어떤 종교단체보다도, 특히 단군교 계통의 어떤 종단보다도 더 천부경의 전통을 십분 오늘에 맞게 활용하고 개발하였다고 보아야 할 것이다. 이는 어떤 종단보다도 통일교가 전통 사상의 진면목을 잘 파악하고 있었음을 의미한다.

통일교는 천지인사상과 함께 음양사상도 가장 현대적으로 해석하였다고 볼 수 있다.

"균형이 문제입니다. 수평 아니면 수직이 되어야 하는 것입니다. 중략 여기 남자와 여자도 플러스와 마이너스로 생겼다는 것입니다. 중략 한 꺼풀 안에 둘이 들어가 있습니다. 중략 근본문제에 있어서 이 우주는 쌍쌍제로 되어있는데, 그것은 공명하기 위해서입니다. 무엇을 중심 삼고 공명이 벌어지느냐 하면, 사랑이라는 것을 중심 삼고 벌어지는 것입니다. 중략 남자와 여자가 요렇기 때문에 사랑이 요래야 한다고 했겠어요, 사랑이 요렇기 때문에 남자와 여자가 요래야 된다고 했겠어요? 그렇기 때문에 보이지 않는 것이 귀한 것입니다. 중략 자기 때문에 태어났다는 사람은 이 우주가 요구하지 않습니다."[37]

"남자는 여자 때문에 태어났고, 여자는 남자 때문에 태어났습니다. 그러면 남자와 여자는 왜 태어났느냐? 이것이 근본문제입니다. 남자와 여자는 왜 태어났느냐? 하나님의 사랑을 위해서입니다. 중략 수평이 돼 가지고 구형의 중앙에 도착하기 위해서입니다. 우주는 전부 구형을 닮았습니다. 중략 근본이 절대적 사랑, 하나의 사랑을 찾아가려고 하지, 둘의 사랑을 찾아가려고 하지 않습니다. 중략 남자와 여자, 둘이 왜 만나느냐 하면 사랑 때문에 만나는 것입니다. 중략 그 사랑을 해서 뭘 할 것이냐 할 때 하나님을 점령하기 위한 것입니다. 중략 하

---

37 세계평화통일가정연합, 『천성경(天聖經)』(성화출판사, 2006), 1627~1628쪽.

나님도 사랑이 없으면 고독한 하나님입니다."[38]

"남자와 여자, 플러스와 마이너스면 둘인데 하나 못 되면 유일론이 안됩니다. 이원론이 되기 때문에 세계는 두 세계가 벌어져 투쟁의 세계가 전개된다는 논리가 형성되는 것입니다. 중략 남자와 여자를 완성시키는 것은 생식기입니다. 중략 생식기는 상대가 필요한 것입니다. 그래서 여자는 절대적으로 남자를 부르지 않으면 안 된다는 것입니다. 또 남자는 절대적으로 여자를 부르지 않으면 안 됩니다. 이게 절대적이에요, 상대적이에요? 절대적입니다. 중략 남자의 것은 여자가 절대 원하고, 여자의 것은 남자가 절대 원합니다. 절대로 남자의 것이 여자의 것이고, 여자의 것이 남자의 것이라는 사실을 몰랐습니다. 그것을 점령함으로 말미암아 사랑을 한다는 것입니다."[39]

통일교는 보수교단의 '추상적이고 보편적인 하나님' 위에 '혈통적이고, 심정적인 하나님'을 보탬으로써 도리어 과학적이고 실증적으로 신에 접근하고 있다고 말할 수 있다.

여기서 혈통적인 것이 바로 아담으로의 복귀인데, 제2아담인 예수는 십자가에서 못 박혀 돌아감으로써 실패하였고, 제3 아담인 문선명 총재가 재림예수가 된다는 이론이다. 아담의 시대가 구약의 시대, 예수의 시대가 신약의 시대라면 문선명의 시대는 성약의 시대이다. 성약은 기독교적 약속의 완성을 의미한다.

문선명은 '심정心情의 하느님'을 통해 '하나님의 말씀하늘의 소리'이 이

---

38 세계평화통일가정연합, 『천성경(天聖經)』(성화출판사, 2006), 1629~1631쪽.
39 세계평화통일가정연합, 『천성경(天聖經)』(성화출판사, 2006), 1631~1633쪽.

스라엘 땅이 아닌 한반도에서도 새롭게 탄생할 수 있음을 보여주었다. 기성의 기독교가 제도와 성서주의에 의해 보수화_{이것은 해석학이다}된 것을, 살아 있는 음성주의로 반박하면서 새로운 생명을 불어넣었다. 이것은 해석학적 의미가 아니라 생성적 의미이다.

　과연 살아 있는 신의 모습은 어떤 것일까. 혈통의 하나님, 심정의 하나님, 한의 하나님이 아닐까? 통일교의 '심정의 하나님'은 철학적으로 하이데거의 '존재'의 개념마저 포용하고 있다. 통일교는 아직 한국의 다수의 기독교인들에게 잘 이해되지 않고 있지만, '심정'과 '기氣'철학을 토대로 한 종교이다. 물론 통일교 신학은 아직 보다 정교한 발전을 남겨두고 있다. 마치 오늘날 기성 기독교 신학이 실로 오랜 세월을 거쳐서 형성된 것과 같이 말이다.

4

문선명 총재의
기독교사적 의미 Ⅱ [40]

통일교에 대한 존재론적 해석은 앞으로 통일교 신학의 과제이면서 동시에 인류의 신학발전에 큰 분수령이 될 것으로 짐작된다. 이는 무엇보다도 이성중심주의를 탈피하여 '심정心情: Heart'과 '기운생동氣運生動의 관점'에서 바라볼 것을 요구한다.

이는 존재론 철학자 하이데거에 따르면 존재와 존재자를 왕래하는 것이다. '현시된 진리로서의 사실'과 '판단적 사실', '심정적 기분으로서 마음'과 '판단으로서의 진리'의 이중성에서 비롯된다.

---

40 이 글은 통일교 창시자 문선명(文鮮明) 총재님이 성화(2012년 9월 3일)한 뒤 〈세계일보〉(2012년 9월 8일자) 6면에 〈문선명 총재 사상 탐구 4 기독교사적 의미 (下) "종교 간의 소통·대화 '큰 걸음' 인류발전 밑거름으로"로 실린 내용을 토대로 조직신학(존재신학)과 존재론 신학에 대한 토론을 추가한 내용이다.

"하이데거는 현시된 진리로서 사실이 판단적 사실보다 더 근원적이고 기초적이라고 본다. 이 세상에 있는 모든 사실은 이미 나에게 어떤 '심정적인 기분'으로서의 규정성을 현시해 주고 있다. 판단으로서의 진리는 나의 근본적인 마음상태가 현시해준 마음의 규정성 안에서 추후로 작용하는 부차적인 대상가능성Vorhandenheit의 좁은 영역에만 타당할 뿐이다. 따라서 판단의 진리는 세상처럼 넓고 세상과 늘 함께 가는 그런 마음의 진리를 깨닫기에는 너무나 좁다."[41]

"마음이 이 세상에 거주하여 살아감에 있어서 늘 이 세상이 그의 마음에 어떤 것으로 현시되어 있다. '현시되어 있음Erschlossenheit'이 '현시하고 있음Erschlieäßung'과 불가분리적인 것은 이 세상에 '던져져 있음Geworfenheit'과 동의어에 해당하는 마음상태Befindlichkeit가 이 세상에로 향하여 던지는 기도Entwurf로서의 이해Verstehen와 분리되지 않는 현존재의 양면성과 같다. 그래서 현시되어 있음의 수동성은 현시하고 있음의 능동성과 별개의 것으로 존재하지 않는다.[42]

통일교의 '심정心情의 하느님'은 바로 기독교의 하나님에 대한 '존재론적인 해석'의 측면이 있다고 하지 않을 수 없다. 통일교가 기독교를 새롭게 해석할 수 있었던 것은 바로 한국문화의 토양 덕분이다. 한국문화는 이성적이기보다는 감성적이고, 역사적이기보다는 자연적인 삶을 영위해왔다. 그러한 기반matrix 위에서 기독교는 한국 땅에서 통일교로 완성될 수 있었다.

---

41 김형효, 『하이데거와 마음의 철학』(청계, 2000), 237쪽.
42 김형효, 『하이데거와 마음의 철학』(청계, 2000), 237쪽.

통일교는 기독교의 '존재신학적'인 전통의 연장선상에서 완전한 '존재론적 신학'을 구축하지는 못했지만, 앞으로의 가능성은 얼마든지 열려 있다. 그 까닭은 이미 기독교의 골격을 절대론에서 음양론으로 바꾸었기 때문이다. 현재 통일교의 신학은 절대상대론 신학이라고 말할 수 있다. 바로 절대상대 신학론이 가능한 이유는 천지인과 음양 사상의 통합적 이해에서 비롯된다.

오늘의 존재신학은 폴 틸리히Paul Johannes Tillich, 1886~1965년: 독일의 신학자이자 루터교 목사와 신정통주의자 칼 바르트Karl Barth, 1886~1968년: 스위스의 개혁교회 목사이자 신학자에 의해 대표된다.

존재신학은 하이데거의 존재론의 영향을 받았지만 여전히 기독교의 절대신관과 중세 교부철학의 삼위일체 신관을 벗어나지 않는못하는, 제한적인 존재론적인 신학을 구성하고 있다. 존재신학은 신학이 일반적인 철학의 방법을 동원함으로써 일반인과 소통을 달성하는 노력으로 볼 수 있다.

그러나 존재신학이 하이데거의 존재론과 결정적으로 다른 점은 존재신학자들의 '비존재non-being와 무無, nothingness'는 도리어 하이데거의 '존재'가 되고, 그들의 '존재'는 하이데거의 '존재자'가 된다는 점이다. 더욱이 하이데거는 '존재'를 '존재자'의 근거로 보고 있지만, 존재신학자들은 '비존재와 무'를 '존재'를 위협하는 것으로 본다는 점이다. 존재신학은 존재라는 말을 사용하고 있지만 하이데거의 존재론과는 다른 점이 많고, 경우에 따라서는 정반대가 되기도 한다.

이는 샤르트르의 실존주의와 하이데거의 존재론이 다르거나 정반대가 되는 것과 같다. 샤르트르의 실존주의는 현상주의이고, 역사주의인 반면, 하이데거의 존재론은 본질주의이고, 비역사주의이다. 하이데거에 있어서 존재론은 현상학이거나 의식학이 아니다. 하이데거의 존재론은 차라리 무의식 혹은 자연과 관련이 깊다.

하이데거의 존재론은 항상 오해되기 쉬운 점이 많다. 하이데거의 '존재'는 항상 그의 '존재자'로 혼동되는 경우가 많다. 이는 하이데거의 존재론이 등장하기 이전에 '존재'라는 말을 흔히 '존재자'의 뜻으로 사용하는 습관 때문으로 보인다.

틸리히는 비존재non-being, 바르트는 무無, nothingness를 존재신학의 출발점으로 삼는다. 이들 존재신학 공통점은 '비존재와 무'를 존재에의 위협으로 느낀다는 점이다. 이것은 존재의 유한finitude of being에서 비롯된다. 틸리히는 하나님만이 인간의 유한성을 공격하는 비존재의 위협에 유일한 해결책이라고 말한다. 모든 존재는 본질로부터 분리된, 실존적으로 '소외estrangement의 존재'이다. 소외는 절망과 불안을 가져온다. 틸리히는 예수 그리스도가 그 소외를 극복할 수 있게 하는 존재라고 주장한다. 틸리히의 하나님은 곧 삼위일체 하나님이다.

바르트도 존재는 무無의 위협에 직면해 있다고 말한다. 바르트의 '무'는 틸리히의 '비존재'처럼 이해된다. 하나님의 피조물은 단지 무無의 희생prey이 되거나 앞잡이instrument이다. 바르트는 무無가 하나님을 화나게 하고, 하나님의 피조물을 위협한다고 말한다. 그래서 해결사는 하나님밖에 없다. 하나님이 무無를 정복하는 방법은 바로 예수 그리스도의 성육신聖肉身을 통해서이다. 결국 기독교는 육화된 신, 실체로서의 신, 메시아 예수를 기다리는 공통점을 가지고 있다.

결국 틸리히와 바르트는 둘 다 예수 그리스도를 해결사로 지목한다. 이런 존재신학적 전통은 어디까지나 '비존재와 무'를 '존재'와의 대립 구도로 보고 있다. 그래서 이 대립에서 승리하기 위해서 삼위일체로서의 예수 그리스도와 성육신의 예수 그리스도를 갈망한다. 이는 대립과 갈등의 구조이고, 승패전쟁의 구조이다.

하이데거의 존재론 혹은 존재론 신학은 존재와 비존재혹은 無의 관계를 대립의 구도로 보지 않고 서로 상호작용하는, 서로의 근거로 본다. 하이데거의 존재는 주체나 정체성이 있는, 명사의 이름을 가진 것이 아니다. 하이데거의 존재는 동사적, 살아 있는 존재이다.

하이데거의 존재와 존재자의 관계는 대립과 갈등이 아니라 서로의 근거가 되면서 현현顯現해주고, 은적隱迹해주는 관계가 된다. 존재는 '존재자의 존재'이고, 존재자는 '존재의 존재자'가 된다. 존재는 존재자가 있기 때문에 존재가 되고, 존재자는 존재가 있기 때문에 존재자가 될 수 있는 셈이다. 이는 동양의 음양사상과 같다.

존재신학은 하이데거의 존재론에 도달하지 못하고 있음은 물론이고, 더구나 동양의 음양사상에는 턱없이 부족하다. 존재신학은 여전히 매우 역사적인 태도를 취하고 있다. 존재신학은 존재에 접근하는 태도에서 하이데거적이기보다는 샤르트르적이다. 그런데 샤르트르는 무신론자이며 현상론자이기 때문에 유신론자이며 본질론자인 존재신학론자들과는 근본적으로 다르다. 샤르트르는 현실에 대한 참여앙가지망를 통해서 '자유의 길'을 택하지만, 신학자들은 어떤 경로를 거치든 신에로 귀의하지 않으면 안 된다.

기독교 신학은 근본적으로 인간의 자유 때문에 타락한 원죄적 신학체계를 가지고 있지만, 샤르트르는 도리어 자유의 길을 목적하고 있다. 전자의 원인은 후자의 목적이 되고 있다. 여기서 실존에 대한 무신론적 태도와 유신론적 태도는 결정적으로 갈리게 된다. 존재신학은 역사라는 지평선에서 하나의 이상으로서, 이상세계로서, 구세주 메시아를 기다리고 있는 것이다. 그런 점에서 여전히 서구 신학과 철학의 전통인 이성중심주의를 벗어나지 못하고 있다. 존재신학은 이성적이면서 이상주의이다.

이에 비해 통일교는 메시아를 이상으로서 기다리지만 않는다. 역사적으로 메시아를 실현하여야만 하는 혹은 실현하였다고 하는 '성약시대'를 천명하고 있다. 메시아는 이상이 아니라, 관념적 포장으로 희미하게 구름 속에 언젠가는 나타나는 존재가 아니라, 육신을 가진 존재로서 강림해있는 것이다. 바로 이 점이 기성 보수기독교단이 통일교는 이단이라고 탄압하는 결정적 요인이지만, 바로 여기에 통일교의 특성과 존재이유가 있는 것이다.

육신을 가진 메시아는 이상과 현실의 모순관계 때문에 언제나 죽음에 처하게 될 위험에 노출되어 있다. 세속의 법은 언제나 무슨 이유를 끌어대든지 간에 '왕 중 왕'이라고 하는, 국가시대로 볼 때는 시대착오적인 메시아를 야유하고 죽일 수 있기 때문이다. 세속권력은 항상 메시아를 죽이고 싶은 유혹에 빠지게 된다. 비단 정치권력뿐만 아니라 같은 기성의 종교권력인 기성교단도 그런 유혹에 빠지게 된다.

유대교와 바리새인들이 예수를 십자가에서 죽인 것은 그 좋은 예이다.

신흥종교는 항상 예수와 같은 입장에 처하게 된다. 신흥종교가 나중에 성공한 종교가 되는가는 그 다음의 문제이다. 물론 신흥종교에는 사이비 종교 혹은 종교적 사기꾼이 개입될 여지가 있는 것도 사실이지만, 그것과 관계없이 신흥종교는 탄압과 견제를 받는다. 이는 삼위일체의 모순구조에서 비롯된다. 삼위일체성부, 성자, 성령는 비단 기독교만의 문제는 아니다. 불교의 삼신三身: 법신, 응신, 보신도 같은 구조이다.

삼위일체와 삼신일신 구조는 역으로 보면 인간의 신체적 구조와 일치한다. 인간의 신체를 삼등분하는 것과 관련이 있다. 예컨대 머리, 가슴, 배가 그것이다. 인간은 머리로 생각을 하는 동물이고, 배로 식욕과 성욕을 채워야 하는 동물이고, 그 중간에 머리도 아니고 배도 아닌 가슴을 가진 동물이다. 이들 몸의 세 부분은 실은 하나의 몸이다. 그런데 인간의 문화는 대체로 세 등분얼마든지 더 세분할 수 있다으로 나누고 있다. 삼위일체를 달성하고 심신일신을 달성하는 것은 당연한 것인데도 그것이 쉽지 않다. 모순이라는 것은 처음부터 주어진 것이 아니라 인간이 나누어 놓고, 다시 통합통일해야 하는 자업자득의 것이다. 이것은 인간으로 하여금 괜한 순환론에 빠지게 한다.

머리지성의 신학과 배욕망의 신학은 가슴심정의 신학에서 통합되어야 하는 것은 물론이다. 가슴은 처음부터 몸의 중앙에 있어서 통합통일의 위치에 있다. 통일교의 '심정의 하나님'은 그러한 점에서 탁견이라고 하지 않을 수 없다. 다시 이야기를 신앙체계의 모순구조로 돌아가 보자. 신앙이라는 것은 결코 논리적으로 해결할 수 없는 문제를 안고 있다. 이러한 논리적 틈 때문에 세속적 권력은 언제나 메시아를 죽일 수 있는 칼자루를 쥐고 있다.

어떤 점에서는 메시아는 기독교의 모순구조 때문에 언제나 희생양이 될 준비를 하지 않으면 안 된다. 극단적으로는 메시아는 항상 죽게 되어 있다고 해도 과언이 아니다. 이는 삼위일체라는 기독교의 논리적 모순구조 때문이다. 그래서 신학이라는 것은 본질적으로 논리가 있기 때문에 신앙이 있는 것이 아니라 신앙이 있기 때문에 논리가 필요한 입장이다. 신앙에서 논리는 시대정신에 스스로를 맞추고, 그럼으로써 적절한 일반의 공감대를 얻고, 신앙 인구를 넓히기 위한 전략적 도구에 속한다. 말하자면 논리로 신앙의 목적을 달성하는 것이 아니다.

신앙은 네안데르탈인에게서 시작된, '호모 릴리글로수스Homo religiosus'의 본능과도 같은 것이다. 말하자면 자연에 던져진실은 던져진 것도 아닌, 자연의 종의 번식의 연장선상에 있는 것이지만 인간은 삶의 위기 때에 무언가에 매달리고, 호소하고, 기도하지 않으면 안 되는, 무언가를 믿지 않으면 안 되고, 신앙하지 않으면 안 되는 존재이다. 지구상에 수많은 종교가 명멸한 것은 그 때문이다. 종교는 변해도 신앙은 변하지 않는다. 신앙하는 그 자체는 변하지 않는다. 신앙은 마치 존재 자체와도 같다.

통일교는 기독교가 변화된 새로운 종교이다. 새로운 종교의 성패는 신앙심을 불러일으키는 선교적 노력과 논리적 설득력과 신앙적 성실성이 얼마나 있느냐에 달렸다. 통일교의 장점은 특히 시대정신에 앞서가면서 시대정신을 선도하면서 논리적 설득력을 갖추고 있는 데에 있다. 그게 바로 여성 시대와 모성시대에 대한 적응이다.

통일교 신학은 기본적으로 기독교에서 출발하고 있는 관계로 존 재신학적 전통을 무시하지 못하지만 가부장적 신학에서 모성적 신학 을 포용하거나 그것으로 전환을 모색하고 있다. 이는 넓게는 천지창 조 우주론이 아니라 천지개벽 우주론을 채택하고 있기 때문이다. 창 조우주론을 부정하지 않으면서도 동시에 개벽우주론에 걸쳐 있으면 서 양자의 통합을 모색하고 있다. 창조-종말 우주론은 개벽우주론의 한 단락일 수 있기 때문이다. 개벽우주론은 자연의 재생산이나 순환 체계와 전혀 갈등을 일으키지 않는 장점이 있다.

비유적으로 말하면 존재신학은 부성적 신관이라고 한다면, 존재 론은 부성적-모성적 신관과의 융합이라고 말할 수 있다. 존재신학은 여전히 자연을 피조물 혹은 정복 대상으로 바라보는 서양 가부장제 신학의 연장선상에 있다. 존재론 신학은 자연을 여성으로 바라보는 '모중심적 신학'의 출발이다. 존재론 신학은 '신과 자연의 통합'을 모 색하고 있다.

무엇보다도 통일교가 기존의 신학과 다른 점은 더 이상 예수그리 스도를 기다리는 것이 아니라 교주인 문선명 총재를 메시아, 구세주, 재림주, 참부모로 설정하고 있는 점이다. 통일교는 더 이상 예수그리 스도를 기다리지 않을 뿐만 아니라 예수그리스도에게 의존하지도 않 는다. 메시아는 문선명 총재 한 사람만도 아니다.

메시아는 개인메시아를 기점으로 해서 집단의 단위별로 가정메시아, 종족메시아, 국가메시아, 세계메시아, 천주메시아가 있을 뿐만 아니라 누구나 가정에서 메시아적 사명을 완수하여야 한다. 또한 세계를 사랑하고 천주를 사랑해야 한다.

통일교는 이미 문선명 교주가 성약시대에 메시아의 주인공으로 등장하여 그 사명을 완수하였기 때문에 더 이상 메시아를 기다릴 필요도 없게 된 셈이다. 이 점이 다른 기독교의 존재신학과 다른 통일교의 신학이다. 통일교는 또 '참부모'라는 개념을 통해 남녀평등의 신학적 실현과 함께 참어머님을 메시아의 위치에 동시에 올려놓고 있다. 이는 후천개벽시대, 모성시대를 준비하고 있는 모습이다.

서양의 기독교는 실은 가부장제의 종교이다. 가부장제 종교라는 점에서 불교도 자유롭지 못하지만 그래도 불교는 모성적 종교의 흔적을 많이 담고 있다. 불교의 자비慈悲는 모성성의 상징이다. 불교의 부처는 남성성의 상징이지만 보살들은 모성성의 상징이다. 특히 아미타불과 짝을 이루고 있는 관세음보살은 바로 모성성의 화신이며, 지장보살은 모성성의 절정이다. 지옥에 남아서 단 한 사람도 남지 않을 때까지 구원할 것을 발원한 지장보살이야말로 인간 구원정신의 꽃이라고 하지 않을 수 없다. 이는 여성성의 승리이다.

이에 비하면 서양의 기독교의 여성성은 초라하기 그지없다. 여성은 남자를 머리로 섬겨야 하는, 그래서 면사포를 써서 자신의 얼굴을 가리고, 원죄를 용서해 줄 것을 빌어야 하는 죄인의 몸뚱어리에 지나지 않는다. 여성의 인격과 신격은 망가질 대로 망가진 것이 기독교이다. 십자군 원정을 가는 남편들의 아내에게는 정조대가 채워졌다. 기독교의 신관과 신학은 총체적으로 전면 개편되지 않으면 결코 여성시대, 모성시대에 생존할 수 없다. 불교는 이미 남자이든, 여자이든 공평하게 깨달음의 기회가 주어진, '깨달음의 종교'가 된 지 오래이지 않은가.

이제 종교도 깨달음의 종교시대로 접어들고 있다. 기독교가 깨달음의 종교가 되기 위해서는 신학의 전면적인 재해석과 개편이 없이는 불가능할 것으로 보인다. 지금까지 서구 기독교사의 주류main stream가 추구하는—인간의 말에서, 역사에서, 이상세계에서 구원을 얻으려는 몸짓은 이제 인간의 몸에서, 깨달음에서, 현재현실에서 구원을 얻지 않으면 안 된다.

기독교의 존재신학은 이것을 미리 예감하고, 깨닫고, 개선을 위해 몸부림치고 있지만 아직 존재론 신학에 도달하지 못하고 있다. 이는 바로 가부장제 신학의 영향과 타성 때문이다. 존재론 신학은 쉽게 말하면 바로 여성적 덕성을 높이 사는 여성신학, 모성신학이다. 아버지하나님 아버지의 노함이 없는 어머니하나님 어머니의 자비야말로 인류의 구원이고, 자족이고, 만족이고 행복이다. 엄부자모嚴父慈母라는 말이 있다. 바로 자모慈母의 시대이다.

서양의 기독교는 마리아를 '성모 마리아Mother Maria'라고 기리고 있지만 성모 마리아는 어디까지나 신The God Maria 혹은 여신The goddess Maria이 아니었다. 예수를 낳아준 어머니로서 성모聖母였을 뿐이다. 이는 실은 종교 및 신학상에 있어서 일종의 가부장제의 폭력이었다고 해도 과언이 아니다. 여자는 신도 될 수 없고, 사제도 될 수 없었다.

통일교는 그러한 점에서 과감하게 '참어머님'을 '참부모'의 한 사람으로 자리매김함으로써 여성을 신, 혹은 여신의 위치에 올려놓고 있다. 이는 가부장제의 시작과 더불어 '여신의 폐위廢位'라는 신분상의 전락을 겪어야 했던 '여신의 복위復位'에 해당한다. 지금은 이러한 하나님 어머니의 개념이 생소하고 불합리해 보일지 모르지만 앞으로 여권시대, 본격적인 여성 시대에 돌입하면 너무나 당연한 조치가 될 가능성이 높다. 인류는 너무 오래 동안 가부장제의 제도적 틀 속에 살았기 때문에 모계 사회나 모성사회를 잊어버렸다.

통일교는 절대상대신학, 참부모신학을 내놓음으로서 분명히 미래지향적 기독교, 미래지향적 종교의 최전선에 서 있는 셈이다. 그래서 보수기독교 측으로부터 '이단 혹은 사탄'이라는 탄압과 수모를 받고 있는지도 모른다. 그러나 신흥종교치고 기성종교, 기득권 종교로부터 '사이비 종교'라는 비난을 받지 않는 종교는 없었다. 통일교는 분명 '열린 신학'을 하고 있다.

틸리히의 신론神論은 근본적으로 '성서의 신神'이 아니다. 틸리히는 루돌프 불트만Rudolf Karl Bultmann, 1884~ 1976년: 독일의 루터교 신학자에게 큰 영향을 받았다. 불트만은 실존주의적 구원 해석을 위해 실존주의 철학자 하이데거의 존재론적 해석방법을 채용하였다.

이 같은 실존론을 토대로 '성서의 비신화화'에 매진한 불트만은 역사적 인간의 가장 중요한 특색을 불안으로 보았다. 즉 인간은 과거와 미래 사이에 끼여 영원한 긴장과 가능성에 직면해 있다는 것이다. 불트만은 신앙이 '현재의 실재'가 되어야만 한다고 생각했다. 신앙은

'의지의 결정된 중대한 행동'이어야만 하고, 그것은 '고대의 증거들'을 추려 모으거나 격찬하는 것이 아니라고 말했다.

틸리히는 성서의 '비신화화demythologization'를 요청하는 불트만의 메시지에 영향을 받았다. 틸리히는 "신이란 '존재 자체'이지 '존재하는 것'이 아니다."고 말한다. 하나님이 존재하는 것이라면, 이미 유한한 것이 되고 말기 때문이다. 그래서 틸리히에게 신은 '존재의 기반' ground of being으로서 본질본질 존재과 현상현상 실체을 연결하는 존재의 힘이다.

따라서 틸리히의 존재신학은 가장 하이데거의 존재론에 가까운 셈이다. 그러나 존재와 비존재를 대립적으로 보는 점이 하이데거와는 다르다. 틸리히의 하나님은 '절대적인 비존재'이면서 악마적 속성분노을 포함하는 특성이 있다. 틸리히의 하나님은 사랑의 표현을 하기 위해서 예수 그리스도를 필요로 한다.

틸리히에게 신은 살아 있지 않는 존재이고, 그리스도의 역사성도 무의미하다. 그래서 그리스도는 인간소외를 해결하는 방편에 불과하다. 그리스도의 십자가 사건은 역사라기보다는 실존적 사실로서 인간이 예수에게 참여할 수 있는 상징으로 간주된다. 그에게 기독교는 절대적 종교가 될 수 없고, 절대적·우주적 종교를 현재적으로 증거한 것일 뿐이다.

틸리히의 존재신학은 자신의 사상체계에 성서적 진리를 대입하는 종교철학에 속하는 것이 되고, 전통적인 의미의 신학이 될 수 없다는 비판을 받는다. 그의 신학은 종래 신학에 실존주의의 옷을 입힌 철학, 혹은 철학적 관념론이라고 해석되기도 한다.

틸리히의 존재신학은 매우 매력적이다. 그렇다면 신은 과연 무엇일까? 천지창조의 신은 최고의 덕목_{德目, 은혜}인 것과 동시에 최고의 소유이다. 창조자를 설정하는 것은 그 창조자로 하여금 피조물의 주인임을 천명하는 동시에 은연중에 소유자임을 말한다. 천지창조는 필연적으로 소유의 문제를 낳고, 결국 소유를 두고 선과 악이 발생하게 된다. 틸리히는 왜 신에게 악마적 속성을 포함하게 하고, 그것의 해결을 위해 예수라는 인물을 등장시킨 것일까.

신과 인간의 관계에서 발생하는 소유의 문제는 인간 세상에 내려오면 '가진 자'와 '못 가진 자'의 문제가 된다. 심하게는 기득권자는 선이고, 그것을 빼앗으려는 자를 악이라고 규정한다. 이것은 현상유지를 바라는 기득권자의 사회균형이론이나 사회정태이론에 불과하다. 하나의 시스템은 언젠가는 그 시효_{時效}를 잃고 다른 시스템으로 넘어가기 마련이다. 인간의 시스템 중에 완벽한 것은 없기 때문이다. 그런 점에서 예수는 종교적 해결자이다. 이는 곧 과학의 대리_{代理}에 해당하는 대신_{代身}자이다. 창조라는 개념 자체에 이미 악이 도사리고 있다. 그 이유는 창조 자체에 소유가 있기 때문이다. 그런 점에서 신은 선인 동시에 악이다.

신은 완벽하기에 결코 해결하지 않는다. 그런 점에서 역시 인간의 몸을 타고난 예수가 해결자이다. 결국 신을 빙자하지만, 인간이 문제를 발생시키고, 문제를 해결하는 셈이다. 그래서 역사는 항상 메시아를 원한다. 그렇지만 인간의 문제는 항상 발생하기 때문에 정작 궁극적 메시아가 나타나면 인간은 부정하고 싶은 심리상태에 빠지는 것이다. 특정 인물을 메시아라고 긍정하면 그가 과연 궁극적 문제해결의 메시아일까? 하는 의구심이 생기는 것이다. 그래서 세속적 권력과 결탁하여 기득권의 보수적 종교지도자제사장, 혹은 제도적 종교들은 메시아를 죽이고 마는 것이다.

서양문명은 결국 기독교와 과학을 포함하여 '언어의 폐쇄체계'이다. 이를 개방적 체계로 바꾸지 않으면 영원한 진리를 향하여 영원히 모순에 빠지지 않을 수 없다. 말하자면 모순의 행진인 셈이다. 이를 개방체계로 바꾸면 절대신, 절대정신, 절대과학, 절대메시아가 없는 대신에 만물 모두에게 존재의 의미를 돌려줄 수 있게 된다. 세계는 선과 악의 문제, 진리와 거짓의 문제가 아니라 그것의 상징일 뿐이다.

틸리히에게 십자가 사건은 하나의 상징일 뿐이다. 그는 상징의 이면에 존재무엇를 두고 있는 것이다. 그는 '언어 폐쇄체계'에서 '상징 개방체계'로 기독교 신학의 물줄기를 크게 바꾸고 있는 셈이다.

이에 비해 바르트의 무無는 '하나님과 인간처럼 존재하는 것'이 아니다. 그렇지만 무無가 '아무 것도 아니다.'라고 말할 수도 없다. 무無는 하나님이 결정적인 관계critical relationship에서 계시될 수 있는 것처럼 무無도 그 속성이 드러날 수 있다는 것이다. 무無는 하나님이 거부하거나 원치 않는 의지에 그 근원을 둔다. 바르트의 무無는 전적으로 하나님과 구별된다.

틸리히는 악의 기원을 '비존재로서의 하나님'에게 두는 반면, 바르트는 악의 기원을 타자로서의 하나님께 두지 않는다. 기독교 신학들도 선악善惡에 대한 태도는 물론이거니와 악의 위상을 규정하는 방법도 다르다. 틸리히는 악과 신을 결부시키는 경향이 있고, 바르트는 신과 악을 철저히 차단한다. 신과 선악의 관계는 매우 이중적이고 애매모호하다. 애초부터 신은 왜 악을 허용하였을까? 여기에 대한 답은 창조 자체에 이미 소유의 개념이 들어가 있기 때문은 아닐까.

이에 비해 통일교의 신학은 악의 대명사인 사탄을 탕감복귀의 조건이자 극복의 대상으로 보고, 그것을 극복한 후에는 사탄을 해방시키고, 사탄의 유혹을 받아 선악과를 따 먹었던 여성의 원죄도 해방시키는 열린 신학체계를 가지고 있다. 이는 종래에 지옥으로 상징되는 단죄斷罪와 처벌적 기독교관과 사뭇 다르다.

통일교의 '전인구원全人救援론'도 보수기독교 신학체계에서는 볼 수 없는 개념이다. 그런 점에서 통일교의 신학은 종래 보수기독교 신학체계를 해체하고 있다.

통일교의 원리원본은 틸리히와 마찬가지로 하이데거의 실존주의 방법의 핵심인 '상호 관계의 방법method of correlation'을 신학에 도입하고 있다. 그 대표적인 것이 바로 사위기대四位基臺, 삼대상목적이다. 물론 사위기대나 삼대상목적은 순전히 서양철학에서 따온 것은 아니다. 동양철학적 전통 속에는 서양의 실존주의보다 훨씬 더 오래된 천지인 사상이나 음양사상이 있기 때문이다.

동양의 천지인 사상과 음양사상은 서양과 다른, '역동적 우주론 dynamic cosmology'으로서 '신앙의 역동성dynamics of faith'을 구현하는 데에 절대적으로 유리한 입장에 있다. 역동적 우주는 또 우주의 본래 모습이기도 하다.

틸리히는 '상징'이 신앙에서 매우 중요하다고 주장했다. 왜냐하면 "신앙은 궁극적으로 관심하는 존재의 상태"이기 때문이다. 상징을 사용하는 데 있어서 통일교만큼 활발한 기독교는 없다. 통일교는 '상징과 의례'로 교회사를 메울 정도로 촘촘히 '기념일'을 제정하고 있다. 신앙은 '관심하는 존재의 상태'이고, 상태는 상징이고, 상징은 기氣: 氣運生動와 통한다.

통일교 신학은 기독교적 인물이나 사건과 연대를 상징적으로 사용함으로써 시공간의 제약을 벗어나고 있다. 이는 동서고금을 초월하면서도 동시에 실체적인 메시아나 구세주를 달성하는 신학이라고 말할 수 있다. 그런 점에서 통일교는 '상징 신학'이면서 동시에 '실체 신학'이라고 말할 수 있다. 통일교 신학은 존재론 신학의 연장선에서도 가장 괄목할 만한 진화에 속한다.

무엇보다도 참부모라는 개념의 창안을 통해 여성을 하나님의 반열에 올린 기독교라는 점이 가장 현저한 특징이다. 여성 시대는 또한 평화의 시대이다. 세계평화가정연합, 천일국천주평화통일국 등은 이를 잘 말해준다. 어쩌면 세계평화는 '하나님 어머니'에 의해 실현되는 것인지도 모른다. 통일교의 신학은 앞으로도 무한히 발전할 가능성이 있는 '열린 신학'의 궤도 속에 있다. 이는 모두 천지개벽신관을 바탕으로 신학체계를 구성하고 있기 때문에 가능한 것이다.

통일교의 기독교와 반기독교의 이중성		
존재자		존재
로고스(Logos)의 하느님	→ ←	심정(Heart)의 하느님
존재신학론		존재론 신학, 원리강론
부성(父性)의 하느님 통일교	→ ←	모성(母性)의 하느님 세계평화통일가정연합
신들의 전쟁		신들의 평화

문선명 총재의 통일교는 하느님을 바로 몸에서 느끼는, 심정적으로 느끼는 체휼의 종교이다. 그가 '로고스Logos의 하나님'에서 '심정Heart의 하느님'을 깨달은 것은 한국의 '정情의 문화'전통 때문인지도 모른다. 이때 '심정의 하나님'은 '존재'에 해당하고, '로고스의 하나님'은 '존재자'에 해당한다. 말하자면 통일교는 기독교와 반기독교의 이중성에 있다.

또 '부성父性의 하나님=참아버님'에서 '모성母性의 하나님=참어머님'의 공존을 통한 '참부모님'도 통일교의 이중성을 보여주고 있다. 통일교는 철학적으로 보면 매우 '존재적으로 살아온 한민족'이 창출한 '존재의 존재자'인 셈이다. 더욱이 '통일교회'의 '가정교회'로의 분산은 기존 종교의 권력적인 모습과 거대교회라는 집중화 및 세속화와는 전혀 반대방향의, 비권력적인 모습으로 보인다. 이는 후천개벽 시대, 여성 시대를 준비하는 종교적인 면모라고 하지 않을 수 없다.

문선명의 통일교야말로 진정으로 기독교가 한국 땅에서 토착화된 양상일 뿐만 아니라 세계기독교사의 의미로 볼 때도 기독교 신학의 존재론적인 변신이고 완성이다. 통일교는 인류의 모든 종교를 통일한다는 것을 천명하고 있지만 특정 종교나 종파에 매달리지 않는 태도를 보임으로써 인류로 하여금 종교적 갈등이나 종교전쟁을 막을 수 있는 문화장치로서의 가능성도 엿보이고 있다.

이는 한국문화의 종교적 독립에 해당하는 것일 뿐만 아니라 적어도 세계적으로 통용되는 '스스로의 신'을 창출함으로써 한국으로 하여금 종교선진국, '메시아의 나라'가 되는 길을 열었다.

통일교의 통일원리, 원리강론은 신학으로서만이 아니라 철학적으로도 유의미한 내용을 담고 있다. 무엇보다도 세계를 음양관계, 혹은 수수관계로 보는 길을 열었다. 혹자는 통일교의 원리강론을 두고 기독교를 통한 존재론에의 접근이라고 평가한다. 말하자면 기독교경전을 통해 서양철학의 '권력의 의지니체'나 '존재론하이데거'을 넘어서는 성공적인 사례라는 것이다. 통일교의 원리강론원리원본은 절대상대적인 통일신학, 우주론을 구성하였다.

앞에서도 말했지만 통일교는 기독교의 여러 인물들을 상징으로 사용한다. 하나님을 절대적인 존재로 세우고 나머지 가인과 아벨을 비롯한 아담과 해와, 사탄, 천사장, 예수 등 모든 인물과 사물과 사건과 시간을 상징적대칭적으로 사용하면서 역사적 전개의 섭리를 설명한다. 기존 권력의 편에는 사탄, 가인을, 새 권력의 편에는 아벨, 아담을 사용한다. 해와는 원죄의 장본인이지만 탕감을 받기 위해 노력하는 인물로 그린다. 신랑, 신부의 개념은 기존의 기독교의 비유를 그대로 사용하고 있다.

통일교에서는 누구나 탕감복귀를 위한 책임분담을 해야 한다. 가부장적 개념을 그대로 사용하면서도 여성 시대의 도래를 천명한다. 음양적 개념으로 하나님을 확장시킨다. 절대적인 하나님을 세웠지만 다시 하나님마저 '낮의 하나님, 밤의 하나님'으로 말한다. 천상천국, 지상천국을 동시에 말한다. 지상계와 영계를 동시에 말한다. 하늘부모, 천지인 참부모, 참부모님, 참아버님·참어머님을 말한다.

이는 한마디로 종래 기독교사상을 동양의 천지인사상과 음양론의 토대 위에서 새롭게 해석한 기독교신학으로서 보수기독교단의 '닫힌 신학'을 '열린 신학'으로 탈바꿈시킨 위대한 업적이라고 말할 수 있다. 서양의 신학, 서양의 철학, 서양의 과학은 이제 동양의 통일교에서 새로운 빛을 발견하지 않으면 안 되는 상황이 된 것이다. 통일교는 서양문명이 동양문명에로 복귀해야 함을 기독교사적 맥락에서 선언하고 확인한 것이다.

'성약시대'는 기독교의 역사적 완성을 의미한다는 점에서 철저히 기독교적이다. 그러면서도 성경을 혈통아담의 순수혈통을 중심으로 재해석하면서 '성의 순결'을 주장한다. 순결한 성의 접붙이기를 통해 하나님 나라로 복귀한다고 한다. 혈통을 통해서 동양적 정신인 조상숭배와 충효사상, 귀신샤머니즘 등이 개입한다. 그래서 이면에는 동양적 사고, 즉 천지인 사상과 음양사상이 내재되어 있다.

통일교는 마치 천지공사를 하듯 모든 행위를 놀음놀이으로 보는 초월적 우주관을 가지고 있다. 결국 문선명 총재는 하나님을 중심으로 세계를 '상징과 놀이의식과 의례'로서 보고 있다. 그래서 '하나님의 한恨'

을 풀어주어야 한다고 주장한다. 그는 일상과 세계에서 일어난 굵직 굵직한 사건에 대해 철저하게 그의 원리와 섭리에 입각한 해석과 함께 스토리텔링을 해왔다. 그는 신화를 만들 줄 아는 인물이다.

통일교는 기독교 신학 가운데서 일종의 특수상대성이론에 해당한다. 하나의 상대관계를 절대관계로 정립해놓고, 예컨대 하느님과 인간을 주체와 대상의 관계로 놓고, 다른 상대관계를 그 종속변수로 배치하기 때문이다. 통일교의 신학은 앞으로 일반상대성이론에 해당하는 신학이론의 개척이 요구되고 있다. 그것은 보편성보다는 일반성에, 절대성보다는 상대성에 무게를 두는 일이 될 것이다.

열린 신학이야말로 통일교의 살길이다. 보수교단의 성경해석을 새롭게 함으로써 닫힌 기독교를 구하는 통일교가 탄생하였듯이 통일교의 신학, 즉 원리원본의 해석에 있어서 열린 자세야말로 미래 통일교의 살길임을 자체적으로 확인할 수 있는 것이다. 그래야 신학이론이나 종교가 과학을 따라가지 못하는 현상을 극복할 수 있다. 또 동시에 과학이 해결하지 못하는 것을 종교가 해결할 수도 있는 것이다.

문선명 총재는 초종교, 초종파, 초국가 등을 위한 초교파운동도 전개하였다. 선생은 이렇게 노래한다.

"모든 역사의 희망/하나님의 심정에 부합된 세계/하나님의 창조목적이 이루어지는/하나의 세계와 그 빛나는 날을 상징해요./통일교는 교회가 아닌/통일가統一家/이 가운데는 공산당도 들어가고/민주주의도 들어가고/검둥이도 들어가고/회회교도 들어가고/불교도 들어가고/기독교도 들어가는/초종파, 초종교, 초국가/종교와 문화의 통합/

문명통일, 세계통일/모두가 들어가서 하나가 되는 것."

문선명 총재의 진정한 깨달음은 어디에 있을까? 왜 그는 평생을 지구가 좁다고 할 정도로 오대양 육대주를 왕래하면서 살았을까. 통일교가 계시종교로서 출발한 것은 잘 알려진 사실이지만 문 총재는 기도를 통해 하나님에게서 우주원음宇宙原音을 들었을 것이다. 그는 종종 제자들에게 소리의 의미를 강조하기도 하고, 지나가는 말로 소리를 강조하면서 제자들의 깨달음을 유도했다고 한다.

문 총재는 제자들과 함께 하는 윤독회 때에 종종 세종대왕이 만든 훈민정음訓民正音에 대해 말씀하시면서 장차 한글이 세계의 종주문자가 되어야 한다고 역설했다고 한다. 한글에는 우주 본래의 의미가 숨어있다고 여러 차례 말씀했다고 한다. 한글의 소리에 숨어있는 우주적 의미는 자연적 의미이고, 자연적 의미는 서로 다른 문자언어로 인해 상호소통이 막혀버린 바벨탑의 신화를 극복할 수 있는 메시지가 되기에 충분하다.

소리의 의미를 찾는 것이야말로 기독교의 선문답이 아니고 무엇이겠는가. 소리야말로 모든 지식과 논쟁을 극복할 수 있는 길일지도 모른다.

교의학, 신학, 혹은 조직신학의 역사를 보면 토마스 아퀴나스T. Aquinas는 "신학이란 하나님에 의해 가르침을 받고, 하나님을 가르치고, 그리고 하나님께 인도하는 것이다.Theologia a Deo docetur, Deum docet, et ad Deum ducit."라고 정의한다.

찰스 핫지C. Hodge는 "신학이란 성경의 사실들 속에 포함된 원리와 일반적 진리들을 가지고, 그들의 적절한 순서와 관계에서 드러내는 것이고, 그 전체성을 펼쳐서 조화시키는 것이다.Theology is the exhibition of the facts of Scripture in their proper order and relation, with the principles or general truths involved in the facts themselves, and which pervade and harmonize the whole."라고 정의한다.

칼 바르트K. Barth는 "신학이란 교회의 역할과 기능이며, 그것의 실천과 행동이 신학이다.Theology is a function of the church. Its action is theology" 라고 말하면서 "모든 학문들이 궁극적으로 신학이 되어야 한다.All sciences might ultimately be theology."고 주장했다.

폴 틸리히Paul Tillich는 "신학이란 기독교적 믿음의 내용에 대한 조직적 해석이다.Theology is the methodical interpretation of the contents of the Christian faith."라고 말한다. 틸리히는 "교회는 조직신학의 고향이다.The Church is the home of systematic theology"라고 말한다. 그는 신학을 성경으로부터 해방시켰다. 바르트와 틸리히의 공통점은 신학을 성경에서 해방시키면서 교회와의 밀접한 관계 속으로 해석한 점이다.

존 맥퀘리John Macquarrie는 "신학이란 종교적 믿음에 대한 참여와 반성을 통하여 가장 확실하고 가장 일관된 언어를 가지고 이 믿음의 내용을 표현하려고 하는 학문이다.Theology may be defined as the study which, through participation in and reflection upon a religious faith, seeks to express the content of this faith in the clearest and most coherent language available."라고 주장한다. 그는 계시 중심보다는 믿음을 표현하는 언어에 중점을 두고 있다.

칼 라너Karl Rahner: 로마 가톨릭는 "신학이란 믿음의 학문이다. 그것은 믿음 안에서 받아들이거나 붙잡은 신적 계시에 대한 의식적이고 조직적인 설명이며 해석이다. Theology is the science of faith. It is the conscious and methodical explanation and explication of the divine revelation received and grasped in faith." 라고 말한다.

카우프만G. D. Kaufman은 "기독교 신학은 인간과 세계와 하나님에 대하여 어떤 해석을 주는 것이다. 그 하나님은 어떤 인류학, 우주론, 신론에게 사람과 그의 환경과 사람이 달성하여야만 하는 절대적 실체 진리에 대한 전체적인 해석을 선물한다. Christian theology purports to give an interpretation of man, the world, and God that is, it presents an anthropology, a cosmology, and a theology an overall interpretation of man and his environment and the ultimate reality with which man has to do."고 말한다.

반틸C. Van Til은 "조직신학은 성경에 계시된 대로 하나님에 대한 진리를 전체적으로, 통일된 체계로 제공하려고 하는 것이다. Systematics alone seeks to offer the truth about God as revealed in Scriptures as a whole, as a unified system."라고 말한다.

이상을 검토해 보면 조직신학이란 성경을 하나님의 계시로 보는 전통적인 해석학과 믿음 자체를 교회를 통해서 실존적으로 바라보는 방식으로 나눌 수 있다. 계시는 하늘에서 내려오는 것이고, 실존적 방식은 땅에서 올라가는 방식이다. 분명한 것은 둘 사이에 어떤 접점이 있을 것이라는 점이다. 인간은 하늘과 땅 사이에 존재하면서 하늘과 땅의 중간에서 교감하면서 살아가는 동물이다. 그러한 점에서 조직신학도 인간의 특성을 벗어날 수는 없는 것 같다.

계시를 받았다고 해도 해석을 하여야 하고, 해석을 하였다고 해도 하나님이 없으면 신학이 될 수 없다. 믿음의 대상이 없으면 종교가 아니기 때문이다. 결국 양자를 왕래하면서 신을 해석하고 믿거나, 믿고 해석할 수밖에 없다.

통일교는 계시적인 기독교의 특성을 가지고 출발하고 있지만 동시에 성장과정에서 실존적인 종교의 특성도 가미하게 된다. 통일교는 그러면서도 틸리히나 바르트와도 다른 전개를 하고 있다. 그것은 무엇보다도 세계의 모든 종교를 통합하고자 하는 입장 때문이다.

통일교는 현재 지구상에서 존재하는 모든 종교를 가장 폭넓게, 전체적으로, 포괄적으로 '하나님주의Godism'를 통해 통일하고자 한다. 하나님주의는 또한 '하나님 아래 하나의 나라One Nation Under God', 즉 천일국天一國을 지향하는 것이다.

통일교는 기독교에서 출발하고 있지만 기독교를 넘어서 있다. 어쩌면 통일교에서 기독교라는 것은 머지않아 언젠가는 벗어야 할 허물과 같은 존재인지도 모른다. 통일교가 기독교라는 것을 벗으면 새로운 형태의 미래종교, 모든 종교가 통합된 종교로서 거듭나게 될지도 모른다.

문선명 총재는 세계 종교 간의 소통과 대화 및 통일을 위해서 '세계경전World Scripture'을 만들기도 했다. 종교일치운동의 쾌거인 '세계경전'은 1991년 8월 15일 발간되어 8월 27일 세계평화종교연합 창설대회에서 문선명 총재에게 봉정되었다. '세계경전'은 1985년 참부모님에 의해 구상되어 앤드류 윌슨 박사미국 통일신학대학원가 40명의 편집위원과 함께 5년 동안 세계 여러 종교 학자들의 도움을 받아 완성하였다. 총 914쪽이다.

앞으로 통일교 제2대 교주와 지도자 및 신자들에게 남은 과제는 통일교운동을 세계적으로 활발하게 지속하는 일이다. 신흥종교운동은 항상 부침이 있기 마련이다. 그러나 고난과 역경을 물리치고 오랜 세월을 견뎌내면서 신앙을 강화해야만 역사에서 살아남게 된다. 지구상에는 제1대 교주의 당대에는 화려하고 빛나는 성공을 거둔 신흥종교가 많았다. 그러나 2대, 3대로 가면서 사라져버린 경우가 대부분이었다. 적어도 백 년을 버텨내어야 기성종교의 대접을 받게 된다는 점을 잊지 말아야 한다.

나아가서 통일교의 목적대로 세계종교로서 미래인류를 구원하기 위해서는 더더욱 분발하지 않으면 안 된다. 역사상 한국에서 자생한 종교가 통일교만큼 세계적 선교에 성공한 경우는 처음이다. 통일교의 세계적 성공은 한민족의 성공이고, 한국의 성공이라는 점을 명심하여야 할 것이다. 통일교는 이제 한국문화의 힘이다.

5

문선명 총재의
전통 종교적 의미 I [43]

통일교는 기독교인가, 민족종교인가? 문선명 총재가 16세 때 부활절 새벽 예수님으로부터 특별계시를 받고 그것을 천명天命으로 삼아 창도한 것이지만 여기에는 선생이 자란 문화적 토양이라고 할 수 있는 한국문화의 여러 요소가 녹아들어있기 마련이다. 그 까닭은 아무리 성인이라도 자신이 태어난 문화를 끌어안고 깨달음에 도달하지 않으면 안 되기 때문이다. 이는 예수님이 유대교의 전통 위에서 신약을 전개하는 것에서도 마찬가지이다.

---

43 이 글은 통일교 창시자 문선명(文鮮明) 총재님이 성화(2012년 9월 3일)한 뒤 〈세계일보〉(2012년 9월 10일자) 6면에 〈문선명 총재 사상 탐구 5 전통종교사적 의미(上)〉 "동양사상·과학·예술까지 통섭—미래종교 비전 제시"로 실린 내용을 토대로 일부 추가한 내용이다.

통일교라고 하지만 기존의 것을 단순히 통일하거나 통합한 것은 아니다. 통일교는 문선명 총재의 하나님에 대한 개인적인 신비체험과 신앙과 시련과 깨달음에서 비롯된 새로운 '세계적 기독교'이다. 그러나 불가피하게 통일교는 한국에서 출발하였기 때문에 그것의 전개과정에서 한국문화의 전통과 역사인식과 세계관이 스며있기 마련이다.

통일교가 사용하는 여러 용어 중에는 동양의 천지인 사상이나 음양사상, 그리고 후천개벽사상 등 다양한 내용이 들어있다. 특히 후천개벽사상은 동양에 예로부터 전해오는 사상이긴 하지만 이것을 구체적으로 종교의 교리체계로 도입한 종교는 수운水雲 최제우崔濟愚선생의 '동학東學'이 처음이다. 동학은 전통적인 천지인 사상을 내유신령內有神靈: 마음속에는 신령이 있다, 외유기화外有氣化: 밖에는 기운생동이 있다, 각지불이各知不移: 각자가 변치 않은 것이 있음을 알아야한다로 새로운 해석을 한다.

동학은 2대 교주 해월海月 최시형崔時亨:에 이르러서 이심치심以心治心, 이천식천以天食天, 양천주養天主, 천지이기天地理氣, 천지부모天地父母, 심령지령心靈之靈, 인시천人是天, 부인수도婦人修道개념까지 등장한다. 동학은 3세 손병희孫秉熙에 이르러 한국인이면 누구나 아는 인내천人乃天: 사람이 곧 하늘이다개념으로 통합된다. 그래서 동학 천도교는 3.1운동의 중추가 된다.[44]

44 천도교중앙총부 편저, 『천도교 경전』, 천도교중앙총부출판부, 1993 참조.

天	내유신령(內有神靈)	이심치심(以心治心)	理	父	인시천 (人是天)
人	각지불이(各知不移)	양천주(養天主)	理/氣	父/母	
地	외유기화(外有氣化)	이천식천(以天食天)	氣	母	인내천 (人乃天)

기독교의 '창조—종말론'과 한국 자생민족종교의 '선천—후천개벽사상'은 근본적으로 다른 것이다. 창조종말론은 시작과 끝이 있는 체계이고, 개벽사상은 시작과 끝이 없는 체계이다.

학자에 따라서는 창조종말론도 개벽사상으로 해석할 수 있고, 거꾸로 개벽사상도 창조종말론으로 해석할 수 있다고 주장한다. 말하자면 개벽의 한 단위를 창조종말로 보면 되지 않느냐는 주장이다. 그러나 둘은 신학체계나 우주관으로 볼 때 정반대의 대립적인 위치에 있다. 그런데 기독교인 통일교는 개벽사상을 도입하고 있다. 그런 점에서 보수기독교단의 시각에서 보면 이해하기가 쉽지 않다.

통일교의 교리체계 가운데 '지상천국'과 '천상천국'의 개념도 보수교단에서는 매우 이질적인 것이다. 보수교단에서는 '천국'밖에 없다. 특히 '지상천국'이라는 개념은 원죄로 인해 실낙원失樂園하고 지상에 세속적으로 살게 된 인간이 '지상에 천국'을 건설할 수 있다는 것은 용납하기 어려운 내용이다.

이밖에도 통일교의 교리체계에서는 동양의 천지인 사상이나 음양사상이 요소요소에 깔려 있다고 해도 과언이 아니다. 천지인 사상은 해석학적 순환론의 패러다임이고, 음양사상은 기본적으로 상징체계 사상이다. 천지인 사상과 음양사상이란 서양철학이나 신학의 '확실성

의 개념'이라기보다는 '내포적인 의미'가 있는 매우 상대적인 개념들
이다.

예컨대 통일교는 천지인 사상을 애천愛天, 애국愛國, 애인愛人으로
사용하기도 하고, 기독교의 하나님 이외에도 참아버님, 참어머님, 참
부모님이라는 용어를 사용하고 있다. 이는 동양적동아시아적 전통에서
비롯된 세계관이고 우주관이다.

천	애천(愛天)	천상천국(天上天國)	참아버님	천지인
인	애인(愛人)	* 신인(神人)으로서 메시아	참부모님	(天地人)
지	애국(愛國)	지상천국(地上天國)	참어머님	참부모님

통일교는 한걸음 더 나아가서 가인과 아벨, 아담과 해와, 천사와
사탄 등 기독교의 근본적인 개념을 개인적인 혹은 종족적인 혹은 국
가적인 혹은 세계적인 현실을 대상으로 하는 역사해석이나 정치해석
에서 상징적으로 사용하면서 통일교의 세계관과 우주관을 전개하고
있다.

통일교는 전통 사상을 배경으로 하고 있음에도 불구하고 단순한
원용이나 조합이 아니라 새로운 차원으로 종합하고 통일하고 그 바
탕 위에서 기독교적 이상인 '천국'과 '세계평화'를 도출하고, 끝내 기
독교적인 완성을 의미하는 '성약시대'를 예언하고 약속하고 있다. 통
일교는 성약시대를 열기 위해서 수많은 차원의 탕감복귀, 책임분담
이라는 실천적 신학체계를 가지고 있다.

통일교에 앞서 한국이 근세에 세계에 처음 내어놓은 자생민족종

교는 동학이었다. 동학은 서세동점西勢東占의 시기에 그것에 대항하는 전통사상과 종교의 입장에서 큰 획을 그은, 종교적·철학적으로 성취한 한민족의 획기적인 업적이었다. 동학은 차라리 '운동으로서의 혁명'보다는 '철학으로서의 혁명' 혹은 '종교로서의 혁명'이 더 컸는지도 모른다. 그래서 정치사회적 혁명으로서의 동학혁명은 과거사가 되었지만, 철학으로서의 동학은 여전히 힘을 발휘하고 있고, 세계 철학계에서의 본격적인 논의를 기다리고 있다.

동학은 서학인 기독교에 대항하기 위해 탄생한 민족자생종교철학이다. 동학은 교주 최제우의 '한울님'에 대한 신비체험과 전통사상에 대한 수운 선생의 특유의 해석학을 종합하여 창도된 것이다. 이것은 처음엔 '학學'이었다가 '신앙'으로, '종교천도교'로의 발전을 거듭했다. 동학은 전통 '하늘신앙'을 계승하여 한 단계 업그레이드된 '한울님'을 창안한, 새로운 철학이었다.

이에 비하면 통일교는 기독교를 받아들인 상태에서 기독교를 극복한, 더 정확하게는 서구 전통의 기성기독교를 새롭게 확대재해석한 동방의 기독교라고 말할 수 있다. 통일교는 기독교에서 발생한 한국의 자생민족종교이며 동시에 세계종교이다. 통일교는 동학東學 이후 한민족이 거둔 사상사적·종교사적 최대의 성과이며, 하늘사상의 승리라고 해도 과언이 아니다.

동학의 인내천人乃天 사상이 기독교의 메시아사상과 만나서 사람이 곧 메시아가 되어야 함을 깨닫게 하고, 메시아는 기다린다고 되는 것이 아니라 스스로 되어야 함을 깨닫게 하는 계기가 된 셈이다. 인내천 사상은 인신人神, 즉 사람이 신이 되거나, 혹은 신인神人, 즉 신이 사람이 되는 사상의 실현을 의미한다.

말하자면 한민족 전체문화文化總量의 기원이 한국에서 메시아를 탄생케 했다고 해도 과언이 아니다. '스스로 메시아'가 되어야 하고, '각자가 메시아'가 되어야 함을 비로소 깨닫게 된 사건이 한국 땅에서 일어난 셈이다.

한국은 또한 어떠한 나라인가! 오랜 옛날부터 인류 최고最古, 最古의 경전인 천부경天符經이 전해 내려오는 곳이 아닌가! 예부터 한민족은 하늘한울신앙으로 살아온 민족이다! 기독교가 한국에서 오늘날처럼 부흥한 것도 실은 한국 땅에 그러한 하늘신앙의 토양이 잘 마련된 때문이다. 따라서 통일교에 대한 해석을 민족문화 혹은 민족종교의 차원에서 하는 통합의 시각이 절실하게 요청된다.

한국에서는 동학에 이어 그동안 여러 민족종교와 자생종교가 태어났고, 동학은 그 운동의 중심에 있게 된다. 이러한 관점은 각 종교의 관계가 모방이나 종속의 관계에 있음을 말하는 것이 아니라 문화적 관점에서 해석되는 것임을 오해하지 말아야 한다.

예컨대 동학에서 파생된 자생종교를 보면 먼저 동학과 무교샤머니즘가 만나서 증산교가 생기고, 동학과 유교가 만나 갱정유교가 생겨났다. 또 동학과 재래의 신선교단군교 계통가 만나서 대종교가 생기고 동학과 불교가 만나서 원불교가 생겨났다. 이러한 맥락을 존중한다면 통일교는 기독교와 만나서 탄생한 민족종교라고 할 수 있다.

동학 자체가 수운 선생의 개인적 '한울님 신비체험'에서 비롯되지만 필연적으로 전통 유불선儒佛仙 사상을 바탕으로 성립된 것이기 때문에 다른 종교로 쉽게 분화·파생될 수 있는 소지를 가지고 있었던 셈이다.

〈동학과 제종교의 관계〉

증산교
(동학+巫敎)

통일교
(동학+기독교)

동학
천도교
(무교+儒敎)

대종교
(동학+仙道)

원불교
(동학+佛敎)

　오늘날 한국은 종교백화점이라고 할 정도로 지구상의 여러 종교들이 함께 공존하고 있다. 아마도 이러한 공존도 신령神靈에 쉽게 감동받는 한국인의 특성을 나타내는 것일 것이다. 어쩌면 모든 종교의 통일을 외치는 통일교의 창설도 이러한 문화적 배경과 무관하지는 않을 것이다.

　이들 신흥민족종교들은 모두 기존의 동양권의 종교이지만, 통일교는 서양의 기독교를 바탕으로 하고 있기 때문에 종교적 융합이나 습합과 통섭에서 전 지구적으로 전개된, 가장 극단적 최대치로 실천된 것이라고 말할 수 있다.

통일교가 자생종교 가운데 가장 주목되는 것은 서양기독교와 동양의 유불선 사상을 포함하고 있으면서도 기존의 모든 종교와 사상을 종합한 것이 아니라 이들을 포괄하고 아우를 수 있는 그릇을 가진 종교이기 때문이다. 통일교는 동서고금의 모든 종교와 사상을 통일할 뿐만 아니라 철학과 과학, 심지어 예술까지를 통섭하는 미래 종교적 비전을 가지고 있다.

동양에서는 예부터 천지인 사상이 있었고, 음양사상이 있었다. 통일교는 이러한 전통 사상의 토대 위에 기독교를 새롭게 해석하고 실천하고 있는 종교라고 말할 수 있다. 그러한 점에서 통일교야말로 기독교의 토착화에 성공한 종교이다. 그것이 국내적으로는 기독교의 토착화이지만 세계 기독교사적으로는 '성약시대'의 완성이다.

한국의 다른 기독교는 아직 토착화라는 문화의 당면과제를 통과하지 못했다고 볼 수 있다. 통일교는 보수교단과 다르게 '신령의 통일'을 주장하고 있다. 보는 이에 따라 다르겠지만 기독교는 통일교에서 완성되었고, 기독교는 완성되기 위해 통일교를 기다렸는지도 모를 일이다.

문선명 총재의 통일교는 '존재의 근원에서부터 오는 소리'를 들은 종교이다. 비록 기독교의 '하느님의 말씀'은 '존재신학적' 계열에 속하지만, '기독교 성경'의 이상과 한국문화의 '심정적 토양'이라는 현실이 만나서 이룬 새로운 종교적 성과라는 점에서 통일신학은 '존재론적인 신학'이라고 말할 수도 있다.

통일교는 기독교의 일신론一神論을 토대로 하고 있다. 그러나 일신론의 전개과정에서 신神의 이성성상二性性相을 둠으로써 한국문화의 음양적 전통과 천지인 사상의 토양 위에 새롭게 기독교를 구축하고 있다. 이것이 미래 인류에게 중요한 이유는 기독교의 존재신학적 결함을 보완하기 때문이다. 다시 말하면 기독교 내부에서 존재론적 신학의 전통을 구축했다는 의미가 있다.

지금까지의 이야기를 종합하면, 통일교는 동양의 전통적인 천지인-음양 사상의 토대 위에 서양의 기독교 절대 신관을 재해석함으로써 새로운 신관神觀을 정립하게 된다. 단적으로 유대교의 '여호와하느님'는 기독교에 이르러 '하느님 아버지'로 진화하고 이는 다시 통일교에 이르러 '천지인 참부모님' '참부모님'으로 정립된다. 이는 천지인-음양사상의 영향이라고 하지 않을 수 없다.

통일교는 기독교 절대 신관과 함께 동양의 개벽신관을 통합하게 된다. 여기서 개벽신관이란 기독교적 '종말신앙'을 새로운 시작인 '지상천국과 천상천국'으로 보는 관점이다.

통일교는 지금까지 생겨난 수많은 기독교 종파 가운데서도, 가장 낮은 '땅地'의 입장에 있으면서도 동시에 가장 높은 '하늘天'에 도달하는, '하느님 아버지의 모습성상과 형상'을 가지고 있는, 역동적 신관을 가장 잘 드러낸 기독교라고 할 수 있다.

6

문선명 총재의
전통 종교적 의미 Ⅱ [45]

통일교에서 하느님은 우주 심정체의 아버지-어머니와 같은 존재
인 양성兩性으로 존재한다. 통일교는 양성을 전제로 순결과 타락, 그
리고 복귀섭리를 설명하고 있다. '성性'은 우주만물의 기초이자 가장
근원적인 사실이다. 성性은 바로 혈통과 같은 의미이다. 그래서 통일
교는 아담의 혈통으로 복귀할 것을 목표로 한다.

통일교의 원리원본은 물론 기독교 신학의 이성적理性的 전통 위에
있다. 그러나 문선명 총재는 '심정心情의 하나님'이라는 말을 사용함

---

45 이 글은 통일교 창시자 문선명(文鮮明) 총재님이 성화(2012년 9월 3일)한 뒤 〈세계일
보〉(2012년 9월 11일자) 6면에 〈문선명 총재 사상 탐구 6 전통종교사적 의미(下)〉 "'부
모·모성의 조화' 참사랑 통해 세계평화 구현"으로 실린 내용을 토대로 일부 추가한 내
용이다.

으로써 감정感情의 개입을 열어놓았을 뿐만 아니라 인간의 몸과 물질을 함께 동반하여 구원하게 된다. 이는 '만물의 날' 제정에서도 단적으로 읽을 수 있다. 가장 낮은 단계인 '만물의 날'에서 '자녀의 날'에 이어 '부모의 날'에 이르는 것이다.

'심정의 하나님'의 '심정'은 한국인의 '정情의 문화'에서 비롯된 것이고 심정은 또한 한恨과 연결되어 '한恨의 하나님'의 개념이 도출된다. 그래서 '하나님의 한恨'을 풀어주는 것이 통일교이기도 하다.

더 나아가서 통일교는 '아담의 혈통'을 찾는 과정에서 탕감조건으로 '해와의 해방'을 설정하고 있다. 해와란 여성의 시조로 기독교에서는 원죄의 씨앗이다. 그런데 그 '해와의 해방'을 통해서 여성 시대를 엶으로써 기독교의 사명을 완성하는 것이다. 이것이 성약시대이다.

통일교는 기독교의 가부장적 전통에 입각하였지만 여성을 하나님의 반열에 함께 서게 하는 '참부모' '천지인 참부모'의 전통을 확립하고 하고 있다. 이는 보수 기독교의 '하나님 아버지'의 전통과는 다른 것이다. 여기에 한국인의 정情과 심정心情, 한恨, 그리고 동양의 음양적陰陽的 전통과 천지인天地人 사상이 가미되어 있음을 볼 수 있다.

종합적으로 보면, 몸혈통으로 느낄 수 있는 하나님, 심정으로 느낄 수 있는 하나님, 체험體驗 · 체득體得 · 체휼體恤하는 하나님을 통해 관념적인 종교가 아니라 실천하는 종교로서의 면모를 갖추고 있다. 이는 전통 선교仙敎사상과 맥을 통하고 있다. 따라서 통일교에 이르러 기독교는 진정한 '선仙기독교'가 된 셈이다. 통일교는 궁극적으로 '실체로서의 하나님'을 주장하고 있다. 바로 그 실체로서의 하나님에 이른 것이 재림주 메시아이고, 문선명 교주이다.

　재림주 메시아는 예수 이후에 처음 등장하는, 기독교의 '성부, 성자, 성령'으로서의 하나님 가운데 '성자로서의 하나님', '몸을 가진 하나님'으로 등장한 셈이다. 보수기독교인들은 지금까지 성부와 성령은 통일교와 마찬가지로 신앙하는 바이지만 막상 '몸을 가진 하나님'의 등장에는 당황하지 않을 수 없었고, 거부하지 않을 수 없었던 셈이다.

　어쩌면 기독교인들은 너무 오랫동안2천년 동안 성부와 성령에 의존해왔고, 도리어 메시아를 기다림으로써메시아신앙에 의해 기독교를 보존하고 유지시켜왔다고 해도 과언이 아니다. 그래서 보수기독교단들은 메시아가 이 땅에 온 뒤에는 어떻게 전개되어야 하는가에 아무런 대안이 없는 셈이다. 말하자면 메시아를 기다리면서 신앙을 유지하는 것이 훨씬 안정적이고, 기득권을 유지할 수 있는 것이다. 여기에 보수기독교단의 이율배반이 있는 셈이다.

　메시아사상은 기독교를 유지하는 중요한 신앙이지만, 메시아가 실지로 이 땅에 와버리면 기독교의 존재의미가 상실되어버리는 측면도 없지 않아 있는 것이다.

　통일교는 무엇보다도 보수적 기독교의 성경해석에서 탈피하여 우주의 기운생동과 변화주기, 이에 따른 기독교의 새로운 시대의 시작을 비롯하여 여성 시대, 평화의 시대를 추구하고 주장하고 있다. 여성은 원죄를 지은 해와의 이미지를 가지고 있으면서도 사랑과 평화의 이미지를 동시에 가지고 있다. 이제 후자의 의미를 강조하고 있기도 하다.

통일교의 신학은 부성과 모성의 조화에 그 특징이 있다. 이는 동양적 음양의 조화를 통해 기독교를 완성시킨 것이라고 말할 수 있다. 그래서 문선명 이후의 제2대 교주는 참아버님에서 참어머님으로 넘어가도록 천명되었다. 문선명 총재는 1990년 3월 27일음력 3월 1일 미국에서 거행된 '제31회 참부모의 날'기념 예배 중에 '여성 전체 해방권'을 선포하고 "참어머님께서 통일교회의 제2대 교주가 된다."로 말했다.

통일교는 통일신학의 전개과정에서 가인과 아벨, 천사장, 아담과 해와, 그리고 성경에 등장하는 모든 연수年數를 상징적으로 사용하고 있다. 기독교 성경의 인물과 연수를 상징적으로 사용한다는 것은 시공간을 초월해서 우주론을 전개하는 한편 그것을 자유자재하는 의미가 있다.

통일교, 혹은 통일신학을 '일반성의 철학'이라는 입장에서 해석하면 전반적으로 동양철학의 기운생동氣運生動을 바탕에 깔고 있음을 특징으로 한다. 기존의 서양철학의 '수數'에 '상수象數'를 대입하고, '언어言語'에 '상징象徵'을 대입하고, '절대신神'에 '심정心情의 신神'을 대입한 것이다. '심정의 신'은 '기氣의 신'이다.

통일교는 기독교 신론神論에 있어서도 절대신을 중심으로 주체와 대상을 종적으로 수립한 뒤에 사위기대를 놓음으로써, 나머지 대립되는 것들의 상호관계를 수수작용으로 설명하고 있다. 세계는 끝없는 상호관계의 수수작용의 선상에 있는 것이다. 이는 종래 이성에 의

존하는 기독교의 신을 극복하게 되는 길을 열어놓는다. 그것이 바로 신의 이성성상二性性相이다.

'이성성상'의 신은 끝내 '양陽의 신', '음陰의 신', '낮의 하나님' '밤의 하나님'을 설정하여 서로 가역하고 소통하게 할 수 있을 뿐만 아니라 신과 인간을 서로 가역하게 함으로써 신에 감정을 불어넣고 신을 부활하게 하는 길을 열어놓는다. 바로 그러한 부활의 신학이, 구체적으로 '실체로서의 하나님'이 메시아로서 재림하게 되는 신학을 완성하게 된 셈이다.

그러면서도 통일교가 여전히 기독교인 것은 바로 절대신, 절대가치로 환원되고 있다는 점 때문이다. 타락하지 않은 아담혈통으로의 복귀사관은 통일교가 역사적인 입장에 있기 때문이다. 역사성 자체는 이미 절대성을 추구하는 것이다. 통일교는 절대유일 신관과 상대적 음양신관을 통합하고 있다. 절대유일과 상대음양을 왕래하고 있다고 할 수 있다. 통일교의 신관은 기독교의 '절대적 신관'을 유지하면서도 동시에 '태극음양신관'을 가지고 있다고 말할 수 있다.

통일교: 창조-개벽신관	천지창조(天地創造)	동서양의 통합: 천주(天宙), 천지 부모님 천지인 참부모님, 하늘부모님
	천지개벽(天地開闢)	
통일교: 절대-음양신관	절대유일(絕對唯一)	
	태극음양(太極陰陽)	

모든 종교의 신앙은 본래 절대적이다. 만약 신앙이 절대적이 아니라면 신앙이 아니다. 신앙은 믿는 자와 믿음의 대상 사이의 관계의

문제이기 때문에 본질적으로 과학적 진리탐구와는 차이가 있다. 신앙에서는 믿음의 대상이 결국 믿는 자의 주체가 될 수밖에 없고, 과학에서는 결국 사물이 인간의 대상이 됨으로써 인간이 주체가 될 수밖에 없다.

이를 요약하면 종교에서는 신이 주체가 되고, 과학에서는 인간이 주체가 된다. 종교와 과학은 본래부터 그러한 구조를 가지고 태어난 것이다. 인간의 삶에서 종교와 과학의 탄생은 종교가 먼저이고 과학이 뒤에 형성되었다고 보는 것이 일반적이다. 신앙은 이미 중기 구석기 시대 네안데르탈인 시기부터 시작되었다고 본다. 말하자면 종교적 방식이 후에 과학적 방식으로 변형되었다고 보아야 할 것이다. 종교적 보편성이 과학적 보편성으로 탈바꿈하게 된 것이다.

이러한 종교와 과학의 관계는 제사와 정치의 관계와 맥을 같이 한다. 제정일치사회에서 제사와 정치가 하나였다. 이것이 후에 인간의 집단의 규모가 커지면서 국가의 발생 단계에 들어가면서 제정분리사회로 들어가게 된다. 그렇기 때문에 제사가 정치보다 앞선다. 원시 및 상고시대에는 정치의 대부분이 제사였다고 해도 과언이 아니다. 당시 왕은 하늘이나 땅, 그리고 산천에 각종 제사를 지내느라고 시간을 다 보내었다고 해도 과언이 아니다.

종교와 과학의 독립과 제사_{종교}와 정치의 분리는, 과학과 정치의 등장이 거의 동시에 일어난 문명현상임을 말해준다. 이는 특히 국가의 발생이 무기체계의 발달과 궤를 같이하는 것으로 볼 때 더욱더 긴밀한 상관관계에 있음을 알 수 있다. 종교와 과학과 정치는 종교가 원형이고 정치와 과학은 그 원형에서 변형된 것임을 유추해 볼 수 있다. 그렇다면 이 삼자는 반대로 역사의 어떤 시기에 원시반본할 수도 있음을 예상하게 한다.

통일교는 천지개벽사상과 함께 천인협동天人協同, 전인구원全人救援의 사상도 포함하고 있다. 이는 종래 서양의 기독교와는 다르다. 통일교는 기독교 성경을 소의경전으로 하고 있고, 단지 그 해석에서 다르기 때문에 천국과 지옥, 그리고 사탄을 인정하고 있지만 결국 사탄의 유혹에 넘어간 해와나 사탄까지도 해방시키는 것을 목적으로 하고 있다. 그렇게 함으로써 하나님의 해방도 달성할 수 있다고 본다. 이를 '한恨의 하나님' '하나님의 한恨'을 풀어준다고 말한다.

이는 겉으로는 혹은 탕감복귀 과정에서는 천국과 지옥, 천상과 지상, 하나님과 사탄을 이분법으로 보고 있지만 결국 하나의 세계, 일원적인 세계로 돌아가게 한다. 이는 서양의 기독교와는 다른 세계관이고 해석이다. 통일교는 심지어 보수 기독교단과는 다르게 지상천국地上天國을 주장하면서 지상천국이 이루어지지 않으면 천상천국天上天國도 이루어지지 않는다고 주장한다. 이는 종래 기독교 신관이나 세계관과는 다른, 새로운 동서융합적東西融合的 신관이며 세계관이다.

해석 여하에 따라서는 불교적 세계관과의 융합이 두드러진다고 말할 수 있다. 특히 전인구원 사상은 불교의 지장보살의 사상과 같은 측면도 있다. 더욱이 천인협동 사상은 한민족의 고대 천부경天符經의 '인중천지일人中天地一' 사상이나 '일석삼극一析三極' 사상과도 맥락을 같이 하고 있다.

말하자면 여러 가지 점에서 한민족의 신선도神仙道·풍류도風流道 사상인 유불선儒佛仙 삼교지도三敎之道·현묘지도玄妙之道의 전통을 오늘의 기독교의 전통에서 다시 되살리고 계승하는 측면을 가지고 있다.

天	천지개벽(天地開闢)	일승법계(一乘法界)	포괄적 보편성	천부경
人	천인협동(天人協同)	일승삼승(一乘三乘)	인중천지(人中天地)	(天符經), 기독교와
地	전인구원(全人救援)	지장보살(地藏菩薩)	일반성의 철학	불교의 융합
* 지상천국/천상천국 사상, 메시아/종족, 국가 메시아				

통일교의 '심정心情의 하나님'의 '심정心情'은 원효의 '일심론一心論'의 '일심一心'을 능가하는 철학적·종교적 개념이다. 이 땅에 불교가 들어와서 원효元曉: 617~686가 탄생하였다면, 이 땅에 기독교가 들어와서 문선명文鮮明이 탄생하였다. 그런데 원효는 그의 깨달음을 '화쟁和諍'으로 표현했고, 문선명은 '통일統一'로 표현했다. 문선명 총재의 '원리원본'은 기독교 시대에 일어난 '화쟁론'이라고 할 수 있다. 따라서 화쟁사상이 신라의 삼국통일을 이끌었다면, 통일사상은 오늘의 남북통일을 이끌어야 할 시대적 사명을 띠고 있는 것이다.

통일교의 '심정'과 원효의 '일심'은 차이는 그 출발이 기독교와 불교라는 점에서 분명 차이가 있을 수밖에 없지만, 이를 한민족의 전통적·주체적 사상의 맥락으로 볼 때 만나는 점이 많다.

통일교는 '심정의 하나님참사랑의 하나님'을 사위기대四位基臺의 절대絶對로 두고 그 아래 정情과 지知를 두고, 이것의 통합으로서 의意를 두고 있다.

원효는 '일심'을 이문二門, 즉 진여문眞如門와 생멸문生滅門으로 나누고 있다. 원효는 비록 통합의 것을 일심론에서 바로 표방하고 있지는 않지만, 이것의 통합을 별도의 화쟁론和諍論에서 전개하고 있다.

이 둘은 결국 개념들은 다소 차이가 있지만, 결국 닮은꼴의 모양을 하고 있다. 하나는 둘로 갈라지고 둘은 다시 하나로 통합되는 구조이다. 이는 일즉이一卽二 이즉일二卽一, 일이이一而二, 이이일二而一의 사상도 통하고 있다.

통일교의 '심정'의 사상, 즉 '심정心情-정情-지知-의意'사상은 율곡栗谷, 1536~1584의 심성정의일로설心性情意一路說의 사상과 매우 흡사하다. 그렇다면 주기론자主氣論者인 율곡의 입장을 감안하면 통일교의 사상도 기氣철학으로 해석할 수도 있고, 혹은 이기理氣철학으로 해석할 여지가 있는 셈이다.

또한 통일교의 '심정'의 사상에서 지知 혹은 천심天心을 이理라고 보는 측면을 감안하면 퇴계退溪, 1501~1570의 주리론主理論 철학과도 통한다고 볼 수 있다. 심지어 이런 여러 사상들의 통합적 측면마저 보이는 것이다. 이때의 통합은 단순 집합이나 절충이 아니라 면모를 일신하는, 혹은 한 단계 새롭게 진화된 사상의 면모마저 보이는 것이다. 그러한 점에서 기독교의 참다운, 놀라운 토착화라고 말할 수 있다.

앞에서 거론되는 심心, 즉 마음이라는 것은 시시각각 시세에 따라 변하는 마음이 아니라 '중심을 잡은 마음'이다. 중심을 잡은 마음이라는 것은 무엇인가. 이는 인중천지일人中天地一의 마음이다. 이는 천지天地 가운데 사람人이 있는 것이 아니라 사람 가운데 이미 천지가 들어와 있는 마음이다.

통일신학은 치졸한 이단異端논쟁의 대상이 아니라 신학적·철학적 통섭과 융합의 성공적 사례이며, 한민족이 거둔 20~21세기의 금자탑이라고 말할 수 있다. 통일교는 기독교 사상을 중심으로 하고 있지만, 그것을 한국적 토양에 접목시킨 세계적 사상이라고 말할 수 있다.

물론 문선명 총재는 하늘의 계시를 통해서 천명天命을 들었다고 하는 '계시신학'의 전통 위에 있지만, 그것은 문선명 총재의 성장과정이 한국이라는 점에서 볼 때, 한국의 사상적 토양 속에서 배태된 것이며, 사위기대를 비롯한 신학의 전개에서 볼 때 곳곳에서 한국문화의 요소와 특징과 기미를 느낄 수 있다.

문선명 총재는 '하나님의 말씀'에서 분명히 종래에는 어느 누구도 듣지 못했던 시대적 의미를 들었다. 그것이 '천명天命'이고 '성약成約'의 의미이다. 선생의 신학적·철학적 사상이 '통일統一'이라는 이름에서 집약되지만 통일이라는 용어는 참으로 의미심장한 의미가 들어있다. 그것을 단순히 기존의 것을 통합하거나 통일하는 것이 아니라 새로운 복음으로서 오직 그 자신만의 깨달음에 의해서 그물의 강綱을 만들고 윤倫을 만들어낸 것이다.

앞으로 문선명 총재가 세상에 내어놓은 새로운 복음에 대해 후세들은 신앙은 물론이거니와 신학체계, 교리체계를 강화하고 심화하는 데에 있어서도 막중한 책임과 의무를 안고 있다고 해도 과언이 아니다.

한국의 전통사상과 서양의 기독교 신학이 만나면서 하나님 신앙과 역사적 소명이 영적靈的 폭발을 통해 이끌어낸 선생의 방대한 말씀과

행적은 한국문화의 큰 영광이고 자랑이 아닐 수 없다. 아마도 선생은 한국인으로 태어났지만, 한국을 넘어서 세계에 우뚝 선 보편적인 인물로는 가장 큰 인물로 기록될 것이다. 아울러 선생의 후광으로 인해 한국인은 세계 어디를 가거나 '신앙 모국'의 후손으로 융숭한 대접을 받을 것이다.

삼국통일의 사상적 기둥이었던 원효는 육자진언六字眞言, '나무아미타불南無阿比陀佛' 속에 그의 정수를 남겼다. 문선명 총재도 '천지인天地人 참부모父母' 육자진언 속에 모든 것을 집약했다. 아마도 '천지인 참부모' 속에 내재된 의미를 다 안다면 제대로 통일교를 안다고 말할 수 있을 것이다.

'하나님 아버지'의 기독교는 한국에 들어와서 '천지인 참부모'가 되었다. 여기엔 아버지와 어머니가 함께 들어있다. 모든 신앙은 아버지적인 의미와 어머니적인 의미가 함께 들어있음으로써 완성된다고 할 수 있다. 그러한 점에서 '천지인 참부모'는 '천지인'의 우주론과 '참부모'의 가정종교의 만남이다. 기독교의 완벽한 체계이다. 가장 높은 것에서부터 가장 낮은 것을 통합함으로써 비로소 기독교는 한국에서 완성된 셈이다. 그래서 이를 두고 성약시대라고 하는 것이다.

'천지인 참부모' 중에서 '참眞'이라는 말은 순우리말이다. 참 진眞자는 동양의 사서삼경四書三經의 원전에도 없는 말이다. 참 진자는 예로부터 '진단震檀'으로 알려진 우리민족 고유의 말이다. 수많은 말 중에 어떻게 '참'자를 뽑아내어 진수眞髓로 삼은 것은 천지의 조화라고 하지 않을 수 없다.

'참'자는 '참되다眞', '참답다善', '참하다美'라는 말을 통해 '참'자로서 진선미를 다 표현하는 말이기도 하다. 여기에 참부모는 자연스럽게 '참다운 천지' '참천지=참부모'를 이르는 말이다. 참부모라는 말에는 진선미가 다 들어가 있는 셈이다.

이는 예부터 우리 민족의 경전인 천부경天符經의 '인중천지일人中天地一'의 깨달음을 '참'으로 연결시키는 한편 동시에 그것을 '부모'로서 해석하는 위대한 발상이다. 천지인 참부모는 이제 우리 시대의 육자진언이 될 것이다. 종교가 대중적으로 호소력을 갖기 위해서는 '소리'와 '기도'에 호소할 수밖에 없다. 원효의 불교가 '소리의 불교'라면, 통일교는 '소리의 기독교'이다. '소리'에 도달함으로써 진정으로 토착화된 불교의 사례는 앞으로 통일교의 토착화에 비결을 제공할 것이다.

아버지가 있으면 어머니가 있는 게 당연한 이치이다. 남자가 있으면 여자가 있어야 하는 게 당연하고, 둘의 참사랑을 통해 세계는 평화를 이룩할 수 있다. 대자연의 이치에 통합된 통일교는 앞으로 인류 문명의 여성 시대를 앞두고 새로운 신학을 준비하고 그 기초를 마련한 셈이다.

예부터 하늘의 소리, 하늘의 말씀, 천부경天符經을 가진 민족의 후예, 한국인에게 '하늘의 영광'이 주어졌다. 이는 구세주 예수가 이스라엘에 태어난 것과 같다. 문선명 총재의 '심정心情'은 몸이 함께하는 마음이며, '몸의 마음'이다. 그래서 심정은 혈통과 함께하며, 조상인 귀신과도 통한다. 심정, 귀신, 신이 통합된 것이 통일교인 셈이다.

통일교는 비록 기독교이지만 우리의 '천지신명天地神明'과 통한다.

전통종교의 입장에서 볼 때, 통일교는 기독교의 성공적인 한국적 토착화라고 할 수 있다.

통일교의 '참사랑=심정心情' '참부모'를 한글의 '소리의미소리 자체의 직접적인 의미'로 풀어보자.

훈민정음訓民正音은 '백성을 가르치는 바른 소리'라고 번역하지만 실은 '임금왕이 백성의 소리를 듣기 위해' 창안한 소리글자이다. 이는 천지인 사상으로 보면 '천天=왕'과 '지地=백성'이 소통하여 하나가 되기 위한 글자이다. 한글의 소리에는 하늘의 소리, 우주의 소리가 들어있다.

문선명의 통일교야말로 진정으로 기독교가 토착화된 양상을 보일 뿐만 아니라 인류의 모든 종교를 통일한다는 것을 천명함으로써 도리어 하나의 종교나 종파에 매달리지 않게 하는 태도를 보이고 있다. 이는 한국문화의 종교적 독립에 해당하며, 적어도 세계적으로 통용되는 스스로의 신을 창출함으로써 종교수출에 해당한다.

통일교의 '심정心情=참사랑=참사람' '천지인 참부모'를 한글의 '소리의미소리 자체의 직접적인 의미'로 풀어보자.

심정(心情: Heart)=참사랑=참사람		
○ㅁ△	참	사	랑
ㅅ(△)=인간(人) ㅈ과 ㅊ은 ㅅ의 치음계열	ㅊ+ㅏ+ㅁ	ㅅ+ㅏ	ㄹ+ㅏ
	ㅊ	ㅅ	ㄹ
	ㅏ	ㅏ	ㅏ
	ㅁ		ㅇ
* ○ㅁ△의 의미로 보면 사람은 사랑하는 존재이다		

사람(人)	삶(사람)	사랑
사람 인(人, 仁): △(ㅅ) ㅁ ○(ㅇ) ㅁ→ㅇ(삶의 완성)	사(ㅅ+ㅏ)	사(ㅅ+ㅏ)
	라(ㄹ+ㅏ)	르(ㄹ+ㅏ)
	ㅁ	ㅇ
※ ㅇㅁ△의 의미로 보면 사랑은 삶(사람)의 완성이다.		

천지인 참 부 모 (육자진언)	天	부(父)	상(上)	1(보편성)	
	人(神)	참(眞)	좌우(左右): 거울	∞ (역동적 운동)	수평선/ 지평선
	地	모(母)	하(下)	0(일반성)	
※ 인간은 상하(上下)를 나누고, 거울은 좌우(左右)를 바꾼다.					

한민족에게는 소리에서 우주의 원리와 신비, 그리고 인간의 발성
기관에서 일어나는 소리의 DNA를 발견하는 신통력 같은 것이 있었
던 것일까. 우주에는 원음原音 같은 것이 있을지도 모른다. 그것은 우
주적 메타소리meta-phone, 혹은 메타언어meta-language이다. 통일교는 인
류 언어의 통일을 거론하면서 한국어의 인류 조국어祖國語로서의 가능
성을 예언하고 있다.

하늘은 그 메타언어를 내장하고 있는지도 모른다. 한글이 바로 그
것일지도 모른다. 율려律呂를 기초로 한 소리가 한글이고, 율려의 신화
가 '마고Mago'신화이다. '마고'신화는 '하나님 어머니'에 대한 신화이다.
'마고'는 가부장제의 신화에 의해 '마귀'라고 매도되었다.

한국인은 소리에 민감하기 때문에 파롤을 우선한다. 이는 자연의
소리를 듣는 천성을 가졌기 때문이다. 한국인은 그래서 단순소박한
자연적인 삶을, 자연친화적인 미학을 삶의 기준으로 삼는다.

인류의 범지구적인 가부장제 속에서도 모계적·모성적 문화의 요소를 가장 많이 지켜온 민족이 한국인한민족이다.

한국인은 소리에서 존재를 느끼기도 하지만 동시에 소리에서 존재자를 느낀다. 이는 서양 사람들이 언어에서 존재와 존재자를 동시에 느끼는 것과 같다.

한국인	서양문명
소리(phone)	언어(language)
존재↔존재자	존재자↔존재

Chapter 03

통일신학과 철학, 그리고 심정문화예술

1

통일신학에 대한
존재론과 해체주의적 접근[46]

― 기존 종교의 해체와 새로운 통합,
그리고 인류문명의 미래

유대-기독교 문명권에서 메시아로 온 예수가 결국 십자가에 못 박혀 죽게 된 것은 바로 서구문명권의 모순 때문이다. 이러한 사정은 지금도 마찬가지이다. 서구문명은 눈-시각 중심의 문명이다. 눈-시각 문명은 대상對象에서 비롯되는 문명이다. 대상이 있기 때문에 대상을 대상으로 하는 주체나 주인이 상정되는 것이다. 이러한 대상적 특징은 사물을 대상으로 하는 과학의 특징이기도 하지만 동시에 신앙의 대상을 가져야만 하는 종교의 특징이기도 하다.

종교야말로 신앙의 대상을 가져야만 성립하는 것이다. 신앙의 대

---

46 이 글은 통일교 창시자 문선명(文鮮明) 총재가 성화(2012년 9월 3일)한 뒤 〈세계일보〉(2012년 9월 5~11일자)에 7일간에 걸쳐 연재하면서 썼던 내용 가운데 신문원고의 특성상 싣기 어려운 철학인류학적 내용을 실은 것이다.

상은 믿는 자에게는 바로 신앙의 주체주인로 자리바꿈을 한다. 여기서 대상과 주체의 교차나 교체, 혹은 이중적 상관관계가 이루어진다. 신은 주체로서 인간을 대상으로 하고 있고, 인간은 사물을 대상으로 있는 것이 기독교-과학 문명이다. 기독교-과학문명은 한통속이다.

철학적으로 볼 때 서구문명은 주체와 대상을 대립시키는 문명이다. 헬레니즘과 헤브라이즘은 언뜻 보면 서로 정반대의 것이라고 생각하지만 실은 인간이나 사물을 대상화하는 공통점을 가지고 있다. 헬레니즘은 물론 인본주의이다. 그러나 헤브라이즘도 실은 신神을 통하지만 철저히 인간을 위해서 있는 것이다. 기독교라는 것도 자세히 보면 결국 인간문제를 해결하기 위해서, 혹은 자문자답고백성사나 기도는 자기 문제 해결의 방식이다을 하는 것이고, 인간 밖의 다른 동식물을 위해서 있는 것은 아니고, 그것들을 위하더라도 부차적이다.

하나님과 인간의 창조-피조 관계는 주인과 종의 관계이다. 이는 헤겔의 절대정신의 주인-노예의 변증법과 같다. 결국 기독교와 서양철학이 한통속이라는 것을 말해준다. 이에 더하여 마르크스는 서양의 자유-자본주의를 비판하는 입장에서 유물론을 주장하고 나섰지만, 그의 휴머니즘은 도리어 물질을 주인으로 하고 인간을 물질의 파생체로 봄으로써 인간을 노예화하고 있다. 마르크스의 휴머니즘은 결국 표방하는 평등주의와 달리 결과적으로 안티-휴머니즘인 셈이다.

현대철학의 존재론에 따르면 존재는 드러난 것과 드러나지 않은 것이 있을 따름이다. 드러나지 않는 것은 드러난 것의 근거무근거의 근거이다. 로고스나 하느님 아버지는 일종의 절대자이다. 그런데 현대과학과 철학은 우주가 절대적인 것이 아니라 상대적인 것이라는 것에 합의하고 있다. 결국 세계가 상대적이기 때문에 인간은 절대적인 것을 주장할 필요를 느끼고, 주장하게 된 셈이다.

통일교의 성공은 한국의 전통적인 사상을 바탕으로 서구 기독교에 새로운 해석을 함으로써 이루어졌다. 통일교는 무엇보다도 주체−대상의 해석에서 양자 간의 왕래와 이중성을 허용함으로써 서구적 대립을 벗어나고 있다. 통일교의 원리원본의 핵심은 주체와 대상이 사위기대를 이루고, 다시 주체와 대상이 다시 새로운 주체가 되어 삼위기대를 이루면서 주체−대상은 다원다층의 변이를 이룬다. 그래서 통일교의 하나님은 결국 절대상대적인 하나님이 된다.

통일교의 국제적인 성공은 처음엔 '순결純潔운동'을, 다음에 '승공勝共운동'을 이루어냈다. 공산주의의 종언은 실은 싸우고 긴장해야 할 상대가 없어진 것이나 마찬가지이다.

공산주의의 실패는 자본주의의 모순을 지적한 것에 있는 것이 아니라 그 해결방식의 잘못에 기인한 것이다. 공동생산과 공동소유의 방식으로는 자본주의의 강력한 원동력인 인간의 욕망을 제어할 수 없었던 것이다. 생산과 소비는 공동으로 할 수 있어도 소유는 공동이 될 수 없다.

소유의 원천은 자본주의에 있는 것이 아니라 가부장제 속에 도사리고 있다. 쉽게 말하면 남자가 여자를 소유한 데서 비롯된다. 공산주의의 종언은 실은 자본주의의 종언을 예고하고 있는 것이나 마찬가지이다. 인류의 역사는 항상 대립구조를 통해 새로운 이상을 설정하는 방식이었기 때문이다.

통일교가 서구 기독교를 넘어섰다고 하지만 여전히 기독교와 자본주의의 연합체계 아래에 있는 것이 사실이다. 문제는 이것을 어떻게 탈피하느냐에 미래가 달려 있다. 자유자본 대 공산사회의 대립구조를 벗어나서 새로운 대립구조를 만들어내야 역사를 선도할 수 있는 것이다.

인류역사를 긴 시간으로 보면 고대 신화시대, 중세 종교시대, 근대 과학시대를 거쳐 왔고, 이제 후기근대 예술시대를 맞이하고 있다. 예술시대라는 것은 실은 신화시대로의 원시반본原始返本의 의미가 강하다. 이는 인간의 무의식의 구조와 연결되고 있다.

기독교의 성결주의hagiology는 인간을 제어하지 못할 가능성이 높다. "나는 길이요, 진리요, 생명이다."라는 방식은 이제 인간에게 설득력을 갖지 못한다. 여기에 동양의 샤머니즘의 오신娛神의 방식이 요청되는 것이다. 오신은 인간의 삶 자체를 신명나게 하고 예술로 만든다.

철학도 그동안 '진선미眞善美'의 방식으로 전개하였지만, 이제 '미선진美善眞'의 방식으로 전개하지 않으면 안 된다. 이것은 인간이 이제 머리 중심에서 몸 중심으로 사고의 대전환을 하는 것을 의미한다. 몸實體이 없는 세계는 없는 세계이다. 그런데 여기서 중시해야 할 것은 '몸'이 바로 '물질'이 아니라는 점이다.

마르크스의 유물론은 몸 중심으로 가는 것을 미리 알아차렸지만 서양의 방식, 즉 정신과 물질의 이분법적 변증법에 익숙한 나머지, 헤겔의 절대정신絶對精神에 반대되는 유물론唯物論에 유토피아를 설정하였기 때문에 여전히 서양문명의 한계를 지니고 있었다고 할 수 있다. 가부장제와 국가사회 속에서는 평화와 구원은 실현되기 어렵다. 가부장제와 국가사회는 소유所有의 출발이기 때문이다. 국가사회에서 공산共産과 공유共有를 부르짖는 공산사회주의는 하나의 실현 불가능한 이상에 불과하다. 적어도 공산은 될 수 있을지언정, 공유는 어렵기 때문이다.

칸트도 이미 판단력비판에서 판단력美이야말로 실은 인간이 보편성에 다가가는 바탕임을 알았지만 당시 시대적 필요가 과학이었기 때문에 시공간을 전제로 과학에 접근하였던 것이다. 이제 서구의 과학적 사고, 이성중심적 사고라는 것이 한계를 드러낸 지금 새로운 대안으로 예술적 사고가 필요한 것이다.

진정한 평화는 세계가 지구촌地球村이 되고, 지구촌이 네트워크web, network로 하나가 되고, 국가 혹은 제국을 초월한, 초국가적 '모성중심 세계world'가 될 때 가능한 것이다. 이것이 신新모계 사회, 신新모성사회, '멋진 신세계'인 것이다.

현대의 후기철학은 이제 주체나 정체라는 것이 본래 없기 때문에 역사적 인간이 그것을 주장하게 되는 것이라는 점을 알고 있다. 말하자면 근거가 없기 때문에 근거를 만들지 않을 수 없는 인간의 입장에 동의하는 셈이다. 인간의 근거 아닌 근거無근거의 근거는 역시 자연自然이다. 자연과학의 대상으로서의 자연이 아니라 자연 그 자체의 자연이다.

그동안 신이라고 하였던 정체는 인간이며, 인간은 더 이상 신을 동원하여 오만해서도 안 되며 자연 앞에 겸손해야 한다. 만약 호모사피엔스사피엔스라는 인류가 자연과의 적응에서 실패하면 멸종될 수도 있는 것이다. 말하자면 어떤 종교의 바이블이 인간을 살리는 것이 아니라 자연이 인간의 생사와 생멸을 결정하는 것이다. 그러한 점에서 통일교는 보다 자연주의의 입장으로 미래를 전개하여야 할 것이다. 그렇지 못하면 여러 가지 한계에 부딪힐 수밖에 없다. 통일교는 동양의 여러 사상적·종교적 자원을 가지고 있다는 점에서 유리하다.

통일교의 6,000년 기독교 사관은 공교롭게도 인류학에서 말하는, 바로 가부장제의 역사과 맞먹은 시간이다. 통일신학은 새로운 신학이면서 동시에 전통적 기독교의 신학이론을 해체하는 이론이다. 이는 기존의 조직신학 체계로는 설명할 수 없다. 말하자면 새로운 '포괄적 보편성' 즉, 일반적이고 보편적인 '일반적 보편성'을 내놓았기 때문이다. 이것을 '보편성의 철학' 대신에 '일반성의 철학'이라고 말할 수 있을 것이다.

통일교는 특히 기존의 성경해석의 차원, 해석의 확장 차원을 넘어 '스스로 메시아'를 주장함으로써 이제 '메시아를 기다리는 것'이 아니라 '메시아를 현실이 되게 한' 기독교이다. 이는 종래 신학과는 전혀 차원이 다른 기독교이다. 이를 두고 통일교에서는 정오정착正午定着의 하나님, 혹은 '실체의 하나님'이라고 말한다. 이러한 신학을 내놓을 수 있는 바탕에는 종래의 신학체계를 해체하고, 다시 새로운 신학체계를 구축할 수 있는 한국적·동양적 사상의 전통이 있었기 때문에 가능한 일이었다.

이러한 사상은 앞에서 언급하였듯이 '천지창조의 우주론'을 '천지개벽의 우주론'으로 바꾸는 데서 가장 극명하게 나타난다. 세계는 닫혀있는 세계가 아니라 열려있는 세계이다. 또 원죄의 여성인 해와를 해방하고, 동시에 해와를 유혹한 사탄과 심지어 만물을 해방하는 데서 잘 나타난다. 통일교는 특히 섭리의 실천과정에서 '신인협동설'과 함께 지옥에서의 '전인구원설'을 주장한다.

이는 신이 절대적인 존재로 군림하는 것이 아니라 상대적으로 인간과 함께 도모하고, 심지어 단 한 명의 인간도 지옥에 남겨두지 않고 구원하겠다는 참사랑으로 나타난다. 이는 불교의 지장보살과 같은 것이다. 통일교는 마치 불교의 소승불교에서 대승불교로의 전환과 같은 기독교사적 혁명이라고 말할 수 있을 것이다. 통일교는 이미 '대승기독교'이다.

통일교의 여성해방은 성性에서 출발한 타락의 속박에서 인류가 해방됨을 의미한다. 그래서 통일교는 타락하지 않은 혈통의 접목접붙이기을 통해 아담의 혈통을 회복하고, 참사랑, 참가정을 이룰 것을 주문하고 합동결혼식을 거행한다. 성의 족쇄가 풀림으로서 이제 더욱더 자발적으로 순수혈통을 보존하지 않으면 안 된다.

기독교 구약성서에서 모계 사회의 원리를 찾아보면 장남이 아닌 막내에게 혈통이 계승되는 구조이다. 예컨대 아브라함의 혈통은 장자인 이스마엘이 아닌 이삭에게, 에서가 아닌 야곱에게 내려간다. 야곱의 혈통계승은 어머니인 레베카의 지원을 받는다. 다말은 또한 혈통이 끊어질 위기에 처하자 시아버지와 관계를 맺고 혈통을 이어간다. 말하자면 혈통의 결정적인진정한 계승자는 실은 여자인 것이다. 남자의 혈통은 언제나 끊어질 위기에 처할 수 있다. 그래서 그 보완책으로 양자제도를 취하고 있다. 그러나 이것은 자연이 아니다.

현대 유전학은 여자의 미토콘드리아야말로 끊어지지 않는 혈통을 보장해주는 것으로 '미토콘드리아 이브'라는 가상의 이름을 탄생시켰다. 실지로 남자는 자신의 혈통이 정확하게 이어지고 있는지 결정적으로 확인할 방법이 없었다. 현대에 이러러 유전자 검사로 친자확인을 할 수 있다고 하지만 그 이전에는 확인할 방법이 없었다. 그래서 가부장사회는 근본적으로 남자가 여자아내를 감시·감독하는 '남성관리사회'이다. 그래서 소유의 개념이 창출되는 것이다. 이를 여자를 중심으로 보면 혈통의 의미도 없어지고, 감시할 이유도 없게 된다. 여자는 자신의 몸으로 자식을 낳기 때문이다.

유대나라는 중동의 철저한 가부장사회이면서도 혈통은 왜 막내로 넘어가는가? 이는 모계 사회에서는 장남이나 먼저 난 자식들은 독립하여 집을 떠나고 자연스럽게 마지막까지 집에 남은 막내가 혈통을 이은 것과 관련이 있다. 중동지역이 유대 나라와 예수 당시에는 철저한 가부장사회였지만, 그 이전에는도시의 발달로 '사막화'되기 전 '숲의 사회'였을 때 모계 사회였을 가능성도 배제할 수 없다.

모계 사회의 원리는 '평화의 원리'이다. 남자가 여자를 소유한다는 소유개념이 없었기 때문에 전쟁을 할 필요도 없었다. 말하자면 이상적 공동사회와 같은 것이었다. 여기에 부계적 원리가 등장함으로써 혈통출계이 중시되고, 권력이 등장하였으며, 점차 집단의 규모가 큰 국가사회로 나아가게 된다. 기독교의 평화의 원리는 실은 겉으로는 가부장제의 원리표면구조를 선언하고 있지만 그 이면에는 평화를 지향하는 모계의 원리이면구조를 은적하고 있다.

통일교의 표현형은 기독교이고 보편성과 절대성을 추구한다. 그러나 그 이면에는 전통종교, 상대성, 일반성을 깔고 있다. 말하자면 통일교는 전통종교를 포용한 기독교이고, 상대성을 포용한 절대성이고, 일반성을 포용한 절대성이다. 심하게는 여자를 포용한 남자이다. 참어머님을 포용한 참아버님이다. 그런데 이를 거꾸로 포용할 수는 없는가? 이러한 것이 미래의 과제이다.

| 표현형 | 보편성 | 절대성 | 남자(참아버님) | 포괄적 기독교 |
| 이면형 | 일반성 | 상대성 | 여자(참어머님) | 일반적 기독교 |

인류사를 보면 인구의 증가와 함께 부계사회가 되면서 부족 간의 전쟁으로 인하여 집단의 가계를 장남에게 물려주지 않으면 안 되게 되었다. 여성에게 주어져 있던 신의 지위와 가계의 지위는 남자에게 옮겨지고, 여성은 남자에게 종속된 신분으로 바뀌게 된다. 이것인 소위 인류학에서 말하는 '여신의 폐위廢位'이다. 여신은 전쟁의 신으로서는 부적합하였다. 남자는 전쟁의 신으로 적합하였다. 따라서 남자가 권력을 잡은 한 전쟁은 불가피하다.

장자상속은 권력과 전쟁을, 막내상속은 비권력과 평화를 상징하는 것인지도 모른다. 평화를 추구하는 기독교는 그래서 막내에게 혈통을 주는 것인지도 모른다. 그렇게 보면 남성-부계-권력-정치-전쟁, 여성-모계-비권력-종교-평화의 연쇄를 상정할 수 있다. 통일교에서 '참어머님'의 등장은 기독교를 '분노의 신전쟁의 신'에서 '평화의 신자비의 신'으로 나아가게 함으로써 기독교의 완성의 의미, '성약 시대'의 의미를 내포하고 있다.

기성교회의 대형교회주의나 교회성장주의는 실은 가부장제나 자본주의의 원리에 편승하는 것과 다를 바가 없다. 이에 비해 통일교는 교회주의가 아닌 가정교회를 지향하고 있다. 이는 심지어 종교라는 것조차 초월하려는 의지를 내포하고 있다. 말하자면 통일교는 종교라는 권력이 되고자 하지 않는다. 여기에 초종교, 초종파, 초종족, 초민족, 초국가의 사상이 있는 것이다.

통일교의 가장 큰 특징은 기성 기독교회가 국가라는 단위를 비약하거나 무시하면서 세계적인 보편주의를 표방하고 있는데 반해 통일교는 철저하게 민족주의나 국가주의의 단계를 소중하게 생각한다. 인간의 사고가 자아의 세계적 확대과정이라 가정하면 문선명은 결코 민족이나 국가의 과정을 비약하지 않는다. 이는 한국의 지성사적 입장에서 보면 매우 특이한 현상이다.

한국의 지식인은 대체로 국가라는 단계를 비약하거나 무시하거나 생략하면서 자신의 세계체계를 구축하는 경향이 있다. 이를 가리켜 사대주의라고 말한다. 한국의 사대주의는 선진문화주의 혹은 양반주의와 결합하면서 한국에 뿌리를 내렸는데 이는 한국 지성사에서 사상적 독립을 저지하고, 결국 스스로 문화적 독립을 저해하는 요인이 된다.

이것이 한국을 이데올로기 종속국의 나라로 만드는 요인이다. 결국 6.25남북전쟁도 이것에서 비롯된다. 한국은 선진문화를 구가하는 것 같지만, 그것은 대체로 서양선진문화의 카피에 머물게 된다. 문선명은 기독교를 토대로 이를 불식시킨 인물이다.

문선명은 천지인 사상의 번안으로 애천애인애국愛天愛人愛國을 주장하면서 '애지'에 해당하는 자리에 '애국'을 집어넣고 있다. 이는 그가 얼마나 나라를 사랑하는지를 가늠케 하기에 충분하다. 그는 또 가정, 종족, 민족, 국가, 세계, 천주天宙를 배열함으로써 매우 유교적 전통도 존중하는 것으로 나타났다.

그의 집안이 유교 선비집인 것에 영향을 받았을 것이다. 이는 다분히 성리학의 격물치지성의정심格物致知誠意正心 수신제가치국평천하修身齊家治國平天下의 확대개편이면서 개인을 기점으로 동심원적 확대과정이다. 이 과정에서 문선명은 특히 국가 단계를 중시한다. 그래서 그는 한국이라는 나라가 잘 되어야 자신의 천일국 이상의 실현에도 아무런 지장이 없게 된다고 생각한다. 그래서 무엇보다도 남북통일을 지상과제로 삼고 있다. 아마도 그의 재력의 가장 많은 부분이 북한은 물론이고 남한에 뿌려졌을 것이다.

통일교의 천주주의天宙主義는 종래의 닫힌 보편성이 아니라 우주만물의 자리에까지 내려와서 다시 그것을 포괄하여 보편성으로 올라가서 새로운 원리와 원본을 주장하고 있다는 점에서 종교라는 측면을 떠나서도 주목된다. 통일교는 기독교 섭리사의 원리적 측면에서도 성장한 것 같다. 이는 신God도 완성되어갔음becoming을 의미한다. 이것은 존재being의 철학이 아니라 생성becoming의 철학이다. 이는 철학적으로 보면 종래의 하나의 닫힌 보편성만 주장하는 철학이 아니라 보편성의 반대에 있는 일반성으로 내려와서 일반성의 철학에서 다시 보편성으로 상승한 포괄적 보편성이라고 명명할 수 있을 것이다.

통일교는 비권력체계로 권력체계에, 평화체계로 전쟁체계에 도전한 셈이다. 심지어 가부장제의 '남성체계하나님 아버지'에서 '여성체계참어머님'로의 전환을 한 종교이다. 이는 '여신의 복위復位'를 의미한다. 이 '여신의 복위'는 여성의 원죄로부터의 해방이 전제되어야 하는 것은 물론이고, 여성이야말로 다원다층에서 벌어지는 남성중심의 권력전쟁에서 평화를 도모할 수 있는 유일한 대안임을 천명하는 것이기도 하다. 이제 여성은 '원죄의 원인'이 아니라 '평화의 근거'로 신학적 대전환을 하게 되는 셈이다.

기본적으로 보면 가정에서도 아버지남자는 잘난 자식을 좋아하고, 그 자식을 밀어준다. 그 이면에는 남성들의 권력추구가 내재되어 있다. 이에 비해 어머니여성는 못난 자식에게 더 사랑이 가고 그 자식을 잊지 못한다. 그 이면에는 권력을 추구하지 않음이 내포되어 있다. 이를 사회적으로 확대하면 전자는 결국 전쟁의 구조로 확대되고 후자는 평화의 구조로 정착된다.

만약 여자가 권력을 잡고도 평화로울 수 있다면 평화의 시대가 도래到來한 것이라고 말해도 좋을 것이다. 인류는 과연 평화의 시대를 맞을 수 있을까? 지구촌사회는 이제 그 전쟁을 더 이상 용납하지 않을 수 있을까? 한 가지 분명한 것은 적어도 여성중심 혹은 모성중심

사회가 된다면 남성중심 혹은 가부장사회보다는 전쟁이 줄어들 것이라는 희망을 가져본다. 진정한 평화는 '여성의 자비'에 있다.

다시 말하면 불교는 부처에서 출발하여 보살에서 완성되었다. 이것이 소승에서 대승으로의 불교의 완성의 역사이다. 기독교도 하나님 아버지에서 출발하여 참어머님에서 완성되었다. 이것이 아버지에서 어머니로의 대승적 기독교로의 완성의 길이다.

통일교의 완성, 성약의 의미는 매우 역설적이다. 완성의 의미는 첫째, 신령의 측면에서 볼 때는 통일신령을 하였기에 다시 추구할 신령이 없다는 뜻이 된다. 둘째, 여성해방과 만물해방을 통해 여성과 만물이 더 이상 원죄나 대상에 속박되어있지 않아도 된다. 셋째, 위에서 군림하는 가부장제와 절대적인 하늘의 종언을 의미한다. 천지개벽天地開闢을 의미한다. 주역 상으로는 지천地天 태괘泰卦: 地/天이고, 수화水火, 기제旣濟: 水/火를 의미한다. 넷째, 혈통의 완성을 통해 혈통의 의미가 없어진다. 종합적으로 세계는 비권력적인 세계가 된다. 다섯째, 통일교는 이제 여성 시대를 선도하고 있다. 세계평화여성연합과 가정교회운동이 그것이다.

통일교는 기독교적 사명을 완성한 후에 다른 종교, 다른 종파와의 통일과 통합과 통섭을 실현해야 한다. 이것이 초종교와 초종파를 비롯한 여러 단계의 초월운동이다. 통일교는 축복결혼 등 가장 가부장적 종교인 것 같았지만 도리어 가정 모계적 종교로 발전하여갈 것이다. 그래서 인류전체에 '참어머님 운동'을 전개할 것이다. 이는 '여신의 복위'이며, 한국적 여신인 '마고麻姑신화'의 부활이다. 마고신화가 다시 이 땅에서 부활하여야 진정한 신화의 회복이 된다.

현대천문학을 통한 우주론을 보면 빅뱅과 블랙홀로 압축된다. 빅뱅을 우주가 폭발해서 팽창하는 것이고, 블랙홀은 폭발된 우주가 다시 수렴되는 것을 말한다. 그런데 이것은 동시적으로 보면 블랙홀과 빅뱅으로 볼 수 있다. 블랙홀은 여성에 비유하고 빅뱅을 남성에 비유하면 남성과 여성의 교체로 우주를 볼 수 있다. 블랙홀은 어둠이고 빅뱅은 빛이다.

우주의 중심을 빅뱅에 두어야 할까, 블랙홀에 두어야 할까? 세계의 중심은 남성일까, 여성일까? 만약 이들의 교체가 우주이고 세계라면 과연 우주와 세계에 중심은 있는 것일까? 지구상에 인류라는 존재의 등장은, 다시 말하면 생각하는 존재의 등장은 우주에 중심이 있는 것을 상정하고 있다.

근대철학의 존재론에 따르면 존재는 '존재자의 존재'이고, 존재자는 '존재의 존재자'를 말한다. 존재가 있기 때문에 존재자가 있게 되고, 존재자가 있기 때문에 존재가 있게 된다. 인간이 자신의 존재를 확신하는 것은 실은 그 이전에 '근거로서의 존재', 혹은 '무근거의 근거로서의 존재'가 있기 때문이다. 나타나지 않은 존재, 숨어있는, 은폐되어 있는 존재는 있기 마련이다.

우주에는 근본적으로 '교차交叉, 交差의 비밀' '교대交代의 비밀'이 있다. 동양에서는 오래 전부터 음양론에 의해서 그 교차와 교대의 비밀을 알았지만, 서양에서는 그것을 대립적평행적으로, 직선적으로 풀었기 때문에 그것을 간과하였다. 그 때문에 서양문명은 과학을 만들어내긴 했지만 전반적으로 생태계ecology에 많은 문제를 남겼다.

　서양의 해체철학은 바로 그러한 교차에 대해 터득을 하기 시작했다고 평가할 수 있다. 우주의 중심이라는 것도 실은 중심이 없기 때문에 인위적으로 중심을 세워야 하는 것인지도 모른다. 인간의 주체나 정체성이라는 것도, 나라의 주체나 정체성이라는 것도 실은 그것이 없기 때문에 세워야 하는 것인지도 모른다. 그래서 주체와 정체성을 세우는 것이 인간의 역사일 것이다. 역사적 인간은 그렇게 할 수밖에 없다. 그래서 어느 분야에서든 새로움新은 자꾸 일어나는 것이다.

　세계에 중심과 주체는 과연 있을까? 도리어 중심과 주체가 없기 때문에 끊임없이 중심과 주체를 찾아야 하고, 그것은 다시 시대와 장소에 따라 새롭게, 다른 중심과 주체를 찾아야 하는 것으로 전개된 것은 아닐까. 그래서 신新은 신神으로 통한다. 그래서 자신自身, 자신自信, 자신自新, 자신自神이다. 몸을 타고난 인간은 스스로 믿어야 하고, 스스로 새롭게 되어야 하고, 그래야 끝내 스스로 신이 되는 '자신自神에 이르게 되는 것이다. 문선명은 바로 자신自神에 이르는 전범이 된 인물이라고 말할 수 있을 것이다.

　메시아는 하늘에 추상적으로, 이상적으로 존재하여야 하는 것은 아니다. 메시아는 땅으로 내려와서, 몸을 가져야 하며, 그 몸으로써 항상 새롭게 스스로를 만들어가서 끝내 신神이 되어야 하는 것이다. 인간 모두는 스스로 신이 되고, 메시아가 되어야 한다. 이것이 불교적으로 보면 화엄의 '일즉일체一卽一切 일체즉일一切卽一', 반야의 '공즉시색空卽是色 색즉시공色卽是空'의 경지이다. 문선명을 재림예수, 미륵

부처라고 하는 이유가 여기에 있다.

이는 문선명만 재림예수, 미륵부처라는 뜻이 아니라 인간 모두에게 그것이 열려 있음을 의미한다. 이제 기독교이든, 불교이든, 어떤 종교이든, 예수와 부처 혹은 다른 이름의 성인이라고 할지라도 인간의 가능성으로 열려 있는 구조, 열려 있는 믿음의 대상이 되지 않으면 안 된다. 이는 믿음의 대상이 결코 대상으로서만 존재하는 것이 아니라 주체가 되고, 주체와 대상이 이렇게 번갈아 가면서 왕래하여야 하는 것을 의미한다. "세계는 이제 소유所有가 아니다."

이것을 근대 해체철학은 "동일성이 있는가."라는 식으로 질문한다. 여기에 답변은 물론 "없다."이다. 인류는 삶에서 각 시대와 장소마다 다른, 적절한 중심과 주체를 만들며 살아왔다. 다시 말하면 절대적 진리나 도덕이 없기 때문에 서로 다른 문화가 존재하는 이유이다. 그래서 인간의 삶은 서로 다른 예술이라고 말할 수밖에 없다. 서로 다른 문화이기 때문에 한 문화권으로 만들어지기 시작하면 새로운 문화적 통일을 이루고, 새로운 통일원리와 원칙을 마련하여야 한다.

서양철학의 대명사 칸트는 '물 자체Thing in itself'를 통해 '물物'을 유보하였고, '신神'을 방관자로 둠으로써 결과적으로 과학을 탄생시켰다고 할 수 있다. 칸트의 전통을 이은 헤겔은 절대관념론을 탄생시켰다. 이를 반대를 하고 나온 마르크스는 유물론을 탄생시켰다. 유물론의 탄생은 바로 칸트의 '물 자체'의 유보를 통해 헤겔의 절대관념론에 도달한 서양철학이 다시 '물 자체'로 관심을 돌리기 위한 변곡점turning point에 해당한다. 이를 철학적 균형잡기의 일환이라고 볼 수도 있다. 서양철학은 유물론에서 한 걸음 더 나아가 '물 자체'에 대한 탐구를 시작했다.

서양의 현대철학은 신神의 문제에 이르러 "신은 죽었다.니체"라는 주장과 "신은 없다.무신론"라는 주장을 토해냈다. 이 말은 실은 신神이 정신精神이 되고, 정신이 이성理性이 된 서양철학사의 '신=정신=이성'의 등식이 자아낸 결과이다. 이성 중심적인 의미에서 보면 신은 죽었거나 신은 없어야 한다. 아마도 니체는 이성중심주의의 신은 죽었다는 의미일 것이다.

니체의 신은 대지大地의 신이다. 대지의 신은 몸을 가진 신이고, 몸을 가진 신은 희로애락의 신이다. 몸을 가진 신은 관념적인 신이 아니다. 니체가 사망을 선고한 신은 바로 관념적인 신을 말함이다. 그렇지만 유물론자들이 신神을 부정하는 것은 인간부정의 원천적인 모순에 빠지게 된다. 인간에게서 신을 도려낸다는 것은 마치 베니스의 상인에서 피를 흘리지 않고 가슴을 도려내라고 요구하는 것과 같다. 인간은 본래 신적인 존재이다.

왜 철학이 철학적으로 규명하기 어려운, 칸트에 의해서 유보되었던 '신神'과 '물 자체Thing in itself'의 문제를 두고 다시 피를 흘리는가. 여기에 종교와 철학, 신학과 과학, 그리고 신화와 예술이 결코 서로 떨어져 계속 지낼 수 없음을 말한다. 이는 필연적으로 물 자체에 대한 새로운 거론을 요구하게 된다.

물 자체는 물物이다. 물은 또한 심心이다. 세계는 심물心物이다. 물 자체는 신와 더불어 유보된 것으로 어쩌면 이성과 과학에 의해 분리된 하나의 몸뚱어리인지도 모른다. 이것은 인간이 삶의 수단을 얻기 위해 잠정적으로 분열한, '세계의 분열' 문제에 대해 새로운 통일적 시각을 필요로 하게 한다.

유물론은 그 자체가 여전히 서양의 정신과 물질의 이분법의 결과이다. 다시 말하면 서양의 정신주의나 물질주의는 사물을 존재가 아니라 존재자로 대하는 같은 출발을 가지고 있다. 물질은 대상으로만 있는 것이 아니라 '말하고talking' '교감하는sympathetic' 존재이다.

서양의 이성 중심주의는 사물을, 기독교는 인간을 대상으로 하게 함으로써 주인과 대상노예로 세계를 바라보게 하였다. 철학은 확연히 분리되지 않는 정신과 물질, 신과 인간 등을 확연히 분리함으로써 세계를 '분열대립하는 세계'로 만들었다. 정신과 물질, 인간과 신은 서로 대립적인 존재라기보다는 상관적 존재이다. 인간이 없으면 신은 존재할 수 없다. 동시에 인간도 신이 없으면 존재할 수 없다. 이 둘은 동시에 존재하는 '공동현존재das Mitdasein'이며, 상관적相關的, 關與的 차이pertinent difference의 존재이다.

신이 죽었다느니, 신이 없다느니 하는 것보다는 신과 함께 노는 것이야말로 인간과 신의 문제를 해결하는 지름길이다. 현재 지구상에서 가장 잘 신과 놀다 간 인물이 바로 문선명 총재이다. 그는 항상 신에게 묻고, 기도하고, 신명에 의해 살다가, 끝내 신의 한恨을 풀어준다고 했다. 신의 한을 풀어준 것이 바로 재림주, 메시아의 성약시대라는 것이다. 신의 한을 풀어준다고 하는 것은 다분히 한국적인 발상이다. 이는 신과 하나가 되는 심정적 과정이 없이는 불가능하다. 그것이 심정心情, Heart의 하나님이다.

통일교도 기독교인 한에 있어서는 서양의 기독교가 안고 있는 문제인 이성중심주의나 절대주의를 내세우고 있지만 그러한 가운데서도 심정과 상대주의를 내포함으로써 신과 인간의 새로운 소통을 가능하게 했다. 이는 동양의 무극태극사상 혹은 태극음양사상에 도움받은 바 크다. 그는 태극이라는 절대와 음양이라는 상대를 함께 공존하게 함으로써 분열된 세계를 통합하고 통일하게 된 셈이다.

통일교의 하나님 아버지, 천지인 참부모, 참부모, 부모, 자녀의 의미를 전통적인 태극음양이론으로 해석하면 그 의미의 위상이 서로 겹쳐지면서 가변적임을 알 수 있다.

유대교의 전통으로 볼 때 예수가 '하나님여호와'에게 '하나님 아버지'라고 부른 것은 참람한 것이다. 그래서 메시아 예수는 십자가에서 죽었다. 문선명은 여기에 더하여 '천지인 참부모'라고 했으니 더더욱 참람한 것이다. 말하자면 하나님을 매우 세속적으로, 혹은 땅으로 내려오게 한 셈이다. 어쩌면 그러한 문선명이 예수처럼 십자가에서 죽지 않고, 자연사한 것만 해도 많이 변한 세상이다. 그것 자체가 이미 여성 시대를 예언하고 있다.

무극(天)	태극(地)	음양(人)
하나님(여호와)=천지신명(天地神明)	하나님 아버지	
하나님 아버지	참부모(천지인 참부모)	부모
참부모(천지인 참부모)	부모	자녀
이지기(理之氣), 기지리(氣之理)	이(理)	기(氣)

서양의 기독교가 "태초에 말씀이 있었다."의 말씀을 절대화 혹은 로고스Logos화 하지 않았다면 세계는 이분법으로 분열하지 않았을 것이다. 그러나 그것도 인간의 운명이다. 그 결과 과학이라는 무기를 인간이 가지게 되었으니 말이다. 그러나 그 과학은 인간의 삶의 터전에 여러 에콜로지의 문제를 야기하고 있다. 에콜로지의 문제는 쉽게 해결할 수 있는 문제가 아니다. 에콜로지의 문제는 과학의 필요악과 같은 성격과 연계되어 있기 때문이다.

서양의 해체철학들, 예컨대 자크 데리다의 그라마톨로지grammatology 나 질 들뢰즈의 리좀Rhizome, 그리고 이에 앞선 하이데거의 존재론 ontology 등은 기존의 철학을 해체하고 있지만 그들이 결코 에콜로지의 문제를 해결하는 방안을 가지고 있는 것이 아니다. 말하자면 이들은 서양의 기독교-과학문명체계 내의 자장磁場에 속하는 자체 내 운동이며, 반운동에 불과하다.

서양의 철학은 '시각과 언어'의 합작품이다. 그러한 점에서 자연의 소리에 귀를 기울이는 것이 필요하다. 자연의 소리에 귀를 기울이는 방법 중에 중요한 것이 바로 '신과의 놀이'이다. 신과의 놀이는 결국 인간 각자가 '자신自神'에 이르러야 달성되는 것이다. 여기에 소리와 음악은 결정적 기여를 한다. 소리는 무엇을 상징하고 있다. 상징은 신화 그 자체이고, 인간으로 하여금 현재에서 과거와 미래를 동시에 한꺼번에 '세계에로의 참여'를 가능하게 한다. 인류 문명은 '청각과 상징'의 문화로 전향하지 않으면 안 된다.

눈의 철학, 언어의 철학은 고상함을 추구하는 철학이다. 그러나 귀의 철학, 소리의 철학은 재미를 추구하는 철학이다. 우리는 음악을 듣듯이 감각을 사랑하여야 하고, 감각을 대상으로서가 아니라 스스로 춤추는 자기Self; Ego가 아닌가 되게 하여야 한다. 감각은 지금 춤추고 있다. 그 춤은 인간에서 비롯되는 것이 아니라 사물에서부터 시작된 오래된 춤, 파동이다.

사물은 정지된 사물이 아니라 파동이다. 이는 사물이 사물이 아니라 '물활物活'임을 말해준다. 빛이 춤추듯이 모든 사물은 지금 춤추고 있다. 그 빛의 춤이 바로 소리이다. 본능은 빛처럼 정지된 본능이 아니라 춤추는 본능이다. 춤추는 본능은 소리의 본능이다. 춤추는 본능이 신과의 일치를 만들어줄 것이고, 세계의 평화를 만들어줄 것이다.

'신들의 전쟁'의 신화는 '신들의 평화'의 신화로 대체되지 않으면 안 된다. '신들의 전쟁'이 가부장제의 산물이었다면, 이제 '신들의 평화'는 '모계 혹은 모성母性중심사회'로 가야 함을 역설하는 신호와 같다.

통일교는 비권력체계가 권력체계를 이끌어가는 인류사회 전환기에서 일종의 기독교적 대안으로서 등장한 종교적 '비권력적 권력체계'라고 말할 수 있다. 혈통의 대권이 막내에게 돌아가고, 여성이 교주로서 등장하는 것은 일종의 종교적 모계현상이라고 말할 수 있다. 문선명의 가부장제, 절대권력은 모계 사회를 대비한 마지막 부계권력의 완성이라고 말할 수 있다. 그것이 그가 말하는 '성약成約시대'의 의미이다.

가부장의 완성은 역설적으로 바로 모계로의 이전을 말한다. 모계로의 종교적 이전에 통일교가 앞장선 것이고, 종교뿐만 아니라 철학,

예술, 사회제도 등 인류문화의 모든 부면에서 모계 사회, 여성사회에
로의 이동이 불가피하게 될 것이다. 여기서 세계의, 우주의 거대한
흐름과 주기를 파악할 수 있다. 후천개벽시대, 여성 시대라는 사실
말이다.

통일교는 기독교 가부장사회의 바통을 이은 인물이면서 동시에 기독
교 가부장사회를 여성-모성사회에게로 넘겨준 전환기의 인물이다.
말하자면 부계와 모계, 전쟁과 평화의 이중성을 가진 상징적 인물이다.
이것이 가능한 것은 인류의 역사가 이제 전쟁의 시대에서 평화의 시
대로 진행할 만큼 성숙하였기 때문이다. 지구촌 사회는 이제 어떠한
전쟁도 정당성을 확보하지 못하게 될 가능성이 높아지고 있다.

통일교는 종래 기독교 중심의 문화체계에 대한 반란이라고 할 수
있다. 다시 말하면 〈가부장제-국가사회〉에서 〈모계제-공동체 사회
〉로의 전환 국면에서 새로운 나라, 〈천주평화통일국〉을 선언한 미래
종교이다.

天	부	천상천국 (天上天國)	참아버님 밤의 하나님	
人	참(眞)	천주천일국 (天宙天一國)	정오정착 (正午正着)	천일국진성덕황제 (天一國眞聖德皇帝)
地	모	지상천국 (地上天國)	참어머님 낮의 하나님	
※ 참부모의 참(眞)이 인간에 있는 이유는 실체(實體)로서 있기 위해서이다				

통일교8대 교재교본을 중심으로는 조선이 일본과 을사늑약을 체결한

1905년을 기점으로 2013년 기원절에 이르기까지 대체로 5개 단계로 종말완성과정을 본다.

즉 40년 사탄분립「믿음의 기대」조성, 1905-1945 → 본연의 7년노정 실패 성장기간의 완성기 노정, 1945-1952 → '40년 사탄분립노정'의 탕감복귀「믿음의 기대」탕감복귀, 1945-1985 → '본연의 7년노정'의 탕감복귀제1회 7년노정 [1985-1992]은 메시아·참부모 선포 노정; 제2회 7년노정[1993-2000]은 간접주관권의 완성기 노정. 참부모와 성약시대 → 직접주관권 진입제1회 12년노정[2001-2012]은 천일국 봉헌; 제2회 12년노정[2013-2024]은 천일국의 실체화, 지상인·영인의 전인류 완전구원 → 신천신지창조이상 실현, 영원한 하나님나라, 지상천상천국의 순서로 종말섭리가 완성되어 가는 과정을 고찰한다.[47]

통일교의 교리는 겉에서 보면 기독교에서 출발하였기 때문에 매우 가부장적 체계로 보인다. 그러나 그 이면을 보면 주체와 대상을 주장하지만 양자의 상호작용통일교 원리강론에는 수수작용이라고 한다이나 협동과 교류를 주장한다는 점에서 종래 기독교와는 다르다. 예컨대 참부모, 참어머니의 등장과 메시아의 분산국가 메시아, 종족 메시아, 하나님의 대신사상누구나 메시아를 대신할 수 있다 등은 권력의 분산이라고 할 수 있다. 하나님을 대신하고, 메시아를 대신한다는 사상은 실로 획기적인 권력 분산이다.

남성의 성은 본래 언제 죽을지도 모르는 불안한 생존의 상황에서 어느 여성에게든 자신의 씨를 뿌리는 기제에 적합하게 성 구조와 기

---

47 김진춘, 〈말세시대에 있어 기원절을 중심한 재림주 참부모님의 섭리완성〉《청심논총 제 8집》(청심신학대학원대학교, 2012), 8~9쪽.

능이 만들어져 있다. 남성의 성을 규제하여서 성적 문란과 가족의 붕괴와 퇴폐를 막는 것은 원천적으로 불가능하다. 이에 여성의 순결이 절대적으로 필요한 것이다. 가정에서 여성의 성이 무너지면타락하면 가족의 마지노선이 무너지는 것과 같다. 물론 남성들도 여기에 동참하여야 한다. 그래서 통일교가 참가정운동을 하고 있는 것이다.

작금의 현실은 여성의 성의 해방이 극대화된 형국이다. 그래서 통일교는 여성 시대를 앞두고 혈통의 순결아담의 혈통을 주장하고 있는 셈이다. 여성의 성의 구조와 기능은 근본적으로 열려있기 때문에 여성 스스로 규제하지 않으면 걷잡을 수 없게 된다. 여성 시대의 가장 큰 난제는 바로 성의 문란 문제이다. 인구의 증가와 여성의 재생산에 대한 사회적 요구가 줄어듦과 더불어 여성의 성적 쾌락에 대한 욕구가 증대되고 있다여성은 임신과 수유기간에는 성적 욕구가 줄어든다.

여성인 해와는 여성 시대를 맞아 한편에서는 해방을 맞았지만, 다른 한편에서는 역설적으로 다시 스스로 '원죄의 해와'가 될지 모르는 위험, 타락할지 모르는 위기에 직면해 있다. 여성은 스스로 순결을 지키지 않으면 안 된다. 여성이 순결을 지키는 데는 물론 남성의 동참이 절대적으로 필요하다. 여기에 절대순결, 참사랑, 참부모가 필요한 것이다.

여성 시대는 역설적으로 몸의 절대순결을 요구한다. 현재는 시간 아닌 시간이다. 존재는 존재 아닌 존재이다. 이는 존재론의 근거 아닌 근거와 같다. 그러한 점에서 역사는 역사가 아니다. 역사는 상징이고 신화이다. 여성 시대는 '여신의 복위'를 요구한다. 이것이 '참어머님'이다. 여자는 언제나 스스로의 몸을 열면서 인간세계를 계승시킨다. 여신이야말로 실은 '천지개벽'의 주인공이다.

여자에게는 시간과 공간이 몸에 있다. 여자는 시간 자체, 공간 자체이다. 남자는 시간과 공간을 밖에 두지 않을 수 없다. 밖에 있는 시간과 공간은 잴 수 있고, 셀 수 있다. 시간과 공간을 잴 수 있는 것은 과학이다. 시간과 공간이 없는 것은 종교이다. 그래서 종교는 시간과 공간의 초월을 흔히 말한다. 종교의 진정한 주인공은 여자이다.

가부장제	모계제
원인론(필연론)	자연론(결과론, 우연론)
창조론(기독교)	진화론
머리(이성)중심	몸(감성)중심
좌뇌중심	우뇌중심
혈통론(참사랑을 주장)	사랑론(참사랑을 실천)
과학(시간과 공간)	종교(시공초월)
예술인류학: 삶=예술=생활	

인류학적으로 보면 가부장제는 결국 원인론_{필연론}, 창조론, 머리중심, 좌뇌중심, 혈통론을 중시한다. 그래서 결국 문화에서 과학적 특성을 드러낸다. 이에 비해 모계제는 자연론_{결과론, 우연론}, 진화론, 몸중심, 우뇌중심, 사랑론을 중시한다. 여기서 자연론은 원인결과론을 초월하는 이론이다. 그래서 결국 문화에서 종교적 특성을 드러낸다. 이들을 종합하는 것이 예술이다. 인간의 삶은 그 자체가 예술이고, 세계는 존재 그 자체가 예술이고, 자연은 그 자체가 예술이다.

이러한 관점에서 볼 때 문선명의 문명사적 의미를 보면, 가부장제의 마지막에서 모계제로 바통을 넘겨주기 위해서 가장 모성적인 나라인 한국에 태어나서 과학-기독교 연쇄의 서구문명의 자장磁場 속에서 가장 부성적인 기독교를 남성의 원초적 권력이라고 할 수 있는 '혈통의 기독교'로 만들고, '천일국'이라는 나라를 '참어머님'에게 넘겨준 형국이다.

장락산천성산 자락에 숨은 천정궁天正宮은 풍수지리적으로 보아도 자궁의 형상이다. 청평호수가 바로 눈 아래 내려다보이는 그 자리는 세계적으로도 보기 드문 산중 궁전일 것이다. 천정궁의 의미는 '하늘 바른 궁전' '하늘의 바른 자궁' 등 여자의 자궁이라는 의미가 강하다. 궁宮은 흔히 남성권력의 상징이 되었으나 본래 궁의 주인공은 여성이다.

남자는 어딘가왜 그런지 모르겠지만 '천지창조'를 원한다. 천지창조의 세계는 남자의 세계이다. 여자는 '천지개벽'으로 살아간다. 여자는 몸의 문을 열고 닫으면서 살아간다. 몸이야말로 세계의 전부이고, 전체이다. 인간의 대명사는 이제 남자man의 '인간Man'이 아니라 여자woman의 '인간Woman'이 되어야 한다.

'우먼'은 '월드맨worldman'이다. 세계는 본래부터 인드라 망網이다. 그 망을 한 줄로 꿰는 것이 강綱이다. 강륜綱倫: 三綱五倫이라는 것은 남성의 상징이다.

인터넷의 등장으로 지구촌이 하나의 마을처럼 되어가고 있다. 서로 다른 인종과 문화권 사이에 국제결혼을 하는 것은 이제 옛날 이웃마을로 시집가고 장가드는 것과 같은 일이 되었다. 세계가 일일생활권에 들어가는 지금, 전쟁의 위상은 점차 힘을 잃고 평화에 대한 요구는 점차 증대되고 있다. 이러한 운동은 여성에 의해 주도되고 있고, 남성들도 이를 따라가지 않을 수 없는 입장이 되었다. 기독교도 여성을 원죄의 족쇄에서 해방시키지 않으면 안 된다.

기독교의 문제점은 천국과 지옥의 이분법이다. 죄를 지은 사람은 죽어서도 지옥 불에서 영원히 고통을 당해야 한다는 것이 기독교이다. 이에 비해 불교는 지옥에 떨어진 한 사람의 중생이라도 더 구하려는 원력을 세운 지장보살地藏菩薩이 있다. 진정으로 세계가 하나의 세계, 일원상의 세계라면 결국 사탄도 용서되어야 하고, 죄인도 용서되지 않으면 안 된다.

죄라는 것도 실은 삶의 본능과 욕구에 대해서 사회가 적절한 심적·물적 대응을 하지 못한 결과이다. 그렇기 때문에 모든 범죄는 사회적 범죄라고 할 수 있다. 지금까지는 죄를 처벌하는 것으로, 혹은 죄를 용서하는 것으로 사회적 질서를 유지하였지만 이제부터 죄가 발생할 수 있는 환경을 제공하지 않는 것이 더 중요하다고 하지 않을 수 없다. 인간은 지상에서 즐겁게 살 권리가 있는 것이다. 이게 지상천국地上天國이 아닌가. 천상천국天上天國은 단지 이 땅에서의 위로일 따름이다.

2

상징과 소리와 심정과
통일교[48]

통일교를 창시한 문선명은 상징과 의례를 가장 잘 사용하는 철학
자이고, 종교가이다. 그는 언어상징와 수數의 상징성을 일찍이 갈파하
고 신학이론과 그것의 전개 및 통일교의 세계사적 발전과 확장에 활
용한 것 같다. 또 상징과 함께 의례의식를 중시함으로써 시공을 초월
하는 비법을 알고 있었던 것 같다.

통일교, 혹은 통일신학을 일반성의 철학이라는 입장에서 해석하면
전반적으로 동양철학의 기운생동氣運生動을 바탕에 깔고 있음을 특징
으로 한다. 기존의 서양철학의 '수數'에 '상수象數'를 대입하고, '언어言語'

48 이 글은 박정진, 『철학인류학 시리즈 4—니체야 놀자』(소나무, 2013년)에 실린 내용을 옮
긴 것이다.

에 '상징象徵'을 대입하고, '절대신神'에 '심정의 신神'을 대입한 것이다. '수數'에 '상수象數'를 대입한다는 것은 그럼으로써 시간과 공간을 초월하고, 시간과 공간에서 자유자재할 수 있는 길을 열게 된다.

'언어言語'에 '상징象徵'을 대입한다는 것은 상징의 이중성을 이용함으로써 이성에 의존하는 서양 기독교의 신을 극복하게 되는 길을 열어놓는다. 그것이 바로 신의 이성성상二性性相이다. 이성성상은 기독교의 절대신에 동아시아의 음양사상과 천지인 사상을 융합한 것이다. 그런 점에서 진정한 기독교의 한국적 토착화라고 할 수 있다.

이성성상의 신은 신을 '양陽의 신', '음陰의 신'으로 설정하여 서로 가역하게 할 수 있을 뿐만 아니라 신과 인간을 서로 가역하게 함으로써 신에 감정을 불어넣는 것과 동시에 신을 다시 부활하게 하는 길을 열어놓는다. 그럼으로써 하나님이 메시아로서 재림하게 되는 신학을 완성하게 된 셈이다. 그러면서도 통일교가 여전히 기독교인 것은 바로 절대신, 절대가치에 환원되고 있다는 점 때문이다. 이는 통일교가 역사적인 입장에 있기 때문이다. 역사성 자체는 이미 절대성을 추구하는 것이다.

통일교는 기독교 신학 가운데서 일종의 특수상대성이론에 해당한다. 하나의 상대관계를 절대관계로 정립해놓고, 예컨대 하느님과 인간을 주체와 대상의 관계로 놓고, 다른 상대관계를 그 종속변수로 배치하기 때문이다.

이 땅에 불교가 들어와서 원효元曉: 617~686가 탄생하였다면, 이 땅에 기독교가 들어와서 문선명文鮮明이 탄생하였다. 그런데 원효는 그의 깨달음을 '화쟁和諍'으로 표현했고, 문선명은 '통일統一'로 표현했다.

그런데 불교철학이나 기독교 신학의 원리로는 그렇게 표현하였지만 그들의 진정한 깨달음은 어디에 있을까. 결국 '소리'에 있다. 그야말로 우주원음宇宙原音이다. 소리야말로 모든 지식과 논쟁을 극복할 수 있는 길이기 때문이다.

원효는 결국 육자진언六字眞言, '나무아미타불南無阿比陀佛'을 소리 내어 염불암송이 아니다하게 했다. 관세음보살은 동시에 함께 하는 보살로 묶어서 결국 '나무아미타불 관세음보살'을 선물하고 이 세상을 떠났다. 이것은 이승과 저승을 연결하여 하나가 되게 하는 소리였다. 관세음보살觀世音菩薩은 글자 그대로 '세상의 소리를 듣는 보살'이다. 원효의 불교는 '소리불교'이다. 인간이 내는 '소리'는 '몸의 소리'이다. 몸의 소리는 자연의 소리이다.

'소리불교'의 전통을 버리고 다시 중국의 선불교, '화두話頭불교'로 돌아간 것이 한국불교의 중국 사대주의이다. '소리불교'의 전통은 중국에서도 먹혀서 당시 견당 유학승의 상당수가 중국 현지에서 성공을 거두었다. 그 대표적인 인물이 바로 정중무상선사淨衆無相禪師: 684~762이다.

필자는 정중무상의 인성염불引聲念佛이 중국 정토종에 끼친 영향을 발표한 적 있다.

"한국 사람에게 익숙한 '나무아미타불'은 정중무상淨衆無相의 인성염불引聲念佛 혹은 법조法照의 오회염불五會念佛과 연결된다. 인성염불과 오회염불이 서로 영향을 주고받은 것은 물론, 나아가서 그 뿌리가 같을 가능성이 높은 것은 무상無相과 법조法照의 법통에서 비롯된다. 무상의 법통을 보면 지선智詵-처적處寂-무상無相으로 이어지는데 반해 법조는 처적處寂-승원承遠-법조法照로 이어진다."

무상선사도 아마 우리민족의 소리의 전통을 선종에 접목시킨 것으로 보인다. 선종의 화두話頭라는 것은 사제 간의 대화, 즉 '말text'을 극단적인 사적私的 혹은 비의적秘義的 상황context으로 해독하는 것이다. 그래서 화두는 사제 간에 통하는 소리로 볼 수밖에 없다. 화두의 의미는 고정된 의미가 될 수 없다.

문선명도 소리에 관심이 많고 소리 내어 기도하게 했다. '천지인天地人 참부모父母' 육자진언이다. 참부모의 '부父'는 나무아미타불에 해당하고, '모母'는 관세음보살에 해당한다. 고래의 천지인 사상을 토대로 기독교를 접목시키고접붙이고 있다. '천지인 참부모' 중에서 '참眞'이라는 말은 순우리말이다.

이는 천부경天符經의 '인중천지일人中天地一'의 깨달음을 '참'으로 연결시키는 한편 동시에 그것을 '부모'로서 해석하는전해주는 방식이다. 문선명의 기독교는 '소리 기독교'이다. 둘 다 '소리'에 도달함으로써 진정으로 한국적인 불교와 한국적인 기독교를 건설한 셈이다.

왜 인간의 불교는 '부처'가 있은 뒤에 '보살'을 만들지 않을 수 없었던가? 왜 인간의 기독교는 '하느님 아버지'가 있은 뒤에 '성모마리아 어머니'를 만들지 않을 수 없었는가? 이는 자연의 이치이기 때문이다. 통일교의 '천지인 참부모' '참부모'는 우리 시대에 새롭게 정립된 자연의 이치이다.

통일교의 천지창조는 이렇게 말할 수 있을 것이다.

"태초에 소리가 있었다. 그 원음原音은 원상原相이었다. 소리가 상이 되니 하늘에 무늬, 문文. 紋이 떴다. 그 문은 동시에 문moon과 선sun이었다. 이는 마치 0이 1이 되고, 1이 0이 되는 것과 같았다. 1은 하늘이다. 이때부터 어둠이 물러가고 빛이 온 세상에 퍼졌다. 하늘에 수많은 별들 가운데는 빛을 발하는 것이 있었고, 그것을 반사하는 것이 있었다. 문선moon-sun은 음양陰陽이니 그 신비가 하늘과 땅에 가득 찼다."

예부터 하늘의 소리, 하늘의 말씀, 천부경天符經을 가진 민족의 후예, 한국인에게 '하늘이 되는 영광'이 주어졌다. 이는 구세주 예수가 이스라엘에 태어난 것과 같다. 문선명의 '심정心情'은 몸이 함께하는 마음이며, '몸의 마음'이다. 그래서 심정은 혈통과 함께 하며, 조상인 귀신과도 통한다. 심정, 귀신, 신이 통합된 것이 통일교인 셈이다.

과학의 일반상대성이론에 해당하는 종교나 철학의 가능성을 점칠 수 있다면 그것이 '통일교'와 필자의 '포노로지Phonology'이다. 서양문명에 '기독교와 칸트철학'이 있었다면 동양동아시아에 '통일교와 포노로지'가 있는 것이다. 통일교는 천지의 소리를 듣는 종교이다.

한민족한국에는 그 옛날부터 종교의 일반상대성이론과 같은 것이 있었다. '천지신명天地神明'이다. 우리네 할머니가 새벽에 장독대에서 정한수 한 그릇 떠다놓고 빌던 그 천지신명이다. 그리고 철학의 일반 상대성이론과 같은 것이 있었다. 바로 '기氣'철학이다. 기氣철학이 서양 철학사적 맥락과 만난 것이 바로 소리의 철학, 포노로지Phonology이다.

부처와 예수를 모른다고 하여도 본래 있는 '육자진언'이 있다. 그것은 '아버지 어머니'이다. 왜 인간은 육자六字로 진언을 하는가. 육六은 육肉, 陸을 벗어나는 '소리'이기 때문이다. '천부경'의 81자의 정 중앙에 육六이 있다. 소리를 외쳐라. 그리고 그 속에 무슨 의미이든 접어 넣어라. 의미는 없어지고 소리만이 영원하다.

서양의 기독교도 실은 '소리'를 몰랐던 것이 아니다. 표음문자인 알파벳을 만들었던 페니키아와 유대인들의 거주 지역에서 '소리'를 모를 리가 없다. 그래서 "태초에 말씀이 있었다."라고 했다. 그런데 그 말씀을 인간적인 개념의미으로 전환시킴으로써 인간중심주의가 스며들고, 점차 소리에서 멀어져갔다.

문선명의 탄생은 이기철학적 전통에서 해석하면 기통이국氣通理局의 국면이다. 모든 새로운 철학과 종교의 탄생은 바로 '기통이국'의 국면에서 일어난 것이다. 우주 전체를 일원적으로 느끼고 그 다음에 이것을 나름대로의 체계로 설명하는 것이기 때문이다.

통일교가 통일교의 목적을 달성하기 위해서는 통일교를 버릴 수밖에 없을지도 모른다. 진정한 의미의 통일, 통일교가 지향하는 인류의 통일과 평화는 통일교가 있으면 통일을 방해하기 때문이다. 진정한 통일은 '내'가 없을 때 가능하기 때문이다. 절대론을 절대적으로 달성하기 위해서는 상대론을 택하지 않을 수 없다. 이게 절대론의 모순이다. '소리'말씀는 절대론이 되기도 하고, 상대론이 되기도 한다.

문선명 총재는 일찍이 소리에 대해 이렇게 말했다.

"일찍이 땅의 소리를 들었어요.

심정은 소리에요!

말 못하는 땅, 말 못하는 미물

말 못하는 동식물도 소리로 말해요.

소리를 들을 줄 알면 천지의 심정을 알아요.

하나님의 소리는 시시각각 다가와요.

모내기는 발을 두 뼘으로 벌여야 하고

낙엽을 긁을 때는 양손을 높이를 달리해야 하고

양말이나 옷도 스스로 짜 입고

변소에서 변 떨어지는 소리에

시詩를 느끼고

만사萬事가 친구가 되고

예술이 되었어요."

3

한국문화의 폭발과
통일교[49]

한국문화는 지금 폭발explosion하고 있다. 여러 분야에서 벌어지고 있는 한국문화의 르네상스에 대해서 일관성 있게 정리할 필요가 있다. 우리 역사상 가장 위대한 문화적 폭발은 일찍이 세종대왕 때에 이루어졌다. 뭐니 뭐니 해도 세종대왕의 훈민정음한글창제는 가장 괄목할 만한 업적이면서 동시에 한국문화의 문화적 독립성을 가장 근본에서부터 가능하게 한 일대 사건이었다.

세종대왕의 창조정신을 이어 가장 최근 1960년을 전후로 하여 일어난 문화적 사건에 대해서 한국사적 입장이나 세계사적 의미를 되

---

49 이글은 박정진, 『철학인류학 시리즈 4―니체야 놀자』(소나무, 2013)에 실린 내용을 옮긴 것이다.

새겨 볼 필요가 있다. 1960년 4월 19일에 있었던 4.19 학생의거는 실은 그 다음해에 1961년 5월 16일에 있었던 5.16 혁명에 의해 완성되었다. 이것이 문무文武의 연계에 의해 완성된 한국 근대사의 혁명이다. 이는 물론 1894년에 일어난 동학농민운동의 정신을 잇는 것이다. 한국의 문인文人 세력들이야말로 백성을 착취하고 도탄에 빠뜨리고, 결국 일제에 나라를 내준 장본인들이다. 이들이 사대적 문인 세력들이 다시 가면을 쓰고 문민文民이라는 당파적 바이러스를 퍼뜨리고 잘난 체하는 것이 소위 타락할 대로 타락하고 오염된 반동적 정치인들이다.

4·19와 5·16을 갈라놓은 것은, 그것을 민주주의에 의해 갈라놓고, 더구나 남북 분단 상황에서 내부대립의 조장으로 사용하는 것은 사대적 지식인과 당파적 지식인의 구태의연한 권모술수이거나 당쟁의 연속이며, 그것이야말로 한국을 식민지의 질곡 속으로 빠뜨린 노론老論의 부활과 같은 원흉이다. 이것을 모르고 아직도 과거와 역사의 귀신에게 잡혀서 자신을 마치 시대적 정의한이라도 되는 것처럼 선전하고 자기오만에 빠진 무리들이야말로 한민족의 적이다.

실지로 우리의 지식인들은 그동안 중국과 서양의 문화적 지배와 충격에 따라 그것을 따라잡기 위해서, 낙오되지 않기 위해 전심전력으로 배우기에 급급하였다. 그러나 이제 한국도 세계에 내놓을 성과들이 적지 않다. 최근의 성과 가운데 소리와 관련된 것들이 많다. 이는 우리민족이 '소리의 민족'임을 새삼 깨닫게 하는 측면이 있다.

세종대왕의 훈민정음은 '소리의 문자'이다. 백남준의 비디오아트는

'소리의 미술'이다. 박정진의 포노로지는 '소리의 철학'이다. 문선명의 통일교는 '소리의 종교'이고, 박정희의 경제는 '소리의 경제'이다. 통일교는 네오샤머니즘 계열의, 한국문화가 금세기에 이룩한 기독교 토착화의 가장 놀라운 성공이다. '잘 살아보세'를 기치로 '하면 된다'는 사상과 용기로 '한강의 기적'을 이룬 박정희의 경제는 현재의 경제학으로 도저히 설명할 수 없는 기적의 성공이다.

세종대왕	훈민정음	소리의 문자(1443~46년)	표현형은 부성(父性) 이면형은 모성(母性) '소리(Phonology)의 문화' 완성
백남준	비디오 아트	소리의 미술(1960~62년)	
문선명	통일교	소리의 종교(1954~60년)	
박정희	잘 살아보세	소리의 경제(1961~62년)	
박정진	포노로지	소리의 철학(2011~12년)	
한국국민	한국적 민주주의	소리의 정치(미완성)	

한국문화는 실로 세종대왕에 이르러 다시 부활하기 시작하여 계속해서 문예부흥을 이루고 있다. 이것은 한민족의 영적 폭발이었다고 할 수 있다. 조선조에서는 세종대왕의 훈민정음이 괄목할 만한 문화적 업적이었다. 아마도 훈민정음이 창제되지 않았다면 그동안의 여러 전쟁과 식민지 상황으로 인해 한민족은 사라졌을지도 모른다. 그러나 그 질곡의 과정을 거쳐서 이제 세계문화에서 두각을 드러낼 정도의 문화적 하부구조를 만들어내고 있다. 한국은 현재 OECD는 물론 20-50클럽소득 2만 불, 인구 5천만 명에 가입해 있다. 남북통일만 되면 30-80소득 3만 불, 인구 8천만 명; 현재 미국과 일본뿐이다클럽에도 가입하게 될

가능성이 높다.

이들 한국문화의 문화영웅들은 한 가지 공통점이 있다. 밖겉으로는 부성을 표현하지만 안속으로는 모성을 가지고 있다는 점이다. 표현형은 부성父性, 이면형은 모성母性이다. 이는 종래에 밖겉으로 모성을 표현하던 것과는 정반대이다. 안에 모성을 가지고 있는 부성이야말로 세계를 리드해나갈 요소이다. 안팎에 부성 혹은 모성을 일색으로 가지는 것은 상호보완이라는 측면에서 불리하다.

한류韓流의 첫 폭발을 이끌어낸 통일교의 원리강론은 통일교의 신학이지만 실은 철학적으로도 매우 앞서가는 이론이었다. 대체로 지구상의 신흥종교들은 신앙의 대상과 신비와 신통력과 기적을 내세워 도모하는 일은 많았지만 원리를 내세워 신흥종교를 도모하는 일은 역사적으로도 매우 드문 일이었다. 이는 이미 철학적이며 과학적인 일이었다.

문선명 선생의 원리원본원리강론은 한민족이 삶의 가장 밑바닥에 처해 있던 6·25동란 중에 탄생했다. 이는 한민족 영혼의 승리라고 하지 않을 수 없다. 삶의 가장 밑바닥에서 땅을 가장 이해한 하늘이었으며, 동시에 하늘을 가장 이해한 땅이었다. 천지인이 서로 순환하고 관통하는 것을 깨달았을 뿐만 아니라 인간이 왜 이상을 가져야 하는지를 설득한 새로운 영적 출발이었다.

문선명 선생은 서양의 기독교이론에 동양의 음양사상을 융합시켰을 뿐만 아니라 오늘날 해체철학이라고 하는 서양철학의 진수가 이미 그 속에 들어 있다. 말하자면 당시의 철학과 과학을 이해하고 신학에 접근한, 종래의 방식과는 다른 역방향이었으며, 매우 과학종교적인 면모를 보였다.

우주의 상대성과 절대성을 왕래하는 통일원리는 서양의 이성적 합리주의와 동양의 생성원리인 역동적 음양원리를 동시에 충족시키고 있으며, 비록 기독교에서 출발하였지만 동양의 여러 종교는 물론이고 지구상의 다른 종교를 포용하고 통섭할 수 있는 그릇을 가지고 있다. 어쩌면 인간과 신을 가장 포괄적이고 초월적으로 동시에 이해한 종교인지도 모른다. 그래서 통일교는 초종교초교파운동을 부르짖고 있다. 그것 자체가 이미 통일교의 이상이다. 통일교는 종래의 종교를 무화無化시키면서 동시에 새로운 종교를 도모하는 매우 존재론적인 종교이다.

합리주의에도 대립적 합리주의와 대칭적 합리주의가 있다. 대립적 합리주의는 종래의 합리주의이고, 대칭적 합리주의는 동양의 음양사상과 같은 것을 말한다. 대립적 합리주의는 평행선을 긋는 두 대립항을 가지고 역사적시간적으로 이상과 초월공간을 찾아가는 반면, 대칭적 합리주의는 어느 지점에서건 세계를 두 대칭항으로 놓을 수 있으며, 두 대칭은 평행선을 긋는 것이 아니라 교차교배를 한다.

대립적 합리주의는 하나원인에서 출발하여 하나결과로 돌아가는 것이지만, 대칭적 합리주의는 하나를 숨기면서 둘을 드러내지만 그것을 무화시킴으로써 역동적 세계를 잃지 않는다. 대립적 합리주의는 기껏해야 결국 하나의 레벨에서 직선의 연장으로서 원을 추구하지만, 대칭적 합리주의는 하나의 레벨에서 원을 추구하는 것이 아니라 다원다층의 음양세계를 드러낸다. 그러한 점에서 대칭적 합리주의는 종래의 합리주의가 아니다.

정확하게 말하면 대칭적 합리주의는 기운생동의 세계를 바라본다. 따라서 대립적 합리주의는 비대칭적 합리주의라고 말할 수 있다. 통일교의 원리는 이 양자를 모두 포섭한 신학이론이자 철학이론이었다.

4

한류와 세계평화의 빛,
리틀엔젤스[50]

— 리틀엔젤스 창립 50주년과
찬란한 성공을 축하하며

작은 천사들의 예술단, 리틀엔젤스! '작은 것이 아름답다'는 말이 있지만, 하늘나라 어디에선가 금방이라도 작은 천사들이 삼삼오오 짝을 지어 춤을 추면서 보석처럼 반짝거리며 내려올 것만 같다.

돌이켜 생각하면 국민소득 80달러도 못 되던 세계 최빈국 시절, 1962년에 리틀엔젤스 예술단이 한국 땅에서 탄생하였다는 것은 실로 신의 축복이 아니고서는 생각할 수도 없는 일이다.

동족상잔의 6·25전쟁의 잿더미 위에서 의식주도 해결하지 못하고 허덕이던 시절, 역설적으로 한국문화예술의 자존심을 지키기 위해,

---

50 한국문화재단, 〈리틀엔젤스예술단 창단 50주년 축하공연〉, 세종문화회관 대극장, 2012.11.7, 18~19쪽.

지구촌의 사랑과 평화와 화해라는 원대한 꿈을 전파하기 위해 이 예술단이 출범하였다는 사실은 무에서 유를 창조하는 역사적 용단이었던 것 같다.

한국은 고대에서부터 가무歌舞를 좋아하는 민족으로 삼국지위지동이전三國志魏志東夷傳에도 나오고 있을 정도이다. 노래와 춤을 좋아하는 민족치고 평화를 사랑하지 않는 민족이 없다. 생각해보라! 노래하고 춤추면서 남을 미워하고 남과 싸우려는 마음을 먹을 수 있는가!

요즘 세계적으로 한국문화가 뜨고 있다. 이를 '한류韓流'라고 말한다. 그렇게 보면 리틀엔젤스야말로 한류의 까마득한 50년 전 원조이다. 세계는 리틀엔젤스를 통해 전쟁과 빈곤의 한국 이미지를 벗어버리고 희망과 미래의 한국을 보았을지도 모른다.

문화적으로 한국문화를 통칭할 때, 흔히 '풍류도風流道'라고 말한다. '한류'는 바로 '한풍류도'를 말하는 것이다. 한국이 못살 때, 태권도가 한국의 국위를 선양하면서 한국문화의 견인차 노릇을 하더니, 88 서울올림픽 때부터 올림픽 종목이 되었다. 경제대국이 된 오늘날, 김치·된장·한국음식·한복 등 의식주를 넘어서 K-POP으로 명명되는 대중가요에 이르기까지 세계는 한국문화로 야단법석이다.

이러한 때에 리틀엔젤스가 50주년을 맞아 기념공연을 하는 것은 참으로 뜻깊다고 하지 않을 수 없다. 이제 한글을 배우는 나라들도 많다고 한다. 미래에는 한국어가 세계 공용어가 될 날을 기다려도 될 것 같다.

세계적으로 어린 소년소녀들로 구성된 예술단으로 가장 손꼽히는 것은 음악의 나라, 오스트리아에서 발족한 5백 년 역사의 '빈소년합창단'을 들 수 있다. 비록 50년의 역사이지만 이와 어깨를 겨루는 예술단이 바로 한국의 리틀엔젤스이다. 리틀엔젤스는 한국의 경제성장만큼이나 시간을 압축해서 세계적 예술단으로 자리매김하였다.

리틀엔젤스는 한국 고유의 고전무용과 음악을 전문으로 하는 민속예술단이다. 빈소년합창단은 합창을 전문으로 하는 소년들만의 합창단이지만, 리틀엔젤스는 노래와 춤을 함께 하는 소년소녀 가무단이다. 노래와 춤을 함께 한다는 것은 한국문화로서는 매우 중요한 특징이고, 한국인이 세계 어느 나라보다 잘할 수 있는 예술종목이다.

우리가 잠시 잊고 있는 것은 리틀엔젤스가 출범한 것이 1962년 5월 5일 어린이날이라는 사실이다. 1960년대부터 4·19학생의거, 5·16혁명을 거쳐 한국문화가 재출발의 나팔을 울리고 경제개발계획을 실시한 바로 그즈음이 아닌가. 1960년 전후는 한국문화가 영적 폭발이 일어난 중요한 시기였다.

나라의 경제사정도 어렵고, 리틀엔젤스를 지원하는 통일교 재단의 재정도 빈약하던 시절, 주위의 반대를 무릅쓰고 발족하도록 밀어붙인 분이 고故 문선명 총재이다. 나라가 어려울수록 그것을 내색하지 않고 의연하게 대처하게 한 그분의 도량과 성덕과 대인의 풍모를 생각하면 참으로 아무리 기려도 모자랄 것이다.

전쟁과 고아, 빈곤의 대명사이던 한국 땅에서 어두운 조국의 이미지를 벗고, 한국이 예부터 문화대국, 예술대국임을 자랑하면서 세계를 순화하기 시작한 것이 리틀엔젤스이다. 전쟁의 땅에서 평화의 깃발을 들고 '세계 평화와 화해의 사절'로 나선 것은 바로 문선명 총재의 인류세계문화관의 반영이었으며, 위기를 기회로 만드는 전략이었다.

리틀엔젤스는 1965년 9월 미국 게티즈버그에서 아이젠하워 대통령을 위한 특별공연을 기점으로 해외순회공연은 현재까지 60여 개국에서 70여 차례 이루어졌다. 총 5,000여 회 이상의 국내외 무대공연과 500여 회 이상의 TV 출연, 그리고 40여 개국 정상들과의 만남에서 '평화사절단'으로서의 역할을 톡톡히 수행해왔다. 1977년 리틀엔젤스 예술학교는 선화예술학교로 변경되었으며, 1981년에 건립된 전용극장인 리틀엔젤스 예술회관은 이제 세계적 명소가 되었다.

리틀엔젤스의 오늘날 성공은 피나는 노력의 결과였다. 전통이 있다고 해서 저절로 빛나는 것은 아니다. 전통을 갈고 다듬어야 하는 것을 물론이다. 창설 이래 3년간 피나는 노력을 했음은 물론이고, 그동안 스승과 제자들은 특별히 한국을 대표한다는 사명감과 투철한 예술혼으로 똘똘 뭉쳤다.

한국 전통의상의 아름다움을 유감없이 드러내며, 가냘픈 손끝들이 리듬에 맞춰 일사분란하게 움직이는 광경, 조상들이 물려준 참다운 아름다움을 진심전력으로 드러내는 모습에는 조금의 흐트러짐도 없었다. 어린 천사들의 고운 목소리와 하모니, 무엇보다도 노래와 춤을 함께 하는 모습은 세계에서 보기 드문 것이었다. 전통을 오늘에 맞게 재창조하는 성의와 창조정신은 이를 뒷받침했다.

아이젠하워 대통령은 "하늘의 천사들이 너희 작은 천사들 때문에 무색하게 되었구나."라고 경탄을 금하지 못했다. 뉴욕타임스는 "경이적인 무용단A Phenomenal company"이라고 극찬했다. 구 소련의 프라우다 지는 "리틀엔젤스 예술단은 인간 본연의 가장 숭고함과 아름다움을 예술로서 현실화한 지구상의 평화사절"이었다고 대서특필했다. 고르바초프 대통령 영부인 라이사 여사는 "내 생애 이런 환상적인 공연은 처음이다. 소녀시절의 꿈이 이루어지는 느낌을 받았다."고 피력했다.

런던의 이브닝뉴스 지는 "여왕이 왕실의 전례를 깨고 친히 전 단원을 접견한 사실"을 대대적으로 보도하였으며, 멕시코 올림픽 문화예술축전 초청 공연 후 현지 언론들은 "동양의 신비한 세계 속으로, 관중들을 흥분의 도가니로 몰아넣은 리틀엔젤스"라고 평했다. 리틀엔젤스를 향한 세계인의 찬사와 성과는 이루 말할 수 없다.

세계 각국의 대통령과 수상과 지도자들, 그리고 문화예술인들은 놀라움과 경탄의 눈으로 리틀엔젤스를 바라보았다. 어떻게 전쟁과 빈곤의 나라, 한국에 저렇게 빛나는 문화와 예술이 있었느냐고!

88서울올림픽은 '리틀엔젤스의 우렁찬 북소리'로 개막을 하였다. 더욱이 리틀엔젤스는 1998년 5월 순수 민간예술단체로는 분단 이후 처음 평양 공연을 다녀옴으로써 남북한 문화 교류의 새로운 장을 열었고, 한민족으로 하여금 통일에의 꿈을 꾸게 하는 데에 앞장섰다. 리틀엔젤스는 2007년에 '2012년 여수 세계 박람회 유치공연프랑스 파리'을 했으며, 2009년에 제 57차 세계 순회공연미국, 8회 공연을 마쳤다.

무엇보다도 리틀엔젤스는 2010년 6월부터 2011년 12월까지 1년 반 동안 국가를 대신하여 6·25 참전국에 대한 보은공연을 감행했다. 'UN군 한국전 참전 60주년 UN 16개국 순회공연'을 했으며, 지난 해

7월 '6·25 정전 59주년 미국 워싱턴 기념행사_{국가보훈처 주최}'에도 참가했다. 소리 소문도 없이 국가적 주요 국위 선양행사에 적극 참여하고 있다.

지구상에 '천사'라는 말이 있다면 바로 리틀엔젤스에게 붙이기 위해서 있는 것이리라! 리틀엔젤스는 이제 한국의 얼굴이다. 또한 리틀엔젤스는 자랑스러운 통일교의 얼굴이다. 통일교가 없으면 리틀엔젤스는 이 땅에 존재할 수도 없다.

리틀엔젤스를 운영하고 있는 한국문화재단은 1984년 7월 한국 발레의 메카인 유니버설 발레단을 창단하여 명실공히 한국문화예술의 최전선에 있다. 리틀엔젤스와 유니버설 발레단은 세계적 스타들을 배출했다. 러시아 키로프 무대의 주역 유니버설 발레단 문훈숙 단장, 미국 메트로폴리탄 오페라단에서 주역으로 활약하고 있는 프리마돈나 신영옥, 슈투트가르트 발레단의 강수진 등 인재들을 배출했으며, 수많은 문화예술 인적자원을 길러냈다. 리틀엔젤스 없는 한국의 문화예술을 생각하기 힘들 정도이다.

리틀엔젤스의 성장과 더불어 한국도 이제 선진국이 되었고, 통일교도 세계 194개국에 3백만 명의 신도를 거느리는 세계적 종교가 되었다. 한국은 원조를 받던 나라에서 원조를 주는 나라로 탈바꿈하였다. 한국의 문화예술은 이제 '한류'라는 세계적 바람을 일으키고 있다.

한국문화예술의 자존심은 이제 세계를 향하여 '우리도 문화민족'임을 설득하려는 데에 있지 않고 '세계문화를 선도하는 입장'으로 발돋움하였다. 이 모든 것이 하나님의 뜻이 아니고 무엇이겠는가.

어둠의 나락에서 리틀엔젤스의 출범을 용단하셨던 문선명 총재를 하늘나라에 보낸 성화식聖和式: 2012년 9월 15일을 치른 지 막 50일이 지난 오늘 50주년 기념식을 갖는 것은 무슨 천지조화라는 말인가!

"하늘은 스스로 돕는 자를 돕는다."는 말이 있지만, 이제 "하늘은 스스로 결정하는 자"임을 생각하면서 리틀엔젤스 50주년을 축하한다. 리틀엔젤스는 이제 세계평화의 빛이다.

5

통일무도,
무예의 선교시대 맞아[51]
― 동남아시아 필리핀, 태국,
중동 이란을 중심으로

1. 예술, 무예, 퍼포먼스의 시대

세계는 이제 바야흐로 예술시대, 감성시대를 맞이하고 있다. 이때
예술시대라 함은 문화의 콘텐츠와 실행시스템에서 종교와 과학의 관
념이나 추상보다는 인간의 몸과 신체를 중심으로 구체적으로 전개된
다는 뜻을 내포하고 있다. 이는 문화의 문자중심에서 이미지중심으
로의 대전환을 의미한다.

예술은 인간의 신체를 떠나서는 논의를 할 수 없다. 예술이야말로

---

51 이 글은 태국 북부 치앙마이라는 도시에서 거행된 '세도원(世道苑)' 개원식 및 '제7회 세
계무예피스컵 2014 대회(3월 22~23일, 국제무예아카데미)을 다녀온 뒤에 『통일세계』
(2014년 4월호) 96~99쪽에 게재한 글을 옮긴 것이다.

몸을 가지고 있기 때문에 가능한 것이고, 동시에 예술의 형상화는 바로 육화肉化를 의미한다. 신체를 통해서 구현되는 무예武藝는 그러한 점에서 예술시대에 바로 진입할 수 있는 장점을 가지고 있다. 말하자면 오늘의 문화는 이미지 구축의 면에서 어떻게 경쟁자와 상대우위를 점하느냐에 따라 성패가 달려있다.

무예는 본래 종교적 성격을 가지고 있는 종목이다. 왜냐하면 스승과 제자 간에 거의 도제적인 훈련과정이 개입되어 있고, 무인 특유의 충성서약이 맺어지기 때문이다. 크고 작은 무예단체는 처음부터 작은 종교라고 말할 수도 있다.

요즘은 무예가 전쟁의 승패에 결정적인 작용을 하지 않지만 예전에는 승패를 좌지우지했으며, 무인들은 항상 목숨에 초연한 마음가짐을 가져야 무인다운 품성을 유지할 수 있었다. 이러한 무예의 특성상 생사가 걸려 있기 일쑤였고, 따라서 사제 간에 신앙심에 가까운 믿음관계가 형성되었던 것이다.

통일무도가 통일교세계평화통일가정연합의 세계 선교에 앞장서는 것은 그러한 점에서 매우 바람직한 일일 뿐만 아니라 시대에 맞게 잘 선택된 일로 보인다. 세계인은 이제 몸으로 퍼포먼스를 하며 통일원리와 이데올로기를 익히고, 놀이를 하면서 자연스럽게 신앙심을 체득하게 되는 셈이다.

요즘은 정치적 이데올로기도, 종교적 원리도 퍼포먼스를 통해 전파하는 것이 가장 효과적인 시대가 되었다. 사람들은 원리를 몸으로 체득하기를 즐기고, 무엇보다도 재미있지 않으면 가까이 하지 않는 시대가 되었다. 무예도 건강증진과 신체방어, 예능의 재미를 동시에 충족시켜야 살아남는 장르로 떠오르고 있다.

인류문화사를 크게 보면 고대신화시대, 중세종교시대, 근대과학시대, 그리고 현대를 예술시대라고 축약해서 말할 수 있을 것이다. 물론 신화와 종교와 과학과 예술이 서로 시대적으로 격리되어 있다는 뜻은 아니고 시대적 특징을 강조한 말이다. 이러한 문화의 저류를 흐르는 것이 또한 철학이다.

현대는 예술 가운데서도 퍼포먼스performance의 시대이다. 문학이나 미술과 달리 무용, 연극, 음악 등 기록성이 없는 예술에 쓰이던 퍼포먼스라는 개념은 미술에서 행위미술로 영역을 넓히더니 드디어 삶의 표현으로서, 생활예술의 대중적 의미로 정착해가고 있다.

사진의 발명을 기초로 형성된 영화, 텔레비전, 비디오 등 우리를 감싸고 있는 삶의 환경은 이제 텍스트보다는 퍼포먼스에 주안점이 주어져 있다. 사람들은 무대에서 안방에서 거리에서 눈요기, 볼거리를 요구하고 있다. 고대의 시詩는 광고로 변신한 지 오래다.

무예야말로 감성시대에 딱 맞는 퍼포먼스이다. 무예가 광고이미지로 등장할 수 있는 시대가 오늘날이다. 감성感性과 심정心情에 호소해야 하는 시대를 맞아 무武를 통해 문文을 선전하고, 무예를 통해 사상과 원리와 이데올로기를 펼쳐나가는 것은 일종의 창조적 사고, 첨단적 사고라고 할 수 있다.

2. 세도원(世道苑) 개원식

필자는 최근 태국 북부 치앙마이라는 도시에서 거행된 통일무도 세계대회에 다녀왔다. 이곳 국제무예아카데미에서 거행된 '제7회 세계 무예 피스컵 2014_{3월 22~23일}'대회는 아시아에서는 한국과 일본을 비롯해서 태국, 필리핀, 미얀마, 캄보디아, 네팔 등이 참가했다.

가장 많은 참가자를 보낼 것으로 예정된 이란은 태국 정정政情의 불안을 이유로 당국이 비자를 내주지 않아서 부득이하게 참가를 하지 못했다. 그러나 현재 이란에서는 통일무도 인구가 거의 수천 명에 육박하고 있다고 한다.

북미에서는 미국이 참가했고, 남미에서 브라질, 아프리카에서는 케냐 등이 참가했다. 특히 케냐는 정부에서 참가자의 여행경비 일체를 지원하는 적극성을 보여 앞으로 통일무도의 확산과 가정연합의 아프리카 선교의 전진기지가 될 요량이다.

이번 대회는 세계의 무예인들이 함께 모여 '세계 무예의 통합과 평화를 위한 무예의 발전'을 기원한 대축제였다. 치앙마이 북부 국립공원 일대의 넓은 부지에 건립된 세도원은 앞으로 아시아는 물론, 세계 통일무도인의 보금자리가 될 전망이다. 자연풍광도 좋을 뿐만 아니라 맑은 공기, 맑은 물이 풍부하여 자연과 더불어 심신을 단련하고 심신일체의 신앙심을 키우는 데에 큰 몫을 하게 될 것이다.

이번 대회는 특히 문선명 총재가 생전에 유지로 세계 무도인들에게 내려 준 '세도원世道苑: International Martial Arts Academy'의 개원식을 겸한 자리여서 더욱 뜻깊은 자리였던 것 같다. 개원식에는 석준호 세계통일무도연맹회장을 비롯하여 용정식 세계평화통일가정연합 아시아대륙회장, 양창식 UPF천주평화연합세계회장, 문평래 세계평화무도연합회장 등 한국관계자와 미국, 일본, 필리핀, 태국 등지의 지도자들이 한자리에 모였다.

세도원의 뜻은 세계 무도인이 한 자리에 모여서 도를 닦고, 심신을 단련하는 '나라정원'이라는 뜻이다. 말하자면 천일국 정원이 되는 셈이다.

세도원은 문 총재가 세계 무도인을 한 자리에 모음으로써 세계일가世界一家의 사상을 실천하는 데에 앞장서라는 취지로 지난 2013년 봄에 내려준 세계통일무도센터의 이름이다.

그로부터 반년 뒤에 문선명 총재가 갑자기 성화聖和했으니 일종의 마지막 유언이 된 셈이다. 세도원은 그러한 점에서 통일교의 미래를 내다보며 문 총재가 마지막으로 쾌척한 용단이었다고 하지 않을 수 없다.

통일무도인들은 문 총재의 유지를 마음에 새기면서 이날 대회에 임했다. 이날 대회는 그래서 '문선명 총재의 성화와 그의 삶과 업적을 기리며To Commemorate Dr. Sun Myung Moon's Seung Hwa and His Life and Spirit'라는 부제가 붙었다.

필자는 치앙마이 교외 국립공원 지역에 넓게 조성된 세도원에서 과거에 무도를 통해서 통일교인이 되거나 무도를 통해서 훌륭한 통일교도가 되어 심신일체의 참다운 신앙생활을 하는 세계의 수많은 젊은 통일무도인들을 확인할 수 있었다. 세계의 온갖 인종이 함께 모여 하나의 룰rule에 따라 자신이 평소에 닦은 기술을 발휘하면서 승패를 겨루고 친구가 되는 것은 참으로 축제의 진수였다.

무예는 특히 몸과 몸이 부딪히는 경기이기에 시합을 하기는 하지만 승패가 끝나면 쉽게 친구가 되고, 한 식구가 되는 등 원활한 감정교류를 통해 심신일체, 심정일체를 달성할 수 있는 효과적인 도구가 되기에 충분했다. 세계일가世界一家의 사상을 실천하는 데는 무예만한 수단이 또 있을까? 생각했다.

필자가 무예평론가이기 때문에 무예를 두둔하는 것이 아니라 무예는 예술시대, 퍼포먼스에 가장 걸맞은 철학과 종교가 되어가고 있었다. 과거에는 전쟁에나 쓰이는 것으로 천대받던 무예가 이제 거꾸로 평화의 증진에 쓰이게 되고, 예술로 자리매김함으로서 새롭게 변신하고 있다.

무예는 이제 가장 강력한 문화로서 문무文武시대가 아니라 무문武文시대를 선도하고 있다. 무문시대는 오늘날 세계적 문명패러다임인 '지천地天시대'와도 궤를 같이하는 것으로 여성 시대, 땅의 시대, 평화의 시대에 총아로 등장하고 있다. 이제 철학과 종교도 머리에 주입되는 것이 아니라 몸에서 체득되고 자라나는 것이 되는 것으로 몸과 마음이 하나가 되는 시대에 접어들었다.

특히 무예는 말이 다른 문화권 사이에서 언어적 장벽을 쉽게 넘을 수 있다는 점에서 음악과 같고, 신체적 접촉과 교류를 통해 교감의 폭을 넓힐 수 있다는 점에서 심정의 예술이 되기에 이보다 더 유리한 종목은 없다. 지구인들이 말은 안 통해도 몸으로 통하게 하는 것이 무예이고 스포츠이다. 무예는 엔터테인먼트 시대의 블루오션이라고 말해도 좋을 것이다.

태국은 아시다시피 킥복싱, 무에타이의 나라이다. 태국은 인근의 다른 나라와 달리 역사상 단 한 번도 외국의 침략을 당해 패한 적이 없고, 식민지가 된 경험이 없다. 어떤 적 앞에서도 당당히 맞선다는 민족적 자긍심이 충만한 나라이다. 태국을 독립국으로 유지하게 한 원동력은 아마도 무에타이 정신일 것이라고 생각됐다.

태국에 무에타이가 있다면 한국에는 태권도가 있다. 무에타이가 공격적인 무예라면 태권도는 손과 발을 다 사용하긴 하지만 방어적인 무예에 가깝다. 태권도는 역사상 단 한 번도 외국을 침략해본 적이 없는 평화의 민족, 한민족이 개발한 스포츠무예라면 통일무도는 이보다 한 술 더 떠서 평화를 지구촌에 정착시키려는 무예스포츠이다.

3. 필리핀과 태국의 통일무도

세계적으로 통일무도가 가장 활발한 곳이 필리핀이다. 필리핀의 국제평화지도자대학, IPLCInternational Peace Leadership College대학에서는 통일무도의 유단자가 되어야 졸업할 수 있게 되어 있다. 따라서 매년 수백 명의 유단자가 배출되어 현재 세계 각국에 진출하고 있다.

필리핀의 통일무도 지도자들은 현재 세계 각국에 퍼져 통일무도와 세계평화통일가정연합의 선교에 앞장서고 있다. 필리핀 유단자의 과

반수가 여성인 것은 참으로 의미심장하다. 이는 여성 시대, 평화시대의 상징성을 더하고 있다.

현재 도래하고 있는 지구촌 신문명의 성격이 여성 시대, 해양시대의 성격을 드러내고 있다는 점에서 참부모님이 필리핀을 '딸의 나라'로 지정한 것은 선견지명이라고 하지 않을 수 없다. 필리핀은 기후나 사람들의 심성이 매우 여성적인 나라이다. 필리핀은 일본 다음으로 세계평화통일가정연합의 중심국으로 떠오르고 있다.

필리핀 IPLC 대학의 총장 겸 교수인 비너스Venus G. Agustin는 현재 필리핀의 통일무도 발전을 총지휘하고 있으며, 특히 동남아시아 일대에 수백 명의 지도자들을 파견하는 등 중추적인 역할을 맡고 있다.

필리핀에서는 현 협회장을 비롯하여 많은 교인들이 통일무도를 통하여 통일교에 들어왔으며 이는 통일무도가 활용 여하에 따라서는 교회발전의 가장 강력한 수단이 될 수 있음을 증명하고 있다.

필리핀 다음으로 통일무도가 성하고 있는 곳은 중동의 이란이다. 이란에서의 통일무도의 보급은 참으로 기적에 가까운 사건이라고 하지 않을 수 없다. 6년 전 한 무도 지도자가 인터넷을 통해 통일무도를 접하게 되고, 통일무도와 세계평화 및 세계 한가족운동의 취지를 알게 되어 급속도로 발전하게 되었다.

이란의 지도자들은 필리핀 IPLC 대학에서 교육을 받고 돌아간 후 전국에 10여 개의 도장을 내고, 3,500명 이상의 수련생들이 통일무도 유단자가 되기 위해 땀을 흘리고 있다. 이란은 필리핀 다음으로 통일무도의 대국이 될 것으로 짐작되고 있다.

이란은 또한 북한과 가깝기 때문에 통일무도가 북한에 뿌리를 내리게 하는 데에 중추적인 역할을 할 것으로 기대되고 있다. 통일무도가 북한에 뿌리내리면 무도인들이 남북통일의 역군이 될 가능성도 점쳐지고 있다. 이란을 매개로 하여 남북한 무예인의 상호교류와 이해증진을 가시화할 수 있을 것으로 기대된다.

현재 박근혜 대통령의 통일에 대한 적극적인 의지표시와 함께 한민족 '통일대박론'이 무르익고 있는 것과 때를 맞추어 통일무도에 대한 기대가 한껏 부풀고 있다. 통일무도가 통일시대를 여는 전위대의 역할을 할 숙명을 부여받은 것으로 관계자들은 보고 있다.

태국 치앙마이의 세도원은 앞으로 동남아와 중국을 관통하는 고속도로가 이곳을 지나게 되어있는 관계로 중국을 대상으로 하는 섭리의 전진기지로 활용될 것이다. 세도원은 앞으로 중국의 소림무술 등 무술단체를 초청하여 함께 수련하고, 함께 연구함으로써 평화무도의 기반을 넓힐 방침이다. 무예의 술기적術技的 측면 뿐 아니라 무예, 무도 등 예도적藝道的 측면에 이르기까지 깊이 연구하고 개발하며 무도인들의 인격완성에 필요한 교양, 취미 등을 개발, 발전시켜 21세기 신문명에서 무도문화가 주류문화로 자리 잡을 수 있도록 할 방침이다.

치앙마이 세도원 개원을 시발점으로 하여 신문명의 종주국인 한국에 세도원 본원世道苑 本苑을 설립하여 온 세계의 무도인들이 한국에 한 자리에 모일 날을 기대해 본다.

세도원은 앞으로 무예인들의 출신과 유파를 가리지 않고 받아들여 각종 무예의 기술개발과 통합을 이루는 한편 문명의 순화와 고양, 문무가 겸전된 상태에서 고담준론高談峻論을 즐길 수 있는 엘리트층들을 충원하여야 할 것이다. 또한 심신수양과 함께 사상과 철학을 교환할 수 있는 그야말로 '무도에덴동산'을 기대해 본다.

4. 통일무도의 창립과 역사

통일무도는 1979년 1월 5일 미국에서 시작됐다. 통일교 문선명 총재의 제안과 지도로 통일교의 경전을 뒷받침하는 심신단련의 무도로서 시작됐다. 문선명 총재는 '단련용진鍛鍊勇進'이라는 휘호를 내렸다. 1983년 1월 석회장은 미국 원리연구회의 책임자로 발령이 난 것을 기회로 미국 여러 대학캠퍼스를 순회하면서 '무도와 통일사상'이라는 강좌와 통일무도 시범을 개최하기에 이른다. 당시 보스턴, 텍사스, 위스콘신, 캘리포니아 대학 등 공산주의 운동의 본거지를 공략한다.

세계평화무도연합이 공식적으로 출범한 것은 1997년 미국 워싱턴 DC에서 참부모님이 직접 창설하였다. 한국, 일본, 미국을 비롯하여 아시아대륙에서는 중국, 필리핀, 인도, 태국, 네팔 등이 있으며, 아프리카 대륙에서는 케냐, 에티오피아, 우간다 등이 있으며, 유럽에서는 독일, 영국, 네덜란드 등이 있으며 중동에서는 이란이 있다.

이 중 이란에서는 경찰들이 통일무도를 익히고 있으며, 유명세를 타고 에티오피아 경찰, 키르기스탄 경찰교육을 담당하고 있다. 파나마에서는 대통령 경호실팀이 비밀리에 통일무도를 교육받았다고 한다.

몰도바 대통령 경호팀을 통일무도에 맡겼다.

통일무도의 이념은 물론 애천愛天, 애인愛人, 애국愛國이다. 현재 무도철학을 집대성한 총 4권의 무예서를 내고 있다. 1권이 무도와 인격교육, 2권은 무도와 순결교육, 3권은 무도와 참가정교육, 4권은 무도와 평화이념교육 등이다.

통일무도 교육장은 필리핀 IPLC 대학과 한국의 중고등교육기관 청심중고등학교가 대표적이다. 통일무도의 보급을 위해 현재 선교지에 무도지도자를 함께 파송하고 있다.

특히 선교활동에 크게 도움을 준 국가는 아프가니스탄, 이란, 라오스, 캄보디아, 남미의 브라질, 코스타리카, 오세아니아의 마샬아일랜드, 파푸아뉴기니아, 통가, 솔로몬군도 등 여러 나라가 있다. 무도지도자는 선교사의 활동을 겸하게 하고 있다. 통일무도의 원리를 따라가다 보면 저절로 참부모님의 사상을 몸으로 체득하게 된다.

그동안 통일무도 피스킹컵 대회는 미국제1대회, 2004년 10월 9일~10일, 미국 브리지포드대학, 일본제2대회, 2005년, 필리핀제3회 대회, 필리핀, 그리고 제4회에서 6회 대회까지는 한국에서 열었다. 올해 제7회 대회가 태국에서 열렸다. 그리고 역대 무도월드컵대회도 태국제1회 대회, 2007년 12월 16일~23일, 태국 라자만갈라 기술대학, 아르헨티나제2회 대회, 2009년, 브라질제3회 대회, 2011년에서 열었다.

지난 2012년천기 3년 2월 25일에는 세계평화무도연합 출범식 및 기념강연회통일교 한국본부를 가졌다. 또 세계평화무도연합 무도대회 '세계 무도 피스컵2012년 2월 29일~3월 3일, 청심 국제청소년수련원'을 개최했다.

문선명 총재가 창시한 통일무도를 구체적으로 창설하면서 지금까지 이끌어온 세계통일무도연맹 석준호石俊濩회장은 "통일무도가 통일교의 선교에 큰 힘이 되는 것을 오랜 미국 활동과 해외 각국의 선교를 통해 뼈저리게 느꼈다."면서 앞으로 "세계평화가정연합이 가는 곳에 통일무도가 함께 공존하면서 신앙생활과 신체단련을 병행하는 가운데 심신통일을 달성하였으면 하는 것이 바람이다."고 말한다.

통일원리를 중심으로 통일무도는 각종 무술을 재구성하는 방식을 택했다. 말하자면 창조적 재구성이다. 통일무도는 원형운동을 중심주체으로 하고 직선운동을 주변대상으로 함으로써 완성됐다.

원형운동에는 문 총재가 개발을 현몽으로 선도한 원화도圓和道가 중심을 이룬다. 원화도는 정확하게 말하면 원구圓球운동이다. 공처럼 구르는 형상을 모델로 했다. 통일교의 행사에서 '원구圓球: Won-Gu'라는 말을 많이 쓰는 것은 원구의 의미가 원을 중심삼고 상하좌우 전후가 90도 각도로 온전히 하나 되어 어디에도 치우치지 않는 평등한 관계를 이룬다는 통일교의 원리를 내포한 때문이다.

원형운동은 힘의 소모가 없는 주체적 운동이고, 직선운동은 힘의 소모가 있는 대상적 운동이다. 이는 주체와 대상으로 나누는 통일사상을 기조로 무도를 재구성한 결과이다.

"모든 기술과 동작에 의미와 가치를 부여하고 인격완성으로 나아가는 게 목적이다."

통일무도는 참사랑과 양심의 도리를 기본으로 하여 동양과 서양의 가치, 전통과 현대의 가치, 정신과 물질적 가치를 조화·통일시키는 것을 목표로 하고 절대적이며 보편적인 우주적 가치인 통일원리를 중심으로 무도를 체계화했다.

통일무도에는 동작의 각 단계마다 철저히 통일원리와 사위기대四位基臺가 적용된다. 예컨대 무도의 절대적이고 보편적인 자리에는 통일원리心情, 참사랑가 있고, 그 아래 좌우에 원형운동으로 부드러운柔 동작, 직선운동으로 강한剛 동작이 있다. 이들이 다시 하나가 될 때 통일무도가 완성된다.

참사랑을 기준으로 하면 마음과 몸, 그리고 성숙한 인격이 있고, 가정으로 보면 남편과 아내, 그리고 자녀가 있다. 이렇게 사위기대는 수많은 원형과 변형이 가능하다. 통일무도의 본本은 몸과 마음의 조화를 이루고 손과 발동작의 조화를 증진시키며 겨루기 기술을 발전시키는 것을 근간으로 하고 있다.

통일무도의 첫째 본은 '평화의 본'이다. '평화의 본'은 완전히 긴장을 풀고, 깊은 단전호흡을 하면서 끊임없이 물결치는 것과 같은 동작으로 구성되며 원형동작과의 혼연일치를 통해 구형적球形的 비전을 갖는다. '평화의 본'의 원리는 참사랑을 바탕으로 몸과 마음의 통일을 기하고 내적 평화를 이루고, 그 평화가 가정, 종족, 사회, 국가, 세계에 이르는 것이다.

통일무도엔 이어 '사위기대의 본' '원화의 본' '성화의 본' '삼단계의 본' '참가정의 본' '통일의 본' '창조의 본' '천승의 본' '참 사랑의 본' '왕권의 본'이 있다. 앞으로 계속해서 개발되고 확장될 예정이다. 재미있는 것은 통일무도의 기본형이 바로 통일원리를 도상으로 보여주는 상징이며 아이콘圖象이라는 점이다. '무도의 도상'이다.

통일무도에는 이밖에도 '통일무도 발레'를 비롯하여 '일보 겨루기' '프리스타일 다단계 겨루기' '기본 호신술' '진보된 호신술' '자유 겨루기' '무기술' 등이 있다.

통일무도에는 유도를 비롯하여 모든 각종 무예와 스포츠의 기술이 종합되어 있다. 석준호 회장은 중학 시절부터 유도를 했다. 아버지는 유도계의 '유성柔聖'으로 불리는 고故 석진경石鎭慶 선생으로 한국인으로서는 처음 유도의 최고경지인 10단에 오른 인물이다. 일본 교토의 입명관立命館대학 법학과를 나온 아버지는 문무를 겸전한 대표적인 유도인으로 널리 알려졌다. 아버지가 돌아가실 때 수많은 제자들과 유도계가 슬픔에 잠길 정도였다고 한다.

석 회장은 승단이 어렵기로 소문난 한국 유도계에서 9단에 올랐다. 아직 아버지의 10단에 비할 수는 없지만 '완성을 향해 달려가는' 목표로 삼고 있다. 그는 승단할 때마다 무도인으로서 항상 겸손함을 잃지 않으려고 노력하고 있다. 한국 무예계에 가장 필요한 것이 겸손함이라는 것을 일찍 터득한 때문이다. 석 회장은 통일무도에선 창설자로 10단이다.

석 회장은 문선명 총재가 탄생한 나라인 한국에, 기독교인들이 이스라엘 예루살렘을 찾듯이 앞으로 세계 통일교인들이 두고두고 한국을 찾을 것을 의심치 않는다. 문화적으로 볼 때도 그동안 외국에서 수입하기에 급급하였지만 이제 문화수출이 더 많아질 날이 머지않았다고 생각한다. 통일무도도 훌륭한 문화수출의 주역이 된다고 그는 생각한다.

석 회장의 수제자인 일본인 다가미츠 호시코聖子孝光 씨61, 통일무도 7단는 "통일교와 통일무도는 세계적 보편적 가치를 지닌 것이며 따라서 미래에 세계문화를 선도할 것으로 확신한다."고 말한다.

러시아의 시라프니코바28, 통일무도 2단 씨는 "통일무도를 배우면서 삶의 활기를 얻었다."고 고백한다. "현재 모스크바 일원에는 1백여 명의 통일무도 수련생들이 있으며, 러시아 전체에는 수천 명에 달합니다." 10여 년째 통일무도를 수련하고 있는 그녀는 통일무도 발레의 선수이기도 하다.

세계통일무도연맹 아시아지역 회장인 비너스 씨는 "필리핀에 소재한 이 대학에서는 졸업생 전원이 통일무도를 필수로 이수하기로 되어있다."고 소개하고, "필리핀이 통일무도의 지도자육성 센터가 되는데에 전심전력을 다하겠다."고 말한다.

세계 각국에서 온 언어와 피부색깔이 다른 여러 선수와 심판들을 보면서 '통일무도의 세계화'라는 것이 말에 그치는 것이 아니고 이미 세계적으로 실현되고 있음을 볼 수 있었다. 그 중앙에 통일무도가 있었다. 통일무도는 현재 세계 70여 개국에 소개되고 있으며 무도인구는 20여만 명에 달하고 있다. 앞으로 통일교가 가는 곳이면 어디든 손발처럼 따라갈 예정이다.

통일무도의 세계화의 여정을 보면 1980년대 초기에 통일무도 간부인 겐사쿠 타카하시는 영국과 독일을 방문하여 지도를 시작하였고, 네덜란드에서 유럽 대륙 세미나를 개최하였다. 마이클 켈렛은 통일무도 학교를 샌프란시스코에 설립하였으며 여기서 수련한 핀란드 수련생은 고국으로 돌아가 첫 유럽 지부를 세웠다. 바로 직후 에스토니아에도 통일무도 학교가 세워졌으며 에스토니아는 당시 소비에트 연방에 속해 있었다. 에스토니아를 기반으로 석준호 회장과 타카하시는 문선명 총재의 소련 방문 전에 입국할 수 있었다.

통일무도의 핵심사범들이 그 후 동서유럽과 브라질, 아르헨티나, 케냐, 필리핀, 타일랜드, 등지에서 통일무도 특별 프로그램을 개최하였으며 1980년대에는 1백여 명의 유단자가 배출될 수 있었으며, 이들을 통해 다시 수천 명의 수련자들이 통일무도를 배울 수 있었다. 특히 필리핀은 마닐라를 중심으로 전국에 40개의 지부를 세울 수 있었다. 다시 필리핀 사범 중에서 동남아, 아프리카, 남미 등지로 통일무도가 전파되었다.

80년대 말 아르헨티나 국가 지도자인 구스타보 줄리아노 씨는 통일무도를 브라질, 우루과이와 남미 다른 나라에 소개했다. 루나파크 스타디움에서는 5천 명의 관중 앞에서 통일무도 시범을 보이기도 했다. 케냐에서는 가장 괄목할 만한 성장을 했는데 헨리 뭉가이가 후렌시스 니루와 함께 통일무도 도장을 32개나 열어 총 1천여 명의 학생을 보유하였고, 이들은 에티오피아의 롼다에 도장을 열었다. 콩고 민주공화국에는 필리핀인 후로레스에 의해 통일무도가 소개되기도 했다. 통일무도 교관은 에스토니아 대통령의 경호원들을 가르쳤으며, 독일에서 히로시 가리타 씨는 경찰학교와 여러 대학에서 가르쳤다.

소비에트 연방이 해체된 후 1992년 다카미츠 호시코가 이끄는 통일무도 시범단이 에스토니아, 우크라이나, 모스크바, 생 페테르부르그에서 시범을 보였고, 이 순회 후에 마이클 켈렛 씨와 돈 하버 씨는 생 페테르부르그에 통일무도 분부를 설립했다.

말하자면 세계인의 참여로 통일무도는 세계화될 수 있었다. 이는 태권도가 세계화를 이룬 이후 무예계에서 이룬 세계화 가운데 가장 괄목할 만한 공적이다. 통일무도는 보이지 않는 가운데 문선명 총재의 러시아 방문과 러시아의 개혁과 개방에 일조를 하였다. 말하자면 '보이지 않는 힘'으로 작용했다.

무술인, 무도인이야말로 세계의 변화와 문명의 새로운 전개에 앞장설 수 있음을 보여준 실례이다. 문사文人들은 보래 보수적이다. 무사武人들이야말로 새로운 도전을 하고 개척하는 용기를 갖춘 장본인들이다. 무골이야말로 큰일을 수행하는 능력의 소유자들이다.

통일무도의 세계화는 여러모로 태권도에 비할 수 있다. 태권도가 한국을 세계에 알리는 데에 크게 영향을 미치고, 그 후 기업인들이 세계경영을 하는 데에 손발이 되어준 것처럼 통일무도도 앞으로 통일사상을 세계에 알리는 첨병이 될 것으로 보인다. 통일사상은 일개의 종교가 아니다. 인류의 절대적이고 보편적인 가치를 종교에서, 철학에서, 문명에서, 고금古今에서 실현하는 사상이다.

문선명 총재는 2001년 5월 4일 이스트 가든에서 열린 모임에서 통일무도 로고를 선정했다. 로고의 가운데 붉은 점은 참사랑심정을 나타내고, 붉은 점 주변의 노란색과 푸른색의 태극은 주체와 대상을, 원둘레의 붉은 테두리는 수수授受작용을 표현하여 쌍방향의 화살표가 있다. 통일사상을 표현한 것이다. 통일무도가 정립됨으로써 통일교는 문무겸전을 실현한 셈이다. 통일무도는 행동하는 통일교이다.

석준호 세계통일무도연맹 회장은 현재 세계선교회 재단이사장을 맡고 있으며, 선문대학교·선화예술고등학교를 비롯하여 통일교 8개 교육기관이 들어있는 선문학원 재단이사장직을 겸하고 있다. 그는 오늘날 문무겸전의 대표적 인물이다.

현재 통일무도 수련생 중에는 비통일교인이 80%를 차지할 정도로 일반에 널리 퍼지고 있다. 석준호 회장은 문선명 총재가 써준 휘호 '충효지도 만승지원忠孝之道 萬勝之源'을 언제나 가슴에 새기고 있다고 한다.

통일무도에서는 원리의 주요사상이 각 본에 표현되어 있으며 이 개념들이 본을 숙달하는 과정에서 자연스럽게 체득되는 것이 특징이다. 이 체득과정은 단순한 머리로의 이해보다 우월하다. 이는 단지 마음으로만 배우는 것이 아니라 몸과 마음이 동시에 입체적으로 배우기 때문에 개념파악이 우월하며 쉽게 잊혀지지 않는다.

통일무도는 특히 타 종교의 포교가 금지되어 있는 중동, 중국 등지에서 무도를 통한 세력 확장에 효과적이다. 통일무도를 통하여 이미 원리가 전파되고 미래의 섭리를 위한 기반이 지금 전 세계적으로 조성되고 있다는 것에 주목하여야 할 것이다.

문선명 총재는 리틀엔젤스와 같은 예술뿐만 아니라 평소에 무예를 좋아하고 사랑하였으며, 문무겸전의 전인적인 인간이 될 것을 제자들에게도 가르쳤다.

문 총재는 원화도圓和道의 창설에도 깊숙이 관계하였다. 원화도는 1972년 3월에 출발하였고, 1976년 3월부터 본격적으로 개발되기 시작하였다. 창설자 한봉기韓奉基 선생은 통일교 문선명 총재를 비롯하여 수많은 영계의 선인들로부터 전수를 받았다고 한다.[52]

문 총재는 재미 태권도의 대부인 그랜드 마스터 이준구李俊九 씨에게도 물심양면으로 지원을 아끼지 않았다.[53] 이준구는 문선명 총재의 수족과 같은 제자였던 박보희 씨와 교차사촌지간으로 이준구의 할머니가 박 씨이다. 박보희의 전도로 통일교에 입교한 박중현과는 5촌간이다 텍사스 대학에서 태권도를 가르치고 있던 이준구를 워싱턴으로 초대한 인물도 박보희 총재이다.

텍사스에서 워싱턴으로의 진출은 태권도를 미국 전역에 퍼뜨리는 데 있어서도 하늘과 땅 차이같은 이동인 것이다. 이준구는 워싱턴 박보희 총재 집에서 한동안 기거했으며, 워싱턴에 '준리 마셜아트 인스티튜트' 간판을 내걸 때도 두 사람은 함께 페인트칠을 하고 도장을 마련하였으며 간판도 함께 내걸었다. 이준구 씨는 70년대에 청파동 본부교회에 와서 간증을 하기도 했다.

결국 태권도의 올림픽 종목화에도 기초를 다지는 데에 통일교는 일조하였다고 볼 수 있다. 태권도의 세계화에 초창기부터 통일교는 관계를 하였으며, 문 총재의 '애천, 애국, 애인' 사상은 어디를 가나 따

---

[52] 세계일보에 장기 연재된 〈박정진의 무맥(武脈)〉(41) '원구(圓球)의 무예, 원화도(圓和道)' (세계일보 2010년 11월 1일자) 참조.

[53] 세계일보에 장기 연재된 〈박정진의 무맥(武脈)〉: 무(武)을 통해 본 한국문화(16) '武와 舞의 결합, 예술태권도'(세계일보 2009년 10월 6일자) 참조.

라다니는 전매특허와 같은 것이었다.

이 밖에도 정도술의 안일력安一力씨는 문 총재의 경호를 맡았으며, 정도술 관계자들 중에는 축복을 받은 사람도 적지 않다.

아마도 한국 근대사에서 세계적인 인물로 뿐만 아니라 애국자로서도 문 총재만한 인물을 찾아보기 어려울 것이다. 애국을 하였다고 주장하는 사람들 가운데 상당수가 자신의 영달을 위해 일했으면서도 애국을 하였다고 주장하는 마당이다.

Chapter 04

참어머님,
여성 시대의 나아갈 길

1
여성 시대의 세계사적 의미[54]
— 가부장 사회에서 모성 중심 사회로

인류는 바야흐로 후천개벽시대를 맞고 있다. 통일교는 구체적으로 2013년 2월 22일음력 1월 13일을 그 기점으로 잡고, 다양한 기원절基元節 행사를 마련했다. 이에 인류 문화의 차원에서 후천시대와 새로운 기원의 의미가 어떤 것인지 알아보는 기획 시리즈를 6회 마련했다.

1. 인류 문명과 여성 시대

지난 2000년도는 지구적으로 여러 나라들이 새로운 21세기의 도

---

54 세계일보 2013년 2월 18일자에 23면에 게재됐다.

래를 맞아 희망과 자축의 분위기를 연출했다. 20세기가 지나고 새로운 천년 단위인 21세기를 맞아서 각국은 새로운 발전과 비전을 약속하기도 했다. 미래학자들과 인류학자들은 새로운 2천 년에 대한 여러 전망들을 내놓았다.

지난 5000년간 인간의 역사는 역사 이전과 이후를 포함해서 국가-제국의 시대였다.[55] 그러던 것이 새로운 2000년을 기점으로 세계

---

55 현재 지구상에서 모계 사회를 유지하고 있는 사회는 극히 드물다. 특히 국가를 유지하고 있는 나라가 모계 사회를 유지하고 있는 경우는 거의 없다. 아시아, 아프리카, 북남아메리카, 남태평양 등의 원주민 사회나 인디언 사회, 오지마을에서 모계 사회를 유지하는 곳이 간혹 있을 정도이다. 그러나 인류는 역사 시대 이전, 오랜 기간 동안 모계 사회를 유지한 곳이 많았다. 이는 인류의 삶이 매우 유동적이고, 많은 위험에 노출되어 있었으며, 여자가 아이를 낳는 최종보호자라는 가족 구성의 근본적인 조건 때문이다. 인구가 증가하면서 마을사회, 부족국가, 국가로 집단의 규모가 커지면서 점차 모계 사회는 줄어들기 시작했다. 그 이유는 집단의 규모가 커지는 것은 작은 집단을 병합함으로서 비롯되는데 병합에는 크고 작은 규모의 전투와 전쟁이 수반되기 때문이었다. 아무래도 전사(戰士)는 남자청년이고 전투요원의 안정적이고 지속적인 보급을 위해서는 가부장사회를 선호하지 않으면 안 되었기 때문이다. 인류의 4대 문명이 생긴 서기 전 3천~4천 년 경에는 이미 가부장사회의 연장인 국가가 구성되었다. 이 시기는 소위 신석기 후기~ 청동기전기에 해당한다. 그 이전 신석기 농업혁명이 일어난 시기는 대체로 1만 년 전후로 보고 있다. 문명의 획을 그은 기술혁명을 보면 농업혁명, 산업혁명, 정보혁명의 순인데 농업혁명과 산업혁명의 사이는 인류의 전 역사라고 해도 과언이 아닌 시간이다. 산업혁명(18~19세기)과 정보혁명(19~20세기)의 사이는 약 200년에 불과하다. 산업문명은 자연과학이 발달하면서 도래한 것이다. 신석기 이후 인간의 역사를 대체로 5천 년 단위로 보면 1만 년 전~ 5천 년 전 사이는 모계적 성향이 강했던 것으로 보이고, 그 후 5천 년 전 ~ 현재까지는 부계사회가 주도했던 것으로 보인다. 바로 지금이 부계사회의 절정에서 전환기를 맞이하고 있는 셈이다. 가부장 사회-국가 사회는 전쟁의 역사였다고 해도 과언이 아니다. 특히 왕조국가가 등장하면서 정복과 전쟁이 이어졌고, 국가가 명멸하였다. 심지어 전쟁은 생존의 수단이 되기도 했다. 특히 전 지구적으로 펼쳐진 남북전쟁은 추운 북방의 나라들이 따뜻한 남방의 나라들로부터 식량을 조달하기 위한 전쟁이었다. 주로 남북전쟁은 식량전쟁이었고, 동서전쟁은 패권전쟁의 성격이 강했다. 역사적으로 가장 두드러진 제국은 아시아에서는 중국대륙을 중심으로 형성되었고, 유럽에서는 로마를 중심으로 이루어졌다. 강대국들은 때로는 평화를 구축한다는 빌미로 지배영역을 넓히기 위해서 전쟁을 수행하기도 했다. 서기전 5세기를 전후한 시기는 동서양에서 인류의 문명을 이룩하는 데에 결정적인 역할을 한 그리스 철학과 수학과 과학 등이 형성되었으며, 동양에서 불교, 유교, 도교 등 고등 종교의 출현과 찬란한 문화예술

는 인터넷이라는 네트워크를 중심으로 새로운 지구공동체를 형성하고 정보체계를 구축하는 등 신新 모계제, 혹은 모성 중심의 여러 문화현상들을 나타내기 시작했다.

오늘에 있어 여성 시대의 의미는 크게 세 가지로 분류된다. 하나는 인류문명의 원시반본原始返本이다. 또 하나는 문명의 자연회귀이다. 자연으로부터 멀어져갔던 인류 문명이 다시 자연과의 친화 속에 생태적인 회복노력을 하지 않으면 안 된다. 마지막으로 지구촌화된 인간사회를 '지구공동체'로 건설하기 위한 여러 소프트웨어를 마련하여야 하는 점이다.

아직 국가 체계나 산업 체계에 큰 변동은 없지만 머지않아 인터넷이라는 웹web은 마치 여성의 자궁과 같은 역할을 하면서 여성 중심 문명을 이끌 것으로 전망된다. 전자 문명의 발달과 함께 남성의 특징인 이성-과학-전쟁-근육 노동의 필요가 줄어들고, 여성의 특징인 감성-예술-평화-정신노동이 더 요구되는 시대로 접어들었기 때문이다. 이러한 문명적 전환의 흐름을 두고 흔히 '여성 시대'라고 명명해왔다.

여성은 남성에 비해 자연에 가까운 존재이고, 비권력적 존재였다. 여성 시대는 한마디로 여성적 특징인 모성적 사랑과 여성적 상징과 여성적 이미지가 문명을 지배하는 것을 말한다. 여기에는 문명과 환경 간의 생태회복은 물론이고, 전쟁으로 얼룩진 종래의 패권주의적

들이 만발하여 '추축시대'(axial period)라고 칼 야스퍼스가 말하기도 했다. 그 후 서력기원에 기독교, 5~6세기에 이슬람교 등이 성립되는 등 인류는 약 2500년 동안 크게 번영하였다.

인 문명운영을 지양하고 지구촌의 평화를 모색하는 문명 체계 구축을 요구받고 있다. 지구인이 함께 공생·공영·공존하는 과제를 안고 있다.

여기에 통일교는 복귀섭리의 원리와 공생共生·공영共榮·공의共義, 그리고 세계평화통일가정이라는 목표를 설정하고 지구상의 종교 가운데 가장 활발한 활동을 전개하고 있다. 다른 종교들과 철학과 문화 예술들도 인류 공존과 평화라는 시대적 요구와 천명天命에 대해 한목소리를 내고 있다.

그러나 인류의 미래가 밝은 것만은 아니다. 인류 공멸의 무기라고 하는 핵무기와 같은 것이 확산될 뿐만 아니라 지구인의 생존을 위협하고 자연재해 등 불리한 상황이 전개되고 있다. 이에 인류평화의 목표달성에 보다 강력한 의지가 필요하며, 특히 종교계의 목소리가 그 어느 때보다 절실한 실정이다.

한 인류학자는 중생대의 공룡이 거대한 몸집의 동물이었다가 갑작스런 지구환경의 변화와 천재지변으로 멸종하였듯이 인간이라는 '뇌공룡'도 스스로 개발한 무기로 인해, 다시 말하면 뇌로 인해 멸종할 수 있다고 경고를 하고 있다. 인류의 운명이 이제 인간의 뇌의 산물인 과학기술을 인류의 평화와 복지를 위해 쓸 것이냐, 아니면 패권경쟁을 위한 전쟁에 쓸 것이냐에 달려 있는 셈이다.

2. 동양의 역(易)으로 본 여성 시대

동양은 예로부터 상징象徵문명, 상수象數문명권이다. 그 대표적인 것이 바로 천지인天地人 사상이고 음양오행陰陽五行사상이다.[56] 음양오행 사상은 동양인의 삶의 우주론이면서 생활 속에서 실천되는 원리이다.

음양오행 사상이 확대 재생산된 것 중의 하나가 십간십이지十干十二支이다. 십간은 태양을 상징하고 십이지는 땅의 동물을 상징한다. 그래서 땅과 관련되는 것은 모두 십이지로 구분된다. 예컨대 일 년은 12달이다. 하루는 12시간이다. 십간과 십이지가 만나서 60갑자를 이루는데 이를 한 갑回甲이라고 한다.

동양인의 삶에서 특히 십이지는 매우 중요하다. 땅의 기운인 십이지는 삶의 환경의 모두를 상징한다고 해도 과언이 아니다. 후천개벽이라는 말도 실은 십이지에서 도출된다. 십이지는 자축인묘진사오미신유술해子丑寅卯辰巳午未申酉戌亥이다.[57]

천지의 축軸을 상징하는 것은 12지지 가운데 축미丑未이다. 축미는 선후천 음양개벽운동의 중심축인 토土자리이다. 선천에서는 축미의

---

56 동양의 상징 문명은 기운의 변화를 토대로 우주와 사물과 인사를 보는 것을 말한다. 오행의 상징들은 기운을 나타낸다. 화, 수, 목, 금, 토는 화기(火氣), 수기(水氣), 목기(木氣), 금기(金氣), 토기(土氣)를 의미한다. 여기서 토기는 오행의 통합을 의미한다. 동양 사상에는 오래 전부터 상징적 통합의 정신이 바탕으로 깔려 있었다.

57 자축인묘진사오미신유술해(子丑寅卯辰巳午未申酉戌亥)의 동물은 다음과 같다. 자=쥐, 축=소, 인=호랑이, 묘=토끼, 진=용, 사=뱀, 오=말, 미=양, 신=원숭이, 유=닭, 술=개, 해=돼지를 상징한다.

지축이 동북으로 기울어져 부조화와 모순과 갈등이 일어났다고 역술가들은 말한다. 그러나 후천에서는 축미의 지축이 정남북으로 서 있게 된다. 이것은 자연과 문명이 총체적으로 다시 구성됨을 의미하고, 이를 두고 후천개벽[58]이라고 한다. 지축이 정북방향으로 이동하여 본래의 음양으로 돌아간다는 뜻이다.

이를 하도낙서河圖洛書 역으로 보면 선천先天 하도에서 동북東北에 있던 진방震方이 후천後天 낙서에서 정동正東으로 오게 됨으로서 그동안 상극으로 운행되던 오행이 상생으로 운행되게 된다. 이렇게 되면 음양이 제대로 자리를 찾게 되고, 상생相生과 함께 완전한 남녀평등이 지상에 실현된다고 한다.

십간십이지로 보나 역으로 보나 동아시아 문명의 시원인 동이문화東夷文化를 이루었던 진방震方: 우리민족을 震檀이라 불렀다의 한민족이 세계의 중심으로 다시 들어오게 됨을 의미한다.

한국문화의 여성적 특징은 후천개벽시대를 맞아서 다시 역사적 힘을 회복하고 빛을 발할 것으로 짐작된다. 후천개벽시대는 맨 먼저 동학에서 말한 것이다. 후천개벽이라는 뜻은 선천상극시대의 원한이 일시에 극적으로 폭발하여 변하는 사건을 말한다.[59]

---

58 후천개벽이라는 말의 뜻은 십이지로 보면, 축(丑)을 북으로 하고, 미(未)를 남으로 하고, 진(辰)을 동으로 하고, 술(戌)을 서로 하여 진술축미(辰戌丑未)가 동서남북에 제대로 있게 된다. 우주는 봄여름가을겨울 사계절이 돌듯이 끊임없이 생장수장(生長收藏)하는 리듬 속에 있다. 사계절로 보면 후천은 우주의 가을에 해당한다. 말하자면 추수하는 계절이다.

59 상징·상수문화의 우주운행이 수리적으로 계산되기 시작한 것은 중국 남송 대에 정주학파를 이끌던 소강절의 황극경세서(皇極經世書)가 등장하고부터이다. 황극경세서에 따르면 1년은 12월, 360일이고 4천3백20시간(360×12)이다. 그의 원회운세(元會運

주역에서 건乾괘는 선천을 주장하는 데 반해, 곤坤괘는 후천을 의미한다. 양을 대표하는 건이 만물을 낳음에, 음을 대표하는 곤이 만물을 기른다. 미래는 여성인 곤坤, 형이하학, 땅, 이정利貞, 유순柔順이 지배하는 시절이라는 뜻이다.

건(乾)	형이상학 (形而上學)	하늘(父)	선천(先天)	봄, 여름	元亨	剛健
곤(坤)	형이하학 (形而下學)	땅(母)	후천(後天)	가을, 겨울	利貞	柔順

수운水雲 최제우崔濟愚와 김일부金一夫는 동학혁명을 전후로 정역正易

世)는 12시가 1일을 이루는 이치로 1세(30년)가 12회 거듭하면 360년이 1운(運)이 된다. 또 30일이 모여 1월을 이루는 이치로 1운(12세 즉 360년)이 30회 거듭한 10,800년이 1회(會)가 되며, 또 12월이 1년이 되는 이치로 1회(30운인 10,800년)가 12회 거듭된 129,600년이 1원(元)이 된다. 1세(世)=30년=소변화/1운(運)=1세(30년)×12=360년=12세=중변화/1회(會)=1운(360년)×30=10,800=30운=대변화/1원(元)=1회(10,800)×12=129,600=12회=변화의 기본이다. 사계절의 원리를 유추하며 우주시간으로 확대·적용한 소강절(邵康節, 1011~1077)의 원회운세는 1원(元)을 3분하기도 하고, 2분하기도 한다. 선후천 일원(一元)의 주기를 3분하면, 각기 43,200년이 된다. 지축이 동북으로 기울어진 현재는 1년이 365¼일이지만, 본래 천지변화의 정도수(正度數)는 360이다. 지구의 1년을 보자. 지구는 하루에 360도 곱하기 360회 하면 총 129,600도를 도는 것이다. 이와 마찬가지로 천지일원의 변화도 360년을 1주기로 360회 반복한다. 이로써 우주 1년 4계절의 시간대가 되는 것이다. 129,600수는 천지의 열매인 인간 몸의 생명활동에서도 찾아볼 수 있다. 인체의 맥박(혈맥, 陰) 103,680회와 호흡(기맥, 陽) 25,920회, 즉 음양 맥의 도수를 합치면 129,600회이다. 소강절의 우주는 129,600년을 주기로 사계절이 돌아간다. 이를 선후천으로 나누면 선후천 각각 64,800년이다. 자연의 선후천과 달리 문명의 선후천은 여기서 각각 빙하기를 제외하면 대체로 5만 년이라고 한다. 말하자면 선천 5만 년 후천 5만 년이 된다. 지구상에는 여러 인종과 문명이 명멸하였는데 이것도 음양의 자연의 이치에 따라 사시순환하기 때문이다. 그렇다면 지금은 어디쯤에 있는가? 선천의 끝에 있으면서 동시에 후천의 시작에 있다. 다시 말하면 경계에 있는 셈이다. 소강절의 원회운세는 천문학이나 지질학, 인류학의 연구결과와 정확하게 일치하는 것은 아니다. 인류학의 연구결과로 보면 현생인류의 출발은 대체로 지금부터 5~4 만 년 전쯤으로 보고 있다. 그렇게 보면 선천이라는 것은 현생인류의 시작과 어느 정도 맞아진다고 볼 수 있다.

을 주장하기도 했다.[60] 정역 팔괘는 건곤乾坤이 뒤바뀌어 있는 것이 특징이다. 이는 지천地/天 '태泰'괘로 하늘과 땅이 통한다는 의미가 내포되어 있다. 이는 후천-여성 시대가 도래함을 역리로 밝힌 최초의 것이다.

동학은 인내천人乃天을 주장했는데 세계는 바야흐로 그러한 시대를 지나 가내천家乃天, 지내천地乃天의 시대에 접어들고 있다. 이는 땅의 여성과 여성성이 삶의 기준이 됨을 의미한다.

---

60 주역(周易) 이전에도 동양에는 땅(坤)을 중심으로 하는 귀장역(歸葬易)과 산(艮)을 중심으로 하는 연산역(連山易)이 있었다.

2

기원절과 여성 시대의 의미[61]
― 문선명 총재가 예언하고 준비한 여성 시대

    기원절基元節을 172일 앞두고 갑자기 문선명 총재가 천정궁天正宮에서 성화聖和했다. 천기 3년 천력 7월 17일, 양력 2012년 9월 3일 새벽 1시 54분이다. 문선명 총재는 성화하기 전까지 여성 시대를 예언하고 준비하는 데에 많은 시간과 정성을 들였다.

    세계평화가정연합은 바로 그 구체적인 실체이다. 결국 기원절을 전후로 우리가 깊이 생각할 수 있는 것은 문선명 총재가 여성 시대의 기반을 확충해놓고 그것을 제2대 교주인 한학자 총재에게 건네주고 성화했다는 사실이다.[62]

61 세계일보 2013년 2월 19일자 23면에 개재됐다.
62 이것은 비단 통일교회사적 의미만이 아니라 통일을 앞둔 한국인 전체, 나아가서 세계평화를 원하는 지구촌 인류 전체에게 어떤 중대한 메시지를 전하고 있다. 이는 분명 여성

기원절이라는 것은 예수 출생을 기점으로 서력기원을 쓴 것을 대신하여 통일교는 문선명 총재가 새로 정한 천기天紀를 사용하겠다는 선언이다. 천기는 이미 2010년에 시작했다. 말하자면 기원절 축제를 거행하고 있는 올해는 천기 4년이 되는 셈이다.

기원절을 천기 4년에 벌이는 것은 천기를 출범시킨 뒤, 3년이 지난 첫1해에 축제하는 의미가 있다. 이것은 3.1의 정신이다. 3.1는 바로 사위기대四位基臺를 뜻한다. 2013년, 1월 13일. 2000년 들어 첫 13년째이고, 그해 들어 첫 달 1월의 13일이다. 13과 3.1은 분명 상수적 의미가 내포되어 있다.

터 기基자는 통일교에서 여러 모로 의미가 있다. 통일교는 사위기대基臺를 원리의 근간으로 표방하고 있다. 선천의 대단원이 막을 내리고 인류가 새 출발한다는 의미가 기원절基元節에 내포되어 있다.[63]

문선명 총재가 여성 시대를 선언한 그 기점을 보면 1990년 3월 27일음력 3월 1일 미국에서 거행된 '제31회 참부모의 날' 기념 예배 중에 '여성 전체 해방권'을 함께 선포하고 "참어머님께서 통일교회의 제2

이 하나님에 참여하는 것이다. 아직 세계는 이것의 의미를 잘 모르지만 통일교는 이미 미래정신에 앞서 간 셈이다. 그래서 통일교는 양위분을 통칭하는 용어로 '하늘 부모님'이라 호칭하고 있다. '여성 하나님'의 등장과 함께 통일교는 '세계평화통일가정연합'으로 거듭났다.

63 또 한국기독교사에서 신흥 종교로 새 터(基)를 마련한 통일교가 드디어 인류의 역(曆)마저도 새로 창안한 것이 기원절이 된다. 기원절은 통일교에서 정한 것이기 때문에 일반 국민들은 통일교만의 역이고 잔치라고 생각하기 쉽다. 그러나 통일교의 발전 여하에 따라 기원절은 인류의 새로운 역이 될 수도 있다. 통일교는 여러 면에서 인류가 미래의 역사를 시범하고 있는 셈이다. 그러한 점에서 기원절은 우선 한국인 전체의 축제가 되어도 전혀 손색이 없는 행사이다. 아마도 먼 미래에는 기원절이 누구나 공통적으로 즐기는 축제일이 될 가능성도 있다. 이는 마치 예수 탄생 기점인 서력기원이 기독교인이 아니더라도 세계인이 일반적으로 공통적으로 사용하는 역(曆)이 된 것처럼 말이다.

대 교주가 된다."고 말씀한 것으로 볼 수 있다.[64]

이 시점은 미국을 중심으로한 자유세계의 통일교 반대, 공산세계의 통일교 반대, 모든 종교의 통일교 반대가 있었던 시절이었다. 이러한 위기의 국면에서 도리어 평화를 모토로 하는 여성 시대가 선포된 셈이다. 이는 그동안 세속과 기성 교단의 반대를 조건 삼아 탕감복귀의 역사를 펼쳐온 통일교가 가장 위기의 시기에 여성과 평화를 내세운 것이다.

이는 세속적으로는 비로소 여성이 하늘땅을 대표할 섭리의 시대가 왔음을 의미하고, 기독교사적으로는 드디어 여성이 원죄의 사슬에서 풀려나고 해방되었음을 의미한다.[65]

그 후 제1회 아시아평화여성연합 대회1991년 9월 17일 일본 동경 NK홀, 아시아평화여성연합 한국지부 창설대회1991년 10월 31일 하오 2시 서울 리틀

---

64 물론 그 이전에도 여성 시대를 은유하거나 상징하는 말씀은 많았지만 이를 구체적으로, 역사적으로 선언한 것은 통일교회의 '제2대 교주'로 한학자 총재를 공식적으로 지목한 시점일 것이다.

65 여성의 진정한 해방이여!
여성전체해방권의 선포여! 어머니 아버지의 사랑을 중심 삼고 일체의 이상을 중심 삼고 어머님을 중심 삼은 여성전체해방 여자가 지금까지 사탄의 무기가 되어 음란의 씨를 뿌려 사탄족을 번식했으니 세계 여성이 동맹을 맺어 여성해방을 이루어야 하네.
여성해방은 사물해방, 사물해방은 사탄해방 어둠이 모두 걷혔으니 아담의 복귀가 이루어졌으니 지구 저 끝까지 알릴 일만 남았도다. 아! 탕감복귀, 책임분담
여자는 더 이상 어둠이 아니고 여자는 더 이상 원죄가 아니고 여자는 더 이상 유혹이 아니고 여자는 더 이상 속박이 아니고 여자는 더 이상 대상이 아니다. 여자와 더불어 모두 하늘로 귀속하였으니 만물이 해방되고, 사탄도 해방되었도다. 여자로부터 모든 것이 풀렸으니 이제 선생님 혼자 있어도 부모님 대신하고 어머님이 혼자 있어도 부모님 대신하네.

문선명 총재는 제2대 교주를 선포한 이후 이렇게 말씀했다.
"레버런 문이 고희를 지났으니 후계자 안 나와? 이런 말은 집어치워요."
"선교부에서 어머님을 척 보내면 '아버님 왜 안 왔소?'라고 물으면 안 돼요."

엔젤스 예술회관가 열렸다. 1991년 11월 20일 하오 3시 서울올림픽 펜싱 경기장에서 일본과 한국의 대표 1만 5천 명이 참석한 가운데 아시아 평화여성연합 전국 대회가 개최됐다.[66] 세계평화여성연합은 바로 여성 시대를 대비하는 통일교의 발전 수순이었다.

문선명 총재는 여성 시대를 선언한 뒤에 고향인 북한 정주定州 땅을 공식적으로 방문하는 절차를 밟았다. 이는 땅의 시대를 강하게 선포하는 절차였다. 고향 방문에서 김일성 주석과 만났다. 통일교의 성지인 정주는 지상에서 정복하여야 하는 마지막 목표와 같은 곳이었다.[67]

북한 방문에서는 놀랍게도 그 누구도 예상하지 못했던 폭탄선언이 나왔다. 1991년 12월 1일 문선명 총재는 평양 만수대 의사당에서 윤

---

66 후천개벽
여성 시대를 앞두고 하늘은 여성의 단결을 요구했네.
해와 국가인 일본이 앞장서고 참어머님이 그 중심에 서야 하네.
참어머님이 단상에 섰을 때 참아버님과 같은 모습으로 섰네.
제2세 교주는 말만이 아니네. 드디어 아시아평화여성연합으로 기지개를 켜네.
40년 참아버님을 그림자처럼 따라다닌 참어머님 이제 그림자가 아니네.
그늘에서 볕으로 나와서 언젠가 태양이 되어야 하네.
참아버님은 달 같은 태양이었지만 참어머님은 태양 같은 달이네.
문선(moon-sun), 선문(sun-moon)
일본 여성은 한국 여성과 하나 되고 이들은 또 참어머님과 하나 되어야 하네.
참아버님은 장남과 차남을 참어머님은 장녀와 차녀를 차자를 통해 장자를 복귀하는 방식으로 복귀하네. 어머님한테 박수치고 야단이네. 봄바람이 부니까 춤추고 야단이네.
여자가 비로소 해방의 깃발을 들고 야단이네.
일본 식구들이 전 세계에 시집가지 않은 곳이 없네.
"우린 세계의 딸" "우린 하늘땅의 딸"
아시아평화여성연합은 세계평화여성연합이 되고 세계평화여성연합은 세계평화가정연합이 되네.

67 참부모님 양위분은 1991년 11월 30일 오후 2시(한국시간 오후 3시) 북한 조선민항 특별기(JS2152)편으로 중국 북경국제공항을 출발, 오후 3시 40분(한국시간)에 평양 순안비행장에 도착했다. 40년 11개월 만에 평양 땅을 밟았다. 참아버님은 누이와 여동생, 형수 등 가족과도 상봉하였다. 참부모님의 북한 방문은 북한 정부 당국의 초청에 의한 것이다.

기복 위원장으로부터 사회주의 건설과정과 '우리는 우리 식대로 잘살고 있다.'는 등의 내용을 들었다. 그러나 문선명 총재는 "주체사상은 남북의 통일 사상이 될 수 없다. 통일 조국은 하나님주의 사상으로만이 가능하다."고 강조했다.

북한 땅 핵심에서, 그것도 주체사상의 화신인 김일성 주석 앞에서 추체사상을 안 된다고 발언한 것은 경천동지할 일임에 틀림없다. 그러나 당시 북한은 이를 용인하지 않을 수 없었다.[68]

68 더 놀라운 것은 참부모님께서는 1991년 12월 2일 새벽 2시 모란봉 영빈관에서 북한을 인수하는 인수식과 특별기도회를 열었다는 점이다. 당시 하늘 편 세 사람, 사탄 편 세 사람, 우익, 좌익을 품어가지고 하늘로 데려가는 의식을 베풀었다. 이름 하여 '북한인수식'이다. 상징적인 것이긴 하지만 이로부터 이미 북한은 스스로의 힘을 잃어버렸다고 한다.

나는 하나님 대신
너 사탄은 실체 하나님에게 복종해야 해.
주체사상으론 안 돼.
하나님주의, 두익(頭翼)사상이 아니면 안 돼.
주체적인 행동은 하늘을 대신하는 것
주체사상으로 주체적인 행동을 할 수 없네.
주체는 하나님만이 할 수 있는 것
만유를 포용하는 자만이 할 수 있는 것
만물을 사랑하는 자만이 할 수 있는 것
주체사상은 사탄이 하는 짓이네.

그 날 밤 새벽 3시
참어머님께서 잠을 청하는데 환상이 보였네.
눈에서 빛이 나는
잘 생긴 남자가 활기차게 걸어오는 것을 보니
김일성이었네.
"저 녀석이 김일성이구나!" 하면서도
"이 놈의 자식, 지금까지는 행세했지만 이제 때가 되었는데 지금도 그러느냐." 호령하니까
점점점 가까이 오더니 무릎을 꿇어 엎드려 경배했네.
정주는 성지로서 새롭게 단장되었고, 이를 북한당국이 공식적으로 승인했다. 김일성 주석과의 회담과 오찬은 공교롭게도 문선명 총재가 생사의 고비를 넘겼던 흥남감옥이 있

2. 세계평화여성연합의 창설

드디어 1992년 4월 10일, 서울 잠실 올림픽 주경기장에서 '세계평화여성연합' 창설대회가 열렸다. 창설대회 직전에 1267쌍의 세계기성가정 합동축복식이 있었다. 이 행사는 세계의 모든 종교의 원한을 푸는 것이면서 동시에 완성된 남성과 완성된 여성으로서 문선명 총재와 한학자 총재를 의미하는 행사였다.[69]

참어머님은 세계평화여성연합 창설 기조연설에서 말했다.

는 흥남에서 열렸다. 이는 모든 것의 탕감 복귀를 의미했다. 놀랍게도 김일성은 카인과 아벨 문제를 알고 있었다.
"문 총재 당신이 온다면 뭐든지 다해 주겠소."
김일성은 문 총재의 고향을 제3 이스라엘로 승인했다.
김일성은 만남을 기다렸다고 술회했다.
"아이고, 보고 싶고 만나고 싶은 문 총재!"
둘은 형님, 동생이 되었다.
김일성은 그동안 문 총재를 '악랄한 사람'이라고 한 기록을 모두 지우게 했다. '최고로 선한 사람'이라고 바꾸라고 지시했다. 문선명 총재가 한학자 총재와 함께 한 북한방문은 지상에서의 여성 시대의 실현의 첫 걸음이기도 했다. 돌이켜 생각하면 통일교는 문선명 총재가 한학자 총재와 결혼함으로써 안정기에 들어갔고, 그 후 세계 선교 등을 통해 일취월장의 길을 걷게 되었다. 문 총재와 한 총재의 북한방문은 탕감 종료의 의미가 있었다.

69 개인의 벽
세계의 벽은 없어져야 하네. 회교의 리더들을 축복하는 것은 기독교와 회교의 원수를 푸는 것이네. 기성 가정의 축복도 함께 이루어지네.
예수가 죽음으로써 찾지 못했던 것을 찾게 하네.
예수의 부활권은 국가 기준 로마를 밟고 올라가서 세계적 판도에서 다시 살아가지고 2천 년 역사를 초월하여 승리적 판도를 다지고 구원해서 참어머니를 세계적 해와권으로 세워놓네.
지금까지 참어머님은 따라왔지만 이제 옆에 설 수 있는 때가 되었네.
여성해방시대. 아! 탕감 복귀의 마지막 이제 마지막, 마지막이네.
이제 세계적 정상에 올랐네. 만민이 반대하더라도 무너질 수 없는 승리권 승리의 기대를 이룬 지금 1992년 4월 10일 참어머님을 중심 삼고 여성 해방의 선포와 더불어 세계평화여성연합 대회가 벌어지네.

"한반도의 통일은 정치협상이나 경제교류만으로는 이루어지지 않습니다. 천운과 더불어 하나님의 참사랑에 의해서만 통일은 이루어집니다. 중략 생명의 중심은 사랑이고, 혈통은 부부의 사랑과 생명에 의해서 이어집니다. 사랑 생명 혈통을 연결하지 아니하고는 역사가 이어지지 않는 것입니다. 인류는 거짓된 사탄 부모를 중심한 거짓 사랑과 거짓 생명과 거짓 혈통을 청산하기 위하여 접붙이는 방법을 통해 돌감람나무를 참감람나무로 돌이켜야 하는 것입니다. 즉, 인류는 하나님과 참부모님께 접붙임을 받아 참사랑, 참생명, 참혈통을 다시 찾고 지상천국, 천상천국을 실현해야 하는 것입니다."

4월 10일은 40수를 상징하였다. 이는 참어머님이 하와의 실패를 종합해서 탕감 복귀하고 하와 국가인 일본의 여자를 대표해서 탕감을 넘어가는 선포일이었다.[70]

기독교 역사로 보면 지금껏 하나의 남성 아담을 만드는 데에 수 천

---

70 완성된 아담 하나를 찾기 위해
　흘러온 역사 아담 완성의 내적인 이론을 중심 삼고 해와를 다시 찾는 과정 해와는 아담에 의해서 지어졌기 때문에 선생님을 통해서 재창조되었네.
　그렇기 때문에 아무 것도 모르는 어머님을 데려와 교육해온 것이네.
　지금 훌륭한 어머님 상대기준에 맞는 어머님이 되었기에 여성해방시대가 찾아온 것이네.
　여자는 해방될 때까지 역사시대에 인류를 구도하는 데에 거름이 되고, 제물이 되었네.
　그걸 해방해주네.
　남편 되는 분, 신랑 되는 분이 함께 와서 손을 내밀어 구제하는 때가 왔네.
　선생님이 아버지의 자리에서 길을 닦아놓았네.
　이제 어머님의 손목을 잡고 여성운동을 하면 되네.
　4월 10일은 40수를 상징하네.
　4수, 10수, 40수가 함께 있네.
　4월 10일은 어머님이 해와의 실패를 종합해서 탕감 복귀하고 해와국가인 일본의 여자를 대표해서 탕감을 넘어가는 선포일이네.
　여성연합은 일본으로부터 시작해서 한국을 통해서 세계적인 대회로 연결되네.
　역사는 항상 자기 밖에 반대가 있네.

년이 걸린 셈이다. 지금까지 완전한 남성, 완전한 여성이 없었다. 그러나 이제 문선명 총재와 한학자 총재가 함께 완전한 남성, 완전한 아담, 완전한 여성, 완전한 하와가 된 셈이었다. 세계평화여성연합은 여성 시대의 가장 구체적인 단체이고 운동이었다.[71]

여성 시대는 비단 특정 종교나 특정 정파의 문제가 아니다. 여성 시대는 인류가 당면한 공통의 문제이며, 한국이 이를 주도하고 있다. 세계평화여성연합은 오늘날 통일교의 새로운 명칭인 세계평화통일가정연합의 디딤돌과 모체가 되었다고 해도 과언이 아니다.

---

71 통일교는 기독교 중에서는 가장 먼저 후천개벽시대와 여성 중심 시대를 자각하고 선포한 종교가 되었다. 재미작가이며 뉴데일리 논설위원인 김유미 씨는 "한국이 세상에서 얼마나 부러움을 받고 있는 나라인지 한국 안에 살고 있는 사람들만 모르는 것 같다."고 말한다. 항간에 한국인이 모르는 '한국'에 대한 여러 이야기가 떠돌고 있다. 그 중에서 한국인은 "세계에서 한국이 제일 잘 살고 있다."는 사실을 모르고 있다는 것이다. 여기서 빼놓을 수 없는 사실 하나를 더 추가하면 "통일교가 이미 세계적인 종교가 되어있다."는 사실이다. 지금 한국은 세계사의 중심에서 여성 시대의 의미를 여러 각도에서 느끼고 있고, 역사적으로 실천해나가고 있는 나라이다. 정치권이 그렇고, 종교계가 그렇다. 그러한 실천은 한국인 자신도 모르게 용의주도하게 진행되고 있는 셈이다.

3

한국문화, 참어머님, 여성 시대[72]
— 여성 시대의 통일교회사적 의미

1. 한국문화와 여성 시대

오늘날 세계의 여성 시대를 왜 한국이 선도하는가? 특히 종교계에서 통일교가 이끌어 가는가? 여기에 많은 의문이 있을 수 있다. 그러나 한국이야말로 인류문명의 발생지 중 하나이고, 여성의 힘은근과 끈기과 궁극적 여성성평화애호과 강한 모성성한국의 어머니가 세계에서 가장 모성이 강함을 바탕으로 국가를 운영해왔다는 사실을 알면 이해가 갈 것이다.

한국의 역술가들은 후천개벽시대, 여성의 시대를 한국이 주도하게

---

72 세계일보 2013년 2월 20일자 27면에 게재됐다.

될 것을 여러 각도에서 역설한 바 있다. 한국인의 의식의 심층에는 '위대한 여성' '위대한 모성'이 자리하고 있고, 특히 '마고麻姑할미'라는 여성창조신화가 면면히 이어지고 있다.

인류 4대 문명의 발상지는 이집트의 나일강, 이라크의 유프라테스강과 티그리스강, 인도의 인더스강과 갠지스강, 중국의 황하강과 양자강으로 정설화 되었다. 그러나 최근 고고학적 발굴성과는 동아시아 고대문명의 발상지에 대한 전면적인 재검토가 요청되고 있다. 중국 동북지방 일대에서 중국의 황하나 양자강 문명보다 훨씬 연대가 높은 고대문명이 발굴되고 있기 때문이다.

중국 하북성河北省 요하遼河·해만渤海灣 일대의 홍산문화紅山文化: 기원전 5000는 옛 조선의 문화와 문화권을 나타내고 있는 것으로 추정되고 있다. 앞으로 발굴 성과에 따라 옛 우리민족의 시원 문화·모태母胎문화로 정착될 가능성이 높아지고 있다. 그곳에서 발굴된 반가부좌 '웅녀熊女여신상'은 고대 신교神敎문화의 원형일 수도 있다.[73]

---

73 홍산은 적봉시(赤峰市) 구(區) 북부 근교인 영금하(英金河) 동쪽 해안에 있다. 산 전체를 구성하고 있는 암석이 자홍색(紫紅色)을 띠어 홍산(紅山)이라고 이름을 붙였다. 홍산문화는 대체로 유목과 농업문화가 만나는 양상을 보이고 있다. 전통적으로 동이(東夷=현재 중국의 東北三省)지역과 하화(夏華)지역의 중간지역이라는 점에서 눈길을 끈다. 지금까지 발굴결과는 고도의 문명을 이룬 홍산문화가 지질학적 천재지변으로 인해 멸망하고 황하강과 산동 일대로 이주한 것으로 추측되고 있다. 이로서 고대 동이문화와 고조선문화와 연결될 가능성이 있는 유적을 발굴한 셈이다. 고대 동아시아 및 중국문명을 이룬 양자강(長江), 황허강(黃河) 일대의 고대문화를 보면, 지역후강(后岡) 1기 문화가 산동반도 바로 위에 있고, 앙소(仰韶)문화의 반파(半坡)유적지가 섬서성 지역에 있고, 대문구(大汶口)가 산동반도(옛 은나라 유적지 청구배달국의 후예 동이묘족 및 동이족이 살던 지역)에 있고, 마가빈(馬家濱)문화와 하모도(河姆渡) 문화가 양자강 하류(전통적 동이 제족의 웅거지)에 있고, 대계(大溪)문화가 남쪽 장강 중류의 초나라 지역에 있다. 중국의 신석기는 빗살무늬토기가 아니라 채색토기 지역으로 분류된다. 채색토기 루트는 나중에 언급되는 중앙문명 루트와 거의 중첩된다. 중국 내에서도 서이와 한국의

아직도 세계 어느 나라보다 어머니와 딸의 모계적 연대가 강한 나라가 한국이다. 단군사상은 민족의 위기 때는 되살아나지만 그 위기가 지나면 곧 잊어지고 만다. 그러나 삼신할머니는 항상 생활 주변에 있다. 이는 마고麻姑신화와 같은 여성창조신화가 우리의 집단 무의식에 자리하고 있기 때문이다. 그뿐인가. 가무를 좋아하고, 평화를 사랑하는 정신은 우리 민족의 DNA에 면면히 흐르고 있다.[74]

동이는 신석기의 토기단계에서부터 다른 문화적 경향을 보이는데 이는 은(殷)나라와 하(夏)나라를 통해 선명하게 드러난다. 아시다시피 은(殷)나라는 동이족의 나라이고 한민족과 연결되고 하(夏)나라는 서이족의 나라로 중국한족과 연결되는 나라이다. 동이족의 은나라는 〈은(殷)-동이(東夷)-봉(鳳)-용산(龍山)-흑도(黑陶)-발해(渤海)〉로 특징을 짓고 서이족의 하나라는 〈하(夏)-서이(西夷)-용(龍)-앙소(仰韶)-채도(彩陶)-파촉(巴蜀)〉의 특징을 보인다. 신석기 시대부터 동이족(東夷族)-한민족(韓民族)은 중국의 한족(漢族)과 달랐다. 역사시대에 들어가면서 한민족은 중국과 일본 등 주변국과 수많은 전쟁을 경험하게 된다.

74 오늘날까지 국가를 잃어버리지 않은 것을 보면 동서남북의 교차점인 유라시아대륙의 끝 한반도에서 세계 문화를 잘 섭취하고 소화한 까닭으로 여겨진다. 이는 오늘날도 계속되고 있다. 수많은 외침과 외래문화의 제국주의적 세례를 받았으면서도 생존을 한 것은 결국 외래문화를 잘 소화하고 적응한 덕분이라고 하지 않을 수 없다. 그러나 가무와 평화를 사랑하는 본성은 오늘도 유지되고 있다. 흔히 한국문화의 특징을 종교성·여성성·예술성이라고 말하는 이도 있다. 한국의 역사에서 볼 때 적어도 삼국시대까지는 문무가 균형의 모습을 보여주었다. 그러나 고려시대 무신정권은 이미 문(文)이 무(武)와의 관계에서 균형을 잃고 상대방을 서로 포용하지 못한 것을 드러낸다. 이것은 이미 문무의 갈등과 나라의 분열을 일으켰고 급기야 나라가 망하는 수순을 밟게 한다. 원(元)나라에 복속당하고, 부마국이 된 것은 약 1백 년간(1259~ 1356년)이다. 문(文)은 대체로 고등 종교에서 비롯되는데 고대와 중세에는 종교(宗敎: 큰 가르침)가 글자 그대로 대학(큰 배움)의 역할을 대신하였다. 종교는 대학과 다르게 가르치는 자에게 권력과 권위가 주어지는 반면 대학은 점차 배우는 자에게 그것을 넘겨주는 것이 된다. 종교는 고문상서(古文尙書)의 편이고 대학은 금문상서(今文尙書)의 편이다. 문무가 균형을 잃어버리는 현상은 근대사에도 있었는데 구한말과 일제가 그것이다. 나라가 망할 때는 항상 문무가 균형의 달성에 실패한다. 이런 경우 외래종교도 문무 균형의 실패와 분열에 한몫을 한다. 결국 강대국은 정교(政敎) 양면에서 약소국을 식민·경영하게 된다. 일제에 식민을 당한 것은 36년간(1910~1945년)이다. 일제 식민 상태에서 독립운동을 하면서도 우리 민족은 당파성을 벗어나지 못했으며 해방 후 필연코 남북 분단을 가져왔고(이것은 외세가 남북을 갈라놓은 것이 아니라 외세가 우리의 당파성을 이용한 것이다) 동족상잔을 하였고 지금도 주체적으로 통일을 달성하지 못하고 있다. 반도의 역사지정학적

우리 민족이 '평화와 저항'을 생존 전략으로 택한 것은 일종의 반도적 특성이라고 할 수 있다. 그 특성은 문화지리적으로 북방과 남방·대륙과 해양에서, 인종과 문화의 종합적인 문화복합文化複合에서 드러난다. 이는 전반적으로 우리문화의 '여성주의 및 민중주의'와 통한다.[75]

입장이라는 것은 두 가지 중 하나를 택하지 않을 수 없다. 첫째 대륙을 정복하고 바다의 주도권을 잡은 뒤 대제국을 건설하든가, 반대로 대제국에 정복을 당하든가 하는 것이 있고, 둘째 완전히 정복을 당하는 것도 아니고 그렇다고 제국을 만들기 위해 쟁패를 한 것도 아닌, 중간 상태가 있을 수 있다. 한반도의 경우 바로 후자에 속한 경우라고 할 수 있다. 이러한 한반도의 입장을 중국과의 사대(事大)-조공(朝貢)관계에서 찾아볼 수 있다. 한반도는 인종적으로는 북방족과 남방족의 결합으로 이루어졌고 문화적으로도 북방문화와 남방문화의 습합으로 형성되었다. 또한 대륙문화와 해양문화가 만나는 교차점이어서 산업이 발달하였으면서도 동시에 무역이 발달하지 않을 수 없는 위치에 있었다. 종합적으로 볼 때 북방족이 주도한 우리나라는 서서히 남방화=농업화되면서 농경민족으로 변해갔으며 그 토착성이 강화되면서 한반도에 점차 갇히는 쪽으로 역사가 전개된다. 특히 신라의 삼국통일 이후에 그러한 경향이 강화되는데 그렇다고 신라가 반도에서 갇혀서 살았던 것은 아니다. 적어도 다른 나라에 침략을 시도하는 공세적 입장은 아니었지만 무역을 통해 국가의 생산력을 높였으며 중국에 못지않은 문명을 이루고 이를 일본에 전하는 데에 인색하지 않았다. 다시 말하면 정복사업을 하지 않았지만 완전히 정복을 당하지도 않았다. 이상하게도 농경민족의 배타성이 강화되면서 완전히 정복되거나 복속을 당하는 것을 본능적으로 싫어하였다. 한반도를 완전히 정복하려고 시도한 국가 치고 망하지 않은 중국 왕조는 없다. 다시 말하면 한국(한민족)은 끈질긴 저항과 투쟁 정신이 강하였으며, 국가존망의 막다른 골목에서는 역시 북방족의 이동성과 도전적 피가 간헐적으로 솟아오르기 때문이다.

75 이는 국제적으로는 '밖의 시각'에서 자신과 남을 보는 객관적인 입장이 아니라 '안의 시각'에서 자신과 남을 바라보는 주관적인 입장의 경향을 드러낸다. 또 인성적으로는 자신과 남을 다스리는 이성적 입장이 아니라 자신을 표현하는 감성적 입장을 드러내는 것과 맥을 같이 한다. 한국은 결코 제국을 형성하지도 않았지만 완전히 정복을 당하지도 않으면서 면면한 역사를 이루어왔다. 이것이 '여성성과 배타성'으로 특징지어지는 한국문화가 형성된 이유이다. 이 같은 문화적 특성은 가부장제-제국이 주도하는 인류 문명사로 볼 때 결국 생존 전략으로서 사대주의를 하지 않을 수 없게 된다. 이는 정치적, 종교적, 문명적인 것을 아우르는 종합적인 특성이다. 고대에는 무교가 상부구조에 자리잡고 있었지만 그것이 계속 불교와 유교로 대체됨으로써 한국은 주체성이 없는 문화가 되어버렸다. 물론 외래의 불교와 유교를 다시 샤머니즘화 하는 과정을 통해 주체성을 일정부분 회복하기는 하지만 그것은 문화의 하부구조와 맞아떨어지지 않거나 시간적으로 성급하게 외래 이데올로기의 도입과 토착화를 실현시키려고 하기 때문에 사회적 혼란을 겪게 된다. 역설적이게도 이 혼란(혼돈)으로 인해서 한국문화는 변동 과정에서 더더욱 무교적이 되기도 한다. 무교적 전통의 나쁜 점은 바로 과거에 속하는 귀신

한국문화의 모계성과 여성성, 평화주의와 샤머니즘은 한국의 역사를 관통하는 심층구조와 심층심리로 자리하고 있다. 오늘날 한국문화가 세계의 여성 시대를 선도하는 것은 이로써 역사적·문화적 타당성을 갖게 된다.

2. 통일교와 여성 시대

인류는 새로운 2000년의 시대를 맞아 인류평화의 실현이라는 지상 과제를 안고 있다. 여기에 가장 견인차 역할을 하고 있는 종교가 통일교이다. 통일교는 이제 '세계평화통일가정연합'으로 명칭을 바꾸고 새로운 여성 시대에 대처하고 있다. '평화' '통일' '가정'은 하나하나가 특별한 의미를 지니고 있다. 인류가 이루어야 할 미래 문명의 키워드로서 세계 어디에 내놓아도 손색이 없다.

이제 남성 중심의 '신들의 전쟁'의 신화는 여성 중심의 '신들의 평화'

(鬼神)을 필연적으로 섬기면서 미래의 신(神)을 섬기지 못하는 데에 있다. 우리역사는 언제나 과거가 현재를 지배하고 미래는 현재가 되풀이되는 성격이 강하다는 점이다. 이는 문화가 매우 원형적인 모습으로 보이게 한다. 그래서 시간적으로 발전이라는 의미보다는 과거, 현재, 미래가 한통속이 되어 두루뭉수리로 넘어가는 경향마저 있다. 일본도 실은 매우 여성성이 강한 나라이다. 그러나 일본은 유라시아 대륙의 동쪽 끝 섬나라로서, 외래문화를 수용해서 자기 것으로 만드는 데는 탁월한 능력을 발휘하였지만, 역으로 외래문화와 대륙을 아우르는 힘이 부족하다. 그래서 결국 대동아공영권 사상은 20세기에 실패할 수밖에 없었다. 일본은 자신의 샤머니즘인 신도(神道)를 중심으로 외래종교를 들러리로 포진시키고 있다. 그런 반면 우리는 언제나 외래종교를 중심에 놓고 그 종교를 샤머니즘화하는 경향이 있다. 어느 것이 더 강력한 샤머니즘인지는 판단에 따라 다를 것이다. 한국문화의 장점은 반도적 기질을 가지고 있으면서도 간간이 대륙적인 기질을 회복한다는 점이다.

의 신화로 대체되지 않으면 안 된다. '신들의 전쟁'이 가부장제의 산물이었다면, '신들의 평화'는 '모계 혹은 모성母性 중심 사회'로 가야 함을 역설하는 신호와 같다. 이제 '평화' '가정'보다 더 중요한 말은 없다.

국가·종교권력체계로부터 수난을 받아온 통일교는 앞으로 비권력체계가 권력체계를 대신해 인류사회를 이끌어가야 할 전환점에서 일종의 기독교적 대안이라고 하지 않을 수 없다. 통일교의 많은 상징들 가운데 혈통의 대권이 막내에게 돌아가고, 여성이 교주로서 등장하는 것은 일종의 종교적 모계 현상이라고 말할 수 있다.

문선명 총재의 절대 신앙, 절대 사랑, 절대복종, 절대 순결은 모성사회를 대비한 마지막 가부장적 완성이라고 말할 수 있다. 그래서 메시아의 완성, '성약成約시대'이다. 지금까지 메시아 개념은 마냥 미래적 시간으로 기다리기만 하는 대상이었으나 이제 '스스로 그렇게 되어야 하는' 개념이 되었다. 국가 메시아, 종족 메시아 등은 그 좋은 예이다.

문선명 총재의 살아 생전 절대신앙의 완성은 역설적으로 바로 모계·모성으로의 전환을 위한 준비의 노정이었다. 모계체계로의 종교적 중심 이동에 통일교가 앞장선 것은 참으로 시대적 향도의 역할을 다하고 있는 것으로 평가된다. 앞으로 철학, 예술, 사회제도 등 문화 전반으로 확산될 것으로 보인다. 후천개벽시대, 여성 시대에서 오늘날 세계사의 거대한 흐름과 주기를 파악할 수 있다.[76]

---

76 통일교의 문선명 총재는 기독교 가부장권의 바통을 이은 인물이면서 동시에 기독교 그것을 여성-모성사회에게로 넘겨준 전환기적 인물이다. 말하자면 부계와 모계, 전쟁과 평화의 경계선상에서 이중성을 가진 상징적 인물이다. 이것이 가능한 것은 인류의 역사

통일교는 종래 서구 기독교 중심 문화 체계에 대한 도전이라고 할 수 있다. 다시 말하면 〈가부장제-국가 사회〉에서 〈모계제-공동체 사회〉로의 전환 국면에서 새로운 이상세계, 〈천주평화통일국〉을 선언한 미래지향적 종교이다.

天	부	천상천국 (天上天國)	참아버님 밤의 하나님	천일국진성덕황제 (天一國眞聖德皇帝)
人	참(眞)	천주평화통일국	정오정착 (正午正着)	
地	모	지상천국 (地上天國)	참어머님 낮의 하나님	
※ 참부모의 참(眞)이 인간에 있는 이유는 실체(實體)로서 있기 위해서이다				

통일교의 교리는 겉으로 보면 기독교에서 출발하였기 때문에 매우 가부장적 체계로 보인다. 그러나 그 이면을 보면 주체와 대상의 상호작용통일교 원리강론에는 수수작용이라고 한다과 협동과 교류를 주장한다는 열린 기독교로서 기성 기독교와는 다르다. 예컨대 참부모, 참어머님의 등장, 그리고 하나님을 대신하고, 메시아를 대신한다는 사상은 실로 획기적인 권력 분산이면서 동양 정신의 발로이다. 더욱이 '밤의 하나님' '낮의 하나님'을 말하는 것은 '하나님의 음양'을 말하는 것이다. 종래의 남성성의 하나님하나님 아버지에서 여성성의 하나님하나님 어머니이 보충·보완되는 것이다. 이것은 하나님을 '실체의 하나님'에서 '관계의 하나님'으로 변화시키는 것으로서 가장 획기적인 사건이다. 심지

가 이제 전쟁의 시대에서 평화의 시대로 진행할 만큼 성숙하였기 때문이다. 지구촌 사회는 이제 어떠한 전쟁도 정당성을 확보하지 못하게 될 가능성이 높아지고 있다.

어 하나님에서 양을 상징하는 남성이 '밤의 하나님'이 되고, 음을 상징하는 여성이 '낮의 하나님'이 되는 것은 음양이 교차됨으로써 우주만물이 변하는 것임을 천명하는 것이 된다.

말하자면 '관계의 하나님'에 이어 '교차의 하나님'이 되는 것이다. 이로써 서양의 기독교의 '고정불변의 신'은 '관계교차의 신'으로 변모하는 것이다. 가정에서도 남편과 아내가 상호보완관계인 것과 같다. 선불교에서도 '일면불日面佛 월면불月面佛'이라는 것이 있다. 일월이 교차하고 천지만물이 변하는 것은 당연한 이치인데 지금까지 이러한 진리가 외면되었던 셈이다. 불교적 진리에서는 불일이불이不一而不二, 불이이불일不二而不一이라는 말이 있다. 이 세계는 하나인 것 같으면서도 둘이고, 둘인 것 같으면서도 하나라는 뜻이다.

남성성이 위주가 되는 천지天地시대에서 여성성이 위주가 되는 지천地天시대로 우주의 계절이 바뀌게 되었다. 우리는 후자를 흔히 후천개벽시대라고 말한다. 동양의 역易에도 천지天/地가 '막힐 비否'괘라면 지천地/天은 '통할 태泰'괘라고 한다. 천지가 남성적 위계와 질서를 우선한다면, 지천은 여성의 사랑과 평화를 우선하게 된다.

천성산天聖山 자락에 은둔해있는 천정궁天正宮은 풍수지리적으로 보아도 자궁의 형상이다. 청평호수가 바로 눈 아래 내려다보이는 그 자리는 세계적으로도 보기 드문 '산중山中 궁전'인 것이다. 천정궁의 의미는 '하늘 바른 궁전'이라는 의미도 있지만, '하늘 바른 자궁'의 의미가 강하다. 궁宮은 흔히 남성 권력의 상징이 되었으나 본래 궁의 주인

공은 여성이다.[77]

77 남자는 어딘가(왜 그런지 모르겠지만) '천지창조'를 원한다. 천지창조의 세계는 남자
의 세계이다. 여자는 '천지개벽'으로 살아간다. 여자는 몸의 문을 열고 닫으면서 살아
간다. 몸이야말로 세계의 전부이고, 전체이다. 인간의 대명사는 이제 남자(man)의 '인
간'(Man)이 아니라 여자(woman)의 '인간'(Woman)이 되어야 한다. '우먼'은 '월드맨'
(Worldman)이다. 세계는 본래부터 인드라 망(網)이다. 이제 세계는 여성의 자궁(Web)
과 같다.

4

통일을 위한 희생과
길 닦음의 종교[78]
— 지구촌 시대의 평화·평등의 종교

1. 남북통일과 세계평화를 위한 희생과 길 닦음

인류 문명의 통일과 남북 통일을 앞두고 통일교는 과연 어떻게 미래를 전개할 것인가? 여기에 대한 관심은 국내외적으로 증대되고 있다. 통일교의 운명과 한국의 운명은 그 궤를 같이하기 때문이다.

통일교는 그동안 이단異端의 공세 속에서도 꿋꿋하게 세계종교로서의 판도를 넓혀왔다. 세계 194개국에 선교의 발판을 마련하였다. 한국의 자생 종교가 세계적으로 이만한 교세를 넓힌 적이 없다.

통일교는 특히 공산주의를 붕괴시키는 데에 결정적인 역할을 했으

---

78 세계일보 2013년 2월 21일자 23면에 게재됐다.

며, 북한을 통일에로 끌어들이기 위해 산업투자는 물론 온갖 노력을 경주해왔다. 아마도 통일교만큼 통일을 위해 실질적인 노력을 한 국가나 단체는 없을 것이다. 그런 점에서 문선명 총재보다 한국 통일과 세계 평화에 기여한 인물이 없을 것이다.

통일교는 따라서 남북통일과 세계평화를 위한 '희생과 길 닦음의 종교'였다고 말할 수 있다. 이러한 길 닦음과 어둠을 밝히는 것은 존재론적인 발상이 아니면 결코 달성할 없는 업적들이라고 하지 않을 수 없다. 빛보다는 어둠을 밝히는 것이 종교의 사명이 아니던가! 통일교는 현대 문명이 당면한 순결과 가족해체의 문제에도 가장 적극적으로 대처함으로써 원죄의 단죄에서 해방의 구원으로 나아가게 했다.

통일교가 서양의 다른 기독교 종파에 비해 비교적 빨리 여성성에 눈을 뜬 것은 동양권에서 출발하였기 때문이다. 동양권은 본래 음양사상이 지배하는 문명권으로 으레 여성인 음陰을 남성인 양陽보다 우선하는 문화적 토양과 전통이 깔려 있는 곳이다.

통일교뿐만 아니라 기성 기독교에 반대하는 서구의 신학과 해체주의 철학들도 20세기에 들어 경쟁적으로 여성성에 대한 눈을 뜨기 시작했다. 특히 여성 신학자들은 하나님의 양성성을 주장하면서 하나님의 여성성에 대한 재고提高를 촉구했다. 여성성은 항상 숨어서 희생하면서 세상을 받치고 있었던 것이다. 앞으로 여성성을 갈망하는 인류에게 통일교는 가장 먼저 종교적 처방전을 내릴 위치에 서게 됐다.

2. 하나님의 여성성, '존재론적인 신학'의 문 열어

하나님의 계시를 듣는다는 것은, 지상의 인간이 하늘의 하나님의 음성을 듣는다는 것으로 눈물겨운 기도와 생사를 오가는 희생을 전제한 위에서 이루어지는 현상이다. 그렇다면 계시라는 것도 일방적인 하늘의 일방적인 명령이 아니라 이미 수수 관계에 의해 이루어지는 것임을 알 수 있다. 다시 말하면 천지의 조응으로써 계시가 있는 셈이다.

인간은 본래 천지인天地人의 구조 속에 있다. 천지 사이에 있는 인간이 기도를 통해 천지를 매개시키고 천지가 하나 되게 하여 천지의 조화를 달성하게 되는 것이다. 계시는 기도하는 인간 안에서 하늘과 땅이 하나가 되는 순간이다. 이때 기도하는 인간에게는 개인적인 욕심은 없으면 없을수록 좋다. 기도하는 인간의 위치는 여성신랑을 기다리는 신부의 입장이고, 따라서 기도와 희생의 드러남으로 계시가 있는 것이다.

독일의 철학자 하이데거는 존재자와 존재의 존재론적 차이를 해명하기 위해 눈의 메타포를 사용한다. 반면에 존재의 소리를 듣고 그에 응답하려는 현존재를 논할 때는 귀의 메타포를 사용한다. 하이데거는 눈앞의 사물적 존재자, 도구적 존재자, 현존재를 구분할 때 눈의 메타포에 의존한다. 왜냐하면 현존재의 존재와 다른 존재자는 구분되어야 하기 때문이다. 반면, 죽음이나 양심과 같이 현존재 내부의 사건이 주제화될 때 하이데거는 귀의 메타포를 사용한다.

빛은 남성적 진리에, 소리는 여성적 진리에 비유된다.[79] 여성 시대는 소리를 중심하는 여성적 진리로 이동하는 것을 의미하고, 이는 '눈에서 귀로의 중심 이동'을 의미한다. 귀는 울림이나 공명에 의존하는 감각기관이다. 이는 종합적으로 감성과 음악과 예술에 더 의존하는 것을 말한다.

하이데거에겐 태양이란 실체에 놓이는 것이 아니라 빛과 어둠이 빚어내는 세계에 놓이게 된다. 하이데거는 실체에서 출발하는 것이 아니라 존재의 의미에서 출발하게 된다. 그래서 하이데거는 빛의 근원으로서 존재의 '밝힘'에 관심을 보인다. 하이데거의 밝힘은 어둠을 동시에 수반하고 있는 밝힘이다. 이는 여성성에 대한 이해의 첫걸음이다.

미래의 신학은 존재의 신학에서 존재론의 신학으로 중심이동을 하지 않을 수 없다. 왜냐하면 여성성에 대한 이해가 없이는 세계인을 설득할 수 없기 때문이다. 존재론적 신학은 여성성에 대한 이해에서 출발하지 않을 수 없다. 실은 통일교는 기독교 신학에서 이미 존재론적 신학의 길을 열었다. 신성의 양성성兩性性을 주장했기 때문이다.

이는 결국 남성과 여성에 '하나이지만 둘一而二'이고, '둘이지만 하나二而一'인 동양적 사고를 반영한 것이다. 구체적으로 '낮의 하나님'

---

79 빛과 태양에 대한 메타포는 인류 역사를 통해 오래 전부터 애용해왔다. 이는 태양과 빛이 인류의 삶에 절대적이었음을 의미한다. 심지어 빛보다는 말씀을 강조한 히브리 정신에서도 빛은 어둠이나 혼돈과 대립되는 개념으로서, 매우 긍정적인 의미를 지녔음을 창세기에서 볼 수 있다. 그런데 이러한 태양을 철학적으로 진리의 정점에 올려놓은 사람이 플라톤이다. 플라톤은 빛의 근원인 태양에 대하여, 비록 태양이 선의 이데아와 같지는 않지만 그와 비슷한 것이라고 말하고 있다. 그는 태양이 빛을 주듯이 선의 이데아는 "인식되는 것들에 진리를 제공하고, 인식하는 자에게 그 힘을 주는 것"이라고 주장한다.

'밤의 하나님'으로 나타났고, '양의 하나님', '음의 하나님'에 다름 아니다. 이는 기독교의 한국적 토착화이면서 동시에 동양적 토착화라고 할 수 있다.[80]

통일교 신학은 한국문화사적으로 볼 때도 원효의 화쟁론和諍論과 율곡의 심정의일로설心性情意一路說을 기독교 신학에 적용한 불교와 유교와 기독교를 관통하는, 말하자면 유불선기독교儒佛仙基督敎 사교四敎를 회통하는 사묘지도四妙之道의 금자탑으로 보인다.

통일교는 세계적으로는 기독교에서 출발하였지만 이제 그 완성에서 세계의 종교를 통합하고 있고, 국내적으로 남북 통일에 기여하는 가장 근접거리에 있는 종교가 됨으로써 명실공히 한국 통일이 아시아태평양의 평화와 세계의 통일로 이어지는 매개 역할을 하는 종교가 되고 있다. 하나님의 여성성은 기독교가 생긴 이래 한국에서 처음 탄생한 종교현상이다.

---

80 통일교는 가부장시대, 선천시대의 마지막 전환기에서 종래 서양 기독교의 골간을 유지한 채 새로운 해석으로, 참부모님, 천지인 참부모님, 참어머님 등을 통해 '여성성의 하나님' '하나님의 여성성'를 신학체계에 융합함으로써 동양의 음양론이 개입된 신학체계를 완성했다. 통일교는 여기에 더하여 한국인의 '한(恨)의 정서'를 하나님에 통합해서 '한의 하나님'을 설정하고 하나님의 '한'을 풀어주는 의미에서 메시아의 도래를 선언한 '성약(成約)시대'를 공식화했다. 그래서 교주에게는 메시아, 구세주, 재림주, 참부모 등의 호칭이 붙는다. 이는 미래적 시간에 매여 있던 메시아를 현재적(현재완료적)으로 달성한 것으로 시간을 초월한 것이다. 따라서 하나님을 시공간에 매이는 역사적 하나님에서 그것을 초월하는 초월적 하나님을 신학적으로 완성했다. 통일교는 이에 앞서 한국문화의 정서가 크게 반영된 '심정(心情)의 하나님'을 처음부터 들고 나옴으로써 하나님을 '느낌의 하나님'으로 더욱 가깝게 했다. 이러한 것은 기독교 신학을 더욱 더 존재론적인 신학으로 나아가게 했다.

5

좋은 여성성,
나쁜 여성성[81]
― 역사를 결정한 것은 두 종류의 여자

1. 나쁜 여성성, 여성의 타락

인류사회에서 불변의 진리는 가정에서 여성의 성性이 무너지면 가족의 마지노선이 무너지는 것과 같다는 사실이다.[82] 여성은 그만큼 가

---

81 세계일보 2013년 2월 22일자 19면에 개재됐다.

82 작금의 현실은 여성의 성의 해방이 극대화된 형국이다. 그래서 통일교는 여성 시대를 앞두고 혈통의 순결(아담의 혈통)을 주장하고 있는 셈이다. 여성의 성의 구조와 기능은 근본적으로 열려있기 때문에 여성 스스로 규제하지 않으면 걷잡을 수 없게 된다. 여성 시대의 가장 큰 난제는 바로 성의 문란 문제이다. 인구의 증가와 여성의 재생산에 대한 사회적 요구가 줄어듦과 더불어 여성의 성적 쾌락에 대한 욕구가 증대되고 있다(여성은 임신과 수유기간에는 성적 욕구가 줄어든다). 여성인 해와는 여성 시대를 맞아 한편에서는 해방을 맞았지만, 다른 한편에서는 역설적으로 다시 스스로 '원죄의 해와'가 될지 모르는 위험, 타락할지 모르는 위기에 직면해 있다. 여성은 스스로 순결을 지키지 않으면 안 된다. 여성이 순결을 지키는 데는 물론 남성의 동참이 절대적으로 필요하다.

족과 사회의 근본이다. 이 때문에 원죄라는 것이 있었고, 그것으로부터 벗어나는 해방이 있고, 오늘날 가정교회가 실천되어야 하는 이유가 있다. 가정은 사회의 기본단위이면서 교회의 최소단위이다.

그런데 여성 시대는 앞에서는 여성의 자유와 해방이라는 좋은 선물을 가져왔지만 뒤에서는 성적문란과 가족해체라는 나쁜 선물을 동시에 가지고 왔다. 여기에 좋은 여성성과 나쁜 여성성에 대한 이해가 선결되어야 한다. 통일교의 참가정운동은 좋은 여성성을 고취시키기

여기에 절대 순결, 참사랑, 참부모가 필요한 것이다. 여성 시대는 역설적으로 몸의 절대 순결을 요구한다. 여성 시대는 '여신(女神)의 복위'를 요구한다. 이것이 '참어머님'이다. 여성은 언제나 스스로의 몸을 희생하면서 인간 세계를 승화시킨다. 여성·여신이야말로 실은 '천지개벽'의 주인공이다. 여자에게는 시간과 공간이 몸에 있다. 여자는 시간 자체, 공간 자체이다. 남자는 시간과 공간을 밖에 두지 않을 수 없다. 밖에 있는 시간과 공간은 잴 수 있고, 셀 수 있다. 시간과 공간을 잴 수 있는 것은 과학이다. 시간과 공간이 없는 것은 종교이다. 그래서 종교는 시간과 공간의 초월을 흔히 말한다. 종교의 진정한 주인공은 여자이다. 인류학적으로 보면 가부장제는 결국 원인론, 창조론, 머리 중심, 좌뇌 중심, 혈통론을 중시한다. 그래서 결국 문화에서 과학적 특성을 드러낸다. 이에 비해 모계제는 결과론, 진화론, 몸 중심, 우뇌 중심, 사랑론을 중시한다. 그래서 결국 문화에서 종교적 특성을 드러낸다. 이들을 종합하는 것이 예술이다. 인간의 삶은 그 자체가 예술이고, 세계는 존재 그 자체가 예술이다. 이러한 관점에서 볼 때 문선명의 문명사적 의미를 보면, 가부장제의 마지막에서 모계제로 바통을 넘겨주기 위해, 가장 모성적인 나라인 한국에 태어나서 과학–기독교 연쇄의 서구문명의 자장(磁場) 속에서 가장 '부성적인 기독교'를 '혈통의 기독교'로 만들고, '천일국'이라는 나라를 만들어 '참어머님'에게 넘겨준 형국이다.

가부장제	모계제
원인론(필연론)	결과론(우연론)
창조론(기독교)	진화론
머리(이성)중심	몸(감성)중심
좌뇌 중심	우뇌 중심
혈통론(참사랑을 주장)	사랑론(참사랑을 실천)
과학(시간과 공간)	종교(시공초월)
예술인류학: 삶=예술=생활	

위한 대표적인 신앙 전략이라고 볼 수 있다. 통일교는 이에 앞서 여성 시대를 앞두고 가장 먼저 혈통의 순결아담의 혈통을 확립한 종교이다.

인류의 가장 대표적인 고등 종교인 기독교와 불교는 바로 좋은 여성성을 고취시키기 위해 마리아와 관세음보살을 두었다. 기독교와 불교도 가부장사회의 종교이지만, 예수님과 부처님을 섬기는 이면에 위의 두 여성성, 희생과 사랑, 보시와 자비의 상을 두었기 때문에 마치 두 바퀴의 수레처럼 잘 굴러갔던 것이다.

이제 여성 시대를 맞아 뒤에 숨어있던 '여성성의 신성' '신성의 여성성'이 앞으로 나오게 되어 있다. 이제는 반대로 남성성의 신성이 뒤에서 여성성의 신성을 보필하지 않으면 안 된다. 일반 가정에서 과거에는 여자가 내조를 하던 것이 점점 남자의 외조가 늘어나는 경우와 같다. 여성 시대는 자유롭고 풍요롭기 때문에 도리어 그 어느 때보다 스스로 지키는 강력한 윤리 도덕이 필요한 것이고, 이를 종교가 담당해야 한다.

문선명 총재는 전 세계적 기반을 동원하여 하나님이 하시는 뜻대로 남북통일을 성취하고 음란과 퇴폐가 없는 이상적 평화의 세계를 건설하기 위해 불철주야 노력하다가 세상을 떠났다. 이제 그 바통을 한학자 총재가 이어받고 있는 것이다.

한학자 총재는 세계평화여성연합 총재로서 "우리는 남성들이 여성들을 억압해온 타락한 사회 풍토와 온갖 음란 퇴폐로 썩어가는 인류사회의 내일을 구하기 위해 더 이상 기다릴 시간이 없습니다."라고 역설한 바 있다. 그는 또 여성의 완성자로서의 모범을 보였다.

2. 또 다른 나쁜 여성성, 전체주의

　인류가 사회를 운영하면서 드러난 가장 나쁜 두 가지는 여성의 음란과 정치의 전체주의全體主義이다. 이 둘은 일종의 '나쁜 여성성'에 해당한다. 전체주의를 나쁜 여성성이라고 하니까, 왜 그것이 여성성이냐고 반문할 수 있다. 전체주의는 정치적 강제로 소유와 지배를 달성하려고 하는 것이다. 전체주의에도 민족 국가적인 것도 있고, 인종적인 것도 있고, 이데올로기적인 것도 있다.

　왜 전체주의가 발생하느냐를 따져보면 인간의 자연으로부터 물려받은 전체성全體性의 유지 본능과 관련이 있는 것 같다. 그래서 자신이 속한 공동체의 전체성에 위기가 왔다고 생각하면 강제로 빠른 시간에 그것을 회복하려고 한다. 바로 강제로 전체성을 회복하려는 과정에서 잘못된 선택이 바로 전체주의인 것이다.

　모든 종류의 전체주의는 처음엔 천사처럼 보인다. 전체주의의 전형이 계급 없는 평등 사회와 지상 천국을 목표로 내세운다고 선전한 공산주의라는 것이다. 어떤 면에서 공산주의는 나치즘보다 더 악랄했고, 오래 계속되었다. 공산주의는 그 천사성이 강력해서 나중에는 기독교 속으로도 파고 들어와서 해방 신학으로 둔갑했으며, 인간의 이데올로기 가운데 가장 악성의 바이러스처럼 되어버렸다. 해방 신학과 기독교 신학의 해방은 겉으로 보면 같은 것 같지만 내용에서는 전혀 다른 것이다.

　공산주의는 결국 인류 문화의 파괴자였으며, 가부장 사회의 프레임 안에서 만들어낸 가장 나쁜 모계사회 운동이었다고 할 수 있다. 참고로 물질인 'Matter'는 라틴어의 'Mater_mother_'에서 변화된 것이다. 인간 사회에서 산술적 평등은 실은 앞에서는 천사이면서 뒤에서 악마이다. 그래서 나쁜 여자이다.

여성성에는 항상 희생과 타락의 이중성이 존재하고 있다. 여성 시대일수록 '좋은 여성성'을 길러야하는 하는 이유가 여기에 있다. 공산주의는 어떤 측면에선, '나쁜 기독교'이고 '나쁜 과학사회주의'이고 '질투의 종교'인 것이다. 전체주의는 가부장 사회_국가, 제국_의 허위 혹은 허상이 갖는 일종의 주기적 질병과 같다.

근대에 들어 세계사에 나타난 전체주의의 대표적인 사례는 나치즘, 파시즘, 볼셰비즘, 그리고 일본의 군국주의이다. 이들 '주의_-ism_'들은 성격과 배경은 서로 다르지만 결과적으로 전체주의가 된 것이다. 통일교 창시자인 문선명 총재는 전체주의 세력에 효과적으로 대항해 왔다. 전체주의에 가장 효과적으로 대처할 수 있는 사상이 실은 불교 사상이다. 불교 사상은 무엇보다도 인간으로 하여금 소유로부터 벗어나게 하는 장점이 있다. 통일교가 미래 기독교로서 중심 자리를 잡기 위해서는 불교적 교리와의 융합과 소통이 절대적으로 필요하다. 그렇게 하면 다른 종교들과의 대화도 저절로 진척될 것이다.

이는 또한 통일교의 종교 통일의 목표이기도 하다. 서양 문명과 기독교가 '나쁜 여성성'에게 빠지지 않기 위해서는 바로 대승불교_大乘佛敎_의 정신이 필요하다. 말하자면 '대승기독교_大乘基督敎_'로서 신학 체계의 확대 재생산이 요구된다. 통일교가 가장 그것을 달성하기에 좋은 환경을 가지고 있다. 문제는 교리 체계도 중요하지만 마음이 더 중요하다. '심정의 기독교'인 통일교는 그 가능성이 매우 높다.

대승의 마음가짐과 자세는 종교통합과 문명통합, 그리고 남북통일을 실천하여야 할 통일교가 가져야 할 첫째 덕목일 것이다. 통일교는 '나쁜 여성성'으로부터 인류를 멀리하기 위해 '절대신앙' '절대사랑' '절대순결'을 실천해왔다.

6

평화는 각자의 마음에서[83]
— '대승기독교'인 통일교의 나아갈 길

1. 대승(大乘)기독교, 통일교

세계는 본래 하나였다. 그런데 인간이 만든 문명이 모두를 갈라놓았다. 인간이 분열된 동기는 바로 '소유'에 있었다. 자연으로부터 분리된 인간은 서로가 서로에서 분리되고, 급기야 서로를 대상과 이용가치로 보고, 스스로를 소외시키기 시작했다.

본래 하나인 세계는 심물일체心物一體의 세계이고, 천지조응天地調應의 세계이다. 천지조응이 바로 신神이다. 그래서 신을 잃어버리면 인간이 불행해진다. 그런데 서양 문명의 정신과 물질의 분열과 인간중심주의는 인간을 자연으로부터 멀어지게 하는 한편 '신'과도 멀어지게 하였다.

신神과 신앙의 자유가 없는 사회는 '기도가 없는 사회'이고, 기도가 없는 사회는 결국 타락하고 만다. 각자 마음에서 기도가 없으면 양심의 소리를 들을 수 없고, 우주적 전체성의 목소리를 들을 수 없다. 눈으로 보이는 이욕利慾의 세계만 찾아다니면 언젠가 자기를 잃어버린다. 기도하면 무엇보다도 서서히 양심의 세계가 드러난다.

인간은 모두 기도하는 여성의 마음이 되어야 한다. 종교가 필요한 이유가 여기에 있다. 종교는 인류의 좋은 여성성을 대변한다. 이는 종교가 공통적으로 평화를 지향하기 때문이다. 인류의 종교치고 평화를 지향하지 않는 종교는 없다. 이에 비해 정치는 항상 평화를 추구한다고 해놓고 전쟁을 한다.

자연과 인간은 같이 출발한 '공동 거주자들'이다. 자연과 인간은 둘 다 존재 가능성이다. 그런데도 인간은 자연을 대상으로만 바라보려고 한다. 자연을 대상으로 보는 것은 가부장제-남성적 사고의 결과이다. 자식을 자기 몸에서 출산하는 여성은 본능적으로 자연과 존재가 함께 있음을 안다. 자식을 출산하는 여성의 마음이라면 전쟁보다는 평화를 추구할 것이다.

통일교는 기성 기독교나 타종교와 달리 여성의 지혜와 평화를 추구하는 정신을 부각하고 선양하는 방향으로 나아가야 할 것이다. 자연과 함께 하는 기독교, 동식물을 사랑하고, 약한 존재를 사랑하는 '모성의 기독교'로 거듭나야 한다.

일제의 식민 탄압과 6.25 동족상잔과 남북 분단의 온갖 고난을 거치면서 통일교가 출범1954년 5월 1일하였고, 문선명 총재가 혹독한 고문과 흥남 감옥의 생사를 넘나드는 고통 속에서 교리 체계를 완성했기 때문에 누구보다도 평화에 대한 갈망이 강한 종교가 통일교이다.

기성 기독교 교단은 특히 문선명 총재가 스스로 '메시아'라고 칭한 것에 대해서 '이단'이라는 딱지를 붙이고 탄압을 가하고 온갖 모함과 악성 루머를 만들어냈다. 그러나 스스로 메시아가 되는 것은 마치 불교가 스스로 보살이 되는 것과 같은 것이다. 통일교는 기독교의 '대승大乘기독교'라고 해도 과언이 아니다.

메시아의 개념은 이제 모든 인류에게 해당되는 사표師表이고, 스스로 그렇게 되어야만 하는 새로운 인간상이다. 이는 마치 불교의 보살 정신과 통하는 기독교 신학 체계이다. 종래 기독교의 존재 신학 체계를 해체하고 존재론적 체계로 전향하는 열린 신앙 체계라고 하지 않을 수 없다.

2. 기원절의 역사적 의의

통일교는 권위적 종교의 형태를 탈피하기 위해 최근 통일교의 명칭을 '세계평화통일가정연합'으로 변경하였다. 이는 가정이 '교회의 기본 단위'임을 천명하는 '가정교회'의 정신을 반영한 결과이다.

또 하나님의 양성성을 표상하기 위해 우리말로는 '하늘 부모님'

Heavenly Father을 대표적 호칭으로 삼았다. '파더Father'라는 남성 명칭을 사용하는 것은 남성격 주체를 표시하기 위함이다.

통일교의 종족적 메시아 개념은 기존의 종족 위에 메시아로 군림하라는 것이 아니라 자신의 신앙의 종족을 새로 만들어서 그 종족의 조상이 되라는 뜻이다.

통일교회가 밝힌 기원절의 섭리적 의의를 보면 다음과 같다.[84]

"기원절은 내적인 종교적 개념과 외적인 정치적 개념으로 구분해서 이해하는 것이 바람직하다. 하나님 나라는 외적인 정치적 개념으로는 제 4차 이스라엘국으로2003년. 8월 20일, 그리고 내적인 종교적 개념으로는 천일국2001년 10월 29일으로 각각 선포되었다. 2013년 1월 13일 기원절은 실체천일국의 기원절을 의미하며, 내적인 의미로 한정하여 개념을 정리한다."

말하자면 기원절은 〈실체 천일국의 시발이 이뤄지는 첫째 날〉이다.[85]

---

84 통일교(8대 교재 교본을 중심으로는) 조선이 일본과 을사늑약을 체결한 1905년을 기점으로 2013년 기원절에 이르기까지를 대체로 5개 단계로 종말 완성 과정을 본다. 즉 40년 사탄 분립(「믿음의 기대」 조성, 1905-1945) → 본연의 7년 노정 실패 (성장 기간의 완성기 노정, 1945-1952) → '40년 사탄 분립 노정'의 탕감 복귀(「믿음의 기대」 탕감 복귀, 1945-1985) → '본연의 7년 노정'의 탕감 복귀(제1회 7년 노정[1985-1992]은 메시아·참부모 선포 노정; 제2회 7년 노정[1993-2000]은 간접주관권의 완성기 노정. 참부모와 성약시대) → 직접주관권 진입(제1회 12년 노정[2001-2012]은 천일국 봉헌; 제2회 12년 노정[2013-2024]은 천일국의 실체화, 지상인·영인의 전인류 완전 구원) → 신천신지(창조이상 실현, 영원한 하나님 나라, 지상 천상 천국)의 순서로 종말 섭리가 완성되어 가는 과정을 고찰한다(김진춘, 〈말세시대에 있어 기원절을 중심한 재림주 참부모님의 섭리완성〉 《청심논총》(제 8집, 2012) 8~9쪽, 청심신학대학원대학교).

85 기원절은 또 통일교의 참아버님과 참어머님이 제3차 완성급 성혼식, 하나님 결혼식을 거행하는 날이기도 하다. 천일국은 두 사람이 하나 된 나라이다. "참부모님의 체를 쓰고 결혼식을 거행하시는 하나님은 영계와 지상에서 참부모님을 통해서 그 실체를 드러내시게 된다. 하나님의 결혼식을 통해서 천지인 참부모 안에서 하나님과 인간이 일체를 이루고 영계와 지상도 하나로 연결된다.(2009년 10월 8일, 10월 9일 말씀)" 이날 제

기원절은 타락이나 복귀의 개념이 아니라 타락 이전의 본연의 에덴동산을 중심삼고 이해되어야 하는 용어이다. 왜냐하면 이제 통일교 원리로 볼 때 에덴동산으로 이미 복귀하였기 때문이다.[86]

기원절은 하나님의 결혼식과 실체 하나님으로부터 축복식과 천일국의 시작이 동시에 겹치는 날이다. 기원절 및 새로운 천기天紀의 시작은 지상에서 죄가 없어지는 상징적인 날이다. 통일교는 '전인구원全人救援론'을 표방하고 있다.[87] 인간은 지상에서 즐겁게 살 권리가 있는 것이다. 이게 지상천국地上天國이 아닌가.

3차 완성급 성혼식을 하나님 결혼식으로 거행한 참부모님은 같은 날 참자녀를 포함한 전 축복 가정을 하나님의 직계 자녀로 다시 태어나게 하는 '재축복'을 거행하고, 그 표시체로 옥새(하나님 도장)을 하사한다. 말하자면 천지인 참부모님은 하나님 결혼식과 재축복을 통해서 하나님이 창조 이상으로 바라셨던 이상 가정을 중심 삼고 기원절을 맞이하게 된다. 기원절의 의미를 세 가지로 구분하면, 첫째, 무형의 하나님이 하나님 결혼식을 통해서 참부모님의 체를 쓰고 현현하는 날이다. 둘째, 하나님과 참부모님이 완전 통일 일체 완성을 이루어 현현하는 날이다. 셋째, 창조본연의 이상 가정인 하늘 가정이 출발하는 날이다. 넷째, 창조 본연의 이상 가정의 확장을 통해서 이상 천국을 완성하는 출발의 날이기도 하다.

86 아담과 하와가 창조 본연의 에덴동산에서 타락하지 않고 완성기 완성급까지 성장하여 개성 완성한 하나님의 실체가 되면 성혼식을 거행한다. 이 성혼식이 '하나님의 결혼식'이다. 아담과 하와의 자녀는 아담과 하와의 자녀인 동시에 하나님의 직계 자녀가 된다. 《원리원본》 제1권 제1절의 제목은 '하나에서 전 존재로'이다. 그 하나가 바로 본체이신 하나님과 실체이신 참부모님이다. 하나님과 참부모님이 기원절 성혼식을 통해서 완전 통일 일체 완성을 이룸으로써 천지인 참부모가 되고, 밤낮의 하나님이 되었다. 축복 가정은 이에 '자기'라는 개념이 없는 '타체자각'의 자리에서 서야 한다. 타체자각을 위해서는 전도가 최선이다.

87 통일교는 또 여성 해방, 사탄 해방, 만물 해방 등을 선언했다. 이는 매우 전향적이라고 말할 수 있다. 불교에서는 이미 지옥에 떨어진 한 사람의 중생이라도 더 구하려는 원력을 세운 지장보살(地藏菩薩)이 있다. 진정으로 세계가 하나의 세계, 일원상의 세계라면 결국 사탄도 용서되어야 하고, 죄인도 용서되지 않으면 안 된다. 죄라는 것도 실은 삶의 본능과 욕구에 대해서 사회가 적절한 심적·물적 대응을 하지 못한 결과이다. 모든 범죄는 사회적 범죄라고 할 수 있다. 지금까지는 죄를 처벌하는 것으로, 혹은 죄를 용서하는 것으로 사회적 질서를 유지하였지만 이제부터 죄가 발생할 수 있는 환경을 제공하지 않는 것이 더 중요하다고 하지 않을 수 없다.

세계평화통일가정연합은 이제 한학자 총재를 중심으로 기원절 행사를 치르면서 제2의 도약을 꿈꾸고 있다. 전쟁과 가난 속에 삶의 가장 밑바닥까지 떨어졌던 한국도 오늘날 세계 10대 선진국으로 올라섰다. 한국은 이제 정치,경제뿐만 아니라 종교적으로도 세계를 지도해야 할 위치에 서게 됐다.

이때 자생 종교로서의 가정연합은 한국문화를 견실하게 이끌어가는 중추적인 역할을 다해야 한다. 소박하지만 착실하게, 그러한 가운데서도 '가장 한국적인 것이 가장 세계적인 것'이 되는 자신감의 선두에 서야 할 것이다. 여성이 주인인 가정에서부터 진정한 평화와 행복이 출발하고, 소박한 데서 큰 인류의 꿈이 영글어 감을 보여주어야 한다.

오늘날 한국은 종교에서도 정치에서도 여성이 수장으로 등장하는 시대가 됐다.

Chapter 05

서양의 메시아사상에 대한 해체적 고찰

1

서양의 메시아사상에 대한 해체적 고찰

— 메시아사상을 중심으로 데리다의 해체주의를 해체하다

기독교 메시아사상의 허구

메시아는 언제까지나 내일 혹은 미래에 도래할, 시간적으로 지연遲延되어야 할 존재인가. 그리고 공간적으로 한국에서 태어나서는 안될 존재, 기독교의 발생지나 기독교가 융성했던 서양, 혹은 서방에서 태어나야할 존재인가.

메시아가 시공간적으로 낯선 곳에 재림해야 할 존재라고 생각하는 자체가 기독교적 사대주의이며, 한국 기독교가 아직 노예 기독교를 벗어나지 못한 증거이다.

존재 신학이나 과학적 사고에 익숙한 인간은 인과론적 사고로 인해 초월적인 위치에 있는 최초의 원죄원인와 최후의 심판결과을 상상하고, 메시아는 일상적인 시공간에서 나타날 존재가 아닌 것처럼 생각하기 십상이다. 이는 시공간이라는 좌표를 설정한 인간의 자기 기만, 혹은 자기 착각에서 비롯되는 현상이다.

천지 창조를 한 절대 유일신인 하나님 대신에 인간은 언제부턴가 현상학적 존재로 메시아를 설정하였다. 말하자면 하나님의 현상학이 메시아인 것이다. 보이지 않는 하나님이 보이는 존재로 나타난 것이 메시아인 셈이다.

메시아는 하나님주체 대신에 원죄를 저지른 인간을 구원해줄 타자적 인물로서 기대되고 예언된 존재이다. 메시아적 인물은 기독교뿐만 아니라 불교에서도 미륵 부처로 예언되어 있다. 그런 점에서 기독교와 불교는 종교는 다르지만 미래적 구원자를 공통적으로 가진 셈이다.

현재의 메시아는 항상 박해 받고, 수난을 감수해야 하며, 심지어 십자가에 못 박혀 죽지 않으면 안 되는 구조는 어디서 연원하는 것인가. 이는 시간의 구조에서 비롯되는 현상이다. 인간의 몸과 현재는 시간을 발생하게 하는 근본이면서도 시간에서 소외되는 까닭에 비시간으로 돌아가지 않으면 안 된다. 비시간으로 돌아가야 존재 그 자체인 메시아를 만날 수 있다.

예컨대 지금 막 지나가는 현재가 계속 있으면 과거와 미래는 존재할 수 없게 되고, 현재만 있게 되는 사태가 발생한다. 그렇게 되면 시간이라는 것은 존재 가치가 없게 된다. 이 때문에 현재는 마치 비시간인 것처럼 자리를 피해주지 않으면 안 된다. 이를 철학적으로는 시간이 은적隱迹된다고 한다.

그런데 정작 그렇게 되면 과거적 존재나 미래적 존재로 설정된 인물은 현재에 존재할 수 없게 된다. 메시아가 그 대표적인 것이다. 과거의 메시아예수는 현재에 존재하지 않는 것은 당연하고과거에만 존재하고 있고, 정작 미래에 재림하여야 하는 메시아는 현재에 존재하면 안 되고 끊임없이 미래적 존재로만 기대되고 지연되어야 하는 존재가 되고 만다.

메시아가 있으면 그 현재는 종말을 의미하게 되고, 종말이어야 메시아가 있을 수 있기 때문에 현재의 메시아는 부정되어야 하는 존재가 된다. 이러한 사정은 하나님에게도 마찬가지이다. 그래서 부정의 신학과 메시아사상은 결국 같은 것이 되고 만다. 천지창조와 메시아 구조는 결국 시간의 모순에 빠지게 된다. 창조와 종말, 시작은 끝은 하나가 되거나 이중적이 되지 않으면 안 된다.

기독교의 유시유종은 이중성의 모순의 틈을 통해 무시무종과 만나지 않으면 안 된다. 유시유종과 무시무종이 만나는 것이 바로 존재론적 차이인 것이다. 유시유종을 존재자로 보면 무시무종은 존재가 된다. 유시유종과 무시무종을 한꺼번에 동시에 느끼는 경지야말로 하나님과 메시아가 머무는 장場일 것이다.

메시아가 더 이상 미래적 존재로서만이 아니라 현재적 존재로 존재하기 위해서는 필연코 존재와 존재자의 두 세계를 왕래할 수 있는 '존재자현상학-존재존재론'의 메시아, '존재론적 메시아'가 되지 않으면 안 된다. 존재론적 메시아는 종래 기독교 신학에서 말하는 '존재신학적 메시아'를 극복하는 메시아가 된다.

존재론적 메시아는 신기하게도 기독교의 메시아와 불교의 미륵 부처가 함께 하는 메시아-미륵 부처이다. 왜냐하면 앞에서 말한 '존재자-존재'에서 '존재자'는 기독교적 메시아를 상징하고, '존재'는 불교적 미륵 부처를 상징하기 때문이다.

기독교의 메시아와 불교의 미륵 부처가 하나가 된다고 하는 것은 쉽게 이해하기가 힘들 것이다. 기독교는 현상학적 사고와 맥락을 같이하고, 불교는 존재론적 사고와 맥락을 같이하기 때문이다. 기독교의 존재론이 불교이고, 불교의 현상학이 기독교이다.

기독교와 불교는 서로 해석되고 융합할 때 완성된다고 할 수 있다. 어쩌면 불교와 기독교의 관계도 서로 다른 문화권의 종교로서 두 종교의 통합이나 통섭은 양자 간에 번역(번안) 행위와 같은 것인지도 모른다. 실지로 불교 교리와 기독교 교리가 내용상 같다고 주장하는 학자도 있고, 예수는 청년기에 인도 쪽으로 구도여행을 하여 불교의 법화경을 배웠다는 설도 있다.

기독교	초월, 현상, 인격신, 실체, 용(用)	존재자	현상학	존재자-존재: 예수-부처
불교	실재, 존재, 무(無), 비실체, 체(體)	존재	존재론	

이제 메시아는 일상에서 바로 드러나는 메시아가 되지 않으면 안

된다. 특정한 인물이 아닌 인간 각자가 실현해야 할 이상적 인물이 바로 메시아인 셈이다. 각자가 실현해야 할 메시아는 단지 절대적인 인물이 아니라 각자의 입장과 능력에 맞게 전개되는 차이의 메시아인 것이다.

니체는 19세기 시대 정신을 요약하는 한마디 말, "신은 죽었다."라는 선언으로 '세속화된 기독교'를 비판하고 후기 근대를 열었다. 신이 죽었다는 생각이나 감정이 니체 이전에 없었던 것도 아니다. 헤겔도 "신은 죽었다는 감정_{정서}"을 언급하기도 했다. 서구 문명은 이미 18~19세기를 전후로 그러한 분위기에 휩싸였던 것이다.

오늘날 더욱 더 세속화된 인간에게 "신은 죽었다."는 말은 약효가 없다. 그 대신에 무슨 말이 더 필요할까. 기독교의 세속화를 질타한 니체의 '힘에의 의지'라는 것이 일상에서는 바로 '세속화'와 다른 말이 아니고, 자연과학적으로는 '과학화'와 다른 말이 아니다.

니체 이후에도 인간은 1, 2차 세계대전을 치르고, 3차 세계대전이라고도 일컬어지는 극심한 좌우 이데올로기의 충돌이었던 한국전쟁을 치렀다. 그 후에도 여전히 인간은 전쟁과 갈등과 빈곤과 기아에 허덕이고 있다. 빈익빈, 부익부는 여전하고, 패권주의적 제국주의는 기승을 떨치고 있다.

인간의 이성과 욕망은 끝내 구원받을 수 없는 것인가? 이 시대를 비판하는 대답으로 내놓은 것이 바로 "메시아는 더 이상 오지 않는다."이다. 내일 또 내일을 마냥 기다리기만 하는 메시아는 시간과 같은 추상적 메시아이고, 이미 죽은 메시아이다. 살아 있는 현재의 메시아가 있지 않으면 안 된다. 이는 신에게 모든 문제를 맡길 것이 아니라 인간 각자가 인간 문제를 풀 해결사로서 나서야 한다는 뜻이다.

메시아사상이 지금 이대로 가다가는 인간의 자기 기만으로 스스로 구제되지 못하고 결국 멸망하게 될지도 모른다는 염려가 앞선다. 현재의 메시아는 항상 십자가에 못 박히고, 부정부인되기 위해 존재하는 양 비극적 운명의 메시아가 되어서는 안 된다. 그렇다면 영원히 메시아는 없게 된다.

시간적으로, 역사적으로 지연되어야 하는 메시아사상은 크게 반성되지 않으면 안 된다. 만약 그렇게 되면 인간은 메시아가 이미 왔다 갔어도 모르는 사태에 직면하게 되니 말이다.

서양의 후기 근대 철학자 가운데 메시아사상의 대표적 철학자는 자크 데리다Jacques Derrida, 1930~2004와 임마뉴엘 레비나스Emmanuel Levinas, 1906~1995이다. 특히 데리다의 메시아사상은 흔히 유령학幽靈學, 혹은 해체론적 유령학이라고 불리기도 한다. 유령학은 그의 차연差延, différance이론이 언어 분야로 구체화되어 문자학文字學: grammatology이 된 것이라면 실천 윤리로 발전하여 체계화된 이론이다.

그러나 데리다의 유령학, 즉 메시아론은 현상학적 차원의 것으로 기존의 존재신학적 메시아, 마냥 기다리기만 하는 메시아, 시간적으로 지연되어야 하는 메시아로서 한계를 지니고 있다.

데리다의 문자학과 유령학은 후기 근대의 반이성주의 혹은 탈구조주의 혹은 해체주의의 선봉에 선 것 같지만 실은 종래의 이성주의와 존재신학적 구조를 전혀 벗어나지 못하고 있고, 용어와 체계와 겉모

양만 다르게 바꾸었을 뿐이다. 크게 보면 하이데거의 존재론을 현상학적인 차원으로 번역변안했을 뿐이다.

현상학의 여러 모습과 데리다

현상학은 물리적 현상학을 기준으로 보면 심리적 현상학이지만, 전통 철학을 기준으로 보면 의식의 현상학이다. 인간의 의식이나 인식의 대상이 된 것은 무의식을 포함해서 모두 현상에 속한다. 그렇다면 대상화될 수 없는 것이 진정한 존재, 소유적 존재가 아닌 생성적 존재라고 말할 수 있다.

현상학은 근본적으로 의식학意識學이며, 의미 작용noesis이나 의미대상noema을 따진다는 점에서 의미학意味學이기도 하다. 현상학은 물리적 현상학의 프레임이라고 할 수 있는 '시간과 공간의 발생학' 혹은 '의식적 시공간'을 다루는 철학, 혹은 '의미대상의 발생학'이라고 말할 수 있다. 현상학에서 가장 중요한 개념은 따라서 대상object이다. 현상학은 바로 대상 의식에 관한 철학이라고 말할 수 있다.

서구 문명은 '시각과 언어'의 연쇄적 성격으로 인해서 기본적으로 초월론적이다. 현상학도 기본적으로 초월론적이다. 인간의 시각적 인식이라는 자체가 이미 스스로를 볼 수 없음으로 인해서 스스로를 초월적 위치에 놓고, 대상을 바라보게 되는 것을 피할 수 없다. 여기에 언어라는 덮개가 사물을 덮으면이름을 붙이고, 규정하고, 분류하면 초월론은 확고부동한 기정사실이 된다.

현상학의 기원을 올라가면 주체와 객체대상, 타자 혹은 원인과 결과가 서로 간에 자리를 바꿈으로 인해서 모순과 역설의 원죄가 있는 게 사실이다. 그래서 인간은 모순을 해결하기 위해서 헤겔의 말처럼 변증법적 지양止揚을 하지 않으면 안 된다.

현상학은 칸트의 인식론이 원인 중심의 인과론이었다면 이를 결과중심으로 바꾼 의식의 학이다. 결과대상, 목적를 중심으로 하면 항상 의식의 방향이 중요하게 되고, 그 방향에 따라 지향점을 갖게 된다. 여기서 헤겔의 정신현상학의 '지양止揚'은 '지향志向'이 되는 것이다.

인간의 감각은 기본적으로 대상에 대한 직관적 파악감성적 직관이다. 따라서 인간은 대상에 예속되는subject to object 존재이다. 말하자면 주도권은 대상에 있는 것이다. 다시 말하면 대상이 없으면 주체subject는 존재할 수 없다. 현상학의 주체와 대상은 그 후 여러 형태로 변형 혹은 변이를 보인다. 현상학적 입장에서 서양철학 혹은 동양의 이기理氣철학을 보면 다음과 같다.

〈현상학의 다양한 변이와 서양의 현상학자들〉

현상학의 변이	일원적인 세계 (이중성, 애매모호성)	이원적인 세계 (이원대립항)	자연과학 (물리학)
현상학	주체 to 대상 (타자) subject to object	주체/대상(타자) subject/object	인과론: 본래 결과가 원인이 됨
시공간	Time to Space	시간/공간	

이기(理氣)	理 to 氣	理/氣, 문자(文)/ 소리(音)	인과론: 본래 결과가 원인이 됨
남녀	man to woman(web)	남/여(자궁)	
인간과 자연	인간 to 자연 (nature)	인간/자연	
헤겔	역사 to(for) 목적 절대정신 to(for) 절대지	유심론/유물론 유정신론/ 유물질론	정신=물질 개념=물질
니체	will to power	will/power	힘의 상승
후설	의식작용 to 의식대상	의식/대상	통일된 세계
하이데거	공간(거주)의 발생	존재와 시간, 시간과 존재	존재론
데리다	시간(텍스트)의 발생	문자학, 유령학	현상학

주체와 대상의 역전은 결과대상를 원인주체으로 하는 인과 관계를 성립시킨다. 다시 말하면 자연과학의 인과론은 주체와 대상 사이에 있는 끈인 'to'를 없애버린 것이다. 무엇을 대상으로 방향성을 가지는 'to'는 지양헤겔하거나 의지니체하거나 지향후설하거나 목적칸트으로 하는 성격을 갖는 것인데 'to'을 없애버리자 주체와 대상은 이분법적으로 끊어져버렸다. 바로 이분법적으로 끊어져버린 것이 자연과학의 세계이다.

자연과학은 자연의 세계를 원인과 결과의 인과론의 세계로 변형시켜버리고, 마치 본래 자연이 그렇게인과의 세계 있었던 것처럼 인식하게 했다. 이것이 바로 물리적 현상학인 물리학적 세계이다. 물리학도 현상학의 한 종류에 속하며 '결정성의 현상학'이라고 말할 수 있다.

그런 점에서 역설적으로 현상학은 물리적 세계에서 벗어나서 본래의 자연으로 돌아오기 위한 사전 조치로서 현상학의 'to(for)'를 다시 살려낸 철학 조류라고 말할 수 있다. 극과 극은 통한다는 말이 현상학에도 적용된다. 현상학이 있음으로 인해서 현상학과의 경계에 있는 존재론이 탄생하게 될 기회가 생기기 때문이다.

현상학은 존재본질로부터 현상을 현현하기 위해서 끝없이 '지향intention'을 지속계속하는 것이라고 말할 수 있다. 현상학의 지향은 의식적인 차원에서 시간과 공간 개념을 필요로 한다. 현상학의 의식적 시간과 공간은 물리적 시공간처럼 셀 수 있는accountable 대상은 아니지만 시공간 개념의 발생학적생성적 장場, field을 형성함으로써 물리적 시공간을 잉태하는 자궁과 같은 역할을 한다고 말할 수 있다.

현상학은 처음부터 현상에서 진리를 찾는 것이다. 따라서 "현상에 진리가 있다."는 말은 현상학의 당연한 귀결이다. 이러한 명명에 대해 보다 정확하게 선후를 밝히면 "현상에 진리가 있다."는 취지의 철학에 이름을 붙인 것이 현상학이다.

현상학을 회고해보면, 신은 정신이 되고, 정신은 물질이 되고, 물질은 물신物神이 되었다. 칸트의 이성과 시간과 공간 즉 인과의 세계를, 헤겔은 정신과 역사시간의 변증법으로 만들었고, 마르크스는 헤겔을 뒤집어서 물질과 사회공간의 변증법으로 만들었다. 칸트는 '이성 안의 역사', 즉 '세계적 보편사'를 주장했으나 헤겔은 '역사 안의 이성'

을 주장하여 '전체사로서의 역사'와 절대지를 주장하였고, 마르크스는 이를 사적 유물론으로 바꾸어 공산 사회라는 이상 사회를 꿈꾸었다.

현상학을 크게 보면 헤겔적인 것이 있고, 니체적인 것이 있고, 후설적인 것이 있다. 역사적 절대지를 추구하는 헤겔의 정신현상학은 인간이 자신의 정신, 혹은 자신의 의식을 대상으로 한 것이기 때문에 그 대상은 결국 자기의식자의식이 되고, 절대관념론을 완성하게 된다. 인간정신의 특성을 가장 잘 드러낸 것이 정신현상학이다.

헤겔의 정신현상학은 대상사물인식에서 대상으로서 자기의식을 목표로 한 것이기 때문에 정신의 최종 목표에 이르렀다고 말할 수 있다. 정신현상학은 인간의 사유 속에 변증법적 모순이 내재하고 있음을 알고 이것을 극복하는 방법으로서 역사적 지양을 개념화한다. 이러한 지양은 자기의식과 인류역사에 공통으로 적용됨으로써 역사 철학으로 집대성된다.

정신현상학에서 의식과 사물과 역사는 하나가 된다. 정신현상학은 '주체와 대상'의 이분법을 '주인과 노예'의 이분법으로 해석함으로써 유물론의 등장과 함께 철학을 좌우 이데올로기화하는 출발이 된다.

헤겔의 유심론적 현상학은 거꾸로 마르크스의 유물론적 현상학으로 역전되는 사태에 직면하게 된다. 이는 매우 현상학적인 자기 왕래에 속한다고 말할 수 있다. 현상학 자체는 본래 자기모순을 전제하고 있고, 그 모순의 극복을 위해서 정반합 운동을 계속하는 과정에서 마지막에 역전 만루 홈런을 당한 셈이다.

니체의 해석학적 현상학은 헤겔의 역사적시간적 정신현상학을 사회적_{공간적} 유물론으로 뒤집은 마르크스와는 달리 과학적·물리적 현상학을 힘에의 의지로 통합하는 태도를 취한다. 이것이 니체의 '힘에의 의지'철학이다. 힘에의 의지 철학은 헤겔의 '정신적 지양' 대신에 '힘의 상승'을 대체한 현상학이라고 말할 수 있다.

후설의 현상학은 현상학을 보편화·일반화한 것으로 어떤 주제든지 현상학의 대상이 되게 한다. 데리다의 현상학은 후설과 헤겔의 역사성을 계승한 점도 있지만 무엇보다도 차이의 현상학을 통해 종래 서양철학 전반을 해체하는 특성이 있다.

데리다의 철학을 두고 일반적으로 해체 철학이라고 부르기도 하지만 그의 문자학은 해체 철학과 구성 철학의 경계에 있는 마지막 구성 철학이라고 할 수 있다. 그의 유령학은 알 수 없는 존재에 붙인 명명이긴 하지만 실체의 반대가 유령이라는 점에서 볼 때, 실체적 관점의 명명이라고 할 수 있다. 말하자면 문자학과 유령학은 모두 현상학적 관점의 소산이라고 말할 수 있다.

데리다의 차이의 철학의 시간적 지연이라는 것은 결국 시간을 축으로 하는 역사 철학을 변용한 것으로서 헤겔의 역사적 주체를 대상, 즉 타자로 옮긴 것으로 볼 수 있다. 헤겔의 정신현상학이 주체_{인간}의 절대지를 목표로 하는 반면에 데리다는 미래에 등장할 타자인 메시아에게 구원을 요청하고 위탁하는 점이 다르다.

현상학을 기독교 신학에 적용하면 바로 천지 창조가 원인 중심의 인과론이라면 종말 구원은 결과 중심의 인과론이라고 할 수 있다. 다시 말하면 메시아론은 기독교의 현상학이라고 할 수 있다.

기독교 존재 신학적 메시아론의 결정적 모순과 문제점은 바로 과거와 미래의 메시아는 인정할 수 있어도 현재의현존하는 메시아는 인정할 수 없다는 점이다. 이는 현재라는 시간의 모순 때문이다. 현상학도 근본적으로 시간의 모순 구조 속에 있다.

시간의 근본적인 모순 구조

시간은 근본적으로 모순 구조 위에 성립된 일종의 가상 실재이며 사물을 보는 프레임이다. 예컨대 시간의 현재는 현재이면서 동시에 비시간이 되지 않으면 안 된다. 현재가 비시간이 되지 않으면 현재만 계속되기 때문에 과거도 미래도 존재할 수 없다. 과거와 미래가 존재하지 않으면 시간은 존재해야 할 이유가 없기 때문에 시간은 비시간이 되어야 하는 모순을 안고 있다. 따라서 시간은 존재이면서 동시에 존재이유이다. 모든 존재의 이유는 바로 시간 때문에 발생하는 것이다.

시간을 대하는 태도는 크게 현상학적인 차원과 존재론적인 차원으로 구분할 수 있다. 현상학적인 차원은 시간 가상 실재실체를 인정하는 현재의 차원이고, 존재론적인 차원은 바로 비시간의 차원이다.

시간은 현상학적인 차원에서 바라보는 서양 문명은 〈기독교-과학-경제학〉으로 연결되는 실체론적 문명을 건설하였다. 이는 기독교의 창조종말론을 비롯해서 전반적으로 유시유종有始有終의 세계관을 가지고 있다. 유시유종의 세계는 세계를 어디에선가 끊은절단한 것이고, 그러한 세계는 절대의 세계가 된다.

기독교가 과학으로 연결되는 것은 바로 창조 종말의 관점이 실체론적 수학의 관점으로 연결되었기 때문이다. 단지 비比,比例에 불과하였던 수數는 실체로 둔갑하고 수에 의해서 우주는 대소大小의 세계가 된다. 나아가서 단지 비유比喩에 불과하였던 세계는 비교比較의 세계가 된 것이다.

철학적 차원	시간	실재	동서(東西) 문명	시작과 끝
현상학적인 차원	현재	가상 실재 (실체론)	기독교-과학 -경제	유시유종 (有始有終)
존재론적인 차원	비시간	실재 (비실체론)	음양-한의학 -생태학	무시무종 (無始無終)

시간의 등장은 바로 우주에 불변의 동일성이 있다고 생각하는 실체론의 등장과 같다. 시간의 등장은 필연적으로 무한대를 발생하게 한다. 왜냐하면 시간의 현재는 계속되어야만 하는 성질시간성을 가지고 있기 때문이다. 시간의 이러한 성격은 바로 연장延長의 성격이고, 연장의 성격으로 인해 순간은 결국 영원이 된다. 시간은 모순 구조인 셈이다.

시간을 축으로 하는 모든 생각은 모순 구조를 벗어날 수 없다. 철학도 예외는 아니다. 예컨대 헤겔의 역사 철학은 그러한 모순 구조를 벗어나기 위해서 끝없는 변증법적 지양을 계속해야 하고, 어느 지점에선가 절대성절대정신, 법철학을 주장하지 않으면 안 된다. 이는 기독교의 종말구조를 철학적으로 번안한 것과 같다.

자연 과학은 아예 가상 실재인 수數를 실체로 삼고 세계를 실체적인 세계로 환원시키고, 실체의 세계만 바라보는 일종의 과학적 폐쇄회로에 빠져있는 것과 같다. 말하자면 자연 과학은 자연 과학의 세계만 바라보는 셈이다. 빅뱅과 블랙홀도 그러한 가상의 산물이다. 과학은 시간의 모순과 오류를 최대한으로 이용해서 실체의 세계를 연장하는 '등식等式의 세계'인 것이다.

그렇다면 시간의 비시간은 무엇인가. 비시간은 등식의 세계가 아니고, 인간이 알 수 없는계산할 수 없는 부등식의 '선물의 세계'이다. 그러한 점에서 시간의 현재present가 선물present의 의미를 내포한 것은 의미심장하다. 우리는 그동안 현재만 바라보고 선물을 놓치고 있었던 것이다. 선물의 세계가 비시간의 세계라는 것을 알 수 있다. 선물을 주고받을 때 우리는 현재에서 비시간을 경험하게 된다.

존재론적인 차원의 세계가 바로 동양의 〈음양-한의학-생태학〉의 세계이다. 천지를 순환의 세계로 보는 천부경天符經의 삼재三才 사상과 음양 사상을 비롯해서 전반적으로 무시무종無始無終의 세계관을 바탕으로 한 것이 동양의 세계이다.

서양의 유시유종의 세계관이 많은 문제점을 드러내고 있는 현대과학문명 시대에 이르러 인류는 다시 무시무종의 세계를 회복하는 것이 인류의 살길인지도 모른다.

데리다의 메시아사상의 모순과 오류

데리다는 서양의 유시유종의 세계를 대표하는 마지막 철학자인지도 모른다. 데리다의 문자학grammatology는 전반적으로 모순 속에서 출발하고 있다. 소리의 현존présence을 이성주의의 원인이라고 본 그는 문자학에서 반이성주의의 근거지를 찾는다. 문자야말로 바로 이성주의의 원인인데도 말이다.

데리다의 그라마톨로지문자학는 데리다 이전의 모든 이성주의 철학에 붙일 수 있는 총칭이다. 문자학은 문자의 접합articulation의 성격을 상기시킨 것에 불과하며 문장으로 구성된 철학이 문자 언어의 접합이 아닌 경우가 어디에 있겠는가?

데리다는 종래 서양철학에 공연히 해체 철학해체주의 철학이라는 용어를 발생시켜서 마치 새로운 철학을 하는 양 중언부언한 것으로 볼 수 있다. 문자학을 발생시켰기 때문에 유령학도 따라서 등장하게 되었다고 말할 수 있을 것이다.

데리다의 해체는 해석에 대한 새로운 명명이고, 유령은 현상학의 가상 실재에 대한 마지막 이름 붙이기이다. 유령은 가상 실재의 여러 종류신, 정신, 물질, 과학, 화폐, 물신에 대해 서로 다른 이름 붙이기를 해온 서양철학이 정작 실재인 자연의 생성을 정반대로 유령으로 본 것이다. 철학은 자연에 재귀再歸하지 않으면 안 된다. 철학은 반성에서 직관으로, 직관에서 관음으로, 관음에서 자연으로 원시반본하지 않으면 안 된다.

특히 그의 유령론, 즉 메시아사상은 그의 해체 철학을 기준으로 볼 때 '해체 불가능한 세계'에 대한 명명이다. 그가 해체 불가능한 세계라고 하는 것은 실은 자연의 세계, 기운생동의 세계이다. 자연을 유령이라고 하는 것은 일종의 존재에 대한 착각이라고 말할 수 있다.

철학은 크게 구성주의 철학과 구성을 하지 않는 자연주의 철학, 그리고 그 사이에 있는 존재론 철학으로 나눌 수 있다. 데리다의 해체 철학은 구성주의 철학의 다른 이름에 불과하다. 현상학적으로 보면 구성주의와 해체주의 철학은 다른 것 같지만 실은 같은 것이다. 데리다가 해체주의 철학을 구성주의 철학이 아닌 것처럼 말하는 것은 해체가 구성과 동시에 일어나는 것임을 모르기 때문이다.

텍스트를 구성하지 않지 않고 어떻게 남의 철학과 텍스트를 해체할 수 있다는 말인가. 해체주의 철학은 그러한 점에서 구성주의 철학의 문학적 글쓰기, 예컨대 문학적 수사나 문체주의에 불과한 철학이라고 말할 수 있다. 말하자면 문학적으로는 의미가 있어도 철학적으로는 구분의 큰 의미가 없다는 뜻이다.

단도직입적으로 말하면 데리다의 해체주의 철학은 하이데거의 존재론을 현상학적인 차원에서 다시 풀어낸 번안이다. 그 번안을 요란하게 하기 위해서 구성에 해체의 의미를 덧씌워서 해체적 제스처, 이중적 제스처를 취한 것이라고 볼 수 있다.

그러나 하이데거의 존재론도 완전히 자연주의에 이른 것은 아니다. 자연은 무시무종無始無終, 무시무공無時無空의 차원으로 모든 언어기호 이전의 비언어nonverbal의 세계이며, 보이지 않는invisible의 세계이기 때문이다. 자연은, 자연의 생성의 세계는 시각-언어의 연쇄로 잡히지 않는 세계이다. 그의 '존재자의 존재'나 '존재의 존재자'는 언어로부터 완전히 벗어난 세계는 아니다. 하이데거는 언어를 '존재의 집'이라고 말했다. 이는 하이데거의 언어가 시적 세계의 언어임을 말해준다.

하이데거는 인간을 '세계-내-존재'로서 '현존재'라고 규정하였다. 그는 '세계-내'라는 말을 씀으로써 '세계-밖'의 개념을 불러일으키는 것과 함께 의식적인 공간의 제한에 빠졌고, '현존재'라고 함으로써 시간의 제한에 빠졌다. 말하자면 시공간의 제약에서 완전히 벗어나지는 못했다.

구성주의 철학(칸트적 존재론)		자연주의(비구성주의, 존재론) 철학	
현상학적 차원		존재론적 차원	소리철학
구성철학	해체주의철학	존재론(하이데거)	소리철학(박정진)
문자로 정리된 모든 철학	문자학, 유령론 (시공간에 제한)	존재와 시간, 시간과 존재 (시간에 제한)	일반성의 철학, 소리철학, 여성철학 등

데리다는 문자학을 주장하면서도 결정 불가능을 주장하고, 텍스트 이론을 전개하면서도 책의 해체를 주장한다. 텍스트는 결정 불가능 속에서 결정 가능성을 찾는 글쓰기의 결과이고, 책은 텍스트를 한 권의 책으로 끊어서 묶는 것이고, 따라서 텍스트는 결국 책이다.

데리다는 텍스트text가 텍스타일textile에서 유래한 것임을 지적하면서 텍스트의 이면에 날줄과 씨줄로 엮어진 편집물임을 상기시키고 있지만, 그것은 동양의 상징주의적 음양사상과는 다른 실체론적 음양사상이다.

동양의 천지인 사상이나 음양사상은 근본적으로 실체론이 아닌, 상징적 순환론으로서 오늘의 철학으로 말하면 우주에 대한 상징적 해석학이다. 부연설명하면 기氣의 운동, 기운생멸氣運生滅, 기氣의 놀이라는 측면에서 존재를 다루는 즉 놀이존재론이라고 볼 수 있다. 일부 한국의 철학자들은 데리다의 텍스트 이론을 동양의 음양 사상과 비교하면서 과대평가하기도 하지만, 근본적으로 다른 것이다.

데리다는 동양의 음양 사상을 배워서 프랑스적 전통에 따라 현상학적으로 음양 사상을 번안하였지만, 동양의 음양 사상은 실체론이 아니며 어디까지나 상징론에 속하는 것이다. 동양의 상징이라는 것은 실체론을 바탕으로 한 것이 아니라 기운생동을 표상하는 것일 뿐이다. 다시 말하면 상징은 기운생동을 현현하는 것으로써 존재할 뿐 존재자가 아니다.

문자는 음성이나 소리에 비해 최종 기표라는 점에서 기표주의의 선봉에 서 있는 것인데도 반이성주의를 주장하는 대표성을 갖는 것처럼 철학적 용어를 사용하는 것이름붙이기은 그 자체가 이미 혼란을 초래하는 것이며, 일종의 이율배반이다. 해체라는 말은 괜한 요란을 떠는 것이다.

해체Destruktion라는 말도 하이데거Martin Heidegger, 1889~1976가 먼저 사용한 개념이다. 하이데거는 '해체'를 전통을 파괴한다는 뜻으로 사용한 것이 아니라 서구의 근대적 사유를 비판적으로 재구성한다는 의미에서 사용했다. 재구성도 구성이다.

다시 말하면 서구의 근대적 사유가 간과하고 있는 점을 경고하는 의미에서 해체라는 말을 사용한 것이었다. 그래서 그는 서구의 사유가 존재를 망각하고 있다고 말했던 것이다. 그런데 데리다는 해체의 말을 의미 전환 시켜서 텍스트의 해체라는 의미로 사용했다.

데리다는 텍스트를 결정 불가능의 의미로 쓰면서 동시에 결정가능성의 의미로 쓰고 있다. 이는 글쓰기쓰여 진 것에 대한 강조에서 드러난다. 그의 텍스트 이론도 전혀 새로운 것이 아니며, 종래의 철학자들이 으레 실존적으로 당면한 문제였을 뿐이다. 말하자면 결정 가능성에 도전하는 글쓰기, 혹은 문자학 아니었던 철학이 있었던가?

하이데거의 존재론은 출발은 현상학에서 시작했지만 마지막에는 존재론을 열었던 것이다. 하이데거는 의식의 지향성intentionalité을 관심'Sorge' 'Souci' 'Care'로 바꾸면서 종국에는 존재론을 완성한다.

그런데 데리다는 하이데거의 해체라는 말도 다시 현상학적으로 돌려놓고 말았다. 그래서 알 수 없는 것 혹은 자연 혹은 존재를 두고 해체할 수 없는 것, 유령이라고 규정했다. 데리다의 유령학은 그의 문자학이 '결정 불가능의 의미'로 사용한 것과 마찬가지로 '해체할 수 없는 것의 의미'로 사용함으로써 둘 다 일종의 '볼 수 없는 것의 의미'라는 현상학적 차원의 명명임을 알게 한다.

데리다의 해체 철학은 남의 텍스트를 해체하는 것을 주 무기로 삼고, 그 해체에서 새로운 철학의 가능성을 모색하지만, 새로운 것을 내놓지 못한다. 왜냐하면 그는 자신의 내용 있는 철학을 구성하기보다는 남의 텍스트를 해체하고, 단지 그 반대의 것을 주장하는 데에 목적을 두었기 때문이다.

결국 그의 현상학적 해체주의는 현상학적 대립항의 왕래 혹은 의미의 이중성의 폭로에 그치는 허무한 몸짓에 불과하였다. 그의 해체주의는 허무주의이다. 그러한 점에서 그는 니체의 허무주의를 그대로 계승하고 있다.

데리다의 해체주의 철학은 하이데거의 존재론을 현상학적으로 해석하기 위한 글쓰기, 즉 현재적 글쓰기쓰여 진 것, 흔적와 그것에 내재한 결정 불가능성, 그리고 해체 불가능한 미래 세계에 대한 이름 붙이기, 즉 '유령=메시아'에 대한 프랑스 현상학의 예언적 · 선험적 제스처일 뿐이다.

해체라는 것은 결정 불가능에도 합당한 말이 아니고, 해체 불가능에도 합당한 말이 아니다. 어떤 것이 결정 가능해야 해체라는 것이 유의미하고, 더더구나 해체 불가능에는 처음부터 해체라는 말이 소용되는 것도 아니다. 그래서 해체주의의 '주의ism'라는 말은 해체라는 말이 아무 내용이 없는 일종의 허무한 몸짓에 불과한 것임을 스스로 드러낸다고 할 수 있다. 구성할 수도 없고, 구성되지도 않는 것에 해체라는 말은 아무 짝에도 쓸모없는 말이다. 이는 문학적 수사에 불과하다.

문학적 수사와 같은 철학, 혹은 허구의 진실을 표현하기 위해 쓰는 문학의 반어법이나 과장법과 같은 것은 문체주의 철학의 노정이며, 철학적 약점이라고 말할 수 있다. 헤겔에 의해서 역사와 철학이 하나가 되고, 프랑스 철학에 의해서 문학과 철학이 하나가 되었음과 무관하지 않을 것이다.

헤겔은 역사라는 시간, 데리다는 텍스트라는 시간과 철학을 통합시켰는데 둘 다 존재의 실재에 이르지 못했을 뿐만 아니라 또 하나의 강력한 가상 실재의 괴물을 드러냈을 뿐이다. 이게 서양철학이 다다른 허무주의의 늪이다. 서양철학 스스로는 결코 그 늪에서 나올 수 없다. 빠져나오려고 몸부림치면 칠수록 더 빠져들어 가는 게 늪의 속성이기 때문이다.

서양철학이 구원되는 길은 '현재present'라는 시간을 '선물present'로 해독하는 데에 있다. 존재는 개념 규정되어야 하는 것이 아니고 그냥 선물인 것이다. 둘은 같은 발음이다. 같은 단어에 같은 발음이라는 것은 이 둘이 같은 뿌리에서 나온 단어임을 뜻한다. 절망에 구원이 동시에 있다. 이제 철학은 아무 것도 스스로 세우지 말아야 한다. 존재를 아름답게 바라보는 일만 남았다. 인간이 인위적으로 세운 것은 모두 가상 실재일 뿐이다.

데리다인간는 가상 실재를 실체라고 말하고 진실로 실재를 유령이라고 부른다. 이는 인간의 자기 도착이다. 자연적 존재인 실재는 고정되거나 결정될 수도 없을 뿐만 아니라 해체될 수도 없다. 해체라는 것은 구성된 것에 가할 수 있는 인간의 행위일 뿐이다. 예컨대 텍스트는 해체할 수 있다. 해체한다는 것은 이미 텍스트적 사고를 하고 있다는 뜻이다.

데리다는 텍스트적 사고를 하니까 해체할 수 없는 것을 유령이라고 부르는 것이다. 자연은 구성되지 않은 것이다. 생명은 구성되지 않는 것이다. 구성되지 않는 자연과 생명은 해체할 수가 없다. 인간의 신체 해부도 실은 신체의 구성된 부분만 해체하는 것이지, 생명을 해부하는 것은 아니다.

해체할 수 있다는 것은 이미 구성물이라는 것을 말한다. 따라서 해체주의는 구성주의와 따로 떨어져 있는 별개의 독립된 것이 아니라 구성주의의 뒷면이면일 뿐이다. 해체라는 것은 자연을 구성물로 보는 일종의 자기 도착일 뿐이다.

데리다는 헤겔과 니체에 이어 서양철학의 정신적 도착을 스스로 드러내는 철학적 흔적텍스트일 뿐이다. 실체를 알 수 없는 존재인 자연을 유령이라고 명명하는 것도 도착이지만 더구나 유령을 메시아라고 말하는 것은 일종의 정신적 '메시아 강박 관념'이라고 말할 수 있다.

어떻게 유령에 의해서 인간이 구원을 받는다는 말인가. 이것은 '탈이론화'도 아니고 '재주술화'도 아니다. 왜냐하면 텍스트를 쓴다는 것은 이미 이론화로 들어가는 것이고, 유령이라고 이름을 붙인 것은 기운생동에 대한 진정한 주술적 의미 부여도 아니기 때문이다. 유령이라는 것은 이미 기운생동의 실재에 가상의 이름을 붙인 행위이다.

이러한 데리다의 철학적 행보는 다분히 현상학적 실체론을 근간으로 하면서도 스스로를 부정하는 이중적인 제스처이다. 데리다의 해체주의 철학을 보면 '현존présence'을 '현재present'로 보는 도착에서 출발해서 '도착의 도착'을 통해 진리를 표현하려는, 서양문명의 전반적인 정신병리학적인 태도를 읽을 수 있다.

이는 니체가 기독교의 '세속화'를 비판하면서도 '힘에의 의지'를 주장하고, '생성'을 주장하면서도 '생기존재론'을 주장하는 것과 같은 자기

도착이며, 대동소이한 정신병리학적 태도이다. '세속화제도화'와 '과학화기술화'야말로 바로 '힘권력에의 의지'의 대표적인 예이기 때문이다. 데리다는 그가 주장하였듯이 니체의 훌륭한 제자이다.

메시아는 매우 비권력적인 인물이다. 말한다면 비권력의 권력이다. 현재적 메시아가 항상 세속적 권력에 의해 죽게 되거나 위험정치적 적대자 혹은 라이벌 혹은 새로운 카리스마이기 때문에에 처하게 되는 것도 일상적세속적 구원자가 아니라 예언적 구원자이기 때문이다. 메시아는 세속적 권력이나 체제에 위협이 되기 때문에 현재의 실체적 존재로서가 아니라 유령처럼 영원히 미래적 존재로서 존재해야 한다는 것이 데리다의 메시아론이다.

데리다가 전형적인 현상학자인 것은 현상학적 모순과 이중성과 자기 왕래에 빠져 있는 것에서 확인할 수 있다. 현상학은 본래 이원대립적인 것의 대립 모순으로 인해서 모순을 극복하는 지양과 통일통합을 추구하거나 하나의 방향성을 지향하는 특성을 가지고 있다. 그래서 결국 현상학은 의미의 이중성과 애매모호에 빠진다.

니체의 초인이라는 것이 시인을 동경한, 실체론자들이 현실적으로 실현 불가능한 것에 붙인 이상理想이거나 시적 상상력의 허상이었듯이 데리다의 메시아론도 현재에 결코 실현될 수 없는실현되면 안 되는 것에 붙인 이름이다. 이런 망상을 극복하는 길은 현실적으로 각자가 시인이 되는 것이 중요하고, 현재에 각자가 메시아가 되는 것이 중요하다.

19, 20세기를 거치면서 자연과학화 · 기술화와 함께 인간의 삶의 환경은 '시인이 없는 세계'가 되었고, '메시아가 기다려지지 않는 세

계', '메시아를 기다릴 필요도 없는 세계'가 되고 말았다. 과학과 기술이 시인과 메시아를 대신하고 있기 때문이다.

심물心物은 본래 하나인데 이를 정신과 물질육체로 이분화 하는 바람에 인간의 마음과 몸은 분열되고 말았다. 결국 끝없는 모순에 빠진 정신현상학은 그것을 극복하기 위해 변증법적 지양과 통일통합을 주장했다. 그런데 그 결과는 헤겔의 역사철학법철학, 유심론이 마르크스의 유물론사적 유물론에 의해 뒤집히는 사태로 발전하였다. 헤겔과 마르크스의 뒤집기 사태는 이미 서양철학과 정신의 도착증을 드러냈다고 할 수 있다.

이성과 욕망은 서로 다른 것, 말하자면 욕망은 반이성이라고 생각했는데 실은 이성과 욕망은 같은 것이었다. 욕망은 신체적 이성이고, 이성은 대뇌적 욕망이었던 것이다. 동물의 본능은 존재적이지만, 인간의 욕망은 존재자적이다. 왜냐하면 무엇을 끝없이 대상화목적화하고 소유하고자 하기 때문이다. 욕망도 이성과 마찬가지로 차이의 연속이었고, 현재역사적 현재에서는 부재하고 부정되는 것이었다. 메시아도 현재에서 부재하고 부정되는 것인 점에서 같은 현상학적인 주제이다.

욕망이론을 토대로 한 철학에서의 반이성주의 운동은 실패할 수밖에 없는 운명이었던 셈이다. 이성은 주체에, 욕망은 대상에 동일성을 둔 서양문명의 쌍둥이였던 셈이다. 이것이 현상학에 대한 종합적인 결론이다.

데리다의 차이의 현상학도 역사적·시간적 지연과 사회적·공간적 연장을 전제한 것으로, 겉으로 보면 이성주의를 벗어난 것 같지만 실체를 인정하는 현상학적 기만술이다. 데리다에게서 서양철학의 소피스트적인 기질을 읽을 수 있다.

차이의 현상학은 본래 하이데거가 개척한 분야로서 하이데거는 현상학을 통해 존재론에 도달한 반면, 데리다는 현상학을 고수한다. 말하자면 데리다는 하이데거의 존재론을 현상학적인 차원에서 번역하는 역할을 한 셈이다.

현상학과 존재론은 근본적인 차이가 있다. 현상학은 '이다'의 확인과 증명에 집중하지만 존재론은 '있다'에로 관심을 열어놓는다. 데리다가 니체를 스승으로 삼는 것도 생기존재론의 니체가 결국 현상학적 존재론자이기 때문이다. 현상학은 차이를 통해 열리는 것 같지만 마지막에는 닫히는 철학이다.

현상학은 '이다'의 차원이라면 존재론은 '있다'의 차원이다. '있다'는 '이다'를 포용하지만 '이다'는 '있다'를 포용하지 못한다. 말하자면 존재는 현상을 포용하지만 현상은 존재를 포용하지 못한다. 현상을 남자남성성에 비유하면 존재는 여자여성성에 비유할 수 있다. 많은 철학자들이 존재의 여성성에 대해 연구를 하는 것은 바로 이 때문이다.

현상학적 윤리학도 결국 사람관계에서 '이다해야 한다'를 찾는 것이라고 말할 수 있다. 이렇게 되면 종래의 진선미眞善美는 도리어 미美가 '있다'의 존재가 된다. 이렇게 되면 "존재는 아름답다." 혹은 "아름다운 것은 존재하는 자체이다."가 된다.

생성하는 만물존재은 그 자체가 예술이다. 지금까지 예술은 자연의 모방설이나 유희설 등에 의해 설명되곤 했지만 모방설이나 유희설이라는 것은 모두 자연 그 자체의 예술성보다는 자연에 인위나 인공을 가미한, 제 2차적인 것을 예술이라고 하였다. 그러나 이제 자연 그 자체를 예술적 존재로 보아야 한다.

예술은 이제 더 이상 종교와 과학처럼 가상 실재를 가지고 예술이라고 할 필요가 없다. 존재는 예술이다. 이를 두고 '예술적 존재론' 혹은 '놀이의 존재론'이라고 해도 무방할 것이다.

진선미	칸트	'이다' 혹은 '있다'	전도된 존재론 · 현상학
진	순수이성(존재론)	'이다'	현상학
선, 진선	실천이성(윤리학)	사람관계의 '이다' (해야 한다)	윤리적 현상학
미, 진미	판단력비판(미학)	'있다' (존재는 아름답다)	존재론 (예술적 존재론)

하이데거와 데리다의 비교

현상학에서 출발한 하이데거와 데리다는 시간과 공간에 대해서 깊은 천착을 한다. 이는 현상학의 당연한 수순이며 귀결이라고 말할 수 있다. 현상이라는 것은 결국 시간과 공간의 현상이거나 그것에 대한 의식이기 때문이다. 시간과 공간, 그리고 그것에 대한 의식이 없으면 현상도 없다. 그런 점에서 앞에서도 말했듯이 현상학은 시간과 공간의 발생학적 영역이다.

데리다는 현재라는 시간의 비시간성에 대해 깊은 사유를 한다. 현재라는 시간이 없으면 시간이 성립되지 않는데도 현재가 성립되는 즉시 시간은 현재를 버리고 과거와 미래의 연합을 꾀하거나 독점적 권력을 행사한다. 시간은 현재를 소외시키고 타자화하는데 동시에 타자를 구원이라고 하는 게 현상학의 모순이다. 현상학이 존재론이 되지 못하는 이유이다.

현존은 그것을 대상으로 보지 않는다면 그것 자체가 존재이다. 이는 존재의 존재자를 대상화하지 않음으로써 존재에 머물게 하고, 존재의 신비에 싸여 은적을 유지하게 하기 때문이다. 현존을 대상화하면 바로 현재의 시간이 되어 대상으로 둔갑한다. 대상이야말로 가상 실재이면서 유령이다. 현존은 현재의 비시간이며 존재이다.

데리다의 해체 철학과 하이데거의 존재론의 한계는 그 출발점에서 그대로 드러난다. 철학은 본래 언어의 자기 완결적 체계이기 때문에 가정에서 결정되고, 키워드에서 폐쇄된다. 데리다는 현재의 부재absent에서 출발했고, 하이데거는 현재의 존재인 현존재Da-sein에서 출발했다. 부재는 현상학으로 가고, 현존재는 존재론으로 갈 수밖에 없었다.

하이데거의 현존재Da-sein에는 이미 세상세계의 전체성에 대한 이해를 전제한다. 하이데거는 자신의 철학적 기초를 존재Sein와 시간Zeit 위에 구축함으로서 현재와 존재의 이중성에 위치하지 않을 수 없기 때문에 인간을 현존재라고 명명하게 되었다. 또한 시간이야말로 현재가 없으면 논의가 불가능하기 때문에 존재와 시간을 철학적 주제로 삼았다. 만약 현재를 기준으로 생각한다면 과거와 미래는 비존재가 된다. 그래서 시간은 항상 현재 분사에서 시작하지 않으면 안 된다.

"그러나 그 현재 분사라는 것은 사실상 자기 부정의 행위현재의 지금이 적극적 자기긍정의 행위일 수 없음이기에 그런 현재의 무화에서부터 과거나 미래라는 관념이 존재하게 된다. 즉 과거와 미래의 시간은 자기부정이고, 무화인 현재 때문에 존재한다고 말할 수 있다. 그래서 시간은 현재의 성격 부여현재를 존재로 보느냐, 비존재로 보느냐에 따라 비존재가 되기도 하고, 존재가 되기도 한다. 현재의 본질이 시간의 성질을 규정한다. 현재지금는 매우 이상한 개념이다. 그것은 존재이기도 하고, 비존재이기도 하고, 시간이기도 하고, 비시간이기도 하다."[88]

그래서 하이데거는 현재를 과거와 미래를 소통시키는 '현존재'Da-sein라고 부른다. '현존재'에는 현재와 현재 진행이 숨어 있는 것도 사실이다. 다시 말하면 '현존재'에는 현재의 부정과 긍정이 교차하고 있다. 하이데거의 '현존재'에는 현재의 흔적이 있다. 현재 분사는 현재 진행중인 '살아 있는 현재' '기가 살아 있는 현재' '기분氣分: Stimmung'이다. 소리야말로 가장 현존적이며, 실존적인 사실이다. 그래서 하이데거는 소리에 대한 원천적인 애착이 있다. 하이데거는 시간보다는 기분이나 소리에 더 관심을 보인다.

데리다는 시간의 비시간성에 대한 깊은 이해가 있음에도 불구하고 결국 '현재'라는 시간성에 매인다. 그 결과 현재의 실체성을 기준으로

---

88 김형효, 『데리다의 해체철학』(서울, 민음사, 1993) 280쪽.

현재의 '부재'를 주장하고, 글쓰기를 주장하고, 끝내 '해체적 문자학' 과 '해체적 유령학'을 주장하기에 이른다.

그런데 데리다의 해체주의는 근본적으로 자기모순에 빠져있다. 데리다가 전반적으로 모순에 빠진 이유는 바로 서양철학의 이성 중심주의의 원인이 현존présence에 있다고 선언한 대전제 때문이다. 그래서 그는 앎의 세계를 추구하는 철학이 '결정 불가능'에 처해 있고, 미래는 '해체 불가능'에 빠져있다고 주장한다.

그의 해체주의 철학은 문자학으로 집대성되었는데 인간의 텍스트 작업은 결정 불가능의 세계를 결정가능의 세계로 전환하기 위해 실행되고, 화행되고 있음을 간과하고 있다. 새로운 텍스트 작업은 '남의 텍스트' '과거의 텍스트'를 해체하는 것이지만 자신의 텍스트를 새롭게 구성하지 않으면 해체가 불가능하기 때문에 결국 구성 작업이다. 새로운 구성이 없이는 해체가 불가능하다.

결국 텍스트 해체 작업은 부정하고 고발하는 성격이 가미된 새로운 구성작업이기 때문에 진정한 해체가 아니다. 철학의 진정한 해체는 그러한 점에서 필자의 소리철학phonology[89]이 되지 않으면 안 된다. 개념이 아닌 소리 자체를 존재로 여기는 소리 철학이야말로 추상 철학이 아닌 구체 철학이다.

소리 철학의 궁극에는 침묵이 있다. 궁극적 존재에 대해서는 철학

---

[89] 필자의 소리철학 시리즈는 『철학의 선물, 선물의 철학』(소나무, 2012), 『소리의 철학, 포노로지』(소나무, 2012), 『빛의 철학, 소리철학』(소나무, 2013), 『니체야 놀자』(소나무, 2013), 『일반성의 철학과 포노로지』(소나무, 2014), 『니체, 동양에서 완성되다』(소나무, 2015) 등 6권이다.

도 결국 침묵할 수밖에 없다. 어떤 개념으로도 존재, 즉 '있다'를 해명할 수 없기 때문이다. 존재에는 어떤 이유도 없고 또한 이유를 물을 수도 없다. 인간이 해명할 수 있는 세계는 결국 '이다'의 현상세계에 한정된다.

알 수 없는 세계에 대한 데리다의 유령학 즉 메시아사상도 모순에 빠지기는 마찬가지이다. 데리다가 유령을 해체 불가능한 것으로 규정한 것은 결국 알 수 없기 세계이기 때문에 당연히 해체할 수도 없는 세계일 것이다. 그러나 해체할 수 없다는 그 말에서 데리다는 실체론적 사고를 하고 있음을 알 수 있다. 유령이라는 그 말이 해체만큼이나 실체적 사고의 결과라는 점을 지적하지 않을 수 없다.

데리다는 해체할 수 없는 것과 결정할 수 없는 것 사이, 그 경계에서 끝없이 텍스트를 써야 하는 인간의 운명을 철학적으로 해명하고 있지만, 그 사유의 지평이 현상학적 차원이기 때문이다. 다시 말하면 데리다는 하이데거의 존재를 유령이라고 말하고 있고, 존재자를 문자라고 말하고 있는 셈이다. 따라서 데리다는 하이데거의 존재론을 프랑스의 현상학적 전통에서 번안_{번역}한 철학자에 불과한 것이다.

유령이나 메시아는 항상 미래적 존재이기 때문에 현재에 존재해서는 안 되는 것이 시간의 구조에 따른 결과이다. 이는 데리다뿐만 아니라 서구 기독교가 빠져있는 시간의 함정이다. 이 시간의 함정에서 벗어나기 위해서는 시간을 버릴 수밖에 없다. 시간을 잡고 있는 한 시간에서 벗어날 수 없다.

시간의 현재에 매달리는 데리다는 결국 현재적인 것의 총칭이라고 할 수 있는 '부재, 글쓰기문자학, 텍스트, 유령학메시아' 등을 통해서 실체를 중심으로 비실체를 사유하고 있는 실체론자임을 드러내고 있다. 다시 말하면 그가 매우 현상학적인 철학자임을 입증하고 있다.

현상학은 주체와 대상의 사이에서 혹은 대립하는 세계에서 상호 왕래하며, 의미론적으로는 이중성과 애매모호성을 띠는 세계에 대한 나름대로의 해석학이다. 현상학은 결국 동일성실체성을 원인에 두는 자연과학과 달리 동일성을 결과에 두고 있는 철학적 전통이며, 습관이다. 말하자면 자연 과학에 비해 동일성의 중심 이동을 한 것이라고 말할 수 있다.

데리다의 메시아가, 서구 기독교의 메시아가 항상 미래에 존재하는 것으로, 현재에서는 지연되는 것으로 만족할 수밖에 없는 이유가 결국 현상학적으로 메시아를 바라보기 때문이라는 것을 알 수 있다. 메시아를 이제 존재론적으로 바라보아야 하는 이유는 현존적으로, 혹은 현재적으로 메시아를 맞아야 하는 시대에 인류가 직면해있기 때문이다.

이러한 시대적 운명 혹은 소명은 인간 각자가 메시아가 되어야 함을 역설하고 있다. 메시아는 이제 천도天道가 아니라 지덕地德으로 이루어야 함을 뜻한다.

이것이 역학적으로는 하늘과 땅의 운명이 바뀌는 지천地天시대의 운명이다. 역학적으로 천지天/地는 막힐 비否의 괘이고, 지천地/天은 통할 태泰괘이다. 하늘과 땅의 진정한 소통은 바로 지천 태괘에 있다. 덕이 없으면 도를 이루었다고 말할 수 없다.

평면공간에 텍스트를 쓰는 것을 중시한 데리다는 결국 시간을 중시할 수밖에 없었다. 글쓰기는 시간을 따라가는 행위와 다를 바가 없다는 점에서 말하자면 'Text=Time'이었던 것이다. 결국 텍스트와 역사는 같은 것이다. 데리다의 철학적 전통은 니체는 물론이고 헤겔과도 연결된다. 역사와 텍스트는 근본적으로 쓰는 행위의 산물이다.

이에 비해 존재와 시간에 몰두한 하이데거는 공간을 중시할 수밖에 없었다. 하이데거가 인간을 특별히 현존재라고 명명한 것은 매우 의미심장하다. 현존재는 '현재+존재'인 것이다. 현존재로서의 인간이 거주하는 곳은 결국 공간이다. 그런데 그 공간은 물리적 공간이라기보다는 거주이다.

"하이데거는 현존재가 그 안에 거주하는 이 세계의 공간화운동'내-존재'의 공간성을 두 가지 성격에서 주목한다. '소-통Ent-fernung', '원-근화' 혹은 거리두기와 거리 제거라는 이중 운동으로서의 '원격화'과 '방향 열기Ausrichtung'가 그 두 가지 특징이다. 하이데거는 이 두 가지 특징을 현존재의 공간 체험에서부터 서술해간다. 그것은 현존재가 세계의 원격 효과를 체험하기 이전에 그 원격 효과를 자신의 존재방식 자체로 하기 때문이다. 현존재는 원격 효과를 스스로 실행하면서 세계와 관계 맺는다. 그러므로 공간화하는 것은 세계만이 아니라 거기에 거주하는 현존재 자신이다. '현존재 자신이 세계-내-존재라는 점에서 공간적인 것'이다."[90]

하이데거는 궁극적으로 소통과 방향 열기를 '현존재의 존재틀' 즉

90 김상환, 『니체, 프로이트, 맑스 이후』(서울, 창비, 2012), 401~402쪽.

존재 방식이라고 생각한다. 그 방향성은 공간을 회집한다. 하이데거의 소통은 동양의 기운생동과 통하며, 필자가 주장하고 있는 일반성의 철학에서 '존재의 일반성'이라고 말할 수 있는 소리와 통하고 있다. 그래서 필자는 하이데거의 철학을 일반성의 철학의 한 예로 들었다.[91]

하이데거는 "사유하는 것은 존재의 소리를 듣는 것이다."라는 취지의 말을『숲길』에서 했다. 하이데거의 이 말은 필자의 "존재는 소리다." 보다는 존재에 더 가깝게 도달한 것은 아니지만, 적어도 하이데거야 말로 서양철학자 가운데 '소리=존재'를 예감한 철학자라고 말할 수 있다. 말하자면 필자의 소리의 철학의 탄생을 예감한 셈이다.

그러나 데리다는 물론이고 하이데거도 시간과 공간이 없음을 주장하지 못함으로서 과학으로부터 철학의 완전한 독립을 이루지 못했고, 시공간의 철학적 프레임, 혹은 철학적 인습을 버리지 못함으로서 서양철학의 폐쇄회로에서 벗어나지 못하는 한계를 드러냈다.

'존재와 시간'에서 공간을 논할 때의 하이데거는 현상학적 존재론자이지만, '시간과 존재'를 논하는 하이데거는 현상학적에서 존재론자로서 변신하게 된다. 여기에 하이데거의 존재론적 차이가 등장하게 되는 것이다. 하이데거의 차이가 존재론적 차이라면 데리다의 차이는 현상학적 차이이다. 현상학적 차이는 동일성을 뒤로 물린, 동일성을 지연시킨 것이다.

---

91 박정진의 소리의 철학 시리즈『철학의 선물, 선물의 철학』(소나무, 2012),『소리의 철학 포노로지』(소나무, 2012),『빛의 철학, 소리철학』(소나무, 2013),『니체야 놀자』(소나무, 2013),『일반성의 철학과 포노로지』(소나무, 2014),『니체, 동양에서 완성되다』(소나무, 2015) 등 참조.

2
현재에서
'존재-존재자'의 메시아를

하이데거의 차이가 존재의 무無에서 유有로, 존재의 은적隱迹에서 현현顯現으로 전개되는 차이라면, 데리다의 차이는 주체에서 대상타자으로 끝없이무한대로 전개되면서 존재자의 상호 작용하는 차이이다. 그래서 언제나 현재는 과거와 미래의 매개적 역할을 할 뿐, 현재의 실체적 메시아를 만나지 못한다.

현상학적 시공간은 의식의 열린 시공간으로서 당연히 열린 시간과 공간을 전제한다. 그래서 현재적 시점은 역사적 경계를 이루면서 부정과 긍정, 혹은 제한 경제와 일반 경계의 안팎 왕래 속에 있을 수밖에 없다. 현상학은 결국 시공간의 프레임 혹은 코드로 사물을 의식하고 인식할 수밖에 다른 도리가 없다는 뜻이다.

데리다의 '유령'도 그러한 개방과 긍정의 규정할 수 없는 어떤 힘을 표상하고 있다고 말할 수 있다. 이는 한편으로는 헤겔의 전통을, 다른 한편으로는 니체의 전통을 잇는 것이기도 하다. 현상학적 시공간의 끝없는 열림, 혹은 개방성의 원천적인 힘은 어디서 오는 것일까.

데리다는 우주적 개방의 힘을 결코 해체할 수 없는 존재로서 '유령'이라고 명명했다. 그 유령은 다른 말로 메시아적 사건으로 설명하고 있다. 메시아는 항상 현재에서는 부정되고, 미래에 나타나야만 한다. 미래에 나타나야 하는 메시아는 현재에는 영원히 나타날 수 없는 메시아인 셈이다. 미래에 나타나야 하는 메시아가 진정한 메시아인가? 현재의 메시아는 시뮬라크르에 불과한 것이 아닌가.

데리다의 유령은 무無를 무한대無限大로 인식하고 이해하는 현상학적 접근방식이다. 이는 불교적 존재를 기독교적 존재로 이해하는 것과 같다. 데리다의 문자학은 처음에는 반이성주의를 표방하였으면서도 결국은 기표주의로 연결되는 서양철학사의 이성주의의 도도한 흐름으로 회귀하는 것이다. 헤겔적이고 또한 니체적이다.

역으로 말하면 그의 유령론은 기독교적 메시아론을 후기 근대적인 혹은 후기 구조주의적인 말로, 다시 말하면 데리다 식의 해체적인 말로 번안한 것에 지나지 않는다. 도대체 무엇을 해체했다는 말인지, 알 수가 없다. 결국 그는 현존이라는 존재를 유령이라고 명명하면서 해체할 수 없는 것으로 대체한 해체주의일 가능성이 높다.

데리다의 메시아는 타자의 메시아이고 미래의 메시아이기 때문에 현재의 메시아와 스스로 메시아가 되는 것을 부정하는 오류와 모순에 빠져있다. 현재의 메시아는 실체적존재자적 메시아이면서 비시간의 존재적 메시아이다. '존재-존재자적' 메시아야말로 존재론적인 메시아의 달성이다.

실지로 기독교의 창조론과 종말론은 전前역사적인 것이고 비非역사적인 것이다. 역사는 창조시작와 종말끝 사이에 있기 때문이다. 그런 점에서 기원을 거슬러 올라가는 것이나 종말을 미리 내다보는 것은 역사와 무관하다고 할 수 있다. 흔히 기원과 종말은 역사처럼 생각하기 쉬운데 곰곰이 생각해보면 역사라기보다는 신화적 구조이다.

그래서 보수 기독교처럼 하나님을 창조에, 메시아를 종말에만 고정시키는 것은 역사적 사건으로서의 하나님과 메시아를 포기해야하는 자기 모순·자가당착에 빠지게 된다. 어떻게 하면 하나님과 메시아가 역사에, 사건으로서의 역사에 등장할 수 있는가. 하나님과 메시아는 현재진행형으로서, 현존으로서 등장하지 않으면 안 된다.

종래 기독교의 메시아의 구조, 끝없이 현재에서는 부정되어야 하는 '부정의 신학'의 구조를 벗어나지 않으면 안 된다. 마이스터 에크하르트Johannes Eckhart, 1260~1327의 신비주의는 철저한 '부정의 길via negativa'이라는 방법을 통해서 전개된다. 부정의 신학이야말로 현상학적 구조이고, 현존으로서의 하나님과 메시아를 만날 수 없는 구조이다. 신비주의는 기독교 신앙의 요체이기도 하지만, 존재에 대한 기독교적 해석일 수도 있다.

기독교의 하나님이 주체가 되는 것은 당연하다. 메시아를 타자로서 두는 철학자들이 등장하고 있다. 이는 현상학의 환원주의와 회귀주의가 하나의 원환을 이루는 구조이다. 데리다와 레비나스는 메시아를 타자로 둔다. 이것이 프랑스 현상학의 연구경향이다. 기독교와 현상학과 과학물리적 현상학은 하나의 궤도를 공유하고 있다. 마치 두 개의 중심을 가진 타원 궤도와 같다. 그 궤도는 마치 무한대∞의 기호 상징와 같다.

기독교의 '창조하나님-종말메시아'론과 데리다의 '부재의 철학', 에크하르트의 '부정의 신학'은 모두 역사적 현재의 사건이 될 수 없는, 시간의 모순 구조 속에 빠져있다. 그 이유는 모두 초월의 구조를 갖고 있기 때문이다. 초월의 구조는 기독교 신학의 구조이고, 현상학의 구조이고, 과학의 구조이다.

과학은 자연을 모두 대상으로 환원시키고 끝없이 우주를 정복하면서 전쟁을 벌이고, 끝내 스스로 길을 잃고 방황할 것이다. 초월의 구조는 현재지금에 만족할 줄 모르는 구조이다. 니체도 여기에 빠졌고, 데리다도 여기에 빠졌다.

니체의 '힘에의 의지'는 허무주의의 부정에서 긍정으로 돌아가려는 마지막 발악오죽했으면 신을 버렸겠는가!이었으며, 데리다의 해체는 서양문명의 해체된 모습에 대한 스스로의 허탈한 예언적 명명이다. 이들은 아무런 대안을 제시한 적도 없고, 제시할 수도 없다.

서양문명의 시퀀스는 모두 자연의 소리를 들으려고 하지 않고 자신의 눈으로만 확인하려는, 그럼으로써 자연을 대상으로 바라보고 정복하는 이성과 욕망과 남성적 시각의 구조라고 하지 않을 수 없다.

인류는 그러한 점에서 자연의 소리를 들을 줄 아는 샤머니즘 철학으로 돌아가지 않으면 안 된다. 이는 감정과 포용과 여성적 청각의 구조로 돌아가야 함을 의미한다.

물신(物神)숭배에서 신물(神物)숭배로

원시 고대의 샤머니즘을 서양의 종교학자와 인류학자, 철학자들은 물신 숭배라고 규정하였다. 겉으로 보면 이들은 물신 숭배를 하는 것처럼 보일 수도 있다. 그러나 이는 오산이다. 물신 숭배는 서양학자 자신들의 물신을 원시 고대인들에게 투사하였던 것이다.

서양철학에서 신을 현상하는 자체가 정신이라면 정신은 물신의 출발이었다고 말할 수 있다. 헤겔의 정신현상학의 절대 정신이 바로 마르크스의 유물론이 된 것은 바로 정신의 물신화의 메커니즘을 잘 보여주는 것이다. 기독교에서 출발한 서양 문명의 이성주의는 바로 자본주의와 결합하면서 물신주의가 되고, 이는 마르크스의 유물론에 의해 그 절정에 이른다.

언어는 대상이다. 언어가 없으면 사물을 대상화할 수가 없다. 그래서 실은 대상은 언어이다. 정신은 언어이고 언어는 대상이니 물질_{대상}이 바로 정신이다. 헤겔의 절대정신_{유심론}이 마르크스의 유물론이 된 것은 당연한 일이다. 서양철학은 '대상의 현상학'에서 정신과 물질이 같은 것으로 되면서 물신주의로 끝난 셈이다.

자본주의와 사회주의에 공통으로 흐르는 주의는 바로 물신주의이다. 현대의 물신주의는 원시의 애니미즘animism, 정령숭배과는 정반대의 입장에 선다. 애니미즘은 물신주의가 아니고 신물주의다. 신물주의는 자연 그 자체를 신령스럽게신비스럽게 보는 것으로 마치 하이데거가 존재 그 자체를 바라보는 태도와 흡사하다.

존재는 그 자체로 신비스럽고 성스럽다. 존재는 대상화하기 이전에 현존으로서 시인이 사물을 보는 존재 사태사건, 즉 열린 마음 상태로 바라볼 때의 존재 방식이다. 시인은 사물을 메타포로 봄으로써 고유의 열린 상태로 보는 행운을 얻은 인물이다. 하이데거는 존재를 시로 이해한 철학자이다. 시인은 사물에서 타성적 의미가 아닌 자기만의 의미를 새롭게 발견하는 인물이다.

하이데거는 서양철학자 가운데 가장 샤먼에 가까이 다가간 인물이다. 옛 샤먼들은 자연의 소리에 귀를 기울임으로써 오늘의 시인들보다 더 전면적 개방의 상태에서 존재 전체를 신비스럽게 느꼈던 것이다. 샤먼들은 자연의 소리를 텔레파시로 들으면서 공수空手, 즉 신의 메시지를 마을 사람들에게 전했던 것이다. 옛 샤먼과 오늘의 철학자는 같은 소명에 있다.

필자의 샤머니즘 철학은 자연의 소리를 들을 뿐만 아니라 자연을 존재로 체득體得하는 '자연=존재'의 철학이다. 자연을 신물神物: 物神과는 반대개념이다로서 응시하는 철학이다. 신물로서의 자연은 주체대자와 타자대상에서 만날 수 있는 것이 아니다. 자연은 즉자이며, 비시간에서 만날 수 있다. 자연은 시간이나 역사에서 만날 수 있는 것이 아니다.

인간은 생각소유을 하지 않고 자신을 비울 때 저절로 자연을 만날 수 있다. 그런 점에서 샤머니즘 철학은 '텍스트가 없는non-text 철학'이다. 샤머니즘 철학은 흔히 주술적呪術的인 것으로 보지만, 그 이면에는 자연과의 소통은 물론이고 자연과 하나가 되는 물심일체物心一體, 물신일체物神一體의 철학이 깔려있으며, 종국에는 에코페미니즘eco-feminism을 지향하는 철학이다.

샤머니즘의 주술과 유령은 다른 것이다. 그런 점에서 데리다의 유령을 '재주술화'라고 하는 것은 매우 프랑스적·현상학적인 시각, 혹은 서양철학적 시각이다. 신을 신비神秘로 보는 '부정신학否定神學, Theologia apofatica'도 마찬가지로 존재생성의 자연을 잘못 이해하는 어리석음을 범하고 있다. 유령이든 신비든 모두 현상학적으로 보는 것이다.

데리다의 유령은 바로 '보이지 않는 세계invisible world=무형無形의 세계'를 '보이는 세계visible world=유형有形의 세계'를 기준으로 명명한 시각적 구조이다. 데리다의 해체라는 말 자체가 실은 대상-시각적 구조이다. 청각적 구조는 결코 해체라는 말을 하지 않는다. 청각은 소리를 있는 대로 그저 들을 뿐이다.

데리다의 유령은 동양 철학으로 보면 기氣 개념에 가깝다. 이는 동양의 '기' 개념을 서양철학의 현상학적 차원에서 번안한 것이라고 볼 수 있다. 그의 유령은 또한 일종의 가상 현실로서 결국 현상학적으로 실재존재를 표현한 것으로 볼 수도 있다.

현실실체=가상 실재이고, 유령=가상 현실이라면 결국 가상 현실은 '가상의 가상'으로 실재가 된다. 실재에 대한 현상학적 표현이 결국 유령이 되는 셈이다. 현상학과 존재론은 서로 다른 언어 체계처럼 번안 관계에 있음을 엿볼 수 있다. 마치 존재론의 무無를 현상학에서 무한대無限大로 번역하듯이 말이다.

과학의 오류가 인간으로 하여금 실체를 다룰 수 있게 한 것에 반해 데리다의 오류는 인간으로 하여금 시간과 공간의 끊임없는 지속과 연장 속에서 타자메시아를 기대하게 하는 위로와 희망을 준 것임에 틀림없다. 그러나 이제 인간은 메시아를 기다리고 있기에는 인간성의 유지나 인간 종의 존립 자체에 위기를 맞고 있다.

인구의 폭증과 가공할 무기핵무기와 기계문명의 환경 탓이다. 인간은 이제 환경과의 대화를 통해 상생하는 길을 발견하지 않으면 멸종의 위기에 직면하고 있다. 이는 기계문명에 대한 적응과 다른, 테크놀로지 문제를 삶의 근본적인 기반과 관련해서 재고하게끔 한다. 현대문명은 인간으로 하여금 과도하게 기계에 의존하게 하고, 따라서 인간도 이미 상당히 기계적 인간으로 변모한 것도 사실이다.

	데리다의 전도(오류)	
철학의 세계	앎(철학)의 세계	알 수 없는 세계
부재: 현재(실체)의 부재	결정 불가능	해체 불가능
	문자학=텍스트 =과거적 존재	유령학=메시아 =미래적 존재
	결정 가능의 세계로 환원	실재=존재=생성의 세계
데리다의 전도 원인	소리(현존)를 문자(부재)로 대체(代替)	유령=동양의 氣, 가상 실재=실체(현실), 가상 현실=실재

하이데거와 데리다의 한계

　서구의 이성 중심주의와 동일성의 철학에 반기를 든 해체 철학의 기수인 데리다는 과연 동일성의 실체론을 극복한 것인가. 과연 대상의식을 중심으로 하는 현상학자인 데리다가 실체를 극복했다는 것은 사실인가. 결론부터 말하자면 데리다는 동일성을 결과목적로 옮겼을 뿐이다. 하이데거는 시간과 존재의 경계에 있었고, 데리다는 시간과 공간의 경계에 있었다.

　하이데거는 존재Being로서 존재beings, 존재자를 부정하고, 데리다는 문자Gramme로서 음성이성중심주의의 원인을 부정하였다. 그런데 둘 다 서양의 이성을 포기하지 못함으로써 결국 이성주의에서 탈출하는 데에 실패한다. 이들은 완료 시제를 동원하면서, 하이데거는 현재완료, 데리다는 과거완료를 통해 시간과 공간을 벗어나려고 몸부림쳤지만 니체와 마찬가지로 진정한 생성, 동양적 생성에 도달하지 못하였다.

　하이데거는 서양철학 고유의 언어적 전통을 고집함으로써 실패하고, 데리다는 소리가 이성주의의 원인이라고 잘못된 가정을 함으로써 자기모순에 빠지면서 자기변명식 서술을 많이 하게 되었다. 여기 두 철학자를 통해 유럽 철학의 이성주의 혹은 서구 문법주의의 폐쇄회로를 읽게 된다.

　존재는 시간공간을 포함에서 비롯되는 것이 아니고, 시간의 틀을 벗어나 있다. 존재는 애초에 비시공간적이다. 이성주의의 원인은 소리가 아니라 문자이다. 문자야말로 이성주의를 유혹하고 견인한 장본인이다.

데리다는 하이데거의 회고기억하는 시간적 존재로서의 존재성을 비난오해하면서 그도 역시 문자와 텍스트기록로 세계를 해체한다는 우를 범하고 있다. 기억이나 기록은 결국 같은 것으로 과거적 산물이다. 과거는 미래로 연결될 수밖에 없다.

이는 데리다가 처음 현존présence을 로고스로 규정한 것에 기인한다. 로고스는 현상이며 현재이다. 현존은 로고스가 아니고 소리도 또한 로고스가 아니다. 마찬가지로 빛도 로고스가 아니다. 소리와 빛은 파동일 뿐이다. 빛을 로고스라고 한 것은 서양철학자들, 혹은 인간이 그렇게 본 것 일뿐, 그것은 단지 은유에 불과하다. 현존은 현상이 아니다. 결코 현존은 대상이 될 수 없고, 대상이 될 수 없기 때문에 로고스로 환원될 수 없다.

현상학은 '현상학적 환원reduction'과 '현상학적 회귀regression'라는 두 방향을 가지고 있다. 현상학적 환원은 시간을 소급하면서 동일성을 추구하고, 현상학적 회귀는 시간을 나아가면서 동일성을 추구하는 것이다. 이 둘은 동일성을 추구한다는 점에서 같다. 마치 원인적 동일성과 결과적 동일성이라는 두 개의 중심이 있는 타원형의 궤도와 같다.

데리다의 차연différance은 흔히 실체에 우선하는 관계론의 일종으로 여겨진다. 차이라는 개념을 가장 먼저 제기해서 성공을 거두는 것은 구조주의이다. 특히 구조주의 언어학이다.

데리다의 차연이란 "'공간'으로 완전히 결정된 것이 아니라 '시간'

을 통해 변화하는 진행의 과정으로" 이해한다. 따라서 그 차이는 고정된 기호의 차이가 아닌, '자신의 흔적trace'만을 가지고 있을 뿐이며, 이러한 흔적은 시시각각 차이를 다양하게 드러낼 뿐이다.

그러나 데리다의 흔적은 시시각각 현재의 실체를 가지고 있다. 데리다의 부재란 현재를 전제로 한 것이기 때문이다. 데리다의 차이는 또한 역사적이다. 그래서 과거의 기억과 기록을 중시하고, 과거의 재구성물인 미래를 중시한다. 현재는 과거와 미래의 매개로서 존재할 뿐이다.

"하이데거는 개방성의 기원에 있는 차이를 '존재와 존재자의 존재론적 차이'라는 말에 담는다. 이 차이는 구조를 형성하는 이원 대립적 질서의 한 고리, 다시 말해서 동일성에 반대말에 해당되는 차이가 아니다. 구조 안에서 성립하는 이항 대립은 +와 −, 동일성과 차이, 있음과 없음, 안과 밖, 긍정과 부정 등으로 이어진다. 하지만 하이데거의 차이는 존재론적 차이는 그런 모든 이원 대립항이 생성하거나 소멸하기 위해서 먼저 있어야 하는 차이이다. 데리다의 차연과 기록도 구조 안의 사태가 아니라 구조의 경계에서 일어나는 접경적 사태이고, 이 점에서 하이데거의 존재론적 차이와 같다. 이 접경적 사태는 구조 안에서 성립하는 안−밖의 대립보다 선행하는 사건이다. 들뢰즈가 말하는 긍정도 마찬가지이다. 그것은 이미 확립된 질서 안에서 부정과 마주치는 긍정이 아니라 그 질서 전체가 성립하는 원점에서 일어나는 새로운 종합과 울림의 사태이다."[92]

---

92 김상환, 『같은 책』, 336~337쪽.

김상환은 데리다의 차이를 들뢰즈의 긍정, 하이데거의 차이와 동일한 것으로 간주한다. 그러나 이는 데리다의 문자-텍스트적인 차이와 들뢰즈의 유물-기계적 차이, 그리고 프랑스의 현상학적 차이와 하이데거의 존재론적 차이를 구분하지 않는 태도이다. 이는 매우 프랑스 적 현상학파의 흐름에 편승한 태도이다.

단적으로 말해서 프랑스 현상학파의 차이는 관계론이라고 말하지만 그 관계의 이면에는 항상 실체가 숨어 있다. 따라서 데리다의 차이는 실체의 차이라고 말할 수 있다.

"구조주의가 탈구조주의로 이어지는 과정에서 이런 니체의 사상은 중요한 영감의 원천이었다. 구조조의는 차이의 존재론을 함축했고, 이 점에서 실체론적 사유를 관계론적 사유로 바꾸어놓는 데 크게 기여했다. 하지만 구조주의의 관계론은 아직 불충분하다. 차이관계를 이항 대립적 관계로 환원하기 때문이다."[93]

구조주의가 차이를 이항 대립으로 환원하였다면 데리다는 차이와 관계를 역사적 실체로, 다시 말하면 문자 · 텍스트적 실체과거적 실체 및 유령적 · 메시아적 실체미래적 실체로 환원시키거나 회귀시켰다.

인류학적으로 볼 때 레비스트로스의 구조 인류학은 미개 원시 사회의 정태적인 사회, 기계적인 사회mechanic solidarity, 차가운 사회cold society의 해석이기 때문이다. 역사적인 변화를 거듭해야 하는 동태적인 사회, 유기적인 사회organic solidarity, 뜨거운 사회hot society를 설명하기에는 부적당하였기 때문이다.

---

93 김상환, 「같은 책」, 335쪽.

데리다는 루소와 레비스트로스를 비판하면서 역사성을 간과한 점을 지적하였다. 결국 데리다는 헤겔처럼 역사의 절대적·선형적 발전을 주장하는 것은 아니지만 역사시간를 텍스트 쓰기와 해체의 동력으로 간주하였다. 말하자면 텍스트의 역사적 변형을 주장하였다.

데리다의 해체주의라는 것을 자세히 보면, 이성 중심주의를 비판하는 것 탈중심주의에 있는 것 같지만 실은 같은 궤도에서 전진적으로 이탈하는 운동, 이성주의 궤도에서의 타원운동, 심하게는 이성주의의 폐쇄회로에서 짐짓 이탈운동을 하는 것 같은 제스처만 취하고 있는 감이 있다.

데리다도 결국 칸트의 이성주의적 전통 혹은 소크라테스의 법의 정신에의 복귀적 측면에서 완전히 배제되는 것은 아니다. 서양철학 전체를 상대로 해체 작업에 임한 데리다는 서양철학의 원점으로 회귀하고 말았다. 원점으로의 회귀는 또 다른 환원이며 둘 다 원환적圓環的 운동이라고 말하지 않을 수 없다.

서양의 후기 근대의 해체주의라는 것은 결국 해체만을 목적으로 하는 것이 아니기 때문에 종래의 이성주의와 다른 아무런 내용이 없다. 종래의 이성주의 철학, 즉 예컨대 칸트 철학이나 헤겔 철학도 그 이전의 철학적 텍스트를 해체하고 자신의 철학을 구성함으로써 새로운 철학이 되었다. 철학적 해체주의란 자신의 철학을 새롭게 구성하지 않으면 남의 철학 혹은 다른 철학을 해체할 방법이 따로 있을 수가 없기 때문에 결국 자신의 철학을 세우는 것과 그 이전의 철학을 해체하는 것은 동시적으로 이루어지는 것이다.

구성과 해체라는 말은 정반대이지만 실질적으로 철학적 글쓰기와 수행이 이루어지는 측면에서는 동시적인 것이고 같은 것이다. 해체주의가 철학이 되려면 결국 그 이전의 텍스트를 해체하여야 하고, 그러한 해체가 텍스트로 쓰이기 위해서는 해체 철학을 구성하여야 한다는 점에서 실질적으로 해체 철학은 새로운 구성 철학이거나, 혹은 더 이상 철학을 구성할 수 없을 때에 마지막 구성 철학이 되어야 할 것이다.

　해체 철학은 가능하지만 해체주의 철학은 불가능하다. '해체'라는 말에는 '주의ism'가 붙는다고 철학이 될 수가 없다. '관념주의' 철학이나 '경험주의' 철학은 '주의'가 붙어서 철학이 되지만, 해체주의는 철학이 될 수 없다. 구성된 것만 해체할 수 있고, 구성되지 않는 것은 해체할 수가 없기 때문이다. 예컨대 자연은 구성된 것이 아니기 때문에 해체할 수가 없다. 해체할 수 있는 것은 건축구성된 것이나 텍스트밖에 없다.

　따라서 해체주의 철학은 다분히 허장성세의 유행과 같은, 잘못 붙여진 이름이다. 해체라는 말은 실질적인 내용이 없다.

　철학적 방법으로서 데카르트의 회의나 칸트의 비판이나 니체의 해석이나 후설의 환원이나 데리다의 해체는 결국 같은 것이다. 그렇지만 '해체'라는 말에는 다분히 허무주의와 같은 것이 풍긴다. 말하자면 철학의 종언과 같은 냄새 말이다.

　서양철학은 데카르트나 칸트의 변주에 불과한 것일지도 모른다. 서양철학의 라스트 주자인 데리다의 '해체'라는 것은 칸트의 '비판'을 변주한 것에 지나지 않는다. 부연 설명하면 데카르트의 '방법으로서의 회의'나 칸트의 '방법으로서의 비판'이나 니체의 '방법으로서의 해석'이나 후설의 '방법으로서의 환원'이나 그리고 데리다의 '방법으로서의 해체'라는 것은 결국 종래의 텍스트를 분석하고 비판함으로써 철학의 새로운 철학적 환원의 근거법칙를 발견하는 일에 참여하는 일이기 때문이다.

더 이상 해체할 수 없는 것을 찾는 것은 결정성과 동일성을 찾는 종래의 이성 철학과 철학적 제스처만 다르지 동일성을 찾는다는 점에서 다른 것은 아니다. 전자는 원인적 동일성을 찾는 것이고, 후자는 결과적 동일성을 찾는 것이다. 물리적 현상학이 원인적 동일성에 치중해서 인과론을 구성한 것이라면 현상학은 결과적 동일성으로 중심이동을 한 것이라고 볼 수 있다. 따라서 현상학은 시공간적 개방성을 가지지 않을 수 없는 특징이 있다.

서양철학이 과학의 물리적 현상학에서 심리적 현상학을 개척하게 된 것은 헤겔의 정신현상학역사철학과 마르크스의 유물사관, 그리고 니체의 관점적 해석학이라는 서로 다른 현상학에 이름으로써 전반적 현상학현상학 일반을 개척할 지평을 마련한 셈이다. 서양철학은 결국 현상학적 존재론에 머물 수밖에 없다는 것을 말한다.

앎으로서의 철학은 존재에 머물고, 삶으로서의 철학은 철학할 수가 없는 모순에 처한다. 본래 존재는 생성적 존재이지 존재적 존재가 아니다. 인간만이 생성을 존재로 탈바꿈시킨 생물종이다. 생성철학은 결국 생성을 말할 수 없다. 생성이라는 것은 정지된 말, 명사형의 말로 잡을 수 없는 것이 된다. 데리다는 문자로써 소리전기, 전자, 전파,

_{파동, 소리}를 말하고 있고, 하이데거는 존재로 생성을 말함으로써 오해를 조장하고 있는 측면도 없지 않다.

데리다는 서양철학사에서 마지막 관념론자이며, 들뢰즈는 마지막 유물론자이다. 데리다, 들뢰즈, 그리고 하이데거 모두 서양철학적 한계에 봉착해 있다. 그렇지만 서양철학사에서 하이데거만이 서양철학사를 벗어날 수 있는 경계, 동서양의 경계에 있는 인물이 된다. 하이데거의 등장은 동서양이 하나가 되어야만 하는 신호라고 말할 수 있다.

현상학은 구조주의와 달리 시간과 공간에 대한 프레임을 은연중에 깔고 있는 것이 특징이다. 이는 현상학이 대상 의식이나 대상 인식에서 출발하기 때문이다. 데리다의 유령론은 어쩌면 하이데거의 존재나 생성의 세계, 즉 기운생동하는 세계에 대한 그 나름의 수긍일 수도 있다. 그렇다면 유령론은 존재적 세계에 대한 현상학 나름의 해석이라고 볼 수도 있다.

데리다는 왜 현존présence을 부정하고 부재absence를 주장하는 것을 출발로 해서 에크리튀르écriture, 문자학grammatology, 텍스트text이론에 이어 최종적으로 유령론에 이르는, 즉 그의 반이성주의로 볼 때는 자기모순적인 궤도에 봉착하게 된 것일까. 유령이라는 것은 이성주의가 알 수 없는 것에 대해 붙이는 이름이다.

데리다의 유령론을 논하려면 차연보다 '현존'에서 원인을 찾아야 한다. 데리다는 현존을 서구이성주의의 원인으로 규정하고 이를 '말소리중심주의logophono-centrism'이라 명명했다. 그래서 그는 현존 대신에 부재를 제안했다. 그런데 알고 보면 부재야말로 실체론_{동일론}의 사고, 즉 실체를 가정했기 때문에 '무엇이 없다'고 하는 말이 성립하며, 실지로 이성이라는 것은 말하는 사람이 부재해도 계승되는 것이다. 부재야말로 이성주의의 원인이다.

데리다는 그 이후에 '흔적' '글쓰기_{혹은 쓰여 진 것}' '문자학' '텍스트 이론' 등 여러 진전된 이론들을 내놓지만 하나같이 매우 역설적이고 이중적이고 애매모호한 태도를 보인다. 데리다가 이성 중심주의의 원흉이라고 생각했던 현존은 실지로 이성적이지 않다. 현존이야말로 바로 '생성적 존재'이다. 문자에 의해 '쓰인 것_{écriture}' '기입_{記入, inscription}'이야말로 이성주의의 원인이고, '소유적 존재' '존재자적 존재'이다.

현존이 이성이 된 것은 아리스토텔레스를 비롯한 일련의 서양철학자들이 현전에 이성을 투사하였기 때문이다. 소리의 현존이 이성이라고 주장하는 것은 말도 되지 않는 것이며, 소리가 또한 환원적이라는 것은 데리다의 착각일 뿐이다.

발성자가 자신의 귀로 발성된 똑같은 소리는 스스로 동시에 듣는다는 주장은 데리다의 억측이다. 발성된 소리는 발성자의 귀에 똑같은 소리로 동시에 들리지 않는다. 따라서 소리가 환원적이라는 사실은 억측이라고 하지 않을 수 없다. 이는 소리가 가지고 있는 최면 효과를 환원으로 잘못 이해한 것이라고 볼 수 있다.

데리다는 소리의 자기 최면적인 성질을 자기 환원적인 것으로 착각했다. 환원이라는 것은 소리에 의해서 발생하는 것이 아니라 문자,

즉 언어logos에 의해서 발생하는 것이다. 환원이라는 것은 자기 투사적인 성질을 가지고 있다.

현상학적 환원을 일으키는 것이야말로 바로 문자이다. 문자는 그것이 어떤 물질적 재료로 쓰였을지라도 문자 그 자체는 해체되지 않는다. 따라서 문자는 해체될 수 없는 것으로서, 결정성을 가지고 있는 것이다. 바로 문자의 해체 불가능성이 이성의 결정성을 보장하는 것이다. 따라서 문자 때문에 이성 중심주의가 형성되었다고 보아야 한다. 그런데 데리다는 이것을 거꾸로 말하고 있다.

헤겔의 변증법에는 실체가 있고, 하이데거나 데리다의 차이의 철학에는 실체의 그림자가 있다. 실체의 그림자란 차이의 끝없는 연속에서 마지막에 오는 실체의 그림자라는 말이다. 그렇기 때문에 차이의 철학도 궁극적으로는 실체가 있는 것이다. 실체가 있는 것이 차이의 철학 중에서도 현상학적인 차원이다데리다의 현상학. 차이의 철학 가운데 존재론적 차원인 현현은 실체가 있지만, 은적은 비실체이다하이데거의 존재론.

존재의 전체, 혹은 전체적인 존재는 은유적으로 존재할 수밖에 없다. 만약 존재의 전체가 환유적으로 존재하게 되면 존재는 실체적이 되고 실체적이 되면 동일성을 요구하게 된다. 동일성을 요구하는 존재의 전체는 전체주의가 되지 않을 수 없다. 은유적으로 존재한다는 것은 바로 은적隱迹으로 존재하는 것을 말한다.

하이데거는 시적 은유를 철학적으로 은적이라고 말하였다. 그런 점에서 하이데거는 동양적 시철詩哲에 비할 수 있다. 하이데거는 시를 철학화 함으로써 현대의 기계적인 문명 및 환경과 대결한 철학자이다. 시는 종교적인 혹은 신학적이 아닌 방식으로 이미 신을 사모하는 것이다.

그러한 점에서 시는 자연을 신으로 섬기는 '일반적인 종교'라고 말할 수 있다. 그러한 점에서 필자의 '일반성의 철학'은 시인의 철학이며, 나아가서 존재의 소리에 도달하는 철학이다. 일반성의 철학은 자연의 소리 자체를 시로 보기 때문에 '소리의 철학'이라고 말한다.

마음이라는 것은 상상력 혹은 상상계와는 다르다. 흔히 마음이라고 하면 상상의 세계 혹은 상상계를 떠올리게 되는데 상상계는 실은 거울의 세계거울, 시각, 사진로 사물을 거울의 대상으로 보게 하는 현상계를 말한다. 그러나 마음은 현상계가 아니라 현존을 말한다.

현존이라는 것은 거울이나 시각이나 사진의 '사물을 대상으로 보는 사물현상'을 말하는 것이 아니라 주체와 대상의 대립이 없는 '세계 그 자체', 즉 존재의 세계를 말한다. 말하자면 존재의 은적이 포함된 존재의 전체가 숨어있는 존재의 드러남인 현존을 말하는 것이다.

현존은 사물을 대상으로 보는 것이 아니라 존재 그 자체를 기뻐하고 신비롭게 바라보는 것을 말한다. 현존을 결코 소유할 수 없다. 존재의 생성적인 모습이기 때문이다. 상상계는 인간이 가진 별도의 시공간으로서 사물을 대상화하고 인식하고 소유하려고 한다. 마음은 별도의 시공간을 만드는 것이 아니라 자연의 모습 그 자체를 받아들이며 현존으로서 기뻐한다.

인간은 자신의 정신의 크기 만큼 신을 본다. 절대와 소유는 본질적으로 우주의 부분이고 '닫힌 장場'이다. 우주는 끝없이 '열린 장場'이기 때문이다. 집우주도 집이다은 소유와 존재자연의 경계에 있다. 소유에 길들여진 인간은 소유를 통해서 존재를 확인하고, 존재에 길들여진 인간은 존재가 소유의 바탕임을 안다.

서양 문명과 형이상학과 남성은 동일성을 추구하고, 동양 문명과 음양 사상과 여성은 차이성을 추구한다. 서양 문명의 차이성은 동일성을 추구하는 발판의 역할을 했고, 동양 문명의 동일성은 차이성을 추구하는 발판의 역할을 했다.

서양의 정신은 이미 물신物神이다. 흔히 정신은 물질과 반대의 것으로 생각하기 쉬운데 그렇지 않다. 정신의 결과대상, 목적가 물질이다. 그렇다면 신은 신물神物이 되지 않으면 안 된다. 존재는 신에서 인간의 탄생과 더불어 정신이 되었다가 다시 인간의 퇴조와 더불어 신이 된다. 인간의 가상 실재는 신종교에서 정신으로, 정신에서 물질과학로, 물질에서 화폐돈신로, 화폐에서 다시 신으로 원시반본하고 있다.

현존을 대상화하지 않는다면 현존이 바로 실재이다. 그런데 사람들은 현존을 대상화 혹은 주체화하기 때문에 실재를 느끼지 못한다. 하이데거도 실재가 존재존재자가 아닌라는 것을 알았지만 현존이 실재라는 것을 알지는 못했다. 하이데거가 "언어는 존재의 집"이라고 말한 것을 통해 볼 때 언어를 시적詩的, 즉 은유적으로 사용하는 것에서 존재를 느낄 수 있음을 간파하였지만, 언어의 환유적 사용과의 구분을 확실히 하지 못함으로써 현상학과의 결별을 확실히 하지 못한 점이 있다. 언어를 환유적으로 사용하면 언어는 '존재의 집'이 아니라

'존재의 감옥'이 된다.

'과학'이야말로 언어의 환유적 · 기표적 사용을 하는 '존재의 감옥'이다. 과학은 관찰觀察과 실험과 검증을 인식수단으로 하면서 기계의 세계를 추구한다. 과학은 결국 '물신物神의 세계'이다. 과학은 '보이는 visible－언어verbal'의 연쇄이다.

이에 비해 '시詩' 혹은 예술의 세계는 언어의 은유적 · 기의적 사용을 하는 '존재의 집'이다. 시는 관심觀心을 통해 언어를 상징적으로 사용함으로써 세계를 상징적 · 예술적으로 이해하게 된다. 시는 신을 직접 숭배하지 않으면서도 결과적으로 사물을 통해 신을 느끼는 '양심良心의 세계'이다. 하이데거의 '존재론적 신神'의 세계이다.

마지막으로 '소리'는 세계를 언어가 아닌, 관음觀音을 통해 직접적으로 느끼는 심물일원론心物一元論의 세계이다. 보이지 않는invisible－비언어non-verbal 신神의 세계이다. 소리는 '신물神物의 세계'이다.

언어	과학	관찰(觀察)	존재의 감옥(언어의 환유적 · 기표적 사용) 보이는 신(invisible)－언어(verbal) 신	물신(物神)
	시(詩)	관심(觀心)	존재의 집(언어의 은유적 · 기의적 사용) 하이데거의 존재론적(存在論的) 신	양심(良心)
소리	소리	관음(觀音)	존재(비언어의 세계), 심물일원론(心物一元論) 보이지 않는(invisible)－비언어(non-verbal) 신	신물(神物)

시인은 혼돈에 대한 투쟁을 언어를 통해서 수행하는 것이 아니라 시인은 일상의 질서에 대한 투쟁을 언어를 통해서 실현한다. 시인은 그럼으로써 존재의 근원인 혼돈에 도달하는 것이다. 이때의 혼돈은

현상학적으로 보면 혼돈이지만 존재론으로 보면 세계의 일원상, 즉 혼원일기混元一氣인 것이다. 혼원일기는 일자一者 혹은 동일성과는 다르다. 언어를 통해 시인에 도달하였지만 실재가 현존이라는 것을 알지 못했다. 현존을 대상화하지 않으면 저절로 현존이 실재가 되는 것을 알지 못했던 셈이다.

문제는 감각적 감수感受를 으레 대상으로 받아들이는 데에 있다. 실재는 느끼면서 지나가는 것이다. 실재는 잡으려고 하는 순간 가상 실재에 걸려든다. 철학이라는 것도 실은 모두 가상 실재에 걸려든 흔적이자 시체이다.

존재근원, 근본는 현상학적인 차원으로 해석되면서 원인과 결과로 나누어졌다. 이것에 대한 현상학적인 통일은 결코 존재의 근원으로 돌아간 것이 아니다. 존재는 그냥 질서나 체계가 없는 전체일 뿐이다. 존재는 일자一者 혹은 동일성이 아니다. 존재는 파동이고 소리이다.

존재를 현상학적으로 설명하면 제가 원인이고 제가 결과이지만, 원인과 결과는 하나의 몸이다. 둘 사이에 거리가 없는 원인과 결과는 결국에 원인과 결과가 아니게 된다.

"나는 나이다."성경 혹은 "존재는 존재한다."존재론는 결국 같은 말 같지만, 다른 말이다. 전자는 실체로 존재를 말하는 것이고, 후자는 존재로써 존재를 말하는 것이다. 그러나 이 둘의 의미는 참으로 상호 왕래적인 면이 있다. 만약 어떤 사람이 '존재=나=하느님'을 같은 뜻으로 사용한다면 같은 의미로 들릴 것이기 때문이다. 여기서 기독교와 불교의 융합의 길이 열린다. 그러한 점에서 기독교는 불교의 현상학이고, 불교는 기독교의 존재론이다.

존재는 현존이다. 존재는 현재에 있지 않다. 하이데거는 서양철학에서 종래에 '존재'라고 말하는 것이 존재하는 것, 즉 '존재자'라는 사실을 발견했지만 시간을 극복하지 못한 관계로 현존에 이르지 못했고, 데리다는 현존을 환원적으로 보는 잘못으로 인해서 현재의 현상에 머물렀다.

天	현존(現存)	자연 현상	自神	
人	현재(現在)	현상(現象), 실존(實存: 나의 현존)	自信, 自新	현상학
地	존재(存在)	자연적 존재	自身	

유한有限은 "내가 있기 때문에 세계가 유한한다." 그렇다면 "내가 없다면 세계는 무한無限하다." 여자여성성는 내가 없다. 여자에게는 생명의 이어짐만 있을 뿐이다. 그래서 여자는 무한하다. 여자는 이름과 역사가 없다. 그래서 여자는 무한하다. 이름과 역사가 있으면 유한하다. 세계가 유한한 것이 아니고, 내가 있기 때문에 유한하고, 이름이 있고, 역사가 있기 때문에 유한하다. 모든 문제는 나로 인해서 생긴 것이다. 나를 버리면 아무런 문제가 생기지 않는다.

나를 잡고 있기 때문에 모든 문제가 발생한다. 나를 잡고 있기 때문에 죽음이 있고, 나를 잡고 있기 때문에 불안이 있고, 나를 잡고 있기 때문에 싸움과 전쟁이 있다. 나를 잡고 있기 때문에 시간과 공간이 있다. 나를 잡지 않으면 시간과 공간도 없다. 나를 잡고 있기 때문에 순간이 있고, 나를 잡고 있기 때문에 영혼과 영원이 있다. 영혼과 영원은 불멸과 순간의 안식처가 아니라 순간의 연장일 뿐이다.

보편성이라는 말은 인간이 자연의 일반성을 자신의 입장에서 정렬하고 뒤집은 것이다. 그리고 인간은 일반성의 앞에 '보편적이고 일반적인'이라고 말을 붙였다. 이는 마치 남자가 여자가 낳은 아이에 대해 자신의 이름을 붙이는 것과 같다. 보편성은 일반성을 소유하는 행위이다. 여자는 생명의 흐름이다. 여자는 생명에 이름 붙이는 것이 아니다. 여자가 되지 못한 남자는 생명에 이름을 붙여서 마치 그것을 소유한 양 떠들어댄다.

현상하는 신은 처음부터 물신物神이다. 현상하지 않는 신만이 진정한 존재론적 신神이다. 신은 현상하지 않는다. 신은 현재하지 않는다. 신은 현존할 뿐이다. 현존의 신이야말로 진정 존재하는 신이다.

성경의 "나는 시작이요, 끝이다."라고 하는 말은 얼른 들으면 시작과 끝이 있는 것 같지만 실은 시작과 끝이 없다는 말도 된다. 시작과 끝이 원환圓環을 이루면서 하나가 된다는 말이니 결국 시작과 끝이 없다는 말이다. 그렇다면 유시유종有始有終은 무시무종無始無終을 은적은유하고 있는 것이고, 무시무종은 유시유종을 현현환유하고 있는 말이다. 유시유종은 존재자이고, 무시무종은 존재이다. 그러나 진정한 존재는 무無이다. 시작이니 끝이니 하는 말을 아애 처음부터 하지 않는 것이다.

현상학의 오류

인식되거나 의식된 것은 모두 부분이다. 따라서 전체를 말하는 것은 반드시 부분을 가지고 전체라고 말하는 것으로서 전체주의의 혐의가 있다. 어떤 결정론이라도 전체주의의 혐의가 있는 것이다. 언어로 말하여진 것이나 현상된 모든 것은 실재가 아닌 가상 실재이다. 무엇을 특별히 인식하거나 의식한다는 것은 모두 가상 실재이다. 실재는 말할 수 없다.

존재는 의식되지 않는 것이고, 인식되지 않는 것이고, 말하여지지 않는 것이고, 어떤 가상 실재가 없이 그대로 통하는 것이다. 우주적으로 완전히 통한다는 것은 시작도 끝도 없고, 시간과 공간도 없다. 완전히 통한다는 것은 어떤 존재에 의해 다른 존재가 발견되거나 규정되는 것이 아니다. 통하는 것은 잠시도 머물지 않고 지나가는 것이고, 어떤 그물로도 잡을 수 없는 것이다.

현상학은 기독교의 '최초의 원인천지창조'과 '최후의 결과종말심판'라는 이분법구조의 '최초의 원인' 중심의 설명에 이의를 제기하고 '최후의 결과'에 인과의 중심을 옮기려는 인간의 의식 활동이다. 헤겔의 정신현상학이 정반합의 과정으로서 부단히 모순과 새로운 통합을 통해 인간 중심주의의 절대정신을 표방하였지만 현상학이 다다른 곳은 하이데거의 존재론이다. 존재론의 입장에서 보면 현상학은 존재를 원인과 결과로 환원한 것이다.

현상학은 존재자연에서 원인과 결과를 뽑아낸 것이고, 다시 원인과 결과를 존재에로 귀속시킨 것이 존재론이다. 현상학의 최초의 원인과 최후의 결과는 모두 가상 실재이다. 존재론의 입장에서 보면 인간의 모든 활동은 현존재_{인간}와 존재_{자연}의 부단한 자문자답이라고 할 수 있다.

헤겔의 정신현상학의 절대정신_{역사철학}에서 하이데거는 시간을, 데리다는 공간을 잡고 현상학을 심화시켰고, 후설은 현상학을 일반화시켰다. 니체는 '힘에의 의지'의 철학에서 '절대 정신'을 '힘의 상승'으로 재해석하였다. 결국 이들은 모두 현상학의 심화와 확대를 꾀한 인물이다.

서양철학사에서 가장 동양의 생성론에 가까이 다가온 인물은 하이데거이다. 하이데거는 동서양철학의 가교역할을 하기에 충분한 인물이다. 그러나 그에게서도 피할 수 없는 서양철학의 장벽이 있음을 볼 수 있다.

하이데거는 존재론은 엄격하게 말하면 존재_{생성}에 도달하지 못했으며, 존재에 이르는 도정인 시적 은유_{시적 의미} 차원에 있었다. 따라서 그의 존재론적 차이는 은유_{존재}와 환유_{존재자}의 관계이거나 구조언어학적으로 볼 때 시니피에_{존재}와 시니피앙_{존재자}의 관계로 해석될 수도 있다. 이를 두고 현상학적 차원을 완전히 벗어나지는 못했다고 말할 수 있을 것이다.

그러한 징후는 여러 곳에서 발견할 수 있다. 예컨대 존재자가 존재로 향하는 것을 도약 혹은 초월이라고 말하는가 하면 존재와 신을 이원화하는 경향에서도 서양철학의 전통적 존재론에서 볼 수 있는 초월적 사고를 볼 수 있다. 더욱이 존재가 존재자와 거리를 두는 것을 완강한 거부라고 하는 것 등은 세계를 이원적으로 보는 것과 같은, 존재자와 존재자 사이의 갈등이나 긴장관계를 설명하는 것과 같다.

하이데거는 존재자인 인간이 존재를 현존케 한 것처럼 말하는데 이는 잘못이다. 현존이 바로 존재이다. 이는 인간이_{인간의 의식이} 현존을 현상_{대상}으로 본 것을 실토하는 것일 뿐이다. 이것이 바로 현상학의 오류이다. 현상학의 오류는 과학의 오류_{과학은 오류의 역사이다}와 같은 것이다.

하이데거는 세계를 개방적 만남이 이루어지는 역동적 공속 관계의 그물망이라고 보는데 이는 도리어 닫힌 세계, 즉 존재자의 입장에서 존재를 설명하는 방식이다. 본래 개방적인 존재는 개방을 말하지 않고 도리어 폐쇄를 말하게 된다. 존재는 개방과 역동을 말하지 않는다. 이것을 말하는 자체가 존재자의 입장을 천명하는 것이다. 존재는 침묵할 수밖에 없다. 존재는 존재를 설명하지 않는다. 선_善은 선을 설명하지 않는다. 선을 설명하는 곳에는 이미 악_惡이 침투해 있듯이 존재를 설명하는 곳에는 이미 존재자가 침투해 있다. 그런 점에서 악은 존재자에서 발생했음을 유추할 수 있다.

존재_{자연적 존재, 생성적 존재}는 실체가 없기 때문에 결코 상대를 대상화하지 않는다는 점_{절대−상대의 차원을 벗어나 있다}을 확실하게 의식하지 못하고 있는 것 같다. 이는 모두 서양철학의 이분법 혹은 이성중심주의가 아직도 작용하고 있음을 말한다.

현존재인 인간을 통해서 존재와 존재자의 존재론적 차이를 설명하는 방식, 예컨대 '터-있음'을 통한 은적과 현현의 역동적 관계를 설명하면서 '탈은적탈은폐'이나 '탈자적' '탈존적'이라는 용어를 사용하고 있지만 이는 존재자의 입장에서 존재를 보는 시선이다. 존재는 결코 숨지도 않고, 고정되지도 않는다.

현상학은 존재에 가상의 덮개를 씌워 놓고 도리어 은적되었다고 하고, 그 덮개를 걷으면서 현현하였다고 말한다. 이는 '존재론적 차이'의 유희라고 말할 수 있다. 하이데거는 '신적인 신'을 말하지만 그의 신도 존재와 신을 다른 것으로 구분하는 데서 어쩔 수 없이 가상의 신초월적인 신의 냄새를 풍긴다. 신이라는 것도 존재에 덮개를 씌운 가상의 일종이다.

하이데거가 말하는 사방세계四方世界, 四重物, das Geviert: 하늘, 대지, 인간, 諸神도 서로 거울처럼 비춘다고 말하는 데서 동양의 노장적 사유나 불교적 사유와는 다름을 알 수 있다. 거울처럼 비춘다는 표현 자체가 이미 존재의 가상이기 때문이다. 이는 물론 동양의 천지인 사상이나 음양 사상과도 다른 것이다. 혹자는 하이데거의 사방세계를 노장사상이나 불교사상, 천지인사상, 음양사상과 같은 것으로 설명하기도 하지만, 거울놀이로서 공간화 됨에 따라 현상학적인 차원으로 돌아간다.

동양의 상징은 서양의 이미지와는 다른 것이다. 서양의 이미지는 사물의 반영反映, 反影 혹은 표상表象으로서 결국 언어대상을 지칭하는 언어이지만 동양의 상징은 단순히 표상이 아닌 기氣의 표현으로서 기운생동을 말하는 것이다. 동양의 천지인 사상이나 음양사상은 모두 기를 표현하는 것으로서의 상징이다.

존재는 흘러갈 따름이다. 단지 인간이 존재를 존재로서 느끼지 못했기 때문에 은적되었다고 말하고 현현現象하였다고 말하지만 그것은 존재生成에 대한 정확한 표현이나 설명이 아니다. 현존이야말로 바로 존재이다.

서양철학은 현존을 대상으로, 현상으로 보기 때문에 현존이 바로 존재인 줄 몰랐을 따름이다. 존재의 부재가 바로 현재이고 현재가 바로 현상이다. 그렇다면 '존재'라는 말은 '현존이 존재'라는 사실을 몰랐던 서양철학과 하이데거의 존재론이 현존에 도달한 우회로라는 것을 알 수 있다.

서양철학이 그동안 '존재'라고 말했던 것이 '존재자'였다는 사실을 발견한 하이데거조차도 존재生成的 存在. 生成를 제대로 몰라서 우회했던 셈이다. 이는 시각—언어를 중심으로 하는 서양철학 자체의 한계이자 특성이다.

인간 정신의 특성은 결국 절대이다. 헤겔의 정신현상학이 절대 정신을 주장하기에 이른 것은 이를 잘 말해주고 있다. 그런데 인간의 정신은 결국 현상학적으로 물질에 이른다. 인간정신의 끝은 물질이다. 결국 '정신=물질'이다. 절대 정신唯心論은 절대 물질唯物論이다. 마르크스는 이를 잘 말해주고 있다.

서양철학사를 꿰뚫어보면 결국 정신은 물질이 되고, 물질은 물신物神이 된다. 이것이 오늘날 서양 주도의 인류 문명의 물신 숭배의 실상이다. 서양철학은 물신에서 그 끝을 맺을 수밖에 없다. 이것이 서양철학의 현상학적 오류이다. 물신物神을 신물神物로 바꾸는 것이 바로 철학의 생성론生成論이고, 삶의 철학삶의 철학이 아닌이고, 존재론존재자가 아닌이다.

만물이 존재인데 인간만이 존재자현존재이다. 만물이 만신인데 인간만이 유일신唯一神이라고 한다. 만물이 생명인데 인간만이 만물의 영장靈長이라고 한다. 유일신과 영장은 모두 존재자이다. 본래 신은 애니미즘animism에서 출발하였다. 애니미즘은 흔히 정령 숭배로 번역되는데 곧 만물만신萬物萬神사상이다.

만물만신 사상은 본래 만물은 하나에서 출발하여 그 경로가 달라져서 저마다 다른 모습으로 존재하고 있다고 생각한다. 만물 가운데서 인간이 주도권을 갖게 되는 계기는 가부장사회와 함께 한다. 가부장 사회의 고등 종교 가운데 기독교가 유일신 사상과 함께 인간 중심주의를 이룬다. 그런데 현대에 이르러 인간 중심주의는 유물론과 물신숭배에 이르게 되고, 세계는 신의 죽음과 함께 극심한 허무주의에 빠진다.

신이 죽은 허무주의 시대를 진정으로 극복하기 위해서 다시 '가디즘Godism'을 선택하지 않으면 안 되게 되었다. 가디즘은 특정의 종교 종파주의를 벗어난 가장 '신적인 신'을 의미한다.

메시아는 유령이 아니다

데리다의 현상학적 실체주의는 여러 곳에서 드러나지만, 유령학이라는 것에서 결정적으로 표출된다. 유령이라는 것은 바로 실체에 대해 반대되는 어떤 것을 상정한 것이다. 그가 실체적 사고를 하기 때문에 상상된 것임은 물론이다. 다시 말하면 평소에 실체적 사고를 하지 않으면 광범위하게 적용되는 유령학과 메시아를 생각해낼 수 없다.

데리다는 메시아라는 타자, 유령이라는 타자 속에 존재生成를 집어넣어버린다. 이는 힘힘의 상승에 생성을 집어넣어버린 생기존재론의 니체와 같다. 그런 점에서 니체와 데리다는 결과적 동일성에서 만난다.

데리다는 반이성주의를 표방하기 위해서 문자학grammatology을 성립시켰으면서도 동시에 결정성과 확실성을 보장하는 텍스트text를 끊임없이 생산하기 위한 글쓰기를 주문한다. 데리다의 이중적이고 모순적인 몸짓은 현상학적 차원에서 벌어지는 이원대립적인 세계의 상호왕래성가역성이거나 이중성과 애매모호성의 표상일 뿐이다.

현상학은 그것 자체가 대립적인 것의 모순에 의해 변증법적 지양과 통합, 운동의 동력을 얻는 것이기 때문에 현상학적 철학자로서 데리다의 궤적은 당연한 귀결이라고 할 수 있다. 다시 말하면 데리다의 '부재'의 철학이 역으로 실체를 드러내듯 '유령'이 실체를 드러내는 것이다.

데리다의 차연은 언어적 차원에서 문자학이 되고, 실천과 연결되면서 유령학이 되었다고 할 수 있다.

"데리다는 이 탈현전적 사태를 유령성spectralité의 사태, 유령 출몰hantise의 사태로 서술한다. 해체론적 존재 이해, 그것은 이제 유령학spectrologie으로 표현되고, 이 유령학의 출발점은 맑스이다. 따라서 삼인방의 이름 '니체, 프로이트, 하이데거'는 '맑스, 프로이트, 하이데거'로 바뀐다."[94]

데리다의 해체주의는 종래 서양철학사의 변하지 않는 실체를 찾는 여정에서 해체되지 않는 실체를 찾는 것으로 방향을 전환한 것에 지나지 않는다. 이는 프랑스 철학의 텍스트 이론과 문체적_{문학적} 철학, 현상학적 전통의 영향 하에 있는 것으로서 철학의 방법으로서 해체를 사용한 철학자로서 당연한 일이다.

그러나 데리다가 제안한 해체론적 문자학이나 해체론적 윤리학으로서의 유령학은 서양철학사에서 또 다른 실체를 찾는 것일 뿐이다. 데리다의 문자, 원문자는 원인적 동일성에 해당하고, 유령학, 윤리학은 결과적 동일성에 해당한다. 그런 점에서 데리다는 현상학자이다. 한마디로 데리다는 존재론적_{생성론적} 존재에 이르지 못했다. 흔적은 시각과 언어와 시간에 종속된 것이다.

데리다가 정체불명의 유령적 존재라고 지칭하는 것은 실은 하이데거의 존재를 말하며, 나아가서는 자신이 이성주의의 원인으로 지목한 현존을 유령이라는 말로 달리 표현하는 것이라고 볼 수 있다. 부재와 텍스트를 주장한 데리다는 유령이라는 다른 이름으로 '현존=존재'로 돌아온 것이 아닌가. 현존은 현재_{부재}가 아니고 존재이다.

현재라는 기준점은 언젠가는 소멸해야 하는 운명에 있다. 그런 점에서 현재는 시간이 아니다. 모든 이분법은 현재라는 기준점에서 과거와 미래가 양분되는 것과 같다. 따라서 모든 이분법은 인간의 환상

---

94 김상환, 『같은 책』, 157쪽.

이다. 현상은 그러한 환상에서 비롯된다. 그래서 존재에 이르고자 하는 사람은 자신이 대상화한 모든 현상을 버려야 한다.

한 때 프랑스 실존주의의 대표 주자였던 샤르트르는 "타자를 감옥"이라고 했다. 이에 비해 데리다와 레비나스는 "타자를 메시아"라고 한다. 이는 프랑스 현상학의 양 극단을 대변하고 있다. 자유를 추구한 샤르트르는 철저하게 주체대자적 주체의 입장에 있었고, 메시아의 구원을 기다리는 데리다와 레비나스는 철저히 타자의 입장에 있음을 드러내고 있다. 이것 자체가 현상학적 특징이다. 현상학은 주체, 혹은 타자, 혹은 그 사이에 애매모호하게 이중적으로 있다.

타자他者의 메시아가 즉자卽自의 메시아가 되지 않으면 안 된다. 즉자의 메시아는 자연의 메시아이다. 자연이 참다운 메시아이다. 샤르트르는 자연은 무기력한 존재로 규정하고 이를 즉자로 묘사하였지만, 자연이야말로 진정한 구원자이고, 미래의 진정한 희망임을 존재론생성론은 역설적으로 증명하고 있다.

문자는 음성에 비해 기표성이 강하다. 음성소리은 쉽게 증발되고 휘발되기 때문이다. 데리다의 문자학의 흔적은 실은 실체적 사고의 흔적이다. 데리다의 유령학의 유령도 실체적 사고의 그림자이다. 현재에 '부재하는' 메시아는 현상학의 자기모순이며 배반이다.

이는 모두 음성을 현존présence이라고 하고 문자를 부재absent라고 규정한 데리다의 자업자득이다. 결국 데리다는 결국 문자학으로 음성을 대신하는 자기순환론에 빠지지 않을 수 없었다. 필자의 소리철학phonology야말로 기표주의가 아닌 기의주의이며, 최종적으로 소리의 기의도 버리는 철학의 해체이며 철학의 종언이다.

참고로 서양 근대 철학의 철학인류학적 지도를 천지인 사상과 함께 환경언어문화학적으로 그린다면 다음과 같다.

프랑스 철학은 현상학의식적 현상학이고, 영미 철학은 분석 철학·과학론물리적 현상학이고, 독일 철학은 관념·존재론존재론이라고 규정할 수 있을 것이다.

프랑스 철학은 태양과 회화와 연관되는 합리성의 철학이고, 독일 철학은 비雨와 음악과 연관되는 절대성의 철학이고, 영미 철학은 안개와 과학과 연관되는 과학성의 철학이다. 프랑스 철학은 데카르트-데리다, 영미 철학은 화이트헤드-비트겐슈타인, 독일 철학은 칸트-헤겔-니체-하이데거로 연결된다.

독일의 관념주의주관주의는 영국의 경험주의에 의해 객관주의가 되고, 물리적 객관주의는 과학주의가 된다. 과학주의가 객관적 합리주의라면 프랑스의 합리주의는 현상학적 합리주의가 된다. 주관주의를 사물의 본래 능력으로 보면 존재론이 된다. 이것이 철학의 순환론이다.

〈서양근대철학에 대한 철학인류학적 지도〉

天	프랑스 철학 17, 20C	태양/ 미술	합리성	현상학 (의식적 현상학)	언어 복수성 다의미	데카르트-데리다-들뢰즈
人	영미철학 18C	안개/ 과학	과학성	분석철학· 과학론 (물리적 현상학)	언어 규칙성 언표 여부	화이트헤드-비트겐슈타인
地	독일철학 19C	비(雨)/ 음악	절대성	관념·존재론 (존재론)	해석학 언어의미론	칸트-헤겔-니체-하이데거

인간에게 종교는 가장 오래된 문화 형태의 하나이다. 적어도 중기 구석기 시대 동굴 생활을 할 때부터 원시적인 종교 의식이 행해졌던 것으로 보인다. 따라서 인간은 고고인류학적으로 분명히 종교적 인간Homo religrosus이다. 신 혹은 귀신을 믿는다는 것은 신이나 귀신을 믿음의 대상으로 하는 것이다.

인간은 어려움이나 한계상황에 처할 때면 으레 신에게 축복을 기원함으로써 그것을 극복했던 것으로 보인다. 그런 점에서 신은 인간이 만들어낸 가장 오래된 일종의 가상 실재라고 해도 과언이 아니다. 그런데 인간은 가상 실재를 통해서 세계와 만나는 특이한 존재라는 점을 부정할 수 없음에서야 어쩌랴!

인류의 문화 현상인 종교와 과학과 예술을 주인과 노예의 패러다임으로 설명하면 다음과 같이 정리할 수 있을 것이다.

종교는 노예 되기에서 주인 되기로, 과학은 주인 되기에서 노예 되기로, 예술은 주인 되기와 노예 되기의 왕래로 설명할 수 있을 것이다.

종교는 처음에는 인간이 신의 노예로 출발하였으나 이제 신인일체가 되어, 인간 스스로 주인이 되고 메시아를 자임하여야 하는 단계에 이르러야 함을 의미한다.

과학은 처음에는 인간이 주인 되는 길인 줄 알았는데 결국 인간이 기계기술의 노예가 되는 상황에 처하게 되었음을 의미한다. 예술은 인간이 주인이 되거나 혹은 노예가 되는 놀이를 하는 것으로 해석될 수 있다. 그런 점에서 예술이야말로 인간의 진정한 구원이 됨을 알 수 있다.

〈문화현상학〉

종교(善)	노예되기→ 주인되기	자신(自神), 메시아사상		생활=
과학(眞)	주인되기→ 노예되기	기계(기술)의 노예	↕	예술
예술(美)	주인되기↔ 노예되기	(노동이 아닌) 놀이의 세계		

　인간은 소유하기 위해 신을 만들었고, 결국 인간의 손으로 소유할 수 있는 과학이라는 신을 만든 뒤에, 신을 과학으로 대체했다. 과학을 만들어낸 인간은 스스로의 운명_{멸망}도 스스로 결정할 수 있는 동물이 되었다. 그렇다면 인간이 만들어낸 신, 인간신이 아닌 진정한 신은 무엇인가. 물론 무시무종_{無始無終}의 자연이다.

　자연의 신은, 인간이 볼 때는 때로는 아무런 힘이 없는 무능한_{무기력한} 신이고, 때로는 가장 무서운 신이다. 왜냐하면 과학은 항상 과학의 바깥을 지니고 있어야 할 운명이기 때문이다.

　인간은 자문자답하는 존재이다. 인간의 존재 방식이 스스로 묻고 스스로 응답을 하는 존재라는 뜻이다. 자문자답 중에서 신과의 자문자답이 최고의 존재 확인이다. 인간이 자문자답하기 위해서 가장 우선적으로 필요한 것은 가상이다. 그래서 신_神마저도 가상하는 것으로 시작한다.

　자연을 존재론의 방식으로 말하면 자연적 존재가 된다. 자연적 존재가 자문자답하는 존재가 되기 위해서는 자신의 몸으로부터 시작하지 않으면 안 된다. 그래서 '몸을 가진 존재'로서 자신自身에서 시작하여 '말昷을 하는 존재'로서 자신自信에 이르고 자신自信에 이른 존재는 시간적 존재로서 다시 '말을 새롭게 하는 존재'로서 자신自新하지 않으면 안 된다. 날마다시시각각 자신自新하는 존재는 드디어 스스로 신이 되는 존재로서 자신自神에 이른다.

자연적 존재인 인간은 자신自神이 됨으로서 스스로 자연으로 돌아오는 존재가 된다. 이는 본래적 존재로 돌아온 것이다. 결국 인간은 '스스로 신이 되는 놀이'를 하는 놀이 존재이다. 메시아사상도 실은 '신이 되는 놀이'인 것이다. 이를 두고 '자신의 놀이'라고 할 수 있을 것이다.

자신이 놀이는 '원인의 신'이 되는 것이 아니라 '결과적으로 신이 되는 놀이'이다. 그런데 신이 되는 놀이는 아무런 소용所用이 없다. 현실적으로 이용 가치가 있는 놀이가 아니라는 뜻이다. 그냥 순진무구의 놀이이다. 만약 어떤 인물이 메시아라면 그는 '스스로 자문자답하는 존재'이면서 '스스로 신이 되는 순진무구의 놀이'를 즐긴 인물이다.

인간이 알고 있는, 지식은 모두 실체화된 가상존재가상 실재이다. 과학은 가상추상에서 실체를 찾고, 예술은 허구에서 진실을 찾고, 종교는 우상가상에서 실체를 찾는 것이다. 예술이야말로 가장 실재에 가까운 존재이다.

어느 쪽이든 인간은 '가상 실재의 존재'라는 것을 말해준다. 가상 실재는 인간의 언어에서 비롯된다. 가상 실재라는 점에서는 귀신이나 신이나, 정신이나 물질이나, 물신이나 유령이나, 기호나 사물이나 마찬가지이다. 특히 자본주의와 사회주의가 첨예하게 맞서고 있는 핵심인 화폐와 노동도 둘 다 가상 실재이다. 이밖에도 혈통이나 정치체제, 민족과 국가 등 인간이 만든 모든 제도는 가상 실재이다. 가상 실재야말로 가상이고 실체이다. 그런 점에서 실체는 진정한 실체가 아닌 가상이다.

언어는 사물에 대해서 이미 가상 실재이다. 그것이 어떤 것이 되었든, 어떤 모습으로 있든 가상 실재이다. 그런데 가상 실재야말로 인간이 이용利用할 수 있고, 화용話用할 수 있는 것이며 끝내 화행話行할 수 있는 것이다. 이에 비해 사물은 그냥 실재存在이다.

인간은 어디까지나 사물 대신에 언어를 다스릴 따름이다. 사물은 신만큼이나 신성한 것이다. 지금 존재하는 모든 사물은 존재론적으로 동등하다.

인간은 사물에서 메시지를 얻으려고 하지만 사물은 인간을 마사지한다. 마사지는 촉감에서 일어난 것이지만, 영혼에 이른다. 메시지는 뇌에서 출발한 것이지만 사물에 던져진 그물에서 잡은 물고기이다. 메시지는 주술의 주문이라면 마사지는 주술의 퍼포먼스이다. 인간은 예술적 동물이다.

텔레테크놀로지 대(對) 텔레파시

언어와 기술을 도구로 사용하는 인간은 항상 한계에 부딪히고 그것을 극복하기 위해서 노동하지 않으면 안 된다. 인간은 끝없는 자연의 개방적인 힘에 맞서서 자신의 언어로 텍스트를 끊임없이 만들어 내고 기술을 창조하면서 개방되는 시공간에 적응하여야 한다. 자연스럽게 먼저 만들어진 텍스트는 흔적이 될 수밖에 없고, 기술을 보다 나은 기술로 향하게 된다. 그 결과가 오늘날 텔레커뮤니케이션의 정보화사회이다. 오늘날 그 신은 여러 형태로 변형되면서 예컨대 신화, 종교, 철학, 종교, 예술, 화폐에 이르기까지 여러 제도를 거치면서 과학기술에 이르렀지만, 이들은 모두 자연 자체가 아니라 가상 실재이다.

언어에서 과학기술에 이르기까지 모두가 가상 실재이다. 인간이 현실이라고 하는 자체가 바로 가상 실재이다. 재미있는 것은 가상 실재의 대표적인 것은 이상하게도 T자로 시작한다는 점이다.

Time, Three dimension(Space), Text, Technology,
Tele-technology/ Telepathy

여기에 테레파시Telepathy는 인간에게 새로운 주술적 효과를 주면서 문명의 재주술화로 연결되는 길을 열어준다.

주술과 과학적 기술의 관계는 재미있다. 주술은 흔히 과학적인 세계로 인식하지만 실은 인간 사고의 원형이다. 주술에는 동종 주술과 감염 주술이 있다. 동종 주술은 '유사의 법칙'을 따르고 감염 주술은 '접촉의 법칙'을 따른다.

그런데 과학이라는 것은 동종 주술에서 시적 의미를 생산한 인간이 그것을 다시 감염 주술의 형태로 전환한 것에 따른 것이다. 이는 메타포은유를 메토니미환유로 전환한 것이라고 말할 수 있다. 물론 이 과정에서 은유적 개념metaphorical concept이 개념concept으로 전환하게 된다. 과학은 그러한 점에서 개념이다.

〈주술과 과학의 관계〉

동종주술 (homeopathic agic)	유사의 법칙 (a law of similarity)	시-예술 -종교	메타포 (은유)	사건-존재
감염주술 (contagious magic)	접촉의 법칙 (a law contact)	경제-과학 -기술	메토니미 (환유)	사물-존재자
복합주술 (primitive culture)	유사-접촉	문화복합 (cultural complex)	텍스트 (문장)	운동-정지

말하자면 과학의 뿌리도 주술임을 알 수 있다. 주술에서 출발한 과학이 과학의 발달로 인해, 텔레테크놀로지에 이르러서 '재주술화'에 이른 셈이다. 주술에서 과학에 이르는 인류학적 문화과정에 대한 이해가 필요하다.

유인원을 비롯하여 동물이 사용하는 간단한 언어를 인류학에서는 원문화原文化, proto-culture라고 말한다. 인간이 직립하면서 몸의 에너지가 머리 쪽으로 많이 올라가게 되고, 뇌의 용량이 증가하고, 적을 공격하는 가장 강력한 무기가 되던 입의 이빨송곳니은 무디어지고, 구강

구조는 보다 많은 음운을 발음할 수 있게 되었다. 앞발의 기능을 하던 손은 완전히 다른 도구를 사용할 수 있게 되었다. 인간은 보다 많은 도구를 사용하게 되었고, 인간은 점차 의미의 동물이 되어갔다. 인간은 이제 무엇보다도 '의미를 먹고 사는 동물'이 되었다.

인간은 신체를 유지하기 위해 먹이를 만들어내는 이외에도 그와 더불어 항상 의미가 따라다니게 되는 이상한? 동물이 되었던 셈이다. 집단적 동물인 인간은 사회적 존재임을 더욱 강화하게 되었다. 사회는 인간에게 사회적 언어를 강요하게 되고, 이로 인해 언어가 사물을 규정하는언어〉사물 이외에, 다시 사회가 언어를 규정하는사회〉언어 사회적 동물이 되어갔다. 이것이 인간이 오늘에 이르게 된 진화적 과정process이다.

의미는 흔히 사회적 통용으로 인해서 처음부터 사회적인 것으로 오해하기 쉽다. 언어가 사회적 소통을 위해서 존재하는 사회적 약속의 산물이며, 도구이기는 하지만 의미는 처음부터 사람의 밖에 존재하는 것이 사물이 아니다. 의미가 통용되는 것은 사람이 사회적 약속에 동의한 때문이다. 그렇다면 의미는 어디서 발생하는가. 인간의 몸안의 뇌구조에서 발생하고, 그 발생에 몸 전체가 관계하고 있다는 사실이 밝혀졌다. 다시 말하면 몸은 의미의 발생의 발전소이다.

의미, 즉 기의는 인간의 몸 안에서 발생하는 셈이다. 의미는 매우 가변적이고 이중적이고 애매모호하다. 이러한 의미의 발생의 구체적인 운반자전류는 바로 메타포metaphor: 隱喩이다. 메타포에 대해서는 앞장에서 자세하게 설명하였다. 메타포를 만들 수 있는 능력이 사람으로 하여금 의미를 먹고사는 존재로 자리매김하게 만든 셈이다.

메타포는 의미의 여러 층을 수직적으로 이동하는 것이다. 메타포가 하나의 층에 머물러 고정되는 것을 메타니미metonymy: 換喩라고 한다. 메타니미 때문에 학문과 과학, 그리고 이성적인 사고가 가능한 셈이다. 메타니미의 레벨에서도 외연성denotation과 내포성connotation의 문제가 발생한다. 이는 언어가 가지고 있는 근본적인 상징symbol의 성격 때문이다. 서양문명은 '언어=사물등식의 문명'을 실현하기 위한 문명체계이다. 이는 메타니미=시니피앙=외연성의 연결이다.

그 메타니미가 주체와 대상의 차원에 머문 것이 바로 소위 객관적이라는 것이다. 객관적이라는 것도 실은 처음부터 존재하는 것이 아니다. 물론 객관성을 만들어내는 대상도 처음부터 존재하는 것이 아니고, 그것의 상대인 주체도 처음부터 존재하는 것은 아니다. 그런데 이것을 발견한 것이 그리 오래되지 않는다.

서양은 근대에 들어 구주언어학의 등장과 더불어 기표/기의를 발견하게 되고, 그것과 메타포/메타니미와 관계되고, 그리고 인류학의 도움으로 그것이 원시 주술 시대에는 동종 주술/감염 주술과 대응된다는 것을 알게 됐다. 시각 중심 문명은 기표〉기의, 청각 중심 문명은 메타포〉메타니미, 그리고 원시 주술 시대에는 동종 주술〉감염 주술의 경향을 보였다.

서양 시각중심 문명(이미지-미술)	기표	기의	주체-객관 (의식)	기표 우선 과학 철학시대
동양 청각 중심 문명(소리-음악)	메타니미	메타포	주객일체	메타포 우선 예술시대
원시 주술 (magic)시대 (축제-종합예술)	감염주술	동종주술	무의식/무분별	동종 주술 우선 신화주술시대

객관적이라는 사실이 시각 중심적 사고, 시각 중심 문명의 산물이라는 이라는 것이 최근에 공인되었다. 말하자면 객관성은 실재가 아니다. 객관성은 사회적집단적으로 약속한 정체성이고, 그 정체성 때문에 보편성이라는 것도 존재한다. 따라서 보편성이라는 것도 절대적인 것이 아니고, 문화의 산물임을 알 수 있다. 절대적인 보편성이라는 것은 없다. 단지 인간이 특정의 역사적 맥락에서 가장 폭넓게 필요를 인정하는 것이 보편성이다. 이것이 바로 니체가 말한 "인간은 사회적 유용성에 따라 '필요한 정도의 선에서만' 진리에 대한 욕망을 지니게 된다는 의미이다.

실재나 동일성이라는 것은 없다는 것이 현대 철학의 상식이 되었다. 그러나 얼마 전까지만 해도, 인간이 남근 이성주의에 빠져 있을 시기만 해도 실재나 동일성이 전제되었고, 그 동일성은 보편성의 다른 말이었다. 다시 말하면 인간의 역사는 동일성과 보편성의 합작으로 이루어진 권력의 거대한 연합 속에 진행된 셈이다. 지금도 역사에서는, 권력을 잡기 위해서는, 권력을 유지하기 위해서는 동일성의 철학이 필요하다. 동일성의 철학은 존재자의 철학이라고 말할 수 있는데 바로 권력이라는 것은 바로 동일성을 기초하거나 강요하지 않으면의식적이든 무의식적이든 쌓아올리기 어려운 실체이다.

객관성, 동일성, 보편성이라는 것은 매우 가변적이고 양면적이고 중층적인 능기와 소기의 변신 속에서의미는 능기와 소기의 역동적 중층구조의 연속이다 최상층에서 메타니미와 만나는 것이다. 그러한 점에서 그것은 매우 표면적인 것이다. 언어의 권력자폭력자로서의 군림은 이 층에서 이루어진다. 이 층이 남근이성주의가 위치한 곳이다.

해체라는 것은 바로 이러한 수직적 구조건축물를 무너뜨리는 것이다. 해체에는 반드시 메타포은유와 메타니미환유의 문제와 만나게 된다. 특히 의미의 생산과 관련이 있는 메타포가 의미의 사회적 유통과 관련이 있는 메타니미보다 관심의 대상이 된다. 해체라는 작업이 여러 층위에서 메타포를 찾는 작업이 되는 것은 이 때문이다. 실지로 지대무외至大無外나 지소무내至小無內에 이르면 은유隱喩를 쓰지 않을 수 없다. 숨어 있으면서 존재를 나타내지 않기 때문이다. 잡을 수 없기 때문에 환유換喩는 불가능하기 때문이다.

영원한 여성성이나 절대적 남성성, 예컨대 여신이나 하느님과 같은 것이 여기에 속한다. 그런데 메타포는 항상 메타니미로 변할 수도 있기 때문에, 혹은 기표는 기의가 될 수 있기 때문에, 수많은 논쟁과 비판이 있을 수 있다. 실지로 이것에 대한 확실한 이해가 없어서 불필요한 논쟁을, 오해와 시간 낭비를 하는 경우가 적지 않다. 니체와 데리다의 여성성과 은유와 관련된 여러 논설들이 그것이다.

니체는 묘비명에 이렇게 썼다.

"이제 나는 명령한다. 자라투스트라를 버리고 그대 자신을 발견할 것을."

니체는 자신이 다른 사람의 또 다른 은유가 될 것을 두려워했던 것일까. 은유적 구원은 진정한 구원이 아니기 때문일까.

서양 시각중심주의	니체/데리다	은유적 구원	영원한(불임) 여인상	남자 생산체계
동양 청각중심주의	박정진	환유적 구원	살아 있는(임신 하는) 여자	여자 재생산체계

구조주의와 해체주의가 등장하면서 의미는 결국 가변적이고 불확실해져 버렸다. 모든 개념은 관점에 따라 해체될 수 있는 것이고, 해석은 다의적이 될 수밖에 없다. 이를 두고 '텍스트가 콘텍스트가 되고' '콘텍스트가 텍스트가 되는' 것이다. 고정된 의미와 텍스트가 없고, 모든 텍스트는 '상황적 기호'로 해체할 수 있다. 동시에 콘텍스트 속에서 언제나 텍스트를 뽑아낼 수 있다. 텍스트는 이분법이다.[95]

인간이 두발로 걸으면서 수직으로 몸을 유지한다는 것은 공간에 대한 초월적·추상적 사고를 가능하게 하고, 두발로 이동을 한다는 것은 좌우대칭적 사고를 가능하게 하는 신체 환경적 조건이라고 말할 수 있다. 여기서 가상 실재와 대칭적 사고가 가능하고, 이를 현상학적인 인간의 등장이라고 말할 수 있을 것이다.

---

95 박정진, 『철학의 선물, 선물의 철학』(서울, 소나무, 2012), 761~764쪽.

예컨대 역으로 생각하면 수평적으로, 네 발로 이동하는 동물은 초월적·추상적 사고를 하기 어려웠을 것으로 판단된다. 그런 점에서 동물이 인간보다 더 존재론적인 삶을 영위하고 있다고 볼 수 있다. 인간 이전에 동식물들은 존재와 현상을 분리할 줄도 모르고 그냥 존재론적으로 살았을 것이다. 이들에게는 그냥 "존재는 존재다." 말하자면 코키토를 떠올릴 수도 없었을 것이다.

오늘날 인간의 추상하는 힘은 텔레테크놀로지에 이르고 있다. 테크놀로지Technology는 흔히 객관적 사물인 것처럼 생각하기 쉬운데 실은 텍스트Text에서 출발한 것이다. 텍스트는 테크놀로지가 되고, 텍스트는 또한 타임Time에서 출발한 것이다. 다시 말하면 타임이 없으면 과학은 없는 것이다. 과학은 그러한 점에서 시간공간을 포함의 산물이다. 과학은 시공간이라는 제도의 산물이다. 다시 말하면 시공간이라는 제도가 없으면 과학은 존재하지 않는다. 그러한 점에서 과학은 가상실재의 대표적인 것이다.

텔레테크놀로지는 기술적으로 텔레파시 현상과 비슷하지만 근본적으로 다른 것이다. 텔레테크놀로지는 시간과 공간의 프레임 속에서 벌어지는 전기, 전자, 전파를 이용해서 달성되는 것이지만 텔레파시는 시간과 공간 이전, 즉 비시공간에서 벌어지는 자연적인 현상인 것이다. 다시 말하면 자연의 사물 간에 이루어지는 교감이나 영감을 말하는 것이다.

텔레테크놀로지는 실체적 매개media, 媒介에 의해 인위적으로과학적으로 달성되는 현상이지만 텔레파시는 일종의 비실체적인 영매靈媒, spirit

에 의해 드러나는 현상이다. 텔레테크놀로지는 가상 실재_{실체}이지만, 영매는 실재이다. 영매는 자연인 것이다.

데리다는 테크놀로지와 텔레파시를 같은 종류의 것으로 받아들인다.

원격 효과로서의 유령성은 존재하는 모든 사태와 언어를 성립시키는 처음의 맥박이자 리듬이다. 그런 의미에서 유령의 비유는 다른 비유와 수사학의 기원에 있다. 그리고 은유가 언어 생성의 원천이라면, 은유의 원천으로서의 유령성은 모든 언어의 기원이 될 것이다. 유령성으로서의 원격 효과는 언어 안쪽에서만 감지되는 것이 아니다. 그것은 의식의 내면에서도 박동하고 있다. 'Uber' 'méta' 'télé', 이 말들은 동일한 형식적 질서와 동일한 전달 사슬을 옮겨 적고 있다. (…) 그 목록에는 또한 'trans'를 덧붙여야 한다. 우리는 오늘날 텔레파시라는 사유의 과정을 생각하기 위해서 전기전달매체나 녹음기매체를 특권적 모델로 삼고 있다. 그러나 텔레마틱_{telematic, 전화와 컴퓨터를 조합한 정보 서비스 시스템} 기술은 텔레파시에 대한 패러다임 혹은 구체적 사례가 아니다. 그것은 텔레파시 자체와 동일한 것이다_{모든 것은 서로 전화를 걸고 있다}.[96]

데리다가 그렇게 되는 이유는 그가 현상학자이기 때문이다. 현상학자는 심리적_{의식적} 현상학을 종국에는 물리적 현상학과 연결시키는 것이 현상학의 최종 목표이기 때문이다.

김상환에 따르면 데리다는 "텔레파시는 세상보다 앞서고 의식보다

---

96 김상환, 『같은 책』, 408쪽.

선행하는 처음의 사태가 감성적 체험_{파테인 pathein}의 수준에서 실현되는 사건이다."[97]고 말하고 그러므로 "이른바 무의식에 대한 이론을 텔레파시 이론 없이 생각하는 것은 어려운 일이다. 그 두 이론은 혼동될 수도 분리될 수도 없다."[98]고 말한다.

데리다는 "텔레파시가 텔레테크놀로지에 의해 설명될 것이 아니라 오히려 텔레테크놀로지가 텔레파시에 의해, 그것의 자명성 안에서 설명되어야 한다. 그 자명성은 어디에 있는가? 그것은 텔레파시가 어떤 느낌_{파테}으로서 이미 우리의 _무의식과 신체를 구성하고 관통하는 원격 효과라는 데 있다. 모든 원격 효과는 이 텔레파시를 통해 비로소 예감되고 체득될 수 있다."[99]고 말한다.

그러나 텔레테크놀로지는 어디까지나 과학의 산물이고, 과학의 산물은 시공간적인 한계를 가진 것인 반면 텔레파시는 시공간적인 한계를 가지지 않은 것이다. 둘이 같을 수는 없다. 텔레테크놀로지의 기계적 환경을 받아들이고 적응하는 것은 당연하지만, 그렇다고 그것을 자연의 텔레파시로 받아들이는 것은 현상학의 물리현상학으로의 합류 혹은 피식민 혹은 기술 숭배의 다른 면이라고 할 수 있다. 현상은 존재라고 여기는 태도라고 말할 수 있다.

하이데거의 테크놀로지에 대한 견해는 데리다와 달리 비관적이다.

"테크놀로지에 대한 하이데거의 해석은 세 가지 명제로 압축할 수

---

97 김상환, 『같은 책』, 410쪽.
98 김상환, 『같은 책』, 410쪽.
99 김상환, 『같은 책』, 410~ 411쪽.

있다. 즉 테크놀로지문명은 '형이상학의 완결'이고, 그것은 동시에 '존재망각'이 극에 달하는 '최고의 위험'에 해당하며, 그럼에도 불구하고 테크놀로지문명 안에서는 '구원의 힘'이 자라나고 있다. 하이데거에 의하면 서양 형이상학의 탄생 조건은 '존재망각'이다. 형이상학의 시대는 이 망각이 허락하는 가능성이 펼쳐지는 시대이다. 이때 그 가능성은 사물들 전체를 인과적 질서의 테두리 안에서 해석할 수 있는 가능성을 뜻하고, 그 망각은 이 추상적 인과성의 유래와 역사적 변형에 대한 망각을 모두 포함한다. 그런 의미에서 테크놀로지문명은 바로 그 가능성을 극단적으로 실현하고 있고, 그런 의미에서 그것은 형이상학의 완결이자 마감이다. 이 마감은 형이상학의 태생적 위험성인 존재 망각이 극치에 도달하는 국면이다. 그러나 그 극치의 위험 속에 구원과 새로운 시작의 기회가 준비되고 있다. 바로 거기서 형이상학의 존재 이해와 진리탈은폐 체험이 시효時效의 구속력을 소진하면서 탈형이상학적 사유를 향한 운동이 시작된다."[100]

데리다는 테크놀로지에 대해 비관적이지 않음을 김상환은 지적한다.

"우리가 테크놀로지에 의한 예속 상태에서 벗어날 수 있는 길은 오로지 그런 마땅한 시각의 해석으로부터만 기대할 수 있는 일이다. 그러나 이때 '마땅한 시각'이란 어떤 것인가? 앞으로 확인하게 될 것처럼, 데리다는 타자성차연의 논리와 유령 출몰hantise의 논리에서 그 답을 구한다."[101]

---

100 김상환, 『같은 책』, 380~381쪽.
101 김상환, 『같은 책』, 383~384쪽.

데리다의 테크놀로지에 대한 종합적인 견해를 보자.

"기존의 형이상학에서 유래하는 첨단 기술이 그 형이상학의 울타리를 넘어선다는 것은 정보화 사회의 가상 현실과 시뮬라크르들에 의해 가장 탁월하게 예증된다. 그것들은 기존의 존재론이 해석할 수 없는 방식으로 존재한다. 있는 것도 아니고, 없는 것도 아니기 때문이다. 실재가 아니면서 비실재로 치부할 수도 없기 때문이다. 형이상학적 이분법의 구도에서 가상 현실의 가상성은 규정 불가능하다. 그 규정 불가능성은 어떤 고정된 의미의 실재성을 전제하는 과거존재론의 한계를 드러낸다. '그 한계는 오늘날 과학적인 차원에서 그리고 따라서 첨단 미디어기술의 차원에서 그리고 따라서 공공적이거나 정치적인 차원에서 벌어지고 있는 환상적이고 유령적인 것에 의해, 합성적이고 보철물적이며 가상적인 것에 의해 말할 수 없이 뚜렷하게 드러난다. 그 한계는 현실적 행위와 잠재적 능력 사이의 대립으로 환원될 수 없는 어떤 가상성의 속도를 사건의 공간 안에, 사건의 사건성 안에 내면화시키는 것들을 통해서 볼 때 더욱 명백해진다.'"[102]

데리다는 기술의 탈형이상학적인 성격을 '유령적'이라고 말한다.

"즉 미디어들 자체뉴스 보도, 신문, 텔레커뮤니케이션, 텔레테크놀로지 의한 언어 전송과 영상 전송, 일반적으로 공적 장소의 공간화뿐 아니라 공공성res publica와 정치적 현상의 가능성을 담보하고 결정하는 것들의 매체, (…) 바로 그 매체라는 요소적 지반은 살아 있는 것도 죽은 것도 아니며 또한 현전하는 것도 부

---

102 김상환, 『같은 책』, 384쪽.

재하는 것도 아니다. 다만 유령화되고 있다."[103]

데리다는 이를 환원 불가능한 유령적 차원이라고 말한다. 그런데 이 유령적 효과는 정보화 시대를 뒷받침하는 테크놀로지의 산물이면서도 인간을 테크놀로지에 예속시키는 것이 아니라 고정된 질서나 헤게모니로부터 해방시킬 뿐만 아니라 미래적 사건을 예감할 수 있게 한다고 주장한다.

"유령성은 역사보다 먼저 있었던 것이고, 존재하는 것들보다 일찍 존재했다. 언어·의식·사물·시공간은 유령성을 감추고 있고, 유령성과 더불어 비로소 성립하거나 존재할 수 있다. 다만 그런 사실이 전통 형이상학과 신학에서 잊혀져왔을 뿐이다."[104]

데리다의 유령은 하이데거의 존재와 통하면서 존재에 대한 현상학적 규정방식이다. 특히 유령이 은폐은적되었다가 드러나는 방식에서 그렇다. 하이데거의 존재는 본질적으로 은적된 것이기 때문이다. 이렇게 보면 데리다의 해체론적 '문자', 해체론적 '유령'이라고 하는 것은 하이데거 존재론의 '현현'과 '은적은폐'에 해당하는 현상학적 번안이다.

다시 말하면 데리다는 하이데거의 존재론을 해독한 뒤에 프랑스의 현상학적 전통에 따라 현상학적으로 존재론을 새롭게 해석한 것일 가능성이 높다. 하이데거의 존재론의 존재는 데리다의 현상학에서 유령들이 된 셈이다.

---

103 김상환, 「같은 책」, 384~385쪽.
104 김상환, 「같은 책」, 387~388쪽.

시간Time이나 텍스트Text나 테크놀로지Technology는 가상 실재인 반면 텔레파시Telepathy는 실재이다. 텔레파시는 인간이 인위적으로 만든 것이 아니라 자연 현상일 뿐이다. 이때의 자연 현상이라는 것은 자연과학적 현상과는 다른 뜻이다.

사이버 공간의 가상 현실은 가상 실재와 다르다. 하이데거의 존재론의 입장에서 볼 때 현실 자체가 이미 가상 실재이고 따라서 가상 현실은 '가상+현실가상 실재'로서 '가상의 가상'이 되어 다시 실재가 된다. 가상의 가상은 실재라는 점에서 유령은 데리다 식으로 말하는 실재에 해당한다. 실재가 유령이 된 것은 정신적 도착이다.

데리다와 같은 현상학자는 유령을 통해서 실재를 느낀다고 할 수 있다. 현상에서 어차피 벗어날 수 없고, 끝없는 현상의 시공간에서 존재해야 하는 현상학자의 입장에서는 유령 자체를 긍정할 수밖에 없다. 유령은 메시아라고 하고, 메시아를 타자라고 한다.

주체에 빠져 있던 서양철학은 어느 날 타자에게 구원을 부탁하는 초라한 신세가 되었다. 이는 스스로 소외된 인간이 철저하게 소외된 다른 인물에게 구원을 요청하는 '소외가 소외를 구원하는' 자기모순·자가당착에 빠진 것을 증명하는 사건이다. 유령이 어느 날 갑자기 악령으로 변해서 세계를 망하게 한다고 해도 별 수 없는 것이다.

현상학자에게 유령은 시간의 미래와 같은 것으로 부정할 수 없는 것이다. 끝없이 계속되는 무한대의 시공간 속에서 유령은 역사보다, 존재보다 먼저 있었던 것이라고 긍정하지 않는가! 이는 마치 디오니소스적 긍정과 힘에의 의지와 영원 회귀를 주장하는 니체의 입장과 같다.

데리다에게 결정 불가능성은 동시에 해체 불가능성이다. 데리다는 이렇게 문자와 유령 사이를 왕래하는 현상학자이다. 데리다의 해체론을 두고 김상환은 '탈이론화에서 재주술화'라고 요약한다.

"철학사의 고전에 속하는 문헌들을 개별적으로 분석해 들어가면서 진행되는 해체론은 사실 언제나 어떤 근원적 모호성, 환원 불가능한 무규정성, 어떤 떨칠 수 없는 결정 불가능성의 사태에 도달한다. 결정 불가능하고 무규정적이라는 것은 개념적으로 구성될 수 없다는 것을, 그래서 이론적 사유의 바깥에 놓여 있다는 것을 말한다. 그러나 구성할 수 없다는 것은 또한 파괴할 수 없다는 것과 같다. 구성과 파괴를 동시에 거부하는 것, 그것은 다시 말해서 해체 불가능한 것 l'indéconstructible이다. 해체론은 그 해체 불가능한 것이 이론적 사유의 공간 밖에 머물러 있지 않고 오히려 그 공간 안쪽에 남아 있다는 것을 보여준다. 나아가 그것이 이론적 구성의 가능 조건인 동시에 불가능조건이라는 것을 증명한다. 그런 이중의 조건으로서의 해체 불가능자에 도달하는 것이 해체론의 일반적 궤적이다."[105]

그런 점에서 해체론은 동양의 무無 혹은 공空 혹은 허虛 혹은 기氣 개념을 현상학적으로 번안翻譯한 것이라고 볼 수 있다. 시공간을 벗어날 수 없는 것이 서양철학자의 한계이고, 전반적으로 현상학적인 기반 위에 놓여있는 서양철학 전체의 한계이다.

특히 데리다의 문자학은 동양의 문文을 의미하고, 데리다의 유령

---

105 김상환, 「같은 책」, 389쪽.

학은 동양의 기氣를 의미한다. 데리다가 그렇게 될 수밖에 없는 이유는 말소리 중심주의logophono-centrism에서 '소리音=이성理'이라고 전제했기 때문이다.

	동서철학의 교류		말소리 중심주의: 소리(音, 音聲) =이성(理)
데리다의 해체주의	문자학(탈이론화) 결정불가능성	유령학(재주술화) 해체 불가능성	
동양철학	동양의 문(文)	동양의 기(氣)	
박정진의 존재론	일반성의 철학/소리철학/여성철학/ 평화철학/네오(neo)-샤머니즘철학		性氣學, 性音學

하이데거의 존재론은 불교의 체體, essence와 용用, function을 배운 것으로 '체=존재', '용=존재자'로 대응시킨 것으로 볼 수 있다. 일종의 불교적 존재론이라고 말할 수 있다. 서양의 후기 근대 철학들은 대개 동양 철학을 배워서 저들의 철학적 전통과 말로 번안한 것들이다.

서양철학은 일반적으로 현상학으로서 구성과 해체의 경계에 있었다고 한다면 데리다는 바로 '현상학적 차이差異'인 주체와 대상他者의 경계에 있었다고 할 수 있다. 이에 비해 하이데거는 '존재론적인 차이'인 은적隱迹과 현현顯現의 경계에 있었다. 하이데거의 현현顯現이 데리다의 현상現象의 위상과 같다. 현상학에서 시공간의 무한대는 선험이나 초월에서 이어 서양철학의 새로운 초월의 방식이다.

지구가 하나가 되고 있는 지구촌 시대에 서양철학과 동양철학, 옛날 철학과 지금의 철학, 다시 말하면 동서고금의 융합 철학이 필요하다. 이는 전반적으로 존재보다 소통이 절실하기 때문이다. 소통은 동시에 교감이어야 한다. 교감되지 않는 소통은 실재하지 않는 소통이다. 기독교와 불교의 융합도 현상과 존재의 소통이 이루어질 때 가능한 것이다.

이제 신이든 부처이든 '지금 기운생동'하지 않는 것은 없는 것이다. 지금 기운생동하지 않는 것은 도그마이고, 폐쇄된 것이고, 살아있지 않은 것이다. 인간은 변화무쌍한 자연의 세계에서 '고정불변의 신과 진리'를 찾아 헤매면서 지금까지 흘러왔다. 그러한 가상실재의 설정이 인간의 삶에 도움이 된 것은 사실이고, 인간에게 도구를 선물하였고, 오늘의 과학기술문명을 만들게 하였다.

그러나 신을 설정한 인간은 이제 스스로가 인간신人間神이 되어 만물을 함부로 남용하면서 군림하고, 무소불위無所不爲의 권력자가 되어 신처럼 굴고 있다. 인간 앞에 모든 존재는 이용의 대상으로 전락하고 말았다. 이것은 일종의 '존재의 타락'이라고 말할 수 있다. 그런 점에서 인간은 본래존재인 신인간神人間으로 돌아가야 한다. 이는 세계를 물신物神으로 보는 것이 아니라 신물神物로 보는 것과 궤를 같이 한다.

기독교의 창조의 신은 주체로서 대상이라는 피조물을 만들었지만, 세계를 이분화하고 말았다. 세계의 이분화는 세계의 대상화이고, 세계의 대상화는 세계에서 고정불변의 동일성을 가정하는 것이었고, 그 동일성을 끝없이 찾아야 하는 '신학적·철학적 변증법의 길'에 다름 아니었다. 이것은 역사적·문명적으로 '정복과 전쟁의 길' '과학기술의 발전의 길'에 다름 아니었다. 그렇지만 이제 과학기술은 도리어 인류전체를 멸망시킬 정도의 가공할 무기와 체계를 갖추고 있다. 이

에 인간은 생존을 위해서 평화의 길을 모색하지 않으면 안 될 절체절
명의 위기에 서게 되었다. 그 평화의 길이란 바로 인류전체가 초종교
초국가의 발견과 함께 이에 적응하는 인간성의 개조에 들어서야 한
다는 신호에 다름 아니다.

3

메시아와 미륵의 융합,
기독교와 불교의 융합

인류는 기독교와 불교의 융합으로 '존재자기독교−존재불교'의 메시아를 회복할 수 있다. '존재자−존재'의 메시아는 특별한 인물에게만 해당되는 것이 아니라 필부필부, 일상의 범인들에게도 열려있다. 이제 각자가 자신의 능력에 맞게 메시아가 되지 않으면 안 된다.

왜 우리는 메시아와 미륵, 이들 타자가 올 때까지 마냥 기다려야만 하는가. 왜 우리는 스스로 메시아나 미륵이 되지 못하는가. 그들이 오면 인간의 모든 문제가 한꺼번에 해결될까? 그런 무지막지한 힘과 권능을 기대해야만 하는가? 스스로에게 기대해서는 안 되는 것인가? 과연 모든 문제를 한꺼번에 해결할 메시아와 미륵은 존재하는 것인가?

메시아는 기독교 신학에서 말하듯이 구세주로서 세상이 망할 대로 다 망한 다음, 황폐화할 대로 다 황폐한 다음에 말세를 기다렸다가 깜짝쇼를 하듯이 등장하여야 하는 것인가? 이는 '천지창조-종말구원', 다시 말하면 유시유종有始有終의 기독교 패러다임 속에 등장하는 것일 뿐이다.

예컨대 다른 문화권, 색즉시공色即是空·공즉시색空即是色 혹은 일즉일체一即一切·일체즉일一切即一의 불교문화권이나 음양상생陰陽相生·무유상생無有相生의 동양 문화권, 무시무종無始無終의 천부경 동이문화권에서는 받아들이기 어렵다. 메시아는 필요한 곳에 언제나 있어야 하는 것이다.

이로써 메시아사상은 지금까지 믿어왔던 현상학적인 기독교의 존재 신학-역사적 구원의 사건이 아니라 존재론신학-비역사적 깨달음의 사건이 되어야 하는 필요와 당위에 직면하게 된다. 말하자면 기독교의 타력 신앙의 사건이 아니라 스스로가 메시아미륵 부처가 될 수 있는 자력 신앙의 사건으로 변모하여야 하는 것이다.

메시아사상은 시공간적 차원의 현상학적인 사건이 아니라 시공간 초월의 사건이며, 더 정확하게는 시공간적 차원이 이전의 비시공간적 사건이 된다. 따라서 메시아는 역사적 과거와 미래에 있어야 하는 사건이 아니라 역사적 현재의 비시간성 속에서 일어나는솟아나는 현존적 사건이 되어야 한다.

또 현재의 부재의 사건으로서 텍스트에서 과거적으로 기억되고 기록되는 사건, 미래적으로 예언되고 기대되는 사건이 아니라, 즉 기억

되고 지연되는 사건이 아니라 존재적생성적 사건으로 지금 발생하는 사건이 되어야 한다. 따라서 인간 누구에게나 그러한 깨달음에 도달하면 메시아가 될 수 있는 길이 열리는 것은 물론이고, 오히려 인간 각자가 자신이 처한 자리에서 스스로 메시아가 될 것은 자임하는 것에 이르러야 함을 알 수 있다.

절대 유일신으로서의 기독교 신은 시공간을 초월하는 동시에 비시공간적 사물 그 자체와 하나가 됨으로서 '보편적인 신'은 '일반적인 신'이 되며, 만물만신이 되는 셈이다.

만물만신의 의미는 참으로 크다고 하지 않을 수 없다. 기독교의 세속화로 "신은 죽었다."라는 니체의 선언이 나온 뒤에 필자의 "메시아는 더 이상 오지 않는다."라는 선언이 이어진 것은 기독교가 타력 혹은 타자에 의해 완성되는 것이 아니라 인간 스스로에 의해 완성될 수 있음을 의미한다. 인류의 흥망도 이제 인간의 책임하에 두어야 한다.

인류가 평화와 평등을 유지하기 위해서는 제 종교의 통합이나 융합이 이루어져야 한다. 인류사적으로 볼 때 기독교와 불교가 하나가 되는 사건, 기독교와 불교의 융합하는 사건은 두 종교의 융합에 그치는 것이 아니라 제 종교의 융합 가능성을 점치게 한다.

기독교와 불교라는 고등 종교가 역사에 등장하기 이전에 유라시아 대륙을 지배했던 원시 고대 종교가 샤머니즘이다. 고대의 샤머니즘이 오늘날 네오샤머니즘neo-shamanism으로 새롭게 부활하는 것은 인간을 본래 자연으로, 본래 만물만신의 자연으로 돌려놓으려는 인류 문명의 원시반본적 의미가 있다.

인류 문명은 이제 네오샤머니즘neo-shamanism에서 에코페미니즘 eco-feminism으로 나아가야 한다. 이것이 진정한 샤머니즘 철학의 부활 이다. 네오샤머니즘은 원시 종교였던 샤머니즘이 고등 종교를 거쳐 서 고등 종교를 포용한 샤머니즘을 의미한다. 에코페미니즘은 생태 ecology라는 것이 바로 여성성feminity이라는 것을 인식하는 광의의 페미 니즘이다. 이 둘은 결국 같은 것이다.

이러한 원시반본은 인류 문명을 원시·고대로 돌려놓으려는 것이 아니라 인류를 기계적인 세계가 아닌 물활적物活的인 세계로 다시 초 대하려는 메시아적·여래적如來的 의미가 있다. 그런 점에서 네오샤머 니즘은 기계적 문명의 재주술화라는 의미가 있다.

세계에 대한 현상학적인 이해와 함께 현재의 비시간성을 통한 존 재론적인 이해가 병행될 때 메시아는 과거-미래적 사건이 아니라 현 재-비시간적 사건이 될 수 있다. 현재-비시간적 사건은 소유의 세계 가 아니라 그야말로 존재의 세계이다. 존재의 세계에서는 만물만신 이 하나이다.

만물만신이야말로 '신으로 가득 찬 세계'이며 만물이 신과 일체가 되는 '신물일체神物一體의 세계'이다. 만물만신의 세계는 태초의, 무시 무종의 '신물의 세계'이며, 자연 그 자체의 세계이다. 만물이 서로 수 단화하지 않고 소유하지 않는 존재생성의 세계이다.

모든 존재는 본래 존재이다. 모든 존재는 시간과 공간의 프레임에 의해 확인될 수 있는 존재가 아니다. 모든 존재는 확인할 수 없다. 이 를 자연적 존재라고 말할 수 있다. 그런 점에서 존재는 존재 이유가 아니다.

"모든 인간은 신이다." 그러나 인간이 신이라고 해서 권력으로 군림하라는 뜻이 아니라 모든 것의 책임을 지라는 말이다. 자신自神은 자연존재과 신이 만나는, 몸과 마음이 만나는, 구체성필자의 일반성의 철학에서는 일반성에도 해당과 보편성이 만나는 세계이다. '자신'의 세계에서는 내가인간 각자가 어떻게 하느냐에 따라 세계가 바뀐다. 인간은 결과적으로 책임을 지는 신이다. 이제 인간은 '결과적 신神'이다.

세계는 상대적이기 때문에 절대가 필요하다. 존재는 절대적이기 때문에 세계는 상대적이다. 인간은 이곳에서 절대를 저곳에서 상대로 사용하고, 저곳에서 절대를 이곳에서 상대로 사용한다. 인간은 또한 이곳에서 절대를 저곳에서 절대로 사용하고, 이곳에서 상대를 저곳에서 상대로 사용한다.

하느님과 악마의 차이는, 전자는 세계를 소유하지 않으려고 하는 신인 반면 악마는 세계를 소유하려고 하는 신이다. 만약 하느님이 세계를 소유하려고 한다면 악마가 된다. 반대로 만약 악마가 세계를 소유하려고 하지 않는다면 하느님이 된다. 하느님과 악마도 서로 생성되는 것이다. 그래서 역사는 종종 하느님의 이름으로 악을 행하고, 악마의 이름으로 종말을 행한다.

인간이 신神을 상정한 것은 '두개골의 용량의 증대'와 '열려진 섹스체계sex-free: 발정기가 없어짐'와 관련이 있을 가능성이 높다. 그런 점에서 신은 인간의 대뇌가 행한 최초의 '환원적 사고'였으며, 이는 신체적인 욕망의 '현상학적 지향성'과 원환을 이루고 있다. 그런 점에서 신과 섹스, 신과 영원 회귀는 서로 만나는 것이다. 인간이 욕망을 제어하지 못하면 결국 욕망의 노예가 되고, 소유와 악마의 유혹에 빠지기 쉽다.

서양철학자들은 결코 존재의 바다에서 안심입명하며 죽지를 못한다. 죽음을 극복하지 못하면 존재는 결코 스스로를 드러내지 않는다. 서양철학자들은 기껏해야 존재의 바다에서 배를 띄우거나 항해를 하거나 살려달라고 애원할 뿐이다. 그래서 그들은 기껏해야 삶의 환상_{가상실재}을 본다.

존재의 바다에서 인간은 이제 스스로가 '존재—존재자'의 메시아가 되는 길밖에 다른 구원의 길이 없음을, 다른 구원의 길을 발견할 수 없음을 알아야 한다.

인간의 생각은 소유이다_{생각하는 것 자체가 이미 소유이다}. 그래서 인간은 소유적 존재이다. 인간이 소유적 존재인 것은 소유 동사_{avoir}를 존재라고 생각하는 것에서 가장 확실하게 알 수 있다. 이는 소유적 특성이 투사된 것이다.

소유적 존재인 인간은 역설적으로 소유를 벗어나야 메시아가 된다. 결국 인간은 자기 스스로를 극복하는 존재가 될 때 메시아가 될 수 있다.

세계는 그것_{It=Thing}이 아니고 자신_{Self=自身}이다. 칸트가 '그것 자체_{Thing itself}'라고 명명한 자체가 서양철학적인 것이다. 세계는 하나의 몸이다. 몸은 대상으로서의 몸이 아니다. 대상으로서의 몸은 인간의 언어가 명명한 것이다. 인간은 자신_{自身}에서 자신_{自信}, 자신_{自新}, 자신

自神으로 돌아간다. 자신自身 즉 자신自神이다. 인간은 스스로 신이다.

대부분의 인간은 항상 '죽은 신'을 신으로 섬긴다. 인간은 죽어야만 신이라고 생각하는 습관이 있다. 죽은 신은 언어의 신이고 죽음으로서 섬김의 대상이 되는 귀신이다. 옛날 인간은 귀신을 신으로 모시고 살아도 신을 섬겼는데 요즘 인간은 신을 섬겨도 귀신을 섬긴다. 이는 현대인이 언어의 신에 빠진 탓이다. 살아 있는 신은 기운생동일 뿐이다.

종교적 · 예술적 · 철학적 · 과학적 인간

인간은 믿음의 대상으로 경외敬畏한 신과의 관계에서 종속 관계였다subject to object=god. 말하자면 신은 가상 실재의 출발점이자 원형이다. 그런데 인류학적 보고에 의하면 최초의 신은 남신이 아니라 여신이었다. 여신은 자연의 생명력 그 자체였다. '여신女神=자연自然=self'이었다. 그 후 가부장제의 등장과 더불어 여자여신를 소유적 대상으로 보면서 남신이 생겼다.

이런 전도 관계를 현상학적으로 보면, 여신과 남신이 이중성과 교차 관계를 보이는 곳이 라캉의 '상상계거울'이다. 상상계에서 '현실계시각-언어'로 들어서면서 남자여자의 아들는 여신여자, 어머니과 격리 · 분리를 요구받게 되는데 상상계는 오이디푸스 콤플렉스의 영역이고, 현실계는 근친상간 금기의 영역이다.

가부장 사회는 아들에게 어머니와의 거리감을 두는 훈련을 통해 질서심리적·사회적 질서를 구축하게 된다. 현실계는 권력의 세계, 가부장사회가 되고, '상징계'의 언어를 뒤집어쓰게 된다. 상징계는 바로 대타자大他者의 세계이다.

이것이 '최초의 신인 여신무의식과 모계 사회'를 제외한 가운데 라캉의 현상학을 적용한 필자의 문명 순환에 대한 해석이며, 현상학적 인간론이다. 인간도 개인에 따라 여러 특성을 보인다. 종교적 인간무의식, 여신, 신, 예술적 인간무의식-의식, 시각-거울, 남신, 시인, 철학적 인간의식, 사물=언어, 과학적 인간물신=기계이 그것이다.

물신物神에 이른 인간은 다시 거꾸로 '여신=자연'으로 돌아가지 않으면 안 된다. 여신은 기운생동의 신이다. 여신에 이르면 결국 '자신自身=자신自神=self女神=자연自然'이 된다. 우리는 여성여성성으로부터 실재의 세계를 유추해볼 수 있다.

동양도 가부장사회로 들어가지 않은 것은 아니지만 여성성을 앞세우는 음양陰陽을 말하지 남성성을 앞세우는 양음陽陰이라고 하지 않는다. 동양의 음양적 세계관은 후기 근대 여러 서양철학자들에게 음으로 양으로 영향을 미쳤고, 그들 나름대로 해석한 것이 후기 근대 서양철학자들의 여러 모습이다.

서양의 후기 근대 철학자들의 철학 체계를 이해하는 데 있어서 동양사상을 기준으로 역으로 보는 관점이 필요하다. 앞에서 예를 든 현상학과 존재론의 구별은 그 좋은 사례에 속한다. 현상학현상학적 존재론보다는 존재론하이데거 존재론, 생성론이 더 동양에 다가온 느낌이다.

종교적 인간	여신(self, 自然) → 남신(가상 실재)	모계→ 부계	무의식 → 의식	자신(自身)↔ 자신(自神): self(女神): 자 연(自然)
예술적 인간	시각→ 거울(a')	시인, 상징 언어	무의식 → 의식	
철학적 인간	언어(a)	개념 언어	의식	
과학적 인간	추상 언어(A)	기계, 물신(物神)	의식 → 사물	

현상학이라고 말할 수 있는 서양철학 전체, 즉 현상학을 버리면 자연의 실재, 자연의 온전한 모습에 접근할 수 있다. 서양철학은 가상 실재의 덩어리이다. 세계는 시각-언어의 연쇄에 의해서 바라보는 세계가 아니라 몸으로 직접 느끼는 느낌의 세계이다. 느낌의 세계야말로 실재의 세계이다. 느끼라! 그러면 즉시 세계는 하나이다. 생사생사의 시간가 없어지고 생멸기운생동이 있을 뿐이다.

있는 것도 시각시각-언어적으로 있는 것과 청각청각-상징으로 있는 것, 그리고 기운기운-상징으로 있는 것은 다르다. 기운으로 있는 것만이 진정으로 있는 것이다. 이것이 진정한 존재론이다. 우린 존재론의 신을 만나야 한다. 그것은 자기 자신이다.

존재의 세계에 시간은 없다. 텍스트도 없다. 기술도 없다. 이들은 모두 가상 실재일 뿐이다. 존재에 이르러야 진정한 성인과 메시아가 된다.

현상은 무한대로 변화하여도 현상일 뿐이다. 현상이 존재가 되지 못한다. 이런 것을 두고 현상학적인 차이차원라고 말한다. 존재는 아무리 현상되어도 존재일 뿐이다. 존재는 현상이 되지 못한다. 이런 것을 두고 존재론적인 차이_{차원}라고 말한다.

메시아나 미륵은 과거에도 있었다고 생각하기 때문에 미래에도 있을 것이라고 생각한다. 그런 점에서 과거나 미래는 같다_{과거는 곧 미래이다}. 현재에 메시아나 미륵은 왜 존재할 수 없는 것일까. 여기서 우리는 현재가 시간이 아니라는 것을 알게 되고, 시간 자체가 가상 실재라는 것을 알 게 된다. 현재가 있다고 생각한 '나_{자아}'라는 것도 가상 실재라는 것을 알게 된다.

우리의 현상에게 벌어진 일들은 모두 가상 실재일 될 뿐이다. 존재는 현상계에선 궁극적으로 알 수 없는 것이 된다. 현상계의 가상 실재는 무한하다. 그렇다면 우리는 현상계와 차원이 다른 곳에 있는 가상의 가상으로서 실재를 상정할 수 있다. 이것이 실재이다. 이 실재_{존재}는 현상계의 가상이 존재하는 형태의 존재_{존재자}가 아니다. 존재는 존재하는 것_{존재자}이 아니다.

무시무종_{無始無終}의 천부경 사상_{이론}으로 유시유종_{有始有終}의 기독교 신학을 포용하고, 다시 무시무공_{無時無空}의 이론을 생산하는 데에 이르러야 진정한 존재의 메시아나 미륵을 만나게 된다. 이러한 만남을 가능하게 하는 것이 바로 존재론이며, 하이데거의 존재론의 완성이 일반성의 철학, 소리 철학이다.

하나님의 소리, 메시아의 소리, 부처의 소리, 미륵부처의 소리는 지금도 만물에 흩어져 있다. 단지 사람들이 이 만유의 소리를 존재가 아닌 존재자_{시간}로 만들기 때문에 현재에 없을 뿐이다.

이제 기독교의 부활은 불교의 깨달음이고, 불교의 깨달음은 기독교의 부활이다. 지금 살아있어도 깨닫지 못하면 죽은 것이나 마찬가지이고, 지금 깨달으면 죽어도 죽지 않는 것이다. 영생이라는 것은 무엇인가. 영생이란 내가 죽지 않고 영원히 다른 존재로 살아가는 윤회도 아니고, 내가 죽지 않고 영원히 같은 삶을 반복하는 영원회귀도 아니다. 영생이란 바로 깨달음이고, 죽음을 당연히 받아들이는 것이다. 영생이란 죽지 않으려고 몸부림치는 것이 아니라 생멸을 당연한 것으로 받아들이고 기꺼이 맞이하는 것이다.

영생을 죽지 않고 영원불멸하는 것이라고 생각하니까 오래 살고자 하는 욕심에서 남의 것을 탐내고, 남의 것을 빼앗고, 거짓말을 하게 되고, 내가 가진 보물을 잊어버리고, 명리에 눈이 어두워지고, 끝내 어리석어지는 것이다. 하늘에도, 극락에도 영생은 없다. 바로 깨달음이 영생인 것이다.

Chapter 06

천부경적 사건과
음양사상으로 본
천지인참부모

1
천부경적 사건으로 본
천지인참부모

천부경(天符經)과 사방세계(Geviert)

　인간과 자연이 만나서 사유하는 유형에는 크게 두 가지가 있다. 하나는 '사유적 존재로서의 인간'을 부각시킴으로써 인간중심적 사유를 하는 '자연의 인간동형론Anthropomorphism'이고, 다른 하나는 인간도 자연의 일부로서 순환적인 '자연에 순응하면서 살아가는 존재'임을 강조하는 '인간의 자연동형론Physiomorphism'이다. 전자는 현상학적 인간이라고 할 수 있는 천지중인간天地中人間: 하늘과 땅 사이에 인간에 부응하고, 후자는 천부경의 인중천지일人中天地一: 사람 가운데 천지가 하나과 부응한다.

인간동형론은 역사적 존재로서의 인간에 초점을 맞추는 반면 자연동형론은 자연적 존재로서의 인간에 초점을 맞추고 있다. 전자는 어디까지나 인간을 중심으로 우주를 해석하는 것이고, 따라서 이원대립을 전제하는 역사적 변증법을 지향한다. 후자는 아예 역사적 대립을 없애는 비역사적·존재론적 방식이다. 전자는 인간을 역사적 지평에 세워서 드러내는 방식이고, 후자는 인간을 천지 속에 감추어서 천지와 하나가 되게 하는 방식이다.

인간동형론은 역사현상학적으로 통일統合을 이루는 변증법적인 합일合—을 지향하는가 하면, 자연동형론은 인간에 내재한 본래존재의 속성을 깨닫게 하는 귀일歸—의 방식으로서, 둘은 공존하고 있다. 이를 서양철학으로 말하면 전자는 종래의 존재론이고, 후자는 동양의 생성론이다. 이를 하이데거 식으로 말하면 전자는 현존재로서의 인간, 즉 '현존재=존재자'를 의미하고, 후자는 '존재=생성'생성적 존재, 본래존재을 의미한다. 전자는 '제도적 존재자'를 의미하고, 후자는 '자연적 존재'를 의미한다.

천지인삼재天地人三才 사상이 가장 집약적·상징적으로 표현된 것이 인류최고最古의 경전인 『천부경天符經』이다. 아마도 천부경은 우리나라동이족 혹은 동북아시아에서 내려오는 전통종교인 신교神敎, 신선교神仙敎, 단군교檀君敎 등으로 불렸던 샤머니즘shamanism, 즉 무교巫敎[1] 계통

---

1. 흔히 한국에서 무(巫)는 '무속(巫俗)'이라고 불리는데 이는 일제강점기 때 일본인 학자들이 한국의 전통인 '무'를 천시하기 위해서 붙인 이름이다. 일본인 학자들은 자신의 '무'는 '신도(神道)'라고 부른다. '신도'라는 말은 '신선도(神仙道)'에서 따온 말일 가능성이 높다. '무' '신도'는 '신에 이르는 길' 혹은 '신 지피는 일'이라는 공통점이 있다.

의 경전이었을 것으로 짐작된다.

신은 오늘의 철학으로 보면, 존재=성상이면서 현상=형상이다.『천부경』은 신의 이러한 이중적 성격을 잘 담고 있는 고대경전이다. 천부경은 인중천지일人中天地一에서 존재를 말하고, 친지중인간天地中人間에서 현상을 말한다.

천부경의 내용에 대해서는 별도의 장구한 논의가 필요하겠기에 여기서는 최소한의 이해를 도우기 위해 아래도표를 소개하는 것으로 그치고자 한다. 이에 대해서는 필자가 '천부경의 현상학과 존재론'에서 소상하게 밝힌 바 있다.[2]

〈천부경의 현상학과 존재론적 특징〉

천부경의 존재론적 특징				
天	1	天의 입장에서 천지인 해석	天 一 一, 地 一二, 人一三 (존재론적-현상학적)	천부경, 상경 天經(28자)	一始無始一/析三極 無盡本/ 天一一 地一二 人一三/一積十鉅 無櫃化三
人	3	人의 입장에서 천지인 해석	人中天地一 (존재론적)	천부경, 하경 人經(29)	一妙衍/萬往萬來/用變不動本/本心本太陽/昻明人中天地一/一終無終一
地	2	地의 입장에서 천지인 해석	天 二三, 地二三, 人二三 (현상학적)	천부경, 중경 地經(24)	天二三 地二三 人二三/大三合六/生七八九/運三四成環五七

2. 박정진, 『네오샤머니즘─생명과 평화의 철학』,(살림, 2018), 347~380쪽.

〈천부경(天符經)〉

◇ 상경: 28자

① 하나는 시작이라 하되 시작이 아닌 하나로다.

   (하나는) 세극으로 나누어도 근본을 다함이 없다.

② 하늘은 하나이면서 하나이고, 땅은 하나이면서 둘이고, 사람은 하나
   이면서 셋이다.

   (하늘은 하나의 하나이고 땅은 하나의 둘이고 사람은 하나의 셋이다.)

③ 티끌(미세우주)이 모이면(적분되면) 우주(대우주)가 되고
   궤(몸체)가 없으면(無櫃)(미분되면) 셋이 된다.

   (무無의 성궤聖櫃는 변하면 셋이 된다.)

   (一始無始一/析三極 無盡本/天一一 地一二 人一三/一積十鉅 無櫃化三)

◇ 중경: 24자

④ 하늘은 둘이면서 셋이고, 땅도 둘이면서 셋이고, 사람도 둘이면서 셋
   이다.

⑤ 크게 셋을 통합하면 육이 되고, 칠, 팔, 구를 생한다.

⑥ 삼과 사를 움직여 오와 칠에서 환(環)을 이룬다.

   (天二三 地二三 人二三/大三合六 生七八九/運三四成環五七)

◇ 하경: 29자

⑦ 하나의 묘연함 속에서 만물이 오고간다.

⑧ 쓰고 변해도 근본은 움직이지 않도다.

⑨ 본래 마음은 본래 태양이니

⑩ 밝음을 우러르면 사람 가운데 천지가 하나로다.

⑪ 하나는 끝이라 하되 끝이 아닌 하나로다.

   (一妙衍/萬往萬來/用變不動本/本心本太陽/昻明人中天地一/一終無終一)

* 상경의 해석에는 이견이 없으나 중경과 하경에는 어디서 끊느냐를 두
  고 학자들마다 다르다. 필자는 28/24/29자로 끊어서 읽는다.

서양의 존재론 철학자 하이데거는 『천부경』에 대한 관심이 컸다. 그는 천부경의 천지인 사상과 기독교의 신을 융합하여 '사방세계Geviert: 하늘, 땅, 죽을 인간, 신적인 것'를 완성했다. 사방세계Geviert의 'ge'는 '모우다' '모이다'의 뜻이 있지만 '모여서 되다' '되다'의 뜻이 있다. 사방세계가 모여서 하나의 세계가 되는 의미가 있다. 이것은 서양철학적으로 번안된 천부경의 천지인사상이다.

서양기독교문명권의 하이데거는 '천지인天地人 삼재三才' 이외에 '신절대유일신'을 별도로 설정하지 않을 수 없었다. 그래서 사방세계를 주장하게 되었다. 세계를 4수예: 동서남북, 춘하추동로 설명하는 방식은 땅地의 입장에서 세계를 해석하는 방식이다. 통일교의 '사위기대四位基臺'와 하이데거의 '사방세계'도 여기에 속한다. 유라시아 대륙전역에 걸쳐 유행했던 '천원지방天圓地方: 하늘은 둥글고 땅은 모나다'의 사상에 사방四方의 개념이 있었다.

세계를 3수예: 천지인, 정기신로 설명하는 방식은 하늘天의 입장에서 세계를 해석하는 방식이다. 동양의 삼태극三太極 사상과 통일교의 '삼대상목적三對象目的'이 그것이다. 아울러 세계를 5수예: 음양오행로 설명하는 방식은 홀수와 짝수의 합으로서 인간人의 입장에서 세계를 해석하는 방식이다. 세계는 여러 상수象數로 설명할 수 있다. 상수학象數學은 실체의 수가 아니고 상징적 수를 말한다.

천부경은 기본적으로 무시무종의 순환론循環論을 기반으로 하고 있다. 반면에 기독교는 유시유종의 원환론圓環論을 기반으로 하고 있다. 유무有無라는 것이 동거同居하는 것이고 보면, 궁극적으로 무시무종과 유시유종이 다르다고 할 수 없다.

천부경의 현대적 의미

천부경은 고대 동이족의 최고最古 경전으로서 샤머니즘이 유라시아대륙을 횡행했을 때에 보편적인 경전으로 대접을 받았다. 그러나 그 후 세계인구가 번창하고 파미르고원에서 사방으로 퍼져나가면서 이 경전을 토대로 소위 고등종교인 유불선기독교의 경전이 새롭게 쓰여 지기 시작했다. 그런 점에서 천부경은 인류의 경전 중의 경전이라고 해도 과언이 아니다. 천부경은 모두 81자 속에 경전의 핵심내용을 축약해 놓았을 뿐만 아니라 상징적인 상수象數로써 우주의 이치를 담고 있다.

여기서 천부경의 내용과 그 현대적인 의미를 다 말할 수는 없지만 대략을 소개하면 다음과 같다. 천부경은 천경天經, 지경地經, 인경人經으로 편의상 나눌 수 있다. 천부경의 천경天經은 존재론과 현상학이 함께 있는 구절一始無始一에서 一積十鉅無櫃化三까지이다. 지경地經은 현상학이 있는 구절天二三부터 運三四成環五七까지이고, 인경人經은 존재론이 있는 구절一妙衍에서 一終無終一까지이다. 그러나 천부경은 세계를 실체로 보지 않기 때문에 독해에 있어서 완전한 마디를 정할 수 없다.

천부경 속에 오늘날 불교의 사상과 기독교의 사상이 함께 들어 있다는 것을 알게 되면 지구촌의 초종교초교파운동과 평화운동이 자리매김을 하는 데에 큰 힘이 될 것이다. 또한 천부경 속에 동양과 서양의 철학이 함께 들어있는 것을 알게 되면 동서양문명의 통합과 지구촌문화의 통합에 큰 전기가 될 것이다.

〈천부경의 현상학과 존재론, 기독교와 불교〉

천부경 (天符經)	현상학-존재 론 통합(天經)	기독교와 불교의 통합	서양철학과 동양철학의 통합	一始無始一에서 一積十鉅無櫃化 三까지
	현상학 (地經)	기독교 (현상학)	서양철학 (哲學)	天二三부터 運三四成環五七 까지
	존재론 (人經)	불교 (존재론)	동양도학 (道學)	一妙衍에서 一終無終一까지

천부경을 종교 및 철학과 연결시키면 지경地經은 현상학-기독교-서양철학으로 연결되고, 천부경의 인경人經은 존재론-불교-동양도학으로 연결된다. 이들 현상학과 존재론을 통합한 것이 천부경의 천경天經이다. 천부경의 내용을 보면 우주는 무시무종無始無終, 즉 시작도 끝도 없는 천지인의 순환체로서 변화무쌍한 생멸체이다. 그 가운데 인간은 우주의 이치를 깨닫고 활용하는 존재로서 결국 인중천지일人中天地一을 실현하는 구현체具現體이다. 인중천지일을 실현하는 인간을 도인道人이라고 말한다.

천부경의 상수(象數)로 본 하늘부모, 천지인참부모

천부경은 일종의 미궁도迷宮圖이다. 처음과 끝이 '일 一'자로 같고, 어느 곳에서 끊어도 의미가 통하고, 그 의미는 서로 가역왕래하고 있다. 그래서 해석의 정답이 없다. 일시무시일과 일종무종일은 바로 시종始終의 만남이고 이중성이다. 일 一에서 일 一로 시종함으로써 순환을 이룬다. 천부경의 중심은 육6, 肉수이다. 육은 41번 째 글자이고, 천부경 전체의 상호가역왕래의 중심에 있다.

아래도표에서 보듯이 천부경의 상수학은 상수로서 인간과 우주의 변화를 설명하는 패러다임이다. 인간은 아버지中數의 천, 4와 어머니中數의 지, 5 사이에서 태어난 삼자합일지생三者合一之生의 자식中數의 자, 6으로 '아생我生의 존재'이다. 따라서 충효를 다하지 않으면 천지인1, 2, 3의 본수本數에 이르지 못한다고 한다.

중수中數의 존재인 인간이 수도를 통해서 승화하면 본수本數의 존재에 이르고, 중수의 존재에서 지엽말단으로 흐르면 말수末數의 존재가 된다. 인간은 하늘의 복록末數의 7과 땅의 먹이말수의 8로 살다가 결국 생멸말수의 9을 맞는다. 그렇지만 '내我'가 없으면 '세계'가 없는 것이다. 내가 바로 세계이다.

객관적인 세계라는 것은 자연과학의 허상이다. 말하자면 이는 문학의 허구의 진실과 같은 것이다. 옛 사람들은 신령神靈을 초자연적인supernatural 현상이라고 했지만 오늘날의 자연과학이야말로 초자연적이고 형이상학적인 현상이다. 자연은 형이상학도 아니고, 자연과

학도 아니다. 자연은 그냥 존재_{자연적 존재, 심물존재}이다. 자연은 인간의
인식체계에서 이해된 것이 아니다.

본수는 하늘을, 중수는 사람을, 말수는 땅을 의미한다. 중수의 부
모와 자식의 관계는 본수의 하늘_天에도 적용될 수 있다. 그것이 '하늘
부모'이다. 중수의 사람_人에게도 천지인을 적용하여 '천지인참부모'가
될 수 있다. 그리고 말수는 삼라만상의 만왕만래를 의미한다. 인간은
천지의 발생 이후에 태어났지만, 태어난 뒤에는 천지의 사이에 있다.
천지의 사이에 있는 인간_{사이-존재}은 천지중인간_{天地中人間}과 인중천지
일_{人中天地一}을 선택하지 않으면 안 된다. 전자의 인간은 '역사철학적
인간'이고, 후자의 인간은 '본래존재적 인간'이다. 후자의 경지에 이
른 인물을 우리는 성현_{聖賢}이라고 부른다.

〈천부경 十一九 回通圖〉

象數	하늘/부모	天	地	人	5가 生數(1, 2, 3, 4, 5=선천수)의 體이고, 10이 成數(6, 7, 8, 9, 10=후천수)의 體이다
本數 (天)	하늘 (하늘부모)	1(1)	2(1)	3(1)	三神(造化神, 治化神, 敎化神)은 一神이다
中數 (人)	천지인 참부모	4(父)	5(母)	6(子)	아생(我生)으로서 유형의 존재가 태어난다(충효가 없이는 하늘에 도달할 수 없다)
末數 (地)	삼라만상 (萬往萬來)	7(복록)	8(먹이)	9(생멸)	생성쇠멸(生成衰滅)한다. 10은 완성수이다

2.

평화를 위한
초종교유엔(UN)[3]

천부경적 사건으로 보면, 통일교−가정연합은 기독교를 천부경적
으로 해석함으로써 기독교의 '닫힌 구조'를 '열린 구조'로 전환시켰으
며, 탄력적인 해석을 통해 해석의 폭을 다양화하는 데에 성공했다고
볼 수 있다. 이를 인류문명사적으로 보면 동양과 서양의 문명을 융합
하는 데에 성공한 것이라고 볼 수 있다.

통일교−가정연합이 특정 종교종파를 떠나서 열린 구조로 나아간
것의 가장 대표적인 사례가 종교운동을 유엔의 NGO비정부기구운동으

---

3. 이 글은 신한국가정연합 여수해양교구본부(교구장 嚴元泰) 주최로 열린 "아벨유엔 선포
11주년 기념세미나"(천일국6년 천력10월 10일, 양력 2018년 11월 17일 오후 3시, 해양교
구본부 3층 미래인재양성센터) 강연 1 「아벨유엔선포와 세계평화」(박정진 박사)라는 주
제에서 발표한 내용이다. 이날 강연 2 「아벨유엔의 실현: 제5유엔사무국, 한반도의 새로
운 미래」(조형국 박사)도 함께 발표되었다.

로 편입시킨 것이며, 이를 통해 초종교초종파는 물론이고 초국가의 실현을 기도하고 있다. 여기서 초超는 탈脫의 의미를 함께 지니고 있다. 더욱이 통일교−가정연합이 현재의 UN국가유엔을 보완하는 방안으로 아벨유엔종교유엔을 유엔의 상원으로 설치할 것을 주장하는 것은 인류의 항구적 평화를 위한 선견지명의 지혜로 보인다. 이것은 천부경적 사건이 가장 구체적이고 미래지향적으로 설계된, 천지공사天地公事의 가장 좋은 예이다.

통일교가 가정연합으로 명칭을 변경한 것은 참으로 인류종교사에서는 획기적인 일이다. 이는 종교를 가정으로 돌려주면서 동시에 가정에서 부모를 끌어내오는 참부모의 역사였으며, 개인구원을 가정구원으로 돌려놓는 역사였다. 이것은 하나의 종교를 해체함으로써 보다 개방적인 모습으로 환골탈태를 이루면서 인류를 끌어안는 지구적 종교의 모습이다.

서양의 근대는 개인을 중심으로 세계를 일대 재편하는 혁명이었으나 그 결과로 가정이 소멸하는 위기를 초래한 것이 오늘의 현실이다. '나'라는 개체개인는 어디서 왔을까. 가장 확실한 근거는 가정이고 부모이다. 내가 내 스스로 태어난 것은 아니기 때문이다. 하늘하나님이 부모하늘부모가 되고, 천지인 참부모가 된 것은 이런 함의를 지니고 있다.

개인주의의 허점은 세계의 실체를 찾아내는 장점이익에도 불구하고, 가정을 잃어버리는 단점손해을 초래했다. 이제 인류에게 가정은 사라졌다. 그래서 전 세계적으로 가정을 회복하지 않으면 안 되는 상황위기에 처하게 되었다.

세계평화통일가정연합은 참으로 여기에 부응한 조치이다. 가정연합이 참부모와 참가정을 바탕으로 참사랑을 회복하고, 참스승과 참주인3대 주체사상을 찾을 것을 천명하는 것은 바로 이 때문이다. 가정연합의 의미가 국제연합, 즉 유엔UN으로 연결되는 것을 간과하기 쉽다. 가정연합의 '연합'은 한 종교의 운동을 세계적으로 가장 큰 공식 기구인 유엔과 접목시키는접붙이기하는 의미를 내재하고 있다. 이는 한 종교의 초종교운동, 탈종교운동을 의미하는 동시에 한 종교가 세계정부세계국가와 융합하는 일대 사건인 것이다. 국가유엔하원이 종교유엔상원과 결합하는 것은 '신들의 전쟁'을 '신들의 평화'로 전환시키는 혁명 중의 혁명인 것이다. 아시다시피 국가는 전쟁의 산물이고, 종교는 그 속에서 평화를 사랑하는 제도였으며, 운동이었다.

국가유엔 플러스 종교유엔

현재의 유엔은 여러 국가들로 구성된 국가유엔가인유엔이면서 그 성격은 국가를 초월하는 초국가유엔이다. 그렇다면 종교유엔아벨유엔은 여러 종교들로 구성된 종교유엔이면서 초종교유엔이 된다. 인류의 항구적인 평화를 위해서는 국가유엔으로는 여러 면에서 한계에 직면하고 있다. 특히 종교가 전쟁발단의 원인이 된 경우는 국가유엔의 활동으로는 효과를 달성하기 매우 어렵다. 그래서 세계 여러 종교의 대표로 구성된 초종교유엔이 필요하다.

인간은 지금까지 신체적으로 나약했던 자신의 힘능력을 강화하기 위해 신神을 발명하고탄생시키고, 신화를 구성하고, 도구를 사용하기 시작함으로써 오늘날 '만물의 영장'이 되었을 뿐만 아니라 근대 과학시대에 이르러서는 '무소불위無所不爲의 힘'을 가진 인간신人間神이 되었다.

인간이 이렇게 되기까지는 무엇보다도 고정불변의 어떤 것, 절대성과 동일성을 추구하는 생각에 그 힘의 원천이 있었던 것 같다. 그러한 동일성을 상상추상하는 능력은 처음엔 신화를 만들었고, 그 다음에 종교를 만들었으며, 그 다음에 화폐를 만들었고, 그 다음에 국가와 여러 제국을 만들었다. 최종적으로 현대에 이르러 과학기술문명을 만들었다.

이들 여러 문화와 제도들은 모두 어떤 종류의 동일성을 추구하는 공통성을 가지고 있다. 바로 동일성을 추구하는 능력이 인간에게 정체성을 부여하고, 협력과 소통을 낳게 하고, 약속과 제도를 만들고, 인간의 문화능력, 즉 힘과 권력을 축적하는 계기가 된다.

인간의 문화文化는 결국 '동일성의 힘'이라고 말할 수 있다. 비록 그것이 역사적으로 변형變形되기는 하지만 일정기간 문文, 文字이 가지고 있는 특성인 고정불변과 기호로서의 역할을 하였을 뿐만 아니라 동일성의 축적과 계승으로 인간의 힘을 증대하도록 만들었다.

유엔은 국가들의 연합체이다. 말하자면 국가와 제국을 만든 인간이 이제 세계국가를 만들기 위한 초석을 놓았다고 볼 수 있다. 세계최강의 제국을 만들기 위한 패권경쟁이 어떤 경우에도 한계제국의 종말를 보이고, 결국 영원히 지속될 수 없다는 점에서 유엔의 발상은 인간이 획기적인 동일성을 추구해간 과정이라고 볼 수도 있다.

물론 유엔에서도 역시 강대국의 입김이 크게 작용하고 있고, 더구나 유엔이 해결할 수 없는 일들이 많기 때문에 유엔 무용론이 나오기도 하지만 그래도 국제적인 문제를 해결할 수 있는 장치로서 유엔의 위상은 해마다 크게 높아지고 있다. 적어도 유엔은 오늘날 세계적인 문제를 토의할 수 있는 장으로서의 권위를 자랑하고 있다.

어떤 나라든 유엔의 결정을 무시할 수가 없다. 설사 유엔의 결정이 자기나라의 국가이익에 배치되기 때문에 정면으로 무시하고, 정반대의 행보를 하고 있는 나라일지라도 유엔의 결정에 압박감을 느끼지 않을 수는 없다. 오늘날 핵무기확산금지조약NPT을 탈퇴하고 핵무기와 미사일을 만들어서 세계적인 말썽꾸러기가 되고 있는 북한왕조전체주의사교체제의 경우도 유엔의 입김을 무시할 수 없다.

이제 강대국들도 유엔을 통해서 자신의 정치력을 강화시키고, 국제적인 지배력을 넓히려고 하고 있기 때문에 유엔의 권위는 나날이 올라갈 것임에 틀림없다. 앞으로는 유엔의 결정을 무시하는 나라는 결국 국제사회에서 제대로 행복하게 살아갈 수가 없을 뿐만 아니라 국제사회에서 소외되거나 미아가 되기 쉽다.

유엔은 국가들이 회원 될 자격을 갖춘 국가들의 연합이다. 따라서 유엔총회와 안전보장이사회 등 각 기구들에서 각국 대표들의 의견이 개진되고, 국제사회가 준수해야 할 어떤 법규사항들을 토론하고 결정하는 과정을 통해 인류가 앞으로 나아갈 길을 찾아가기 마련이다. 오늘날에는 과거처럼 남의 나라의 영토를 빼앗기 위한 정복전쟁은 거의 사라졌다. 차라리 오늘날은 경제전쟁의 시대라고 말할 수 있으며, 따라서 무역과 국제은행과 국제통화와 관련한 일들이 더 중요하게 부각되고 있다.

종교유엔은 평화유엔

2005년 9월 12일 문선명 총재는 천주평화연합을 창설하고 후천시대의 아벨유엔, 종교유엔의 역할을 다하게 될 것이라고 선포했다. 이와 더불어 가정연합은 천주평화연합이라는 유엔활동에 들어간 셈이다. 종교유엔은 필연적으로 평화유엔이 되지 않을 수 없다. 초종교초교파운동은 바로 종교유엔을 통해 구체화되고 그것의 목표인 평화를 위해 나아가는 계기를 맞게 된 것이다.

오늘날 경제 이외의 전쟁은 주로 서로 다른 종교와 문화풍습에 따른 것이 대부분이다. 그래서 서로 다른 인류의 종교를 어떻게 다루고 소통시키며, 종교분쟁을 막고 평화를 증진시켜가야 하는 일은 인류문명의 새로운 과제라고 하지 않을 수 없다.

종교가 서로 다른 동일성을 섬기는 도그마와 우상의 제도가 되고, 근본주의라는 이름 아래 자기개인 혹은 집단중심적 선악과 가부, 정의와 부정의를 판단하는 굴레로 작용한다면 핵폭탄 못지않게 인류에게 위험이 될 것이다. 이에 초종교초교파운동이야말로 종교의 또 다른 운동이 되지 않으면 안 되는 요구를 받고 있다.

국가는 전쟁과 문명의 산물이다. 따라서 국가유엔이라고 할 수 있는 현재의 유엔은 이른바 종교유엔에 의해서 보완되지 않으면 안 된다. 국가라는 것이 반드시 악이라고는 할 수 없지만, 평화를 추구하는 종교유엔을 통해서 더욱더 평화에 접근하는 노력을 하지 않으면 인류의 평화를 기대할 수 없다.

초종교초국가 유엔의 설립이 필요한 것은 이 때문이다. 국가가 전쟁의 산물이었다면 국가유엔이 아닌 처음부터 평화를 지향하는 종교유엔이 설립되어 상호보완 되어야 명실공이 국가와 종교가 하나가 된 '완성된 유엔'이 될 것이기 때문이다.

역사적으로 보면 인류의 평화는 '영원한 평화'를 목적으로 하는 것이겠지만 인간의 힘의 증대와 막강함무소불위의 힘으로 볼 때 국가 간의 패권경쟁을 근본적으로 막기는 어려울 것이고, 따라서 평화에 대한 의지는 동시에 '인류의 공멸'을 지연하는 의지로서 존재할 수밖에 없다.

평화에 대해 긍정적으로 다가가는 노력을 해야 하는 것은 맞지만 평화를 낙관하는 것은 금물이다. 평화를 낙관하지 않아야 인류의 공멸을 지연시킬 수 있다. 이것이 인간의 겸손한 자세일 것이다. 그 지연이 천년이고 만년이고 몇 백만 년으로 이어지면 그보다 다행한 일은 없을 것이다. 평화를 유지하면서도 인간의 오만과 편견을 스스로 제어하지 못하면 언제라도 전쟁의 공멸 속으로 빠져들 수 있는 개연성은 얼마든지 있는 것이다.

기존의 유엔 기구에 종교유엔이라고 하는 것이 추가된다면, 유엔의 본래목적인 인간사회의 평화와 안전을 증진시키는 일에도 도움이 될 뿐만 아니라 인류평화를 이루는 결정적인 장치로서 큰 진전을 이룬 것으로 평가될 것이다. 말하자면 국가유엔 플러스 종교유엔이 절실하다.

종교유엔은 평화유엔을 지향한다. 문 총재는 천주평화연합운동을 효과적으로 실천하기 위해 그에 앞서 1992년 4월 10일 세계평화여성연합을 조직했다. 여성을 중심으로 세계평화의 분위기를 조성하기 위한 것이었다. 평화유엔은 가인유엔과 아벨유엔이 하나가 될 때 이루어지는 것이다. 남북한의 경계지점, DMZ에 제5유엔을 설립하는 것은 천주평화연합과 세계평화여성연합의 가장 효과적인 평화운동의 실천적 과제로 떠오르고 있다.

〈종교의 현상학(제도)과 존재론(목적)〉

현상학적인 차원(제도)	불교, 유교, 기독교, 선도, 이슬람교, 힌두교, 샤머니즘	통일교: 종교(초종교) 제도(제도적 존재자)	종교의 통일 (모든 인류종교는 하나이다)	국가 UN 플러스 종교 (평화)UN
존재론적인 차원(목적)	慈悲, 仁, 사랑, 無, 空, 仙, 巫, 公, 共	가정연합: 가정적 존재 (자연적 존재)	참가정회복 (효정평화, 만물 만신, 만물생명)	무명열반 (無名涅槃) 자신(自神)

3

음양사상과
인류문명의 순환

인류문명사를 음양사상의 관점에서 해석하면 어떤 그림이 그려질까? 독일의 철학자 헤겔은 서양이 근대에서 이룩한 근대문명을 동양의 오리엔트에서 시작한 인류문명의 마지막을 장식하는 '일몰日沒의 문명'이라고 하였다. 물론 여기에는 오리엔트문명을 과소평가하는 서양인의 오리엔탈리즘Orientalism이 숨어있긴 하지만 그대로 받아들이더라도 틀린 것은 아니다. 일몰이라는 것은 문명의 거대주기로 보면 또다른 일출을 맞이하지 않으면 안 되기 때문이다.

음양사상의 입장에서 보면 서양문명을 양陽을 앞세우는 '양陽의 문명', 동양문명을 음陰을 앞세우는 '음陰의 문명'이라고 할 수 있다. 그런 점에서 서양문명은 양음문명, 동양문명은 음양문명이라고 할 수 있을 것이다. 인류문명을 철학과 사상으로 대입해 볼 수 있을 것이다.

해(SUN)의 철학, 달(MOON)의 철학

서양의 양음철학이 '해ﾋ의 철학'이라면 동양의 음양철학은 '달月의
철학'이라고 할 수 있다. 이것은 문명의 요철凹凸이기도 하다. 해일출–
일몰의 철학은 '눈에 보이는 것'을 확신하는 현상학, 즉 '요철의 철凹凸의
凸'로 연결되고, 달달의 차고 기움의 철학은 어둠 속에서 귀로 들을 수밖
에 없는 존재론, 즉 '요철의 요凹凸의 凹'로 연결된다. 해의 철학은 〈시
각–언어–남성–노동–경쟁전쟁〉의 철학이라면 달의 철학은 〈청각–상
징–여성–놀이–평화축제〉의 철학이라고 할 수 있다.

해의 철학이 남성적인 '지배의 철학' '지식의 철학' '지시명령의 철
학' '존재자의 철학'이라면 달의 철학은 여성적인 '생명의 철학' '지혜
의 철학' '가무놀이의 철학' '존재의 철학'이다. 달을 의미하는 월月자는
신체肉, 身를 의미하고, 이는 이미 신체적 존재론을 내포하고 있다. 남
자의 시각은 육체대상적 신체, 물질로 연결되고, 여자의 시각은 신체주체
적 육체, 심신일체로 연결된다. 여자자연를 대상으로 보는 남자의 시각 자
체자연과학가 현상학이다. 남자의 시각은 현상학과 연결되고, 여자의
시각은 존재론으로 연결된다.

네오샤머니즘의 정신을 동양문명과 서양문명의 관점에서 표현하
면 다음과 같은 그림이 그려진다. 동양문명은 달月, moon로 상징되는

음양陰陽문명, 즉 '동양문명=Moon+Sun의 문명'이라면, 서양문명은 해日, sun로 상징되는 양음陽陰문명, 즉 '서양문명=Sun+Moon의 문명'이라고 말할 수 있을 것이다. 이 둘이 서로 순환하면서 돌아가는 것이 인류문명의 궤적일 것이다.

인류의 문명을 말할 때 해日와 달月, 그리고 그것의 합인 명明으로 말하는 것은 매우 상징적이고 은유적이라는 점에서 재미있다. 문명文明은 어디에서 어떻게 출발했든 인간에게 문文으로써 밝음明을 선물한 것임에 틀림없다. 천문학적으로 보면 지구의 생명은 태양과 달의 합작품이다. 달은 지구의 하나뿐인 위성이다. 이 하나뿐인 위성이 어둠 속에서도 빛을 있게 하고, 물水의 형성과 더불어 생명을 탄생케 했던 것이다. 그 수많은 생명 중의 하나가 인간이다.

인간의 탄생은 거의 확률제로의 행운fortune임에 틀림없다. 지구는 태양계항성의 일원행성이지만 달이라는 위성을 가짐으로 해서 생명의 보고가 되었다. 달moon은 참으로 '굿good 문moon'좋은 달이다. 그런데 달이 인류문명의 관점에서 항상 긍정적인 것만은 아니었다. 부정적인 '배드bad 문moon'나쁜 달이 되는 경우가 종종 있었다. 흔히 해는 남성성에, 달은 여성성에 비유되기도 하는데 여성성이라고 해서 반드시 좋은 것만 아니라는 의미와 통한다.

여성성은 생명을 잉태하지만 가부장-문명사회에서는 원죄나 음녀, 혼돈 등 나쁜 의미로 사용되는 경우가 적지 않았다. 음陰을 양陽보다 앞세우는 동양의 음양문명권에서도 음陰과 여성은 나쁜 의미로 쓰는 경우가 많았다. 한자에 계집 여女자가 들어가면 나쁜 의미가 되는 것은 좋은 예이다.

그러나 이제 가부장-국가시대의 패러다임인 패권경쟁시대를 지나서 지구가족이 평화를 지향하는 후천여성시대를 맞아 여성의 덕목이 점점 더 빛을 발할 시대가 되었다. 여성의 덕목 중 가장 큰 것은 역시 생명존중이고, 그 다음이 평화이다. 인류는 기계인간, 사이보그시대를 앞두고 있는 가운데 생명의 중요성에 대해서 크게 주목하지 않고 있는 것 같다. 과학기술의 발달과 더불어 생명을 기계와 대체할 수 있다는 경향 때문인지, 생명을 물질적으로 생각하는 경향에 빠져들고 있다.

생명경시현상은 현대판 물신숭배에 다름 아니다. 생명경시현상은 실은 남성적-대뇌적-기계적 사고의 결과라고 말할 수 있다. 아무리 복잡한 기계라고 하더라도 생명이 아니라는 점을 감안하면 기계는 처음부터 한계가 있는 것이다. 생명현상은 종국에는 그것을 인간이 잡을 수 없기 때문에 더욱 중요한 것이다. 생명과 함께 평화도 영구히 잡을 수 없다는 점에서 공통점을 지니고 있다. 평화도 물질의 문제가 아니고 마음의 문제라는 점에 유의할 필요가 있다.

인간은 천재일우의 기회로 얻는 인간종의 탄생을 인간의 탐욕과 권력욕에 의해 망실하지 않도록 자숙하지 않으면 안 된다. 물질만능의 삶에 너무 기고만장하다가는 언제 물질로부터 보복을 받을지도 모른다. 그런 점에서 여성적-자궁적-생명적 사유라는 패러다임의 복원을 통해 생명과 평화를 연장하기 위한 문명적 노력을 강화하지 않으면 안 된다. 그러기 위해서는 옛 샤머니즘의 삶의 태도에서 아이디어와 힌트를 얻을 수 있다.

옛 인류의 조상들은 생존을 위해서 불가피하게 함께 살아가는 동물들을 사냥하고 먹을 때에도 미안未安한 마음을 가졌던 것으로 보인다. 말하자면 함께 살아가는 공동존재인 동물을 잡아먹더라도 미안해 하고 될수록 적은 양적당한 량의 동물을 잡고, 낭비적인 살생은 금했던 것으로 보인다. 그리고 죽은 동물에게 제사를 지내는 마음을 가졌던 것으로 인류학적 민족지는 말해주고 있다. 그들은 삶의 환경이 되고 있는 동식물들을 함께 살아가고 있는 동등한 존재라고 깨닫고 있었으며, 단지 이용의 대상이 아니라 경배했음을 알 수 있다. 생명과 평화는 바로 이러한 근본적인 삶의 태도가 회복되어야 달성할 수 있는 것이다.

그런 점에서 생명과 평화의 인류사회를 구현하기 위해서는 네오샤머니즘neo-shamanism의 태도가 요구되고 있다. 네오샤머니즘은 과학을 부정하는 것이 아니라 과학시대를 넘은 샤머니즘의 의미를 담고 있다. 네오샤머니즘은 무엇보다도 과학기술만능시대에 '계산적 인간'으로 변모한 인간이 인류의 원형문화인 샤머니즘의 생명존중과 자연과 함께 살아가는 평화정신이며, 에코페미니즘eco-feminism의 삶의 태도와 지혜에서 완성된다고 말할 수 있다.

네오샤머니즘이란 과학기술을 향유하기는 하되, 거기서 오는 부정적인 측면과 부작용을 치유하고 자연과 더불어 살아가는 '본래인간'을 회복하는 것을 말한다. 그런 점에서 네오샤머니즘의 정신은 도리어 하이데거 존재론의 미래가 될 수 있다.

필자는 최근에 『네오샤머니즘NEO-SHAMANISM－생명과 평화의 철학』살림, 2019을 펴낸 뒤 어느 신문과의 인터뷰에서 이렇게 말한 적이 있다.

"옛 인류의 조상들은 자연과 더불어 살아가는 지혜가 있었어요. 그러나 근대과학시대의 출발과 더불어 극단적으로 계산적 인간이 되고만 것이 현대인입니다. 현대인은 풍부한 물질문명의 혜택을 누리고 있지만 그것을 누리기 위한 생활환경의 각박함으로 인해 반대로 여러 정신병리 현상에 노출되어 있어요. 그로인해 마음의 평화와 행복을 놓치고 있어요."

결국 모든 것은 마음의 문제로 돌아오고 만다. 마음이 편하고 평화로워야 행복을 느끼게 되는 것이 인간이다. 생명은 마음이고 마음이 평화로울 때 행복해질 수 있다. 존재 = 생명 = 마음 = 평화 = 행복의 등식을 발견할 수 있다.

인류문명은 '해의 시대'에서 다시 '달의 시대' 그리고 '별의 시대'로 나아갈 것이다. 물론 그 내용은 달라지겠지만 자연의 거대한 주기와 순환을 삶의 조건으로 받아들일 수밖에 없는 것이 인간이다.

〈인류-문명-네오샤머니즘(Neo-shamanism)